Die Bedeutung der Kindheit für die weitere Persönlichkeitsentwicklung ist eines der großen Themen der Psychologie des 20. Jahrhunderts. Sigmund Freuds Behauptung, das Kind sei der Vater des Mannes, ist sowohl auf Zustimmung, als auch auf Widerspruch gestoßen. Heute kann kaum noch ein Zweifel daran bestehen, daß Erfahrungen in der Kindheit ganz erheblich die späteren Denk- und Gefühlsgewohnheiten beeinflussen. Allerdings haben sich inzwischen die Akzente verlagert: Nicht mehr die psychosexuelle Entwicklung steht – wie zu Freuds Zeiten – im Zentrum des Interesses, sondern die Schicksale von Aggression und Bindungsfähigkeit.

Der Autor behandelt im vorliegenden Werk ein breites Themenspektrum. Er beschreibt die Eigenarten der Denk- und Gefühlsprozesse kleiner Kinder, die sich erheblich von denen der Erwachsenen unterscheiden, und schildert die Konsequenzen für die Erlebniswelt der Kinder. Außerdem befaßt er sich mit der Entstehung und Entwicklung von Aggression, den Ursachen und Folgen der Kindesmißhandlung, dem plötzlichen Kindstod, der Angst im Säuglingsalter sowie der Frage, ob schon Säuglinge *unbewußt* denken und fühlen. Die dargestellten Forschungsergebnisse aus Psychoanalyse und Psychologie verändern unser Bild vom Säugling wie vom Erwachsenen.

Martin Dornes, Dr. phil., geb. 1950, Soziologe, Entwicklungspsychologe und Gruppenanalytiker. Nach langjährigen klinischen Tätigkeiten in Psychiatrie, Psychosomatik, Sexualmedizin und Medizinischer Psychologie sowie Lehrtätigkeit als Privatdozent für Psychoanalytische Psychologie ist der derzeit Kollegiumsmitglied des Instituts für Sozialforschung in Frankfurt am Main.

Drei weitere Bücher des Autors sind im Fischer Taschenbuch Verlag lieferbar: ›Der kompetente Säugling‹ (Bd. 11263), ›Die emotionale Welt des Kindes‹ (Bd. 14715) sowie ›Die Seele des Kindes. Entstehung und Entwicklung‹ (Bd. 17051).

Unsere Adresse im Internet: www.fischerverlage.de

Martin Dornes

Die frühe Kindheit
Entwicklungspsychologie der
ersten Lebensjahre

Fischer Taschenbuch Verlag

Geist und Psyche
Herausgegeben von Willi Köhler
Begründet von Nina Kindler 1964

8. Auflage: Juni 2006

Originalausgabe
Veröffentlicht im Fischer Taschenbuch Verlag,
einem Unternehmen der S. Fischer Verlag GmbH,
Frankfurt am Main, Mai 1997

Gesamtherstellung: Clausen & Bosse, Leck
Printed in Germany
ISBN-13: 978-3-596-13548-6
ISBN-10: 3-596-13548-6

»Es ist an dieser Stelle auf die geradezu himmelschreiende Einseitigkeit unserer Theorie hinzuweisen. Praktisch all unsere technischen Bezeichnungen, die diese Frühzeit des seelisch-geistigen Lebens beschreiben, leiten sich von objektiven oder subjektiven Erscheinungen der Oralsphäre her, so Gier, Einverleibung, Introjektion, Verinnerlichung, Teilobjekte, Zerstören durch Saugen, Kauen und Beißen, Projektion nach den Modi des Ausspuckens und Erbrechens usw. Leider haben wir es weitgehend unterlassen, unser Verständnis für diese frühen, primitiven Erscheinungen durch Schaffung theoretischer Vorstellungen und technischer Bezeichnungen zu erweitern, welche die Erlebnisweisen, die Bilderwelt und die Bedeutung anderer Sphären in Rechnung stellen. Solche Sphären sind die Wärmeempfindung, rhythmische Geräusche und Bewegungen, leises, unartikuliertes Summen, die unwiderstehlichen, überwältigenden Eindrücke von Geschmäcken und Gerüchen, naher Körperkontakt, taktile und Muskelsensationen, besonders an den Händen, und die unleugbare Macht jedes einzelnen dieser Phänomene und aller zusammen, Ängste und Argwohn, selige Befriedigung und bange, verzweiflungsvolle Einsamkeit hervorzurufen und wieder aufzuheben. Es ist sehr wahrscheinlich, daß wegen dieser Unterlassung eine Zeit kommen wird, wo man unsere gegenwärtigen Theorien als mangelhaft und einseitig verurteilen wird.«

Michael Balint (Über Liebe und Haß, 1951)

Inhalt

Einleitung

Die Psychoanalyse hat wie keine andere psychologische Theorie des 20. Jahrhunderts der frühen Kindheit eine entscheidende Bedeutung für die weitere seelische Entwicklung zugemessen. Ihre Theorien über diese Zeit gründete sie in hohem Maße auf die Analysen von erwachsenen Patienten und deren Berichte über ihre Kindheit. Diese Quellen sind wichtig, vor allem dann, wenn man mit Kindheitserinnerungen in therapeutischer Absicht umgeht. In diesem Falle ist es weniger bedeutsam, zu überprüfen, ob die berichteten Ereignisse mit dem übereinstimmen, was sich in der Vergangenheit tatsächlich ereignet hat – eine solche Überprüfung ist ohnehin nur in begrenztem Umfang möglich. Vielmehr kommt es in erster Linie darauf an, die in den Erzählungen der Patienten zum Ausdruck kommende *seelische Verarbeitung* dieser Ereignisse ernst zu nehmen.

Dennoch arbeitet jeder Psychotherapeut mit impliziten Vorstellungen davon, wie eine optimale oder normale Entwicklung aussieht. Diese Vorstellungen sind der Bezugspunkt, mit dessen Hilfe er die Schwere von (vermuteten) pathogenen Kindheitsereignissen einschätzt. Insofern sind Theorien über die normale Entwicklung von Kindern ein Grundbestandteil im Rüstzeug eines jeden Therapeuten. Beschränkt man sich aber bei der Konstruktion entwicklungspsychologischer Theorien auf Berichte von Patienten, so haben die auf diesem Wege entwickelten Hypothesen unausweichlich ein pathomorphes »Aroma«, denn es sind Berichte von *Patienten*, also Menschen, von denen die Psychoanalyse vermutet, daß ihre Kindheit *nicht* optimal verlaufen ist. Eine Theorie der normalen Entwicklung ist deshalb auf Quellen jenseits der therapeutischen Situation angewiesen. Hartmann, einer der bedeutendsten Theoretiker in der Geschichte der Psychoanalyse, hat dies schon früh erkannt. »Theorien über frühere Entwicklungsstadien müssen sich sowohl auf Daten der Rekonstruktion als auch auf solche direkter Beobachtung stützen.« Und:

»Wir sind zu dem Schluß gekommen, daß die psychoanalytische Psychologie sich nicht auf das beschränkt, was sie durch die Verwendung der psychoanalytischen Methode gewinnen kann ...« (Hartmann 1950a, S. 108, 110).

Das vorliegende Buch handelt von Ergebnissen der psychologischen Forschung, die nicht durch Verwendung der psychoanalytischen Methode gewonnen wurden, und überprüft deren Relevanz für die Psychoanalyse. Im *ersten* Kapitel gebe ich einen Überblick über zentrale Themen der mittlerweile recht lebhaft gewordenen Debatte zwischen Psychoanalytikern und Säuglingsforschern. Deren Ergebnisse legen nahe, die Symbiose- und die Borderline-Theorie der frühen Entwicklung, die vor allem von Mahler und Kernberg ausgearbeitet wurde, zu revidieren. Beide Theorien sind als Beschreibungen der normalen Entwicklung nur von begrenzter Gültigkeit. Das Kapitel ist eine Zusammenfassung einiger Thesen und Abschnitte aus meinem vorigen Buch (Dornes 1993). Es dient als Ausgangspunkt für die folgenden.*

Das *zweite* Kapitel befaßt sich mit den Implikationen der Säuglingsforschung für verschiedene klinisch bedeutsame Phänomene. Ich schlage eine Neubetrachtung der projektiven Identifizierung vor und plädiere für eine interaktionelle Ergänzung der bisher weitgehend auf die Analyse intrapsychischer Mechanismen konzentrierten Neurosenlehre. Außerdem zeige ich, daß die direkte Beobachtung der Interaktion zwischen depressiven Eltern und ihren Säuglingen zu Ergebnissen führt, die mit klinisch-rekonstruktiv gewonnenen Hypothesen über die Genese depressiver Störungen übereinstimmen.

Im *dritten* Kapitel gehe ich der Frage nach, wie Säuglinge denken, und entwickle eine Drei-Stufen-Theorie des Mentalen: Die ersten psychischen Aufzeichnungen haben die Gestalt sensomotorisch-affektiver Schemata, die mit etwa einem Jahr durch das bildhafte Denken überformt werden. Mit eineinhalb Jahren werden die zunächst »statischen« Bilder flexibler und frei evozierbar. Sie können dann zu Bildsequenzen kombiniert werden – und damit beginnt Phantasieren im anspruchsvollen Sinn. Sein Wesen besteht im Aufbau einer seelischen Innenwelt, in der Ereignisse neu erschaffen werden können, die in der Realität nie stattgefunden haben. Zugleich

---

* Die Seiten 18–39 dieses Kapitels habe ich aus dem vorigen Buch übernommen. Leser, die es schon kennen, können sie überblättern.

mit der Fähigkeit zum evokativ-bildhaften symbolischen Denken entsteht als dritter Schritt die sprachliche Codierung des Psychischen. Sie ermöglicht das begriffliche Denken. Knapp ausgedrückt, postuliere ich also eine Entwicklung des Mentalen von der Empfindung über das Bild zum Wort.

Im *vierten* Kapitel wird dieses Thema weiterverfolgt. Ich behandle einige Schwerpunkte der Nach-Piagetschen Entwicklungspsychologie, wobei ich drei Problembereiche in den Vordergrund rücke: 1. referiere ich Auffassungen über die Entwicklung des bildhaften Denkens, die sowohl seinen Entstehungs*prozeß* als auch seinen Entstehungs*zeitpunkt* anders konzipieren als Piaget. 2. behandle ich die Frage, wie die Interaktion zwischen Säugling und Mutter vom Säugling repräsentiert wird – ein Thema, das bei Piaget zu kurz kommt, weil er sich überwiegend mit dem Verhältnis des Kindes zur *un*belebten Welt befaßt. 3. skizziere ich eine Theorie der Intersubjektivität. Eine solche ist weder bei Piaget noch in der psychoanalytischen Theorie angemessen entfaltet. Meine Kernaussage ist, daß schon der Säugling nicht nur in seinen (Trieb)bedürfnissen befriedigt, sondern als Person anerkannt werden will. Winnicott, Balint und Kohut haben hierzu wichtige Vorarbeiten geleistet, die mit Beobachtungen und Hypothesen der Kleinkindforschung teilweise übereinstimmen. In diesem dritten Teil deute ich eine Anthropologie an, die sich von der Freuds ein wenig unterscheidet.

Im *fünften* Kapitel wird Margaret Mahlers Theorie neu betrachtet. Diese schöne Theorie hat mich lange fasziniert. Ich bin mittlerweile der Auffassung, daß die von der Säuglingsforschung inspirierte Kritik der Symbiosetheorie nach wie vor ihre Berechtigung hat, aber relativiert werden sollte. Zwar gibt es im Leben des Säuglings keine symbiotische Phase – wie Mahler dachte –, aber wahrscheinlich gibt es symbiotische Momente. Deren Einfluß auf die weitere Entwicklung hängt davon ab, wie die Eltern mit ihnen umgehen. Die interaktionelle Relativierung des Symbiosekonzepts erlaubt es, einerseits die Universalität symbiotischer Momente anzuerkennen, andererseits deren unter Umständen nur recht begrenzte Bedeutung für die weitere Entwicklung klarer zu sehen. Etwas ähnliches gilt für Mahlers Theorie der Wiederannäherungskrise, die bisher von seiten der Kleinkindforschung etwas stiefmütterlich behandelt wurde. Im Unterschied zu Mahler, die vorwiegend auf die interpsychischen Quellen der Ambivalenz des eineinhalbjährigen Kindes abhebt, betone ich ihre interpersonellen Ursprünge. Die Berücksichtigung der Bindungsforschung führt zu dem Ergebnis, daß die von Mahler als universal betrachteten Charakteristika der Wiederannäherungsphase nicht bei allen Kindern vorkommen, sondern nur bei einer Minderheit.

Die Kapitel sechs bis neun befassen sich mit den »dunklen« Seiten der menschlichen Existenz. Im *sechsten* Kapitel stelle ich in kurzer Form die beiden wichtigsten »frühen« Ängste vor: die Fremden- und die Trennungsangst. Ich arbeite die Unterschiede zwischen Bowlbys Auffassung und derjenigen der Kleinianer heraus. Meine Sympathien liegen bei Bowlby, und ich plädiere dafür, diese Ängste eher als realistisch und weniger als durch Phantasien ausgelöst zu betrachten.

Im *siebten* Kapitel, das zusammen mit Hildegard von Lüpke verfaßt wurde, geht es um das immer noch rätselhafte Phänomen des plötzlichen Kindstodes. Wir betrachten ihn als multifaktorielles Geschehen und konzentrieren uns auf die Darstellung möglicher psychischer Ursachen bei Mutter und Kind. Das ist ein »heißes Eisen«, denn fast unausweichlich werden Eltern, die sich mit dem Tod ihres Säuglings auseinandersetzen, Schuldgefühle entwickeln. Wenn sie dann hören, daß z. B. »unbewußte Feindseligkeit« gegenüber dem Kind eine mögliche pathogenetische Rolle spielt, können sich diese Schuldgefühle verstärken. Uns geht es nicht darum, Eltern zu beschuldigen oder für den Tod ihres Kindes verantwortlich zu machen, aber es gehört zu den tragischen Seiten des Lebens, daß wir gelegentlich mit Ereignissen konfrontiert sind, zu deren Eintreten wir unwillentlich und unwissentlich beigetragen haben. Paradoxerweise ermöglicht erst die Anerkennung dieses Beitrags die Beendigung der seelischen Verstrickung. Gutgemeinte Beschwichtigungsversuche haben häufig eher den gegenteiligen Effekt.

Im *achten* Kapitel behandle ich das Thema der Kindesmißhandlung. Jeder, der sich mit der Mißhandlung oder Vernachlässigung von Kindern beschäftigt, wird sich recht schnell von der Bedeutung sogenannter Realtraumatisierungen überzeugen können. Sie wurden von der Psychoanalyse lange Zeit vernachlässigt. In letzter Zeit ist das Pendel in die andere Richtung ausgeschlagen. In den Vereinigten Staaten ist – unter einseitiger Betonung des *sexuellen* Mißbrauchs – eine regelrechte »Inzest-Buch-Industrie« entstanden, die den Betroffenen häufig nur einen Bärendienst erweist. Die Politisierung dieses Themas, die zum Teil sicher notwendig war, um es aus den Hinterzimmern des Verschweigens an das Licht der Öffentlichkeit zu bringen, ist mittlerweile kontraproduktiv geworden. Ich versuche, dieses Thema zu »verwissenschaftlichen«, und stelle dar, welche Folgen Kindesmißhandlung hat und welche Möglichkeiten der Linderung es gibt. Dabei beschränke ich mich weitgehend auf nicht-sexuelle Formen der Mißhandlung, die zwar weniger spektakulär, aber mindestens ebenso folgenschwer sind. Ich behandle dieses Thema aus der Perspektive der Bindungstheorie, die bekanntlich aus der Psychoanalyse entstanden ist. Meines Erachtens kann die Psychoanalyse von der Bindungstheorie einiges lernen. Ihr Gründungsvater (Bowlby) ist leider vorschnell exiliert worden, und die Zeit ist nunmehr reif für eine Repatriierung.

Das *neunte* Kapitel beschreibt die Entstehung und Entwicklung von Aggression. Es setzt sich mit der alten Frage auseinander, ob (feindselige) Aggression ein Trieb ist oder nicht, und stellt empirisches Material zu ihren möglichen Ursachen vor. Psychoanalytisch inspirierte Säuglingsforscher, psychoanalytische Kliniker und akademische Entwicklungspsychologen haben mittlerweile eine Sicht der Entstehung von Aggressivität entwickelt, die in einem Punkt konvergiert: Aggression ist *kein* Trieb. Der Leser muß entscheiden, ob er angesichts der Allgegenwart von Feindseligkeit dieser These folgen will.

Im *letzten* Kapitel beschäftige ich mich mit der Frage, ob es bereits im Säuglingsalter ein Unbewußtes gibt, und beschreibe, wie es vermutlich beschaffen ist und zustande kommt. In meiner Sichtweise ist das Unbewußte des Säuglings ein »Unbewußtes ohne unbewußte Phantasie«. Bei der Darstellung dieser Auffassung beziehe ich mich auf Theorien zum impliziten / prozeduralen Gedächtnis, die besagen, daß Wahrnehmungen, Handlungen und Affekte zunächst in einer »phantasiefreien«, körpernahen Form gespeichert werden und ihre Wirkung ausüben. Zum Teil bleiben sie in dieser Form ein Leben lang erhalten. Das daraus gewonnene Konzept eines »prozeduralen Unbewußten« (Lichtenberg 1989a, b) hat auch Auswirkungen auf die Sicht des therapeutischen Prozesses, die ich aber nur streife. Außerdem kann es als Anregung für die (psychoanalytisch orientierte) Körperpsychotherapie dienen. Ich überlasse es anderen, für die Nützlichkeit und Berechtigung einer solchen Therapieform (von der ich überzeugt bin) zu streiten.

Kapitel 1 Psychoanalyse und Klein- kindforschung: Einige Grundthemen der Debatte

Die psychoanalytische Entwicklungspsychologie wurde erstmals in Freuds »Drei Abhandlungen« (1905) systematisiert. Die dort beschriebene Entdeckung der infantilen Sexualität und des Ödipuskomplexes war im wesentlichen das Resultat von Freuds Selbstanalyse. In seinen eigenen Assoziationen, Träumen und Symptomen – später auch in denen seiner Patienten – entdeckte er Spuren kindlicher Sexualwünsche, die ihn zur Formulierung der psychosexuellen Entwicklungslehre veranlaßten. Schon früh war Freud sich darüber im klaren, daß dieses rekonstruktive, vom Erwachsenenerleben auf die Kindheit schlußfolgernde Verfahren durch Direktbeobachtung von Kindern ergänzt werden sollte. Eine seiner pointiertesten Äußerungen dazu stammt aus dem Vorwort zur 4. Auflage der »Drei Abhandlungen«, wo es kurz und bündig heißt: »Verstünden es die Menschen, aus der direkten Beobachtung von Kindern zu lernen, so hätten diese drei Abhandlungen überhaupt ungeschrieben bleiben können« (Freud 1920a, S. 32).

Für die Erforschung der präsymbolischen Zeit (die ersten eineinhalb Lebensjahre) ist Direktbeobachtung unerläßlich. In der Spieltherapie der Kinderanalyse und den verbalen Assoziationen der Erwachsenenanalyse erscheint das Material in einer symbolisch organisierten Gestalt, und die Vermutungen, die daraus bezüglich des präsymbolischen Erlebens abgeleitet werden können, sind unsicher (Spitz 1950; Hartmann 1950a). Konsequenterweise haben sich Psychoanalytiker deshalb schon früh mit der Direktbeobachtung kleiner und kleinster Kinder befaßt. Trotz einer beeindruckenden Tradition auf diesem Gebiet (Überblick bei Berna-Simons 1982) ist der Säugling in der psychoanalytischen Theorie bis in die jüngste Zeit hinein nicht gut genug verstanden worden. Überwiegend wurde von ihm das Bild eines passiven, undifferenzierten und seinen Trieben ausgelieferten Wesens gezeichnet, das in einem langen und dramatischen Kampf die Schrecken dieser Zeit der Hilflosigkeit und Abhängigkeit bewältigen muß. Obwohl diese Sichtweise ihre Berechtigung hat, ist sie einseitig und gibt *einen* Teil der Säuglingserfahrung als ihr Ganzes aus. Deshalb ist es angebracht, einen neuen Blick auf den Säugling zu werfen.

Das Ergebnis dieses Perspektivenwechsels ist eine veränderte Sicht der ersten eineinhalb Lebensjahre mit beträchtlichen Konsequenzen für die psychoanalytische Theorie. Der Säugling erscheint nun als aktiv, differenziert und beziehungsfähig, als Wesen mit Fähigkeiten und Gefühlen, die weit über das hinausgehen, was die Psychoanalyse bis vor kurzem für möglich und wichtig gehalten hat. Als Kurzcharakterisierung für diese neue Sicht hat sich die Rede vom »kompetenten Säugling« (Stone et al. 1973) eingebürgert. In ihr kommt die Überzeugung zum Ausdruck, daß der Säugling nicht in einer »blühenden, summenden Verwirrung« (William James) lebt, sondern daß er, vermöge seiner noch zu schildernden Fähigkeiten, die Welt und sich selbst von Anfang an eher als geordnet denn als Chaos empfindet. Ab Anfang der 80er Jahre haben Psychoanalytiker mit einer systematischen Rezeption dieser Ergebnisse begonnen (Emde/Robinson 1979; Sander 1980; Dowling 1981; Lichtenberg 1981, 1982, 1983; Esman 1983).

Das rekonstruierte und das reale Kind

Diese Bemühungen um Integration oder zumindest wechselseitige Befruchtung beider Disziplinen sind unter Psychoanalytikern nicht überall auf Zustimmung gestoßen. Es ist geltend gemacht worden, daß die psychoanalytische Entwicklungspsychologie nicht darstellt, wie die Kindheitsentwicklung tatsächlich verläuft, sondern nur die Berichte und Erzählungen von Patienten über ihre Kindheit wiedergibt. Nicht wie es damals wirklich gewesen ist, sondern wie das damals Gewesene dem Patienten heute erscheint – mit allen Erinnerungstäuschungen, Verzerrungen und Lücken –, ist der eigentliche Gegenstand der psychoanalytischen Entwicklungspsychologie, die also eine »transformierte Entwicklungspsychologie« ist (Herzog 1986, S. 381). Als solche ist sie eine Sammlung subjektiv wahrer Geschichten, und eine Überprüfung oder Objektivierung ihres Wahrheitsgehalts ist entbehrlich. Psychoanalytische Entwicklungspsychologie ist, so könnte man pointiert sagen, keine Theorie, die entwicklungspsychologisch richtige Aussagen anstrebt, sondern eine Mythologie oder, wie ein Vertreter dieser Richtung es ausdrückt, eine »Theorie der Kindheit als konstruierter Mythen« (Tress 1985, S. 407).

Das reale und das rekonstruierte Kind fallen damit vollständig auseinander. Einzig mit dem rekonstruierten Kind soll es die Psychoanalyse zu tun haben. Sie kann dann keinesfalls »aufgrund ihrer Erfahrungen aus Behandlungen Erwachsener den rechtmäßigen Anspruch erheben, sie habe überprüfbare Befunde zur kindlichen Entwicklung vorzuweisen« (Tress 1987, S. 144). Das will sie auch gar nicht, und das ist auch kein Nachteil, sondern ein Vorteil, denn dadurch werden die Berichte der Patienten über ihre Kinheitserlebnisse in ihrer psychischen Realität erst richtig ernstgenommen und nicht mit einer möglicherweise davon abweichenden tatsächlichen Realität äußerlich verglichen oder konfrontiert. Eine solche Konfrontation ist entbehrlich, weil die Wahrheit einer Rekonstruktion nicht in ihrer Übereinstimmung mit vergangenen, vielleicht gar nicht mehr erinnerbaren oder sonstwie zugänglichen Tatsachen besteht, sondern darin, daß sie zu klinischer Besserung führt. Deutung und Rekonstruktion * sind wahr, wenn sie therapeutisch effektiv sind, und mehr sollte von ihnen nicht verlangt werden. Gelegentlich wird hinzugefügt, daß auch noch andere Kriterien relevant sind, z. B. Konsistenz, Kohärenz und Ästhetik einer Deutung, und zur Abwehr des Suggestionsvorwurfs wird auf die intersubjektive (konsensuelle) Validierungsmöglichkeit von Deutungen verwiesen (Loch 1976; Spence 1982; Schafer 1983, Kap. 11–15). Aber zentral bleibt die Auffassung, daß es keine relevante Hinsicht geben kann, in der eine Deutung falsch ist, wenn sie, vom Patienten angeeignet, diesem ein kreatives und symptomfreies Leben ermöglicht (Tress 1985, S. 392). Ja, man kann sogar sagen, daß die Deutung erst den Sinn und die Realität *schafft*, auf die sie sich dann bezieht (Loch / Jappe 1974).

---

* Diese Begriffe sind zwar nicht deckungsgleich (s. Freud 1937b, S. 47 f.), aber eine genauere Differenzierung ist hier entbehrlich.

Deutung und Rekonstruktion / Konstruktion stellen eine Verbindung von gegenwärtigen Assoziationen und Symptomen mit Erlebnissen oder Ereignissen der Vergangenheit her, die subjektiv sinnvoll ist, ohne daß damit der Anspruch erhoben würde, einen kausal wirksamen Zusammenhang zwischen beiden gefunden zu haben! Retrospektiv sind alle möglichen Zusammenhänge sinnvoll, ohne daß der hergestellte Zusammenhang einen damals vorhandenen kausalen oder realen Zusammenhang der jetzt miteinander verknüpften Elemente abbilden muß. Ein imaginärer Direktbeobachter der Vergangenheit würde eventuell zu ganz anderen Ergebnissen hinsichtlich der krankheitsrelevanten Ursachen gelangen als der Rekonstrukteur. »Indem wir unsere Übertragungsdeutungen formulieren, konstruieren wir die genetische Geschichte, aber wir rekonstruieren nicht die Entwicklungsgeschichte im engeren Sinn« (Loch 1976, S. 886). Deshalb ist es für diese Konzeption »von nachgeordneter Bedeutung«, ob der »entwicklungspsychologische Entwurf der Psychoanalyse von der empirischen Entwicklungspsychologie bestätigt wird oder nicht...« (Tress 1986b, S. 126). Die Empfehlung, psychoanalytische Konzepte sollten »nicht gegen unser sonstiges Wissen vom Menschen und der Welt verstoßen« und die Psychoanalyse sei deshalb »gehalten, sich mit den übrigen Disziplinen abzustimmen« (Tress 1987, S. 145), ist begrüßenswert, aber aus der Logik dieser Argumentation m. E. nicht mehr recht begründbar.*

Plädoyer für die Berücksichtigung des realen Kindes

Die geschilderte Auffassung, von der es viele Nuancen gibt, hat durchaus ihre Stärken, aber auch Schwächen. Eine ihrer entscheidenden Schwächen ist die, daß die psychoanalytische Entwicklungspsychologie damit vollständig »klinifiziert« wird. Ihre Aussagen werden nur noch an ihrer klinischen Nützlichkeit gemessen, nicht aber an ihrer inhaltlichen Richtigkeit, wobei unterstellt, aber nicht bewiesen wird, daß Nützlichkeit und entwicklungspsychologische Richtigkeit voll-

---

* Wissenschaftstheoretische Überlegungen zu den Möglichkeiten der Kombination verschiedener Forschungsmethoden in der Psychoanalyse findet der Leser in der ausgezeichneten Arbeit von Leuzinger-Bohleber (1995).

ständig auseinanderfallen können. Dies bedeutet, daß die psychoanalytische Entwicklungspsychologie auf einen entwicklungspsychologischen Wahrheitsanspruch verzichtet, daß sie also keine entwicklungspsychologisch richtigen Aussagen mehr machen will, sondern nur noch klinisch nützliche. Die Konsequenz ist, daß die Psychoanalyse konkurrierende entwicklungspsychologische Theorien gar nicht mehr zur Kenntnis nehmen muß und daß auch über die diversen, miteinander konkurrierenden psychoanalytischen Entwicklungspsychologien nicht mehr entschieden werden kann. Sofern sie alle therapeutisch effektiv sind, sind sie alle wahr.

Ich kann mich dieser partiellen Selbstkastration der psychoanalytischen Entwicklungspsychologie nicht anschließen. Sie hätte beträchtliche – wie ich glaube, fatale – wissenschaftspolitische Konsequenzen, weil sie die Psychoanalyse von den Nachbardisziplinen weiter isolieren würde, statt den dringend notwendigen Dialog mit ihnen zu fördern. Fast habe ich den Verdacht, solche Auffassungen gedeihen hauptsächlich in den Köpfen von männlichen Erwachsenenanalytikern, die aus vielfältigen Gründen den Kontakt mit dem realen Kind scheuen und sich statt dessen lieber mit dem rekonstruierten Kind beschäftigen (A. Freud 1970, S. 2560; Wallerstein 1976, S. 204 f.). Würde man tatsächlich die Reichweite der psychoanalytischen Entwicklungspsychologie auf rekonstruktiv gewonnene Aussagen beschränken, so wüßte man beschämend wenig über die frühe Kindheit, weil auf der Couch über den Prozeß der verbalen Assoziation die präverbale Zeit nur sehr eingeschränkt zugänglich ist. Aus der Analyse erwachsener Patienten könnte man nicht einmal so einfache, aber auch für die Psychoanalyse wichtige Fragen beantworten wie die, ob und was der Säugling sieht, hört, schmeckt, fühlt und empfindet, sondern nur schildern, was Patienten *glauben*, was sie als Säuglinge gesehen, gefühlt und erlebt haben. Auch das ist sicher wichtig, aber als alleinige oder Hauptinformationsquelle unzureichend. Auch Freud (1909, S. 293) war der Auffassung, es sei nicht der ideale Zustand, wenn die psychoanalytische Kinderforschung sich von den bei Erwachsenen gewonnenen Erfahrungen beherrschen lasse. Das nur rekonstruierte Kind wäre ein »mythisches Kind, das wir in jeder Sitzung unbekümmert um die lebensgeschichtliche Spur, die es geprägt hat, erschaffen – also eine Illusion eines Kindes, das, je nachdem, wie der Wind des Zufalls in der Kur weht, durch eine andere Illusion ersetzt werden kann« (Cramer 1984, S. 175).

Im Grunde wird ein Plädoyer für eine rein rekonstruktiv verfahrende psychoanalytische Entwicklungspsychologie auch deren Realität nicht gerecht. Keine ihrer großen Vertreter (Spitz, Mahler, Bowlby, Anna Freud, Winnicott, Klein) verfährt rein rekonstruktiv, sondern alle benutzen, wenn auch in unterschiedlichem Maße, direkte Beobachtung an kleinen Kindern; und alle – auch die Kleinianer (z. B. Segal 1982, S. 206) – erheben mit ihren Formulierungen implizit oder explizit den Anspruch, zutreffende Aussagen über die tatsächliche kindliche Erlebniswelt und Entwicklung zu machen und nicht nur Berichte von Erwachsenen über ihre Kindheit – wenn auch in theoretisch abstrahierter Form – nachzuerzählen. Es mag sein, daß es sich bei diesen Nacherzählungen um kreative Mythen oder Fiktionen über die Ursprünge menschlichen Lebens und Leidens handelt; daß auch der Mythos Wahrheiten birgt, soll gar nicht bestritten werden. Aber niemals sollte ausschließlich auf solche Mythen eine Theorie der kindlichen Entwicklung aufgebaut werden (s. a. Rubinfine 1981, S. 394).

Eine solche Theorie ist indessen unerläßlich für die Psychoanalyse als Wissenschaft, auch wenn sie *vielleicht* entbehrlich ist für die Psychoanalyse als Behandlungsmethode. Als Wissenschaft und psychologische Theorie jedoch sollte sie sich keinesfalls auf das beschränken, was durch Verwendung der psychoanalytischen Methode zugänglich ist (s. Hartmann 1950; Eagle 1984, Kap. 14). Kernberg widerspricht mit Recht der unter Psychoanalytikern weit verbreiteten »Neigung, Einwände gegen Beobachtungen geltend zu machen, die aus anderen als dem traditionellen psychoanalytischen Setting stammen«, und bekräftigt, »daß Säuglingsbeobachtungen Daten liefern, die genauso akzeptabel sind wie jene, die von der Couch stammen« (zit. nach Lester 1982, S. 210f.). Dem kann ich mich nur anschließen.

Der Verzicht auf Wissen über das reale Kind und die Beschränkung auf das rekonstruierte kann nicht von vornherein als klinisch unbedingt schädlich bezeichnet werden, ist es aber mit Sicherheit im Hinblick auf möglichen Theoriefortschritt. Es gibt mittlerweile fast so viele rekonstruierte Kinder, wie es Theoretiker gibt. Freudianische, Kleinianische, Mahlerianische, Kohutianische, Kernbergianische, Bionianische und andere Babys bevölkern die Literatur und die Köpfe. Jeder Anhänger einer dieser Richtungen findet im Material seiner Patienten genügend Hinweise für die Plausibilität seiner entwicklungspsychologischen Vermutungen und fühlt sich durch den therapeutischen Erfolg oder die Sinnstiftungskapazität seiner Rekonstruktionen bestätigt. Da alle Richtungen therapeutische Erfolge verbuchen können, ist anhand klinischer Kriterien wie Besserung keine Bevorzugung oder Zurückweisung einer dieser Theorien zu begründen. Unentscheidbarer Theorienpluralismus ist die Folge. Rekonstruktiv sind alle möglichen Vermutungen über die Kindheit denkbar, aber nur eine umfassende Kenntnis der tatsächlichen Kindheitsentwicklung macht eine begründete Auswahl unter ihnen möglich. Ich schlage deshalb vor, entwicklungspsychologische Richtigkeit, nicht allein klinische Nützlichkeit zu einem Beurteilungskriterium in Theoriestreitigkeiten zu machen. Vor diesem Hintergrund sind manche Theorien und Rekonstruktionen plausibler als andere und sollten bevorzugt werden. Auf lange Sicht wird sich vermutlich herausstellen, daß solche Theorien und Rekonstruktionen auch therapeutisch effektiver sind. Zumindest muß diese Frage systematisch erforscht werden.

Die bisherigen Ausführungen sollten verdeutlichen, daß die Psychoanalyse schlecht beraten wäre, wollte sie auf die Ergebnisse der direktbeobachtenden Kleinkindforschung verzichten. Glücklicherweise sind die wenigsten psychoanalytischen Entwicklungspsychologen diesem Rat gefolgt, und Spitz, Mahler und Bowlby sind die besten Beispiele für die Suche nach extraklinischer Überprüfung psychoanalytischer Theoreme, die von Klinikern allerdings nicht immer gern gesehen oder begrüßt wurde. Spitz galt vielen als »Kauz«, der sonderbare Experimente mit Kindern anstellte; Mahler (1988) beklagt sich in ihren Memoiren bitter über die Ignoranz vieler ihrer Kollegen, und Bowlby ist bis auf den heutigen Tag in der psychoanalytischen Gemeinschaft ein Außenseiter geblieben.

Autismus und Symbiose

Spitz und Mahler haben mit experimentellen und naturalistischen Verfahren gearbeitet, die in verfeinerter Form auch in der modernen Kleinkindforschung zur Anwendung kommen, aber ihre Theorien wurden entwickelt, bevor die Säuglingsforschung richtig begann. Sie beruhen deshalb auf einer veralteten empirischen Basis. Ein weiteres Problem ist, daß beide Autoren ihre Beobachtungen oft in die bestehenden psychoanalytischen Modellvorstellungen einpaßten und ihre Ergebnisse mehr zur Absicherung als zur Infragestellung metapsychologischer Konstrukte verwendeten. Die Metapsychologie stand damals noch höher im Kurs als heute.

Vor allem Mahlers Theorie über Autismus und Symbiose ist durch die moderne Kleinkindforschung in Frage gestellt worden. Mahler hat selbst eingeräumt, daß ihre diesbezüglichen Behauptungen – im Gegensatz zu denen, die sich auf spätere Entwicklungsphasen beziehen – nicht auf direkter Beobachtung von Säuglingen im ersten halben Jahr beruhen, sondern theoretische Konstrukte mit schmaler empirischer Basis sind. Ursprünglich dienten die Begriffe zur Kennzeichnung schwerer kindlicher Psychosen und wurden dann, wie so oft in der Psychoanalyse, auf die normale Entwicklung übertragen. In den ersten vier bis sechs Wochen sollen Kinder ein Stadium des normalen Autismus durchlaufen. Er ist gekennzeichnet durch eine völlige Unfähigkeit und Unwilligkeit, die Außenwelt wahrzunehmen. Im normalen symbiotischen Stadium, das zwischen vier bzw. sechs Wochen und fünf Monaten liegt, sehen die Dinge nur wenig anders aus. Die Außenwelt, insbesondere die Mutter, wird jetzt zwar dunkel wahrgenommen, aber noch nicht als etwas vom eigenen Selbst Abgegrenztes perzipiert. Eine Zwei-Einheit wird erlebt, in der noch keine klaren Grenzen existieren. Die erleichternden Pflegehandlungen der Mutter werden nicht als von einer anderen Person ausgehend empfunden, sondern ähnlich wie Defäzieren und Niesen (Mahler et al. 1975, S. 62).

Aber woher wissen wir das? Die Antwort war: Das wissen wir nicht genau, weil wir über die Wahrnehmungsfähigkeit und das Erleben des Säuglings nicht viel wissen, aber das vermuten wir als den vorherrschenden Zustand, weil wir kindliche Psychotiker und erwachsene Patienten kennen, die uns den Eindruck vermitteln, daß bei ihnen die Grenzen zwischen Selbst und Objekt nur unscharf ausgebildet sind. Vom erwachsenen pathologischen Erleben wurde also auf das kindliche normale geschlossen, und diese Sichtweise färbt natürlich ein, was man sieht. Wer an die Symbiosetheorie glaubt, sieht eben überwiegend symbiotische Säuglinge, vor allem wenn er sie nicht systematisch untersucht, sondern nur gelegentlich beim glücklichen Einschlafen an der Mutterbrust beobachtet. Einem solchen Säugling lassen sich problemlos symbiotische Wahrnehmungs- und Erlebnisweisen unterstellen, aber letztlich handelt es sich dabei um adultomorphe und pathomorphe Verzerrungen, d. h. um aus dem Erwachsenenerleben oder schweren Krankheiten abgeleitete und auf den normalen Säugling projizierte Vorstellungen (s. a. Peterfreund 1978; Mi. Klein 1981).

Kritische Überlegungen zur Symbiosetheorie

Die direkte Beobachtung von Säuglingen ergibt wenig Anhaltspunkte für eine normale autistische und / oder symbiotische Phase. Die in den letzten dreißig Jahren durchgeführten Experimente zur Wahrnehmungsfähigkeit von Neugeborenen und Säuglingen demonstrieren eine erstaunliche Kompetenz in allen Sinnesbereichen. Es kann gar nicht die Rede davon sein, daß der Säugling die Außenwelt nicht oder nur unscharf wahrnimmt. Ich habe die diesbezüglichen Ergebnisse und Methoden andernorts beschrieben und eine ausführliche Kritik der Symbiosetheorie formuliert (Dornes 1993, Kap. 2 und 3).

Stern hat in seinem bahnbrechenden Werk (1983, 1985) andere Argumente gegen die Symbiosetheorie vorgetragen und eine Reihe von Fähigkeiten des Säuglings geschildert, die dazu beitragen, daß er sich spätestens ab zwei bis drei Monaten als vom anderen getrennt, nicht als mit ihm verschmolzen erlebt. Drei dieser Fähigkeiten möchte ich herausgreifen: 1. das Willensgefühl des Säuglings; 2. seine Wahrnehmung propriozeptiver Empfindungen und 3. seine differentielle Kontingenzwahrnehmung.

1. Zum *Willensgefühl*: Säuglinge führen schon im Alter von zwei bis drei Monaten nicht nur reflexhafte Bewegungen aus. Sie sind beispielsweise schon früh in der Lage, den Daumen oder Schnuller in den Mund zu stecken, versuchen Gegenstände zu greifen, strampeln mit den Beinen die Decke weg und schlagen mit den Armen gegen ihr Mobile. Liegt diesen nicht-reflexhaften Bewegungen ein Wille zugrunde, sie auszuführen? Stern bejaht das. Der Wille ist nicht bewußt, aber seine Existenz zeigt sich deutlich, wenn eine Bewegung / Handlung des Säuglings unterbrochen wird bzw. nicht den gewünschten Erfolg hat. Schon kleinste Kinder wiederholen unermüdlich die gleiche Bewegung bis zum Erfolg und werden ärgerlich, wenn man sie daran hindert.

In den nicht-reflexhaften Handlungen des Säuglings dokumentiert sich also ein Wille, der von dem Gefühl begleitet ist, selbst der Urheber seiner Handlungen zu sein. Eigene Handlungen sind von einem Willensgefühl begleitet, das fehlt, wenn der andere die gleichen Handlungen ausführt. Der Säugling ist also durchaus in der Lage zu merken, ob er oder der andere das Mobile in Bewegung gesetzt hat oder ob es die Mutter war, die ihm den Schnuller in den Mund gesteckt hat, oder er selbst; nur wenn er selbst tätig wird, gibt es ein begleitendes Willensgefühl.

2. Zum *propriozeptiven Feedback*: Selbsterzeugte Äußerungen haben Effekte. Vokalisiert der Säugling, so hört er einen Ton. Vokalisiert die Mutter, so hört er auch einen Ton. Kann er unterscheiden, ob das, was er hört, von ihm selbst erzeugt wird oder von anderen? Ja, und zwar aus folgendem Grund: Selbsterzeugte Handlungen ergeben (außer dem Willensgefühl) ein propriozeptives Feedback, das fremderzeugten Handlungen oft fehlt. Wenn die Mutter vokalisiert, so hört der Säugling einen Ton. Wenn er selbst vokalisiert, hört er ebenfalls einen Ton, aber er hat darüber hinaus charakteristische Empfindungen im Brustraum, im Kehlkopf und in den Stimmbändern, die nur auftauchen, wenn er den Ton selbst produziert. Anhand dieses Unterschieds ist er in der Lage zu bemerken, ob er selbst etwas gemacht hat oder ob ein anderer aktiv war. Diese Unterscheidungsfähigkeit trägt ebenfalls dazu bei, Selbst und Objekt als getrennt und nicht als verschmolzen zu empfinden.

Es ist aber nicht immer so, daß selbsterzeugte Handlungen propriozeptive Empfindungen hervorrufen und objekterzeugte keine. Steckt die Mutter dem Säugling den Schnuller in den Mund, so entstehen dort Empfindungen. Aber, und das ist der Punkt, wenn der Säugling sich selbst den Schnuller in den Mund steckt, entstehen darüber hinaus Tastempfindungen in der Hand und Muskelempfindungen im Arm, die nur dann ausgelöst werden, wenn er den Schnuller selbst in den Mund steckt; diese Empfindungen fehlen, wenn die Mutter es tut. Wenn der Säugling seine Bettdecke wegstrampelt, geschieht etwas ähnliches. Er spürt dann ein Nachlassen des Drucks und eine Bewegungsempfindung in den Beinen. Letztere fehlt, wenn die Mutter die Decke wegnimmt. Diese Unterschiede werden bemerkt und tragen dazu bei, daß der Säugling zwischen Selbst und Objekt unterscheiden kann.

3. Zur *differentiellen Kontingenzwahrnehmung*: Öffnet der Säugling die Augen, so sieht er immer ein Bild. Vokalisiert er, hört er im-

mer einen Ton. Man nennt dieses Verhältnis von Handlung und Effekt Kontingenzbeziehung. Sie ist im vorliegenden Fall hundertprozentig – immer wenn, dann. Selbstinitiierte Handlungen haben immer einen Effekt in bezug auf das Selbst, aber nicht immer im Bezug auf den anderen. Wenn der Säugling vokalisiert, hört er immer einen Ton (perfekte Kontingenz), aber nur jedes zweite oder dritte Mal kommt die Mutter (imperfekte Kontingenz). Kinder im Alter von drei bis fünf Monaten sind in der Lage, die verschiedenen Formen von Kontingenz sicher zu unterscheiden (Watson 1979, 1985; Bahrick/ Watson 1985 mit weiterer Literatur). Diese Unterscheidungsfähigkeit trägt dazu bei, die Welt des Selbst von der der Objekte zu diskriminieren. In der Welt des Selbst haben Handlungen immer einen Effekt auf das Selbst, aber nur manchmal einen auf das Objekt. Die Wahrnehmung dieser unterschiedlichen Formen von Kontingenz stärkt die Unterscheidungsfähigkeit von Selbst und Objekt, weil sie klar macht, daß das Objekt anderen Gesetzen gehorcht als das Subjekt und den eigenen Handlungen nicht vollständig unterworfen ist. Sie trägt auch zu den Anfängen eines realistischen, nicht-magischen Kausalitätsverständnisses bei, das neueren Forschungen zufolge viel früher auftaucht, als in Piagets Theorie behauptet wird (Leslie 1982, 1984a,b; Golinkoff et al. 1984; Sophian/Huber 1984; Leslie/Keeble 1987).*

* Ein in der Psychoanalyse gern diskutiertes Beispiel für magische Kausalität ist das des hungrigen und schreienden Säuglings. Dieser soll glauben, das Erscheinen der Flasche sei ein direktes Ergebnis seiner Anstrengungen. Er meint, durch sein Schreien habe er die Flasche herbeigerufen, weil er das Erscheinen der Flasche magisch als Resultat seines Geschreis (miß)versteht. Ähnlich könnte ein kleines Mädchen, das bei Sonnenaufgang die Arme hebt, glauben, es habe die Sonne aufgehen lassen. Lange glaubt es das nicht, und auch der Säugling glaubt ähnliches wahrscheinlich eher nicht (s. a. Butterworth 1983, S. 12 ff.). Wenn er schreit, hört er immer und sofort einen Ton, aber nur manchmal und mit Verzögerung kommt eine Flasche. Dieser Unterschied wird von ihm bemerkt und trägt dazu bei, omnipotenten Kausalitätsvorstellungen ein beträchtliches Stück weit vorzubeugen. Diese sind vermutlich das Resultat von Wünschen, daß es so sein möge, und nicht Bestandteil der normalen Wahrnehmungsorganisation. Beide psychischen Organisationen – Wunsch und Wahrnehmung – können natürlich miteinander interferieren, aber erst, wenn es einen Wunsch gibt. Dies ist vor Beginn der Symbolfunktion nicht der Fall. Erkenntnistheoretisch gesprochen sind kleine Kinder eher naive Realisten als Wunschdenker oder Psychotiker.

Resümee

Alle genannten Fähigkeiten führen zu dem Gefühl, selbst zu handeln, und zur Fähigkeit, dieses Selbsthandeln vom Handeln des Objekts unterscheiden zu können. Das selbstinitiierte Handeln ist 1. von einem Willensgefühl begleitet, das fehlt, wenn das Objekt Handlungen vornimmt. 2. Es ist von propriorezeptiven Empfindungen begleitet, die fehlen, wenn ein anderer die gleichen Handlungen vornimmt. 3. Es hat immer einen Effekt auf das Selbst, aber nicht immer einen auf das Objekt. Diese Unterschiede werden bemerkt. Das Gefühl, selbst Handelnder zu sein, ist die Summe der drei genannten Fähigkeiten und eine wichtige Komponente eines vom Objekt abgegrenzten Selbstempfindens.

Der Säugling ist aber nicht nur wahrnehmungsmäßig auf der Höhe der Ereignisse, sondern auch beziehungsmäßig. Diese Feststellung ist wichtig, weil gelegentlich argumentiert wird, daß zwar seine Wahrnehmungsfähigkeiten differenziert, seine Fähigkeiten zur Beziehungsgestaltung aber unterentwickelt seien. Mit dem Symbiosebegriff ist dann weniger eine undifferenzierte Wahrnehmung der Außenwelt gemeint als vielmehr eine undifferenzierte Beziehungsgestaltung, in der der Säugling passiv, die Mutter aktiv ist. Auch dafür ergeben die Interaktionsstudien der letzten zwanzig Jahre wenige Anhaltspunkte (Überblick bei Fogel 1977; Schaffer 1979; Gianino / Tronick 1988). Die mit allem technischen Raffinement durchgeführten Studien dokumentieren vielmehr das genaue Gegenteil: Säuglinge verfügen von Geburt an über ein reichhaltiges, bisher nicht ausreichend gewürdigtes Repertoire zur Gestaltung von Beziehungen, von dem sie regen Gebrauch machen und mit dessen Hilfe sie die Eltern, mehr als ihnen manchmal lieb ist, beeinflussen. Es erscheint mir unwahrscheinlich, daß diese differenzierte Beziehungsgestaltung mit einem undifferenzierten, symbiotischen Beziehungserleben einhergeht – das Interaktions*verhalten* also differenziert, das Interaktions*erleben* aber undifferenziert ist (s. etwa Pine 1977, S. 82; 1979, S. 225 f.; Fast 1985). Säuglinge verfügen nämlich bereits im ersten halben Jahr über ein komplexeres Affektleben, als die bekannten Behauptungen, sie würden nur Lust und Unlust oder gut und böse empfinden, nahelegen (s. dazu weiter unten).*

---

* Um Idealisierungen des Säuglings vorzubeugen, möchte ich noch betonen,

Klinische Überlegungen zur Symbiose

Wenn also vieles anders ist als bisher angenommen, wie lassen sich dann klinisch zweifellos vorhandene symbiotische Phantasien erklären? Bisher wurde der Symbiosebegriff ja vor allem unter entwicklungspsychologischen Gesichtspunkten diskutiert. Wie steht es aber mit seinem klinischen Nutzen?

Aus Analysen von Erwachsenen wird immer wieder berichtet, daß es Verschmelzungsphantasien gibt, vornehmlich bei schwerer gestörten Patienten (Angel 1967; Giovacchini 1972; Rose 1972; Harrison 1986). Diese treten oft auf, wenn getrenntes Funktionieren Angst hervorruft, und sie sind in der Regel nicht lustvoll, sondern ängstigend. Auf solche Phantasien kann deshalb nicht einfach zur Beruhigung zurückgegriffen werden. Einerseits mildern sie zwar die Angst, die mit eigenständigem Funktionieren verbunden ist, andererseits rufen sie neue Ängste, etwa vor Selbstverlust, auf den Plan. Warum? Ganz vereinfacht gesagt deshalb, weil die Abhängigkeit in frühester Zeit traumatisch und nicht befriedigend erlebt wurde. Eine wesentliche Ursache dafür – und damit für spätere, ambivalente Symbiosephantasien – ist die Tendenz der Mutter oder der Eltern, Regungen der Selbständigkeit, die das Kind schon in den frühesten Beziehungen äußert, einzuschränken, als gefährlich zu interpretieren, zu unterbrechen oder mit Angst zu erfüllen. Dafür mögen Eltern ihre eigenen Gründe haben, das Resultat ist, daß schon der Säugling lernt, daß selbständiges Handeln gefährlich ist, entweder für sich oder für seine Eltern oder für beide. Es wird, weil mit Angst verknüpft, zugunsten einer »Flucht in die Symbiose« aufgegeben. Sie ist unlustvoll, denn es muß der Preis ständiger Einschränkungen der eigenen Entfaltung bezahlt werden, aber dieser Preis ist das kleinere Übel.

Eine Folgerung aus diesen Überlegungen ist, daß symbiotische Phantasien von erwachsenen Patienten oder älteren Kindern, wenn man sich überhaupt auf frühere Entwicklungsphasen zurückbeziehen will*, nicht aus einer normalen symbiotischen Phase, sondern aus einer frühen pathologischen Beziehung erwachsen. In ihr wurden von

---

daß viele seiner Kompetenzen eine Funktion des Mutter-Kind-Systems sind. Sie entfalten sich am eindrucksvollsten in einer halt- und strukturgebenden Beziehung.

* Natürlich sind die späteren Phantasien nie eine bloße Neuauflage von frühe-

Anfang an vorhandene Bestrebungen nach Autonomie und Individuation aus Gründen, die im Unbewußten der Eltern liegen, behindert. Spätere symbiotische Bedürfnisse und Phantasien sind in dieser Sichtweise modifizierte Überarbeitungen einer gestörten, die Selbstregulierungsfähigkeit des Kindes übermäßig einschränkenden Eltern-Kind-Beziehung und nicht Abkömmlinge einer normalen symbiotischen Phase. Mit Hilfe dieser Überlegungen kann der klinische Nutzen des Symbiosekonzepts beibehalten werden, ohne auf die entwicklungspsychologisch fragwürdige Vorstellung einer normalen symbiotischen Phase zurückzugreifen. Die »Symbiose« ist der Zufluchtsort des *überforderten* Säuglings (s. a. Gedo 1980, S. 381; Steffens 1987, S. 182).*

Nun könnte man fragen, woher dann die »symbiotischen« Phantasien von einigermaßen normalen Erwachsenen stammen. Die unbestreitbare Attraktivität der Symbiosetheorie rührt ja unter anderem daher, daß jeder Mensch Momente intensivster und innigster Bezogenheit kennt, für die sich der Begriff »symbiotisch« eingebürgert hat. Ich halte das für einen irreführenden Sprachgebrauch. Traumwandlerisches Verständnis für und durch den anderen, unmittelbare und tiefe Einfühlung, höchste Übereinstimmung im Denken und Fühlen, gemeinsamer Orgasmus, meditative Versenkung, mystische Entrücktheit – in all diesen Zuständen wird das Subjekt meines Erachtens nicht »eins« mit dem anderen oder dem Kosmos, sondern das Gefühl für seine Ich-Grenzen bleibt intakt (s. a. Ross 1975, S. 91). Solche Zustände sind außerdem oft nicht so regressiv oder passiv gefärbt, wie der Symbiosebegriff nahelegt, sondern von höchster Aktivität und Anspannung begleitet. Wenn ich einen Vorläufer für solche Momente in der frühen Kindheit suchen sollte, so wäre es nicht das Bild des satten, selig an der Brust in den Schlaf sinkenden Säuglings, sondern das des verzückten, überschäumenden Lächelspiels zwischen Mutter und Kind, das mit drei Monaten seinen Höhepunkt erreicht. In ihm sind beide aktiv und zugleich in größtmöglicher Übereinstimmung. »Alles fließt«, die Affekte, die Vokalisierungen, die

ren, sondern sie sind durch Abwehr, Regression, Übertragung, Gegenübertragung und reifere kognitive Strukturen modifiziert.
    * Baumgart und Pine haben interessante Versuche zur teilweisen Rehabilitierung des Symbiosekonzepts unternommen. Ich gehe darauf ausführlich in Kapitel 5 des vorliegendes Buches ein.

Gebärden und Gesten – aber nicht die Grenzen! *Dieses* Paradies ist kein Ort, wo Milch und Honig in den Säugling fließen, der nur noch den Mund zu öffnen braucht, sondern einer, an dem zwei Subjekte Milch und Honig *austauschen* und über diese Aktivität in Erregung (und später Entspannung) geraten. Es gibt also intensive Bezogenheit und Intimität bei Aufrechterhaltung der Grenzen zwischen Subjekt und Objekt. Jede wirkliche Grenzauflösung oder Verschmelzung bereitet vermutlich mehr Angst als Vergnügen – dem Erwachsenen und dem Kind. Was wir im Erwachsenenleben als enge, glückliche, »symbiotische« Beziehung beschreiben, sind eher Zustände intensivster Gemeinsamkeit als wirklich symbiotische, d. h. grenzauflösende Phänomene.

Kritik der Spaltung

Ebenso problematisch wie die Symbiosetheorie ist die aus ihr hervorgegangene Borderline-Theorie der frühen Entwicklung.* Ihr zufolge befindet sich der Säugling nach der Symbiose in einem Zustand, der dem des erwachsenen Borderline-Patienten ähnelt. Zwischen fünf und achtzehn Monaten lebt er angeblich in einer Welt multipler, fragmentierter, guter und böser Teilselbste und Teilobjekte, die er erst in der Folgezeit langsam zu ganzen Selbst- und Objektrepräsentanzen integriert. Auch dafür gibt es wenige Anhaltspunkte. Unter normalen Umständen, in denen die Mutter die Affektspannungen des Säuglings rechtzeitig mildert und seine integrativen Wahrnehmungskapazitäten nicht überfordert sind, verfügt er sowohl über die Fähigkeit, Selbst und Objekt zu unterscheiden, als auch über die, einheitliche Selbst- und Objektempfindung hervorzubringen. Seine Welt ist differenziert, nicht symbiotisch und kohärent, nicht gespalten.

Vor allem Lichtenberg (1983, S. 113 f., 171; 1987, S. 879) und Stern (1985, S. 346 ff.) haben die Spaltungstheorie der frühen Entwicklung kritisiert. Stern schildert die Fähigkeiten, die zur Kohärenz der Selbst- und Objektwahrnehmung des Säuglings beitragen. Hier eine Zusammenfassung, die zugleich eine Vertiefung der Symbiosekritik ist.

* Sie wurde erstmals von Jacobson (1954) und Mahler / Gosliner (1955) skizziert und von Kernberg (1972, 1975) ausgearbeitet.

Das Verhalten des Säuglings ist, ebenso wie das des Objekts, in der Regel aus verschiedenen Handlungen zusammengesetzt. Der Säugling (und auch das Objekt) macht Kopfbewegungen, ändert den Gesichtsausdruck, vokalisiert, bewegt die Arme und Beine. Diese verschiedenen Äußerungen des Subjekts haben trotz ihrer Verschiedenheit gewisse Gemeinsamkeiten, und zwar: 1. einen gemeinsamen Ort, 2. eine gemeinsame Zeitstruktur, 3. eine gemeinsame Intensitätskontur. Das gleiche gilt für die verschiedenen Äußerungen des Objekts; auch sie haben gemeinsame Strukturen (Ort, Zeit, Intensität), die allerdings von denen des Subjekts verschieden sind. Sterns These ist, daß der Säugling zum einen die gemeinsamen Aspekte verschiedener Äußerungen des Subjekts oder Objekts wahrnimmt. Auf diese Weise ist er in der Lage, verschiedene Reize und Handlungen als von *einem* Subjekt oder Objekt ausgehend wahrzunehmen. Dadurch wird das Gefühl eines kohärenten Selbst und eines kohärenten Objekts gefördert. Zum zweiten ist er in der Lage, die Unterschiede der Strukturen wahrzunehmen, je nachdem ob eine Handlung oder Reizfolge vom Subjekt oder vom Objekt ausgeht. Dadurch wird die *Unterscheidungsfähigkeit* von Selbst und Objekt gefördert. Hier einige Beispiele.

Gemeinsamer Ort: Neugeborene wenden den Kopf und die Augen nach einer Schallquelle (Überblick bei Mehler 1985). Darin drückt sich die angeborene Erwartung aus, daß dort, wo etwas zu hören ist, auch etwas gesehen werden kann. Ein einheitlicher Ort für verschiedene Reizklassen wird erwartet. Seh- und Hörreize, die von einem Objekt ausgehen, sind also für den Säugling nicht zwei disparate Ereignisse oder zwei Objekte, sondern gehen von einem kohärenten Objekt aus.

Gemeinsame Zeitstruktur: Jeder Mensch kann beide Arme unabhängig voneinander bewegen. Er kann sich mit der linken Hand den Bauch reiben und mit der rechten aufs Knie klopfen. Trotz der Verschiedenheit der Bewegungen und des unterschiedlichen Tempos, in dem sie ausgeführt werden, haben die beiden Bewegungen eine gemeinsame Zeitstruktur. Diese zeigt sich, wenn das Tempo nur einer Bewegung willkürlich verändert werden soll, was ohne Übung schwierig ist und meistens wieder in einem bestimmten Rhythmus beider Bewegungen endet. Die gemeinsame zeitliche Struktur gibt den verschiedenen Bewegungen eine Zusammengehörigkeit, die beim Objekt gesehen und beim Selbst gefühlt wird.

Solche gemeinsamen Zeitstrukturen gibt es nicht nur bei verschiedenen Bewegungen, sondern auch bei Hör- und Sehreizen. Zeigt man drei bis vier Monate alten Säuglingen einen Film, in dem Ton und Bild synchron sind, so bevorzugen sie diesen Film gegenüber einem nicht-synchronen (Spelke 1979). Beim nicht-synchronen Film passen die Zeitstrukturen von Ton und Bild nicht zusammen. Der Säugling bemerkt das mit drei bis vier Monaten. Ebenso verhält es sich, wenn bei einem sprechenden Gesicht die Sprache nicht synchron mit den Lippenbewegungen erfolgt (Dodd 1974).

Diese Beispiele lehren zweierlei: 1. Viele Reize, die von einem Subjekt ausgehen, haben eine gemeinsame Zeitstruktur. 2. Viele Reize, die von einem Objekt ausgehen, z. B. der Mutter, haben ebenfalls eine gemeinsame Zeitstruktur, die aber von der des Säuglings verschieden ist. Die Wahrnehmung der Gemeinsamkeit in der Zeitstruktur ermöglicht es, die unterschiedlichen Reize als zu *einem* Objekt oder Subjekt gehörig zu begreifen. Die Wahrnehmung, daß Zeitstrukturen für Objekt und Subjekt verschieden sind und jeder sozusagen sein eigenes Tempo hat, ermöglicht eine *Unterscheidung* von Subjekt und Objekt. In zweifacher Weise wird also einer Konfusion zwischen Subjekt und Objekt in der Wahrnehmungswelt des Säuglings vorgebeugt. Die Wahrnehmung der Gemeinsamkeit fördert ein kohärentes Selbst- und Objektempfinden und wirkt der Gespaltenheit der Erfahrung in multiple Selbst- und Objektbilder entgegen. Die Wahrnehmung der Unterschiede fördert die Getrenntheitsempfindungen von Subjekt und Objekt und wirkt antisymbiotisch.*

Gemeinsame Intensitätskontur: Verschiedene Reize haben nicht

* Vielleicht beschäftigt den Leser mittlerweile ein begriffliches Problem. In der Psychoanalyse ist üblicherweise davon die Rede, daß Selbst- und Objekt*repräsentanzen* verschmolzen, differenziert oder gespalten sind. Ich rede davon, daß Selbst und Objekt sowohl als einheitlich als auch voneinander getrennt *empfunden* werden. Das hat seinen Grund darin, daß es Repräsentanzen im Sinne intrapsychisch evozierbarer Bilder oder Symbole erst ab eineinhalb Jahren gibt. Darauf werde ich später eingehen. Davon abgesehen ist die Repräsentanzenlehre nur die metapsychologische Formulierung des vermuteten Sachverhalts, daß Selbst und Objekt als verschmolzen, differenziert oder gespalten *erlebt* werden. Beide Formulierungen meinen dasselbe. Der Zustand der Repräsentanzen soll den Zustand des Erlebens nur theoretisch erklären. Ich sehe deshalb keinen für die bisherige Diskussion relevanten Unterschied zwischen der Formulierung, daß die Selbst- und Objektrepräsentanzen verschmolzen oder getrennt sind und der, daß Selbst und Objekt als verschmolzen oder getrennt erlebt werden.

nur eine gemeinsame Zeitstruktur, sondern auch eine gemeinsame Intensitätsstruktur. Ein Beispiel ist der Schrei des Karatekämpfers. Eine plötzliche kurze harte Vokalisierung ist begleitet von einer plötzlichen kurzen harten Bewegung. Die Intensitätskonturen von Bewegung und Vokalisierung sind synchron, und es ist nur schwer möglich, eine harte Bewegung mit einem weichen Laut zu begleiten. Auch andere im Alltagserleben häufig vorkommende Beispiele lassen sich anführen. Produziert man einen lauten Ton, so hört man nicht nur etwas Lautes, sondern fühlt auch starke Vibrationen im Kopf und im Brustraum. Die auditorische Intensität ist von einer bestimmten propriozeptiven Intensität begleitet. Entsprechendes gilt für schwache Vokalisierungen.

Säuglinge sind schon im ersten halben Jahr in der Lage, die Intensitäten unterschiedlicher Sinnesmodalitäten zu vergleichen. Mit drei Wochen setzen sie Intensitäten von gesehenem Licht mit der Lautstärke von gehörten Tönen in Beziehung und bevorzugen die Kombination von Licht und Ton, die auch Erwachsene als am besten zusammenpassend empfinden (Lewkowicz/Turkewitz 1980). Mit fünf Monaten sehen Säuglinge, wenn sie ein leiser werdendes Motorengeräusch hören, lieber einen Film mit einem sich entfernenden Auto, wenn sie ein lauter werdendes Geräusch hören, bevorzugen sie den Film eines näherkommenden Fahrzeugs (Walker-Andrews/Lennon 1985). Visuelle und auditorische Intensitätskonturen werden verglichen, Synchronie wird bevorzugt. Ich ziehe daraus, in Anlehnung an Stern, folgenden Schluß: Viele von einem Objekt ausgehenden Reize haben eine gemeinsame Intensitätskontur. Diese gemeinsame Kontur wird wahrgenommen und ermöglicht es, verschiedene Reize aufgrund ihrer gemeinsamen Intensität als zusammengehörig, d. h. von *einem* Objekt oder Subjekt ausgehend, zu perzipieren (Anti-Spaltung). Und weiter: Jedes Subjekt und jedes Objekt hat *seine* Kontur, und die Wahrnehmung dieses Unterschieds fördert die Fähigkeit, Selbst und Objekt als getrennt wahrzunehmen (Anti-Symbiose).

Kohärenz der Form: Glauben Säuglinge an die Identität eines Perzepts, auch wenn dieses sein Aussehen ändert? Wenn ein Gesicht sich zur Seite wendet oder die Stirn runzelt, ist es für den Säugling noch dasselbe Gesicht? Wenn das nicht der Fall wäre, so gäbe es plötzlich viele Objekte mit derselben Struktur; es gäbe lächelnde Mütter und stirnrunzelnde, Profilmütter und En-face-Mütter. Dadurch würde zwar nicht die Unterscheidung zwischen Selbst und Objekt beeinträchtigt, wohl aber die zwischen verschiedenen Objekten, weil dann ein sich *änderndes Objekt* nicht von einem *anderen Objekt* (zumindest visuell nicht) unterschieden werden könnte. Das sich ändernde Objekt würde fälschlich für zwei oder drei verschiedene Objekte gehalten werden.

Es sieht aber so aus, als wenn es anders wäre, und zwar spätestens ab sieben Monaten. Fagan (1976) und Cohen/Strauss (1979) haben nachweisen können, daß Kinder in diesem Alter an die Identität eines visuellen Perzepts auch über Transformationen seines Ausdrucks und Änderungen seiner Position hinweg glauben. Sie bemerken ab diesem Alter, daß ein Gesicht dasselbe ist, auch wenn es seinen Ausdruck verändert, z. B. zu lächeln anfängt oder im Profil erscheint. Das geänderte Gesicht kann zuverlässig von einem anderen Gesicht unterschieden werden. Verwendet man statt Fotografien Filme von sich bewegenden Gesichtern oder Live-Gesichter, so erhält man vergleichbare Ergebnisse für das Alter von vier bis sechs Monaten (Ruff 1980, S. 883; Gibson/Spelke 1983, S. 34).

Resümee

Die psychoanalytische Entwicklungspsychologie geht davon aus, daß in den ersten fünf Monaten Selbst und Objekt nicht als getrennt empfunden werden (Symbiose). Danach soll sich zwischen fünf und achtzehn Monaten eine Trennung von Selbst und Objekt herausbilden. Es entstehen voneinander getrennte Selbst- und Objektrepräsentanzen, die aber untereinander noch nicht integriert sind. Viele gute und böse Selbstrepräsentanzen und viele gute und böse Objektrepräsentanzen zirkulieren im psychischen Apparat. Dieser Zustand der Aufgespaltenheit, bei dem sowohl die Selbst- von den Objektrepräsentanzen als auch die guten Selbstrepräsentanzen von den schlechten und die guten Objektrepräsentanzen von den schlechten getrennt sind, ist angeblich zwischen acht und zehn Monaten stabil ausgebildet (s. Kernberg 1972, S. 243 ff.; 1976, Kap. 2; Murphy 1980, S. 335). Er soll dann ab achtzehn Monaten langsam durch eine Integration der diversen Selbstrepräsentanzen zu einer einheitlichen Selbstrepräsentanz und der diversen Objektrepräsentanzen zu einer einheitlichen Objektrepräsentanz überwunden werden. Der Abwehrmechanismus der Spaltung verhindert diese Integration und erhält den Zustand, der zwischen acht bzw. zehn und achtzehn Monaten normal ist, über diesen Zeitraum hinaus aufrecht.*

Im Gegensatz zu dieser Theorie lassen die von mir dargestellten Untersuchungen erkennen, daß das Gefühl vom Selbst und die Wahrnehmung vom Objekt von Anfang an wesentlich einheitlicher, integrierter und kohärenter ist, als bisher angenommen wurde. Schon im Alter von drei bis vier Monaten fanden sich viele Hinweise auf entsprechende Fähigkeiten. Die Hypothese scheint deshalb begründet, daß schon im ersten halben Lebensjahr ein einheitliches Selbstempfinden und eine einheitliche Objektwahrnehmung existieren.

Zu meiner eigenen Überraschung habe ich festgestellt, daß meine Überlegungen bezüglich eines wichtigen Punkts am ehesten mit denen von Melanie Klein übereinstimmen. Klein hat herausgearbeitet (z. B. 1935, S. 68 f.; 1946, S. 115), daß mit Beginn der depressiven Position, also ungefähr mit vier bis sechs Monaten, die Konstruktion ganzer Objekte beginnt. Sie begründet diese Hypothese zwar nicht wahrnehmungspsychologisch, aber die Übereinstimmung in den Zeitangaben ist verblüffend. Klein ist die einzige Autorin in der psychoanalytischen Entwicklungspsychologie, die das Ende der Teilobjekte so weit vorverlegt (von achtzehn auf sechs Monate). Wahrnehmungspsychologische Überlegungen spielen dabei implizit ebenfalls eine Rolle. Der Kleinianer Hinshelwood schreibt: »Bei fortschreitender Entwicklung, insbesondere sobald der visuelle Apparat zum Einsatz gelangt, gewinnt er auch die Fähigkeit, Menschen als ganze Objekte wahrzunehmen« (1991, S. 203), was mit ungefähr vier bis sechs Monaten der Fall sein soll (ebd. S. 201). Das ist zumindest eine Annäherung an meine Auffassung, wonach die Objektwahrneh-

---

* Die Gründe für diese Spaltung, die zur Borderline-Persönlichkeitsstörung beiträgt, müssen hier nicht diskutiert werden (s. Kernberg 1975). Die Kleinianer scheinen in bezug auf die Borderline-Störungen eine andere Theorie zu vertreten. Bei Rosenfeld (1978, S. 341 f.) ist das primäre Problem des Borderline-Patienten die drohende Konfusion der Repräsentanzen. Die Patienten haben keine normale Spaltung zustande gebracht; deshalb droht die Psychose. Um die zu verhindern, treten bizarre Spaltungsprozesse auf. Während bei Kernberg also die Differenzierung der Selbst- und Objektrepräsentanzen erreicht ist und die Spaltung diesen Zustand *aufrechterhält*, um das Ich vor Angst und die guten vor den bösen Repräsentanzen zu schützen, ist bei Rosenfeld die Differenzierung der Selbst- von den Objektrepräsentanzen *nicht* sicher erreicht und wird, zwecks Abwehr der psychotischen Konfusion, durch gewaltsame Spaltung *herbeigeführt*.

mung von Anfang an, spätestens aber zwischen drei und sechs Monaten ganzheitlicher ist als bisher angenommen.*

Gegen diese Kritik des Konzepts der Teilobjekte und Teilselbste und das Plädoyer für eine einheitliche Selbstempfindung und eine ganzheitliche Objektwahrnehmung könnte man einwenden, daß vorwiegend wahrnehmungspsychologisch argumentiert wurde. Die Psychoanalyse behauptet aber, daß die Gespaltenheit im Erleben der Selbst- und Objektwelt in erster Linie darauf zurückzuführen ist, daß Wahrnehmungen, die in unlustvollen Zuständen gemacht werden, von denen in lustvollen Zuständen getrennt organisiert und aufgezeichnet werden. Demzufolge sind es die gegensätzlichen Affekte, welche die Wahrnehmung des Subjekts und der inneren Welt spalten. Entsprechend könnte man dann zwar einräumen, daß die gute lächelnde Mutter und die böse blickende zwar als dieselbe Mutter erkannt werden, aber nur wenn man einseitig die Wahrnehmungsfähigkeit des Säuglings betrachtet. Die psychoanalytische These ist aber, daß heftige Affekte auf vielerlei Weise diese Wahrnehmung beeinträchtigen.

Einmal könnte die Wahrnehmung durch die Affekte trivialisiert werden. Das perzeptuelle Wissen, daß es dieselbe Mutter ist, hätte dann keine affektive Valenz mehr und träte in den Hintergrund, ähnlich wie der erwachsene Borderline-Patient seinen Analytiker heute als gut und morgen als böse erlebt, obwohl er weiß, daß es derselbe Analytiker ist. Solche Schlußfolgerungen vom erwachsenen pathologischen Erleben auf das kindliche normale sind jedoch nicht ohne Tücken, und die Stichhaltigkeit dieses Arguments ist deshalb schwer einzuschätzen.

Eine zweite Möglichkeit, die ich nicht ausschließe, wäre, daß die differenzierte ganzheitliche Wahrnehmung des Säuglings aufgrund affektiver Belastungen zusammenbricht. Dies ist aber nicht die Regel, sondern die Ausnahme, weil niedere und nicht hohe Spannungszustände den Alltag des Säuglings beherrschen (s. Stern 1985, S. 271; Tronick 1989, S. 116; Zelnick/Buchholz 1990, S. 835 f.) und weil nur

---

* Von einem anfänglichen einheitlichen Selbstempfinden geht Klein jedoch nicht aus (s. 1946, S. 104), wohl aber Kohut (1975, 1977), wie diverse Ausführungen über das kohäsive Selbst in seiner zweiten Selbstpsychologie zeigen. Sein Konzept einer anfänglichen Einheit von Selbst und Selbstobjekt hat allerdings noch »symbiotische Schlacken«.

langandauernde, ungemilderte Spannungszustände einen dauerhaft desorganisierenden Einfluß auf Wahrnehmung und Erleben haben. Das Kennzeichen einer guten Mutter-Kind-Beziehung ist, daß intensive Affekte von der Mutter moduliert werden. Diese beseitigt sie zwar nicht gänzlich, wohl aber ihre übermäßige Dauer. Auf diese Weise erwirbt das Kind Toleranz für Affektspannungen, denn es hat erfahren und gelernt, daß bald Abhilfe geschaffen wird. Der disruptive Charakter heftiger Affekte wird so gemildert. Nur wenn das nicht der Fall ist, entstehen fragmentierte oder konfundierte Selbst- und Objektempfindungen, die dann aber kein normaler Zustand und kein Bestandteil einer normalen Entwicklungsphase sind, sondern entweder nur temporäre Erscheinungen ohne Langzeitwirkung oder dauerhafte Entgleisungen, entstanden aufgrund ständiger affektiver Überlastungen. Sie resultieren aus chronischen Unzulänglichkeiten und Inkonsistenzen der Eltern-Kind-Beziehung. Im Normalfall entstehen einheitliche Wahrnehmungen und Empfindungen von Selbst und Objekt.

Im Bezug auf die Theorie der Gespaltenheit der frühen Erlebniswelt des Kindes komme ich damit zum gleichen Resultat wie bei der Symbiose. Klinisch betrachte ich Symbiosewünsche als symbolische Überarbeitungen einer gestörten, die Selbstregulierungsfähigkeit des Säugling übermäßig einschränkenden Eltern-Kind-Beziehung: Sie sind Desintegrationsprodukte zusammengebrochener Individuationsbestrebungen. Das gleiche gilt für die Teilselbste und Teilobjekte. Sie sind das Ergebnis eines *Zusammenbruchs* der ursprünglichen einheitlichen Selbst- und Objektempfindung und kein in der Säuglingszeit normaler Zustand.

Affekte

Das Postulat der ursprünglichen Undifferenziertheit von Selbst und Objekt, das der Symbiosetheorie zugrunde liegt, wurde in der psychoanalytischen Entwicklungspsychologie auch auf die Affekte ausgedehnt. Der Säugling soll anfänglich nur Lust und Unlust oder gut und böse empfinden (s. Spitz 1965, S. 64, 161 f.). Erst allmählich kristallisieren sich dann im zweiten Lebenshalbjahr aus dieser primitiven Matrix – vor allem unter dem Einfluß der Ichentwicklung – komplexere Gefühle heraus.

Lust und Unlust sind sicher wichtige Regulationsprinzipien des psychischen Apparates, aber bei weitem nicht die einzigen Gefühle des Säuglings im ersten halben Jahr. Genaue Untersuchungen der Gesichtsausdrücke von Erwachsenen und Säuglingen in verschiedenen Kulturen ergeben ein anderes Bild. Für sieben bis acht sogenannte Primär- oder Basisaffekte wurde ein spezifisches Gesichtsausdrucksmuster entdeckt, das in allen Kulturen gleich ist. Es gibt jeweils typische Gesichtsausdrücke für Interesse / Neugier, Überraschung, Ekel, Freude, Ärger, Traurigkeit, Furcht und Schuld. Die meisten davon kommen schon beim Säugling vor. Sie müssen nicht gelernt werden, sondern sind Bestandteil der normalen Verhaltensausstattung eines jeden Mitglieds der Spezies. Die Ausdrücke für Interesse / Neugier, Überraschung und Ekel gibt es von Geburt an; Freude spätestens ab vier bis sechs Wochen; Ärger und Traurigkeit mit zwei bis vier Monaten; Furcht ab sechs bis sieben Monaten und Schuld im zweiten Lebensjahr (Izard et al. 1995).

Eine wichtige Frage ist, ob man die Gesichtsausdrücke von Säuglingen als Indikatoren der entsprechenden Gefühlszustände betrachten kann. Manche Forscher (Sroufe 1979; Lewis et al. 1984; Lewis / Michalson 1985; Michel et al. 1992) haben die Auffassung vertreten, der lächelnde Säugling empfinde nicht unbedingt Freude und der ärgerlich blickende keinen Ärger. Der Gesichtsausdruck sei nämlich eine Art frühreifes motorisches Programm, dem kein entsprechend differenziertes Gefühl zugrunde liege. Diese Konzeption ist nicht direkt zu widerlegen, weil man Säuglinge nicht fragen kann, was sie empfinden, aber aufgrund neurobiologischer und anderer Überlegungen (s. Dornes 1993, Kap. 5; Trevarthen 1993) kann man plausibel machen, daß eine weitgehende Entsprechung von Gesichtsausdruck und Gefühl wahrscheinlich ist. Auch die Tatsache, daß es eine interne Kohärenz verschiedener Modalitäten eines Affektausdrucks gibt – d. h. der mimische Ausdruck z. B. von Freude regelhaft mit bestimmten Arten der Vokalisierung und Körperhaltung einhergeht und der Ausdruck von Ärger mit anderen –, spricht für die Existenz diskreter Affekte (s. Weinberg / Tronick 1994). Damit wird ein dritter Eckpfeiler der psychoanalytischen Entwicklungspsychologie fragwürdig. Nicht nur die Symbiose- und Borderline-Theorie der frühen Entwicklung, sondern auch das Postulat einer ursprünglichen Undifferenziertheit der Affekte (bzw. ihrer bloßen Differenziertheit in Lust / Unlust oder gut / böse) sollte revidiert werden.

Zum Affektleben des Säuglings läßt sich weiter sagen, daß es sich nicht auf die oben genannten Basisaffekte beschränkt, sondern noch vielfältiger ist. Säuglinge verfügen über ziemlich präzise Zeit- und Intensitätswahrnehmungen. Oben wurde geschildert, wie sie z. B. die Intensität von Licht und Ton koordinieren. Überträgt man diese Ergebnisse auf die Affektforschung (s. Stern 1985, Kap. 3), so liegt die Vermutung nahe, daß Säuglinge nicht nur Freude, Ärger, Überraschung etc. erleben, sondern auch Eigenschaften wie »rasch«, »plötzlich«, »an- und abschwellend«. Ärger und Freude sind also nicht bloß stark oder schwach, sondern von dynamischen Eigenschaften gefärbt, die ihnen eine bestimmte »Textur« verleihen. Plötzlich auftauchender Ärger fühlt sich anders an als langsam an- und abschwellender. Ähnliches gilt für die anderen Affekte und auch für Ereignisse in der Außenwelt. Eine Mutter kann ihren Säugling mit sanften, langsamen Worten oder mit ruckartigen, heftigen Bewegungen aus dem Bettchen nehmen. Er wird die Melodie ihrer Sprache und die Intensität und Geschwindigkeit ihrer Bewegungen bemerken. Ein guter Teil der Einfühlung des Säuglings in die Mutter beruht auf der Wahrnehmung von Tempo und Intensität ihrer verschiedenen Lebensäußerungen. An ihnen spürt er ihre (und seine) Befindlichkeit. Die vitale Dimension von Ereignissen und Affekten wird schon von kleinsten Kindern perzipiert, und dies trägt dazu bei, daß sie nicht nur Lust und Unlust, sondern ein ganzes Spektrum von Gefühlen und Empfindungen haben.

Affekte und Triebtheorie

Die Psychoanalyse tat sich mit der Assimilierung dieser Forschungsergebnisse lange Zeit unter anderem deshalb schwer, weil dadurch die Brauchbarkeit der Triebtheorie als grundlegender Motivationstheorie für die frühe Kindheit in Frage gestellt wird. Libidinöse und aggressive Triebe sollen die Grundantriebskräfte jedes Säuglings sein, und ihre Befriedigung oder Nichtbefriedigung führt zu den entsprechenden affektiven Erlebnisqualitäten von Lust und Unlust. Affekte wurden in der Triebtheorie grundsätzlich als Triebabkömmlinge betrachtet. Die Triebe sind primär, die Affekte sekundär. Der Angstaffekt etwa ist in der ersten Angsttheorie (Freud 1916/17) das direkte *Resul-*

tat unbefriedigter Libido, in der zweiten Angsttheorie (Freud 1926) ein Signal für eine drohende Triebgefahr. Der depressive Affekt resultiert aus einer Überich-Aggression gegen das Ich, ergibt sich also aus einer Kombination von struktur- und triebtheoretischen Überlegungen (Kuiper 1966). In beiden Fällen sind die Affekte Abkömmlinge von Trieben. Aber vier Monate alte Säuglinge, bei denen man Traurigkeit beobachten kann, haben noch kein Überich. Das wußte schon Spitz (1946; 1953; 1965, Kap. 15) und bot deshalb für die im Säuglingsalter auftretende anaklitische Depression eine andere Erklärung an. Weil der Säugling sein wichtigstes Objekt (die Mutter) verloren hat, hängen seine Triebe sozusagen in der Luft. Es kommt zu einer Entmischung von Libido und Aggression, und die depressive, unter Umständen bis zum Tode führende Symptomatik erklärt sich aus der Wendung des nunmehr isolierten Aggressionstriebs nach innen. Spitz kommt somit bei der Säuglingsdepression ohne Überich aus, aber seine Annahme einer Triebentmischung mit sechs Monaten widerspricht anderen – auch seinen eigenen –, denen zufolge sich Triebe erst mit sechs Monaten *ver*mischen. Sollten sie sich entmischen, bevor sie sich vermischt haben? Abgesehen von solchen chronologischen Fragen hat das Konzept der Triebmischung/Entmischung in der psychoanalytischen Theorie generell einen höchst unklaren Status (Laplanche/Pontalis, 1967, S. 529ff.).

Ausgedehnte metapsychologische Spekulationen haben daran nicht viel geändert. Statt durch beständige Intensivierung begriffsakrobatischer Anstrengungen neuen Wein in alte Schläuche zu füllen, halte ich es für besser, das theoretische Grundgerüst zu überdenken. Für den vorliegenden Fall heißt das, Affekte und nicht Triebe als primäre Motivationssysteme des psychischen Apparats zu konzipieren. Wir sollten Abschied nehmen von der Vorstellung, daß nur zwei Kräfte – Libido und Aggression – den seelischen Apparat in Gang setzen bzw. den Säugling motivieren, und sollten akzeptieren, daß andere Motive wie Interesse/Neugier, Freude, Furcht und Überraschung nicht Umwandlungen von Trieben sind, sondern selbständige und triebunabhängige Antriebskräfte. Am Beispiel der Neugier wird dies besonders deutlich. In der klassischen Triebtheorie ist sie ein Abkömmling der Sexualneugier, eine Sublimierung und Abwandlung derselben. Wie aber soll man damit erklären, daß schon Neugeborene, die noch über kein einigermaßen starkes Ich verfügen – und damit auch nicht über die Fähigkeit zur Sublimierung –, trotzdem neugierig sind? Und weiter, daß sie es besonders in Zuständen sind, in denen ihre Triebe befriedigt sind, in einer Verfassung also, in der sie der klassischen Triebtheorie zufolge träge und unmotiviert sein müßten? Ich sehe im Rahmen der dualistischen Triebtheorie keine befriedigende Lösungsmöglichkeit für diese und verwandte Fragen.*

Natürlich ist man, wenn man die zwei Triebe durch sieben oder acht Basisaffekte ersetzt, auch noch nicht aus dem motivationstheoretischen Schneider, denn es gibt Grundbedürfnisse und Motive, die von den Basisaffekten ebenfalls nicht abgedeckt werden: Das Bedürfnis nach Sicherheit und Bindung an eine andere Person ist mit dem Affekt des Interesses nur unzureichend beschrieben; und das Bedürfnis und die Fähigkeit zu sinnlichem Vergnügen und sexueller Erregung ist durch den Affekt der Freude ebenfalls nur unzulänglich erfaßt. Ich weiß derzeit keine (voll) befriedigende Lösung für diese Probleme und lasse sie deshalb offen.

Lichtenberg und Kernberg über Affekte und Triebe

Es gibt allerdings mittlerweile eine Reihe ernstzunehmender Versuche, Aspekte der Triebtheorie mit der modernen Affekttheorie zu verbinden. Zwei davon möchte ich kurz erwähnen.

Lichtenberg (1988, 1989a) geht in seinem bedeutenden Entwurf weder von Trieben noch von Affekten aus, sondern von fünf grundlegenden Motivationssystemen. Es gibt: 1. ein System zur Regulierung physiologischer Bedürfnisse; dieses entspricht am ehesten Freuds Selbsterhaltungs- und Ichtrieben. 2. ein System zur Regulierung der Bedürfnisse nach Bindung und Verbundenheit. 3. ein explorativ-assertives System, das Neugier und Selbstbehauptung reguliert. 4. ein aversives System, das am ehesten dem Aggressionstrieb des traditionellen Modells entspricht. 5. ein sinnlich-sexuelles System, das die Nachfolge des Sexualtriebs antritt.

Alle Systeme sind separate Strukturen, die aber miteinander interagieren können. Die Systeme können von außen und innen aktiviert

---

* Parens (1979) hat vorgeschlagen, Neugier und Exploration des Neugeborenen als Manifestation eines nicht-destruktiven Trends im Aggressionsbetrieb zu betrachten. Ich gehe darauf in Kapitel 9 näher ein.

werden. Affekte spielen in ihnen eine zentrale Rolle, ohne daß man sagen könnte, daß sie mit den Systemen identisch seien. Das explorativ-assertive System kann z. B. durch die Wahrnehmung des menschlichen Gesichts aktiviert werden, und bestimmte »funktionale Aktivitäten«, also Handlungen wie Hinblicken, Betasten etc. werden ausgelöst. Deren Aktivierung wird von Affekten der Freude und des Interesses begleitet. Die Affekte *verstärken* die mit den funktionalen Aktivitäten einhergehenden Motivationen, schaffen sie aber nicht neu. Zum Bindungssystem gehört ebenfalls ein bestimmtes Wahrnehmungs- und Handlungsrepertoire, wie z. B. die Präferenz für die mütterliche Stimme, das nicht-nutritive Saugen und das Anklammern. Motivation entsteht in dem Moment, wo die mütterliche Stimme gehört oder an einem Objekt gesaugt wird. Die so entstandene Motivation wird dann durch ebenfalls aktivierte Affekte (wie Interesse oder Freude) verstärkt.

Das Verhältnis von System, funktionaler Aktivität, Motivation und Affekt ist in Lichtenbergs Entwurf nicht gänzlich klar. Die systemtheoretische Denkweise und Begrifflichkeit ist schwierig und nur unter Mühen mit der Triebtheorie zu verbinden. Im Grunde stellt sie eine ganz neue Sichtweise dar, und erst die Zukunft wird zeigen, ob sie der Triebtheorie auch klinisch überlegen ist. Dafür wird viel gedankliche Assimilierungsarbeit zu leisten sein. Diese Anstrengung sollte jedoch unternommen werden, denn ohne gute Motivationstheorie ist die psychoanalytische Theorie nur ein Torso.*

Kernbergs Überlegungen (1991a,b) zum Verhältnis von Trieben und Affekten scheinen auf den ersten Blick leichter verdaulich. Er will

---

* Die Schwierigkeiten eines systemtheoretischen Motivationskonzepts sehe ich u. a. darin, daß seine Begrifflichkeit recht trocken ist und für die klinische Anwendung deshalb nicht sonderlich geeignet erscheint. Hier hat die Triebtheorie mit ihren gefühlsstarken Bildern von »Entladung« und »Abfuhr« sicher Vorteile. Das Problem ist, daß diese Begriffe zwar als Metaphern tauglich sind, aber nicht als theoretische Grundterme. Sie beruhen auf einer Phantasiephysik, an die heute niemand mehr glaubt und deren Weiterverwendung die Psychoanalyse bei den Nachbardisziplinen diskreditiert. Darüber hinaus ist die metapsychologische Artistik der Energieumwandlungen und Besetzungsverschiebungen mindestens genauso erfahrungsfern wie manche systemtheoretische Begriffe. Man wird abwarten müssen, ob und welche Kompromisse hier in Zukunft möglich sind. Den überzeugendsten Nachweis dafür, daß eine systemtheoretisch konzipierte Motivationstheorie weder begrifflich trocken noch klinisch steril sein muß, liefern Lichtenberg et al. (1992).

den Triebbegriff nicht durch den des Motivationssystems ersetzen, sondern an den Begriffen Libido, Aggression und Trieb festhalten. Insofern beläßt er die terminologische Kirche zunächst einmal im Dorf. Bei näherer Betrachtung ändert sich jedoch das Bild. Kernberg akzeptiert die Ergebnisse der neueren Affektforschung und geht von den genannten Basisaffekten als grundlegenden Motivatoren aus. Daneben gibt es noch abgeleitete Affekte. Sie sind »kognitiv weiterentwickelte Kombinationen primärer Affekte« (1991b, S. 252). Bei ihnen spielen die physiologischen und expressiven Komponenten eine geringere Rolle als bei den Basisaffekten, die erlebnismäßig-gefühlshaften dagegen eine größere. »Die Libido (bzw. der Sexualtrieb) entsteht aus der Integration positiver oder belohnender Affektzustände, wie beispielsweise gehobene Stimmung und sexuelle Erregung. Aggression als Trieb entsteht aus der Integration negativer oder aversiver Affekte wie Haß, Wut und Ekel« (ebd.). Was das genau heißt, ist in dieser Kürze vielleicht ein wenig unklar (ausführlich Kernberg 1996), aber das Zitat illustriert zumindest, daß auch Kernberg meilenweit von der klassischen Sichtweise entfernt ist. Letztlich kehrt er sie völlig um. Affekte sind nicht mehr Abkömmlinge von Trieben, sondern Triebe sind Abkömmlinge von Affekten oder, wie es bei ihm heißt, entstehen aus der »Integration« von Affekten. Die Affekte sind das Primäre, die Triebe das Abgeleitete. Dementsprechend gibt es Triebe nicht von Geburt an, sondern erst sehr viel später, vermutlich ab zwei oder drei Jahren, wenn die Integration primärer Affekte und ihre Verknüpfung mit Phantasien hinreichend sicher etabliert ist.

Konsequenterweise fordert Kernberg den Abschied von der Idee der erogenen Zonen der Libido und will sie ersetzt wissen »durch das Konzept eines hocherregten Affektzustandes, der sämtliche physiologisch aktivierten Funktionen und Körperzonen umfaßt, die bei affektiv besetzten Interaktionen des Säuglings... mit der Mutter... beteiligt sind« (ebd., S. 253). Libido ist dann nicht mehr zonenspezifisch, sondern als »Quelle« von Libido fungieren alle angenehmen hochaffektiven Austauschprozesse von Mutter und Kind und alle sie begleitenden Körperprozesse. Diese Theorie entfernt sich also trotz terminologischer Loyalität inhaltlich ebenfalls von den klassischen Grundlagen, was ich begrüße.*

---

* Das systemtheoretische Vokabular findet bei Kernberg – trotz Triebbegriff – ebenfalls Verwendung. Triebe sind für ihn nichts Elementares mehr, sondern hier-

Interessant ist eine Übereinstimmung von Lichtenberg und Kernberg hinsichtlich der Sexualität. Bei Kernberg entsteht Libido als Trieb (bzw. als Motivationssystem) erst im Laufe der Entwicklung. Sexuelle Erregung ist bei ihm ein komplexer Affekt, der eine längere Entwicklung hat als andere, primäre Affekte (ebd., S. 254). Lichtenberg (1989a, Kap. 8) kommt in seinem Überblick über die empirischen Studien zur Sexualität bei Kleinkindern zu einem ähnlichen Schluß, nämlich daß es im ersten Lebensjahr zwar sinnliches Vergnügen, aber keine Indizien für sexuelle Erregung gibt. Kinder spielen beispielsweise bis ins Alter von etwa einem Jahr mit ihren Genitalien eher explorativ als erregt. Sie genießen es, wenn die Mutter sie dort streichelt, aber nicht wesentlich anders als anderweitige Liebkosungen. Der Umgang mit dem eigenen Genital ähnelt dem mit einem »Spielzeug«. Erst ab etwa eineinhalb Jahren ist die Manipulation der Genitalien von qualitativ anderen beobachtbaren Verhaltensweisen begleitet: Der Atem wird gepreßt, der Blick nach innen gewendet und glasig, die Pulsfrequenz steigt, das Kind wirkt »absorbiert«. Kurz: Erstmals treten alle Zeichen auf, die bei Erwachsenen als Begleiterscheinungen sexueller Erregung gelten. Diese scheint also wirklich, wie Kernberg vermutet, eine recht komplizierte und späte Angelegenheit zu sein. Das Kleinkind wäre in dieser Sicht zunächst weniger ein polymorph-perverses, sexuelles Wesen als ein sinnlich vergnügtes.

Freuds Libidobegriff umfaßt sicher beides, exploratorisches und exzitatorisches Genitalspiel. Aber gerade wegen dieser »Breite« ist der Begriff nicht sonderlich geeignet, die *unterschiedlichen Erlebnisqualitäten* zwischen beiden zu erfassen. Besonders deutlich wird das am Begriff der Oralität. Er umgreift sowohl oral sexuelle Handlungen im engeren Sinn, wie Saugen an Brust oder Penis, als auch Daumenlutschen zwecks Beruhigung oder In-den-Mund-Nehmen eines Spielzeugs zwecks Exploration. Solche Subsumierung unterschiedlicher

archisch übergeordnete Motivationssysteme (ebd., S. 251 f.), die »über« den Affekten stehen, weil sie komplexer sind als die primären Affekte, nicht weil sie mehr Motivationskraft haben oder entwicklungsgeschichtlich primär sind. Somit hält er am Triebbegriff fest, aber Trieb ist für ihn keine »elementare Kraft« mehr und keine »ständig fließende innersomatische Reizquelle«, sondern ein »Motivationssystem«. Während Lichtenberg dafür plädiert, den Triebbegriff durch den des Motivationssystems *zu ersetzen*, definiert Kernberg Triebe in Motivationssysteme um.

Phänomene unter ein Konzept läuft Gefahr, die Differenzen zu übersehen. Untersuchungen zum Saugverhalten von Neugeborenen machen deutlich, daß nutritives und nicht-nutritives Saugen qualitativ verschiedene Phänomene sind. Beide Saugarten haben einen anderen Rhythmus und verschiedene Funktionen. Es liegt deshalb nahe, sie verschiedenen motivationalen Systemen zuzurechnen und sie nicht als Transformationen oder Sublimierungen eines einheitlichen oralen Triebes zu konzipieren. Ganz in diesem Sinne erscheint bei Lichtenberg das nährende Saugen im System zur Regulierung physiologischer Spannungen, das nicht-nährende im System Exploration-Assertion. Hier werden also die Unterschiede betont. Möglicherweise läuft dieses Verfahren Gefahr, die Gemeinsamkeiten zu unterschätzen, etwa die der Beruhigung, die beiden Saugarten eigen sein kann. Dennoch: Nicht-nutritives Saugen vermittelt eine *andere Art von Beruhigung* als Saugen an der Brust und ein voller Magen. Dieser gefühlsmäßige Unterschied erfährt in einem einheitlichen Oralitätskonzept zu wenig Berücksichtigung.

Ich verlasse nun, offen für weitere Diskussion, das Thema Triebe und Affekte und wende mich dem frühen Denken zu.

Das präsymbolische Denken

Bisher wurden drei Grundfragen geklärt: 1. Die Psychoanalyse braucht eine durch Direktbeobachtung inspirierte Entwicklungspsychologie, weil der Säugling durch Rekonstruktionen allein nicht gut genug erforscht werden kann. 2. Die Symbiose- und Borderline-Theorie der frühen Normalentwicklung sollte überdacht werden. 3. Die Ergebnisse einschlägiger Untersuchungen nötigen zu einer Revision der grundlegenden Annahme von der Undifferenziertheit des Neugeborenen. Sie gilt weder für seine Wahrnehmung noch für seine Affekte noch für sein Interaktionsverhalten und -erleben. Die bisherige psychoanalytische Theorie hat – so könnte man sagen – den Säugling beträchtlich unterschätzt.

In einer wichtigen Hinsicht hat sie ihn jedoch überschätzt. Sie hat ihm komplizierte psychische Operationen und Phantasien zugeschrieben, z.B. die Fähigkeit zur halluzinatorischen Wunscherfüllung, die Projektion aggressiver oder sonstiger unlustvoller Phantasien nach außen, symbiotische Phantasien, Größenphantasien, projektive Identifizierungen und anderes mehr. All dies kann der Säugling aber nicht, zumindest nicht in den ersten eineinhalb Lebensjahren, weil er in dieser Zeit noch nicht vorwiegend symbolisch, sondern sensomotorisch denkt. Was heißt das?*

Der Säugling, der über einen Gegenstand nachdenkt, tut dies nicht in bildhafter Form. Er verfügt noch nicht über die Fähigkeit, sich ein Bild von einem abwesenden Objekt zu machen. Gegenstände existieren für ihn nur, so lange sie anwesend sind und so lange er in handelndem Umgang mit ihnen Kontakt hat. Seine »Objektvorstellung« ist eine Objektempfindung und stark geprägt von den Sinneswahrnehmungen, die das Objekt bei ihm auslöst.** Die Mutter ist für ihn kein Bild, das er im Geiste evozieren kann, wenn sie abwesend ist, sondern sie besteht für ihn erst einmal aus dem Geruch, den sie ausströmt, wenn sie da ist, den Sinneseindrücken, die ihre Haut und ihre Kleidung bei Berührung vermitteln, und dem Tonfall ihrer Stimme, die der Säugling wiedererkennt, wenn sie zu ihm spricht. »Mutter« ist für ihn die Summe der Empfindungen, die ihre Anwesenheit bei ihm auslöst. Entsprechendes gilt für eine Rassel oder eine Milchflasche. Wenn diese Objekte verschwinden, so verschwinden auch die durch sie ausgelösten Empfindungen. »Aus den Augen, aus dem Sinn«, oder: »Aus der Hand, aus dem Sinn«.

Der Säugling sucht zunächst nicht nach den Objekten, und fast scheint es, als hätte er sie vergessen. Seine Erfahrungen werden jedoch im Gedächtnis gespeichert. Wenn das Objekt wieder erscheint, erkennt er es wieder. Die Aufzeichnungen vergangener Erfahrungen werden dann aktiviert und mit den gegenwärtigen Sinneseindrücken verglichen. Der Säugling verfügt über ein Wiedererkennungsgedächtnis – Rekognition –, nicht aber über ein entwickeltes evokatives Gedächtnis. Erscheint der Gegenstand oder die Mutter nicht, so kann er

* Das ganze Thema des frühen »Phantasierens« wird aus der Sicht der Kleinkindforschung ausführlich behandelt bei Lichtenberg (1983), Stern (1985) und Dornes (1993, Kap. 8) sowie in den Kapiteln 3 und 4 dieses Buches. Der Urvater von allen ist Piaget (1936, 1937, 1945). Zelnick/Buchholz (1990) haben ebenfalls einen informativen Übersichtsartikel zum Thema »innere Repräsentanz« beim Säugling geschrieben, auf den an dieser Stelle noch hingewiesen sei.
** Diese Empfindungen werden allerdings schon als von einem Objekt herstammend wahrgenommen, sind also nicht rein subjektiv (näheres dazu in Kapitel 4).

die vergangenen Aufzeichnungen auch nicht (oder nur ganz kurz) aktivieren, weil er noch nicht über die Fähigkeit verfügt, das Abwesende in dessen Abwesenheit dauerhaft mental zu reproduzieren. Er kann unter der Abwesenheit der Mutter oder der Milchflasche leiden, er kann etwas vermissen, aber er weiß nicht, worunter er leidet und was er vermißt. Er kann das Abwesende nicht herbeihalluzinieren. *Vor* dem Erwerb der Symbolfunktion gibt es keine halluzinatorische Wunscherfüllung, sondern nur aktuelle Bedürfnisbefriedigung oder Frustration. Die Realität kann nicht umphantasiert werden, sondern ist, wie sie ist – gut oder schlecht (s. a. Stern 1985, S. 237 f.). Ist sie schlecht, so hat der Säugling unangenehme Empfindungen, aber keine bösen Selbstrepräsentanzen, die er projizieren könnte. Die unangenehmen Empfindungen versucht er durch Schreien, Strampeln, Einschlafen etc. loszuwerden, aber nicht durch Projektion von Repräsentanzen. Er kann auch nicht kompensatorisch zu Größenphantasien Zuflucht nehmen, um sich zu trösten, denn das würde – ebenso wie die Projektion von Repräsentanzen – voraussetzen, daß er eine »Vorstellung« von sich hat, die über die aktuellen Empfindungen hinausgeht. Erst *nach* dem Erwerb der Symbolfunktion – mit etwa zwölf bis achtzehn Monaten – ist das möglich. Vorher ist das Denken kleiner Kinder nicht wie das der Erwachsenen oder älterer Kinder, die über das Abwesende nachdenken können, indem sie es symbolisch repräsentieren und dann die Symbole und Phantasien im Sinne ihrer Wünsche und Ängste verändern. Mentale Inhalte können intrapsychisch erst manipuliert werden, wenn sie symbolisch encodiert sind. Das Denken des präsymbolischen Kindes ist überwiegend handlungs- und wahrnehmungsgebunden, sensomotorisch nicht symbolisch.*

Das hat weitreichende Konsequenzen für viele psychoanalytische Theorieteile. Die ganze Lehre von den frühen Abwehrmechanismen muß neu betrachtet werden, denn Projektion, Introjektion, projektive Identifizierung und Verleugnung gibt es nicht als aktive, intentionale psychische Mechanismen, sondern nur in verhaltensmäßiger Vorform: Es gibt keine Abwehr*mechanismen*, sondern nur Abwehr-*maßnahmen* (s. Fraiberg 1982; Lichtenberg 1983, S. 75 f.). Die Verleugnung des präsymbolischen Kindes ist keine Nichtwahrnehmung eines seelischen Inhalts, sondern die Vermeidung einer aktuellen, mit negativen Affekten verknüpften Wahrnehmung: Es sieht weg, wenn

---

* Näheres dazu in den Kapiteln 3 und 4.

eine Mutter kommt, die ihm überwiegend unangenehme Empfindungen bereitet hat.

Auch die Theorie über Primär- und Sekundärprozeß sollte modifiziert werden. Das erste Denken des Kindes ist nicht primärprozeßhaft, sondern sensomotorisch, nicht realitätsabgewandt-halluzinatorisch, sondern realitätszugewandt und von der Realität abhängig. Es gibt kein Denken ohne Handeln und Wahrnehmen. Primärprozeßdenken, dessen zentrale Charakteristika Verdichtung und Verschiebung *innerhalb eines Symbolgefüges* sind, ist erst ab eineinhalb Jahren möglich. Wahrscheinlich entstehen Primär- und Sekundärprozeß gleichzeitig in diesem Alter und nicht nacheinander (ausführlich dazu Dornes 1993, Kap. 8 mit weiterer Literatur).

Die Konzeption eines frühen intrapsychischen Konflikts sollte ebenfalls überprüft werden. Damit ein Wunsch, eine Triebregung oder ein Affekt vom Ich abgewiesen werden können, ist es notwendig, daß das Ich die Ver- und Gebote der Außenwelt verinnerlicht und symbolisch repräsentiert hat. Ohne symbolische Repräsentation kann eine Triebregung von der Realität frustriert, aber nicht vom Ich verdrängt werden, weil die Verdrängung bekanntlich nicht am Trieb selbst, sondern an dessen Vorstellungsrepräsentanz ansetzt. Ohne Symbolfunktion gibt es aber keine Vorstellungsrepräsentanz. Die Schlußfolgerung, zu der ich in diesem Abschnitt gelange, ist also, daß wir auch viele Vermutungen über das frühe Denken und Phantasieren verändern müssen, nicht nur die über Wahrnehmung und Affekte.*

---

* In der psychoanalytischen Theorie findet sich jedoch der Symbolisierungsbegriff noch in einer anderen Variante als der hier in den Vordergrund gestellten des »Bildermachens« bzw. der (bildhaften) Evokation eines abwesenden Objekts. Ausgehend von Melanie Kleins früher Arbeit zur Symbolbildung (Klein 1930) und Winnicotts (1951) Theorie des Übergangsobjekts wird Symbolisierung als »psychische Bedeutungsverleihung« verstanden. Küchenhoff (1990, S. 81) weist zu Recht darauf hin, daß Symbolisierung nicht unbedingt gleichbedeutend mit psychischer Bildhaftigkeit sein muß. Jeder Erwachsene ist zu psychischer Bildhaftigkeit in der Lage, und dennoch können manche, insbesondere psychosomatisch Erkrankte, nicht »symbolisieren«, d. h. Körperempfindungen, Affekte, Bilder und Gedanken in bedeutungsvoller Weise als Teil des eigenen Seelenlebens empfinden. Gefühle und Gedanken sind bei ihnen isoliert, fragmentiert und konkretistisch. Obwohl sie in der Lage sind, abwesende Objekte im Geiste zu evozieren, sind ihre Phantasien über die Objekte oder den eigenen Körper eigentümlich leer und stereotyp. Dieser Symbolisierungsmangel ist von einem Verlust der Bildhaftigkeit im übertragenen Sinn begleitet: Nicht die Fähigkeit zum Bildermachen ist verlorengegangen, son-

Introjektion und projektive Identifizierung beim Säugling: Das Wesen früher Austauschprozesse

Dennoch sind die psychoanalytischen Theorien über frühe Abwehr- und Introjektionsprozesse nicht einfach falsch. Sie beschreiben Prozesse, die tatsächlich stattfinden, wenn auch in anderer Form, als die Terminologie der Repräsentanzen es nahelegt. Ich möchte diese These am Beispiel der projektiven Identifizierung illustrieren.

Der Begriff hat derzeit Konjunktur, und fast könnte man sagen, er läuft Amok in der psychoanalytischen Literatur. Fast jeder Autor hat mittlerweile sein eigenes Konzept dieses Vorgangs (Überblick bei Zwiebel 1985; Sandler 1987; Mertens 1991, S. 30 ff., 64 ff.). In der einfachsten Lesart ist ungefähr folgendes gemeint: Ein unangenehmer Impuls, z. B. eine aggressive Regung, ist für das Subjekt unerträglich und wird deshalb auf die Außenwelt projiziert. Im Unterschied zur Projektion gelingt das in der projektiven Identifizierung nur unzureichend. Das projizierende Subjekt bleibt weiterhin in Kontakt mit dem projizierten Impuls und wird ihn nicht ganz los. Gleichzeitig ist durch die Projektion die Außenwelt gefährlich geworden und muß manipuliert und kontrolliert werden. Diese Kontrollversuche machen das manipulierte Objekt aggressiv, und es verspürt die Neigung, sich im Sinne der Projektion zu benehmen. Es wird aggressiv, deutet aggressiv oder handelt sogar so. Ein unliebsamer seelischer Inhalt des Subjekts ist also beim Objekt gelandet, wird von diesem exekutiert und landet wieder beim Subjekt, das so zum Opfer seiner eigenen Aggression wird. Solche kreisförmigen interpersonalen Austauschprozesse finden auch zwischen Mutter und Säugling statt, allerdings nicht als verbal vermittelter Austausch von Gefühlen, sondern auf einer Handlungsebene.

Ein depressiver Säugling projiziert keine depressiven Phantasien, die er nicht hat, aber seine Körperhaltung ist zusammengesunken, seine Motorik und Atmung verlangsamt, sein Gesicht unbelebt, seine

dern die Lebendigkeit, Plastizität und Bedeutung von Bildern und Affekten. Sie liegen gleichsam wie erratische Blöcke in der Seele herum und sind nicht in eine kohärente innere Welt integriert. Diese Form der Nicht- oder Desymbolisierung als Mangel an Bedeutungsverleihung wird von Autoren wie M. Klein, Winnicott, Bion, Lacan u. a. beschrieben (s. Green 1975, Ogden 1985 und Küchenhoff 1990 mit weiterer Literatur). Die Zukunft wird zeigen, ob und wie ein solcher Symbolisierungsbegriff mit dem von mir diskutierten zu verbinden ist.

Interaktion unvital. Kleinkindforscher haben beeindruckend beschrieben, wie auch nicht-depressive Erwachsene von diesem Affekt und Interaktionsstil infiltriert werden (Field et al. 1988). Ihre Interaktionen verlangsamen sich, ihr Gesichtsausdruck wird weniger lebhaft, und sie fühlen sich nach kurzer Zeit erschöpft. Eine unliebsame seelische Empfindung des Säuglings ist bei ihnen angekommen. Sie wurde nicht »projiziert«, aber über interaktionelle Verhaltensweisen kommuniziert. Der Erwachsene kann sich, ganz wie bei der projektiven Identifizierung, dem kommunizierten Affekt nicht entziehen; er interagiert nun selber depressiv und gibt den Affekt an den Säugling zurück. Der wird jetzt noch depressiver und zum Opfer der von ihm beim Erwachsenen induzierten Depression. Ähnlich wurde der oben beschriebene Patient zum Opfer der von ihm projizierten Aggression. Es *gibt* also projektive Identifizierung zwischen Mutter und Säugling, aber sie sieht anders aus als bisher in der psychoanalytischen Theorie konzeptualisiert. Die beteiligten Affekte werden nicht mittels symbolischer, sondern mittels präsymbolischer Kommunikation übertragen. Es werden keine Repräsentanzen, Phantasien oder Affekte projiziert, zumindest nicht vom Säugling, sondern ein Affekt wird im *Verhalten* ausgedrückt und auf diesem Weg zum anderen transportiert.

Etwas Ähnliches gilt für die Phantasien oder Gefühle Erwachsener. Auch sie werden dem Säugling auf dem Verhaltensweg mitgeteilt und von ihm nur verstanden, sofern sie ein handlungsmäßiges, ausdruckshaftes Korrelat haben. Eine Mutter kann z. B. die bewußte oder unbewußte Phantasie haben, ihr Säugling würde verhungern. Diese Phantasie kann der Säugling nicht verstehen, selbst wenn sie ihm mitgeteilt würde. Was er aber versteht, ist folgendes: Um ihrer Angst vor dem Verhungern Herr zu werden, wird die Mutter den Säugling bei jeder passenden und unpassenden Gelegenheit füttern (Beispiele bei Cramer 1987). Ein Fütterungszwang dringt in die Interaktion ein, auf den der Säugling aversiv reagiert. Er wird sich verschlucken, erbrechen, die Nahrung verweigern, sich also auf den Weg zum Verhungern begeben und so die mütterliche Phantasie exekutieren oder »introjizieren«. Frühe Introjektion heißt also, daß Phantasien und Affekte der Eltern über interaktionelle Korrelate kommuniziert und so vom Säugling verstanden werden. »Introjektion« beim Säugling ist *kein absichtsvoller, aktiver psychischer Prozeß der Hereinnahme eines fremden seelischen Inhalts, sondern eine Übernahme von, Anpassung an, oder Reaktion auf die ausdrucksmäßigen Korrelate elterlicher Phantasien.* Die Psychoanalyse beschreibt in von Nicht-Psychoanalytikern oft als mythologisch empfundenen Begriffen wie Introjektion und projektive Identifizierung durchaus reale Prozesse, aber für den Säugling sind diese Prozesse auf andere Weise real, als die Phantasieterminologie, welche die Fähigkeit des Säuglings überfordert, nahelegt.

Im Grunde haben also beide recht, Psychoanalytiker und Verhaltenswissenschaftler. Die Verhaltenswissenschaftler beschreiben den Weg und die Art, wie elterliche Phantasien in der präverbalen Zeit kommuniziert und verstanden werden; die Psychoanalyse erhellt den Inhalt dieser Phantasien und ihre die Interaktion determinierende Kraft. Cramer hat in verschiedenen Publikationen (1987, 1989; Brazelton/Cramer 1989, Teil II) auf faszinierende Weise beschrieben, wie durch psychoanalytische Exploration die unbewußten Phantasien der Eltern über sich und ihre Kinder an die Oberfläche gebracht werden können. Dabei zeigt sich regelmäßig, daß auf den ersten Blick unverständliches und pathogenes Interaktionsverhalten ein Ausdruck solcher Phantasien ist und wie ihre Durcharbeitung den Interaktionsstil, unter dem oft Eltern und Kinder leiden, verändern kann. Statt sich gegenseitig vorzuwerfen, die einen seien positivistisch oder behavioristisch und die anderen unwissenschaftlich oder subjektivistisch, sollten sich Psychoanalytiker und Verhaltensforscher lieber zusammentun. Der Säugling und sein Wohlergehen sind einfach zu wichtig, um sie einer Disziplin allein zu überlassen.

Kapitel 2   Gedanken zur frühen Entwicklung und ihrer Bedeutung für die Neurosenpsychologie

Bis in die 70er Jahre hinein war ein zentrales Axiom psychologischer und psychoanalytischer Aussagen über die Kindheit, daß das Neugeborene ein hilfloses Wesen sei. Es ist schlecht ausgerüstet für das Überleben in einer Welt, in der es sich zunächst unbehaust und fremd fühlt und die, nach der Austreibung aus dem schützenden Uterus, auf es einstürzt wie ein Feind. Freuds Behauptung (1915a, S. 231), daß der Haß älter sei als die Liebe, da der Säugling ursprünglich die Außenwelt ablehne, weil sie ihn mit Reizen überwältige, illustriert diese Sicht des Verhältnisses von Mensch und Welt, in welcher der Mensch eine zunächst gesellschaftsfeindliche und unsoziale Kreatur ist, die sich nur mühsam und nicht ohne Widerstände an- und einpaßt.

Obwohl es von einem evolutionsbiologischen Gesichtspunkt aus zunächst wenig Sinn macht, davon auszugehen, daß ein Lebewesen primär nicht an seine Umwelt angepaßt ist, hat diese Sicht durchaus ihre Berechtigung und Faszination. In den großen biologischen und philosophischen Anthropologien des 20. Jahrhunderts – denen von Portmann (1951) und Gehlen (1940) – wird der Mensch als Mängelwesen beschrieben, das sich gerade dadurch vom Tier unterscheidet, daß es »weltoffen« ist, das heißt nicht angepaßt an eine *spezifische* Umwelt wie das Tier, sondern offen für alle möglichen Welten. Darin kann man einen Anpassungsmangel sehen oder zumindest einen Mangel an Festgelegtheit, der ein Risiko darstellt, aber auch einen evolutionären Vorteil, weil das Überleben der Spezies nicht mehr von besonderen Umweltbedingungen abhängig ist. Der Mensch kann sich, eben wegen seiner geringen instinktiven Festgelegtheit, an alle möglichen Umwelten anpassen. Der Verlust von Instinkten bringt aber zugleich eine verlängerte und verstärkte Abhängigkeit von den Pflegepersonen mit sich. Was die (fehlenden) Instinkte nicht mehr tun können, muß ein anderer an ihrer Stelle tun. Der Mensch als »extrauterine Frühgeburt und Nestflüchter« (Portmann 1951) ist, im Vergleich mit anderen Arten, zu früh geboren, kommt unfertig zur Welt und ist deshalb fürs Überleben mehr als andere Arten auf die andauernde Unterstützung seiner Umwelt angewiesen.

Diese Abhängigkeit hat zwei Seiten. Jeder weiß, daß man sich in einer Beziehung zu einem größeren, mächtigeren anderen beschützt und geborgen fühlen kann, ja sogar großartig und vollkommen, wenn man den anderen als Teil oder Ausdehnung der eigenen Person erlebt; man kann sich aber auch ohnmächtig und klein fühlen. Allmachts- und Ohnmachtsgefühle sind beide Ausprägungsformen von Abhängigkeit. Entwicklungspsychologisch gewendet ist diese Zweiheit von Allmacht und Ohnmacht der Kern von Margaret Mahlers Theorie (Mahler et al. 1975) über den symbiotischen Ursprung der menschlichen Existenz. Mahler verlängert auf ihre Art das Grundthema der Anthropologie vom Menschen als einem unfertig zur Welt gekommenen Wesen in die Psychologie hinein. Eine ihrer Behauptungen ist, daß beim Menschen biologische und psychische Geburt auseinanderfallen. Der Säugling ist psychisch eine Spätgeburt und schlüpft erst mit etwa sechs Monaten aus der symbiotischen Einheit mit der Mutter aus. Im ersten halben Jahr ist er psychisch noch nicht geboren und unfertig in dem Sinne, daß er in einer psychophysiologischen Zweieinheit mit der Mutter lebt, in der er keine oder kaum eine Getrenntheit zwischen sich und der Mutter empfindet. Die Außenwelt nimmt er nicht als solche wahr, sondern Reize, die von dort kommen, sind für ihn das gleiche wie die, die von innen kommen, etwa Hunger, Niesen oder Ausscheidungen.

Psychisch geboren wird der Mensch mit dem Ende dieses Zustands und dem Beginn der sogenannten Separation/Individuation, in der sich erste Anzeichen selbständigen psychischen Funktionierens zeigen. Ein psychisches Ich entsteht, das Spannungen, die vorher von der Mutter gemildert wurden, selbst zu regulieren beginnt. Hunger beispielsweise kann aufgeschoben werden, und sofortige Bedürfnisbefriedigung ist nicht mehr so wichtig wie zuvor. Egal, ob nun das erste Stadium der Verschmolzenheit mit der Mutter glücklich oder unglücklich verläuft, die aus dieser Zeit stammenden symbiotischen Bedürfnisse, also solche nach fragloser Harmonie und Zweieinheit, begleiten den Menschen Mahler zufolge von der Wiege bis zur

Bahre. Wurden sie erfüllt, sehnt er sich nach Wiederholung, wurden sie nicht erfüllt, besteht er auf Befriedigung und Wiedergutmachung.

Diese Theorie – die, im Gegensatz zu anderen, etwa der von Melanie Klein, zumindest implizit an der Idee festhält, daß es im Leben eine paradiesische Zeit gibt, in welcher der Mensch noch eins mit sich selbst sein kann (nämlich in der Symbiose, vermittelt über die Einheit mit einem anderen), fähig zu vollem, wenn auch unreflektiertem Glück und zur absoluten, wenn auch passiven Befriedigung – ist in den letzten Jahren in die Kritik geraten.*

Was daran problematisch ist, wird deutlich, wenn man Mahlers Symbiosebegriff mit dem der Biologie vergleicht. In der Biologie bedeutet Symbiose ein Zusammenleben artverschiedener Organismen

---

* Mahlers Idee einer glücklichen Symbiose als Grundbaustein für die weitere gesunde Entwicklung enthält Anklänge eines romantischen Menschenbildes, die bei manchen psychoanalytischen Theoretikern – etwa Ferenczi, Winnicott und Kohut – stark ausgeprägt sind, bei anderen, etwa Freud oder Melanie Klein, weniger. Mahler steht meines Erachtens ungefähr in der Mitte dieses Spektrums. Die Grundidee des romantischen Menschenbildes besagt, daß der Mensch gut ist und durch seine Umwelt verdorben wird. Die psychoanalytische Romantik, mit der ich sympathisiere, hat einen anderen Begriff vom Unbewußten und seinen Inhalten als die von Strenger (1989) »klassisch« genannte Tradition. Während bei Freud und M. Klein im Unbewußten eher abstoßende Dinge wie Vatermord, Inzestwünsche und dergleichen beheimatet sind, die man kennen und beherrschen muß, um einigermaßen anständig zu leben, ist bei Winnicott und Kohut das Unbewußte (auch) ein Hort von Kreativität, gesunden Wachstumsimpulsen, wahrem Selbst, Ambitionen, Idealen und ähnlichem. Um es kurz und in einem vielleicht etwas übertriebenen, aber anschaulichen Bild zu sagen: Für Freud und die Vertreter der klassischen Tradition ist das Unbewußte eher ein *Eimer*, in dem ziemlich trübes Wasser brodelt; für die psychoanalytischen Romantiker ist es eher eine *Quelle*, aus der im Falle einer gelungenen Entwicklung oder Therapie vorwiegend klares Wasser sprudelt. Mehr Informationen zu diesem Thema findet der interessierte Leser bei Strenger (1989), der auch die jeweiligen behandlungstechnischen Konsequenzen dieser verschiedenen Bilder vom Menschen und vom Unbewußten vorzüglich herausarbeitet. Symingtons Versuch (1986, Kap. 6), Freud zum Romantiker zu machen, hat mich nicht überzeugt.

Man kann die klassische und die romantische Sicht auch etwas weniger polarisieren, als ich das eben getan habe. Dann würde man sagen, daß die Romantiker – und die Kleinkindforscher – versuchen, die dämonischen Aspekte der Kindheit, deren Entdeckung ein zentrales Verdienst der klassischen Psychoanalyse ist, in einen normalen Kontext zu integrieren. Sie zeigen, wie das Kind im Rahmen einer entwicklungsfördernden Beziehung lernt, mit dem Dämonischen adaptiv umzugehen und symptomarme, eher nichtpathologische Formen des Umgangs damit entwickelt (s. Lichtenberg 1983, S. 130 f.)

zum wechselseitigen Nutzen. Beide Organismen tragen etwa gleichviel zur Symbiose bei. Bei Mahler liegt der Schwerpunkt der Beiträge auf seiten der Mutter. Der Säugling ist eher passiver Adressat von Pflegehandlungen als aktiver Teilnehmer eines Austauschs. Genau diese Vorstellung vom Säugling als einem überwiegend passiven, mit wenigen Wahrnehmungs- und Interaktionsfähigkeiten begabten Wesen wird heute grundlegend revidiert. Nicht mehr der symbiotisch-passive oder von seinen Trieben geplagte und auf orale Befriedigung und Spannungsabfuhr versessene Säugling beherrscht die Diskussion, sondern der »kompetente« Säugling. Bei der Prominenz des Themas ist eine Warnung am Platze. Die grundlegende Einsicht, daß das menschliche Neugeborene allein weniger lebensfähig ist als andere Arten und erst mit etwa einem Jahr dort ankommt, wo andere Arten schon bei der Geburt stehen, ist nicht wegzudiskutieren. Insofern ist der Säugling nicht kompetent in dem Sinne, daß er autonom oder unabhängig vom anderen ist, sondern in dem Sinne, *daß er auf der Basis einer funktionierenden Beziehung zu primären Bezugspersonen* Fähigkeiten hat und entfaltet, von denen wir früher noch nichts ahnten.

Die Wahrnehmungswelt des Säuglings

Eine grundlegende Frage, die sich Säuglingsforscher stellen, ist die: Wie und mit welchen Methoden kann man herausfinden, ob und gegebenenfalls was ein Säugling sieht, hört, fühlt usw. Säuglinge kann man dazu nicht direkt befragen, weil sie die Sprache nicht verstehen, und sie können auch nicht antworten, weil sie noch nicht sprechen können. Deshalb erfanden Kleinkindforscher ungefähr ab Anfang der 70er Jahre Experimente, mit denen Säuglinge untersucht wurden, und ihr Verhalten während des Experiments wurde dann als Antwort auf die im Experiment gestellte Frage verstanden. Man kann einen drei Monate alten Säugling z. B. nicht fragen, ob er einen Unterschied zwischen zwei Gesichtern sieht, aber man kann folgendes Experiment machen: Man zeigt ihm nebeneinander zwei verschiedene Gesichter und mißt die Zeitdauer der visuellen Aufmerksamkeit. Dabei stellt sich heraus, daß der Säugling eines der beiden Gesichter länger anblickt als das andere. Er zeigt eine visuelle Präferenz für eines der beiden Gesichter, beispielsweise für das seiner Mutter. Daraus können wir schließen, daß er einen Unterschied zwischen beiden Gesichtern wahrnimmt, denn sonst müßte die Fixierungsdauer, also die Aufmerksamkeit für beide Gesichter, ungefähr gleich sein. Die Antwort des Säuglings – abgelesen an seinem visuellen Verhalten – lautet also: Ja, ich sehe einen Unterschied zwischen den beiden Gesichtern.

Es gibt noch andere Vorgehensweisen. Man kann dem Säugling beispielsweise ein Gesicht zeigen, und wenn er es lange genug angesehen hat, läßt sein Interesse schließlich nach. In der Erwachsenensprache würden wir sagen, er beginnt sich zu langweilen. In der Fachsprache heißt dieser Prozeß Habituierung: Der Säugling wendet sich vom Reiz ab. Wenn man ihm nun ein anderes Gesicht zeigt, fängt er plötzlich wieder an, sich dafür zu interessieren, und erforscht es aufs neue. Dieser Prozeß heißt Dishabituierung und zeigt, daß der Säugling bemerkt, daß das zweite Gesicht sich vom ersten unterscheidet. Wenn er keinen Unterschied bemerken würde, würde er beim zweiten Gesicht nicht wieder neugierig werden, sondern es so behandeln wie das erste: mit Langeweile und Desinteresse.

Mit solchen und ähnlichen Methoden ist in den letzten 25 Jahren ungeheuer viel herausgefunden worden, beispielsweise daß Neugeborene schon recht gut sehen können, daß ihre Sehschärfe mit vier bis sechs Monaten schon fast so gut ist wie bei Erwachsenen, daß sie schon ziemlich gut hören können, z. B. unmittelbar nach der Geburt die Stimme ihrer Mutter von anderen Stimmen unterscheiden können und vieles andere mehr.* Ein Experiment zur Gehörwahrnehmung kann vielleicht die Faszination der Forschungsmethoden und -ergebnisse am ehesten vermitteln. Die Frage ist hier: Wie stellt man eigentlich fest, ob ein Neugeborenes die mütterliche Stimme von anderen unterscheiden kann? DeCasper/Fifer (1980) entwickelten folgendes experimentelle Design: Sie ließen eine Mutter eine Geschichte auf Tonband lesen, und eine andere Frau sprach anschließend dieselbe Geschichte ebenfalls auf Band. Dann wurden die Tonbänder mit einem Schnuller verbunden, der mit einem elektronischen Druckumwandler ausgestattet war. Wenn der Säugling mit einem bestimmten Rhythmus am Schnuller saugte, schaltete sich das Tonband ein, und die Geschichte war zu hören. Das Besondere bei dem Experiment war, daß der Säugling mit Hilfe seines Saugrhythmus »wählen«

* Für einen ausführlichen neueren Überblick siehe Wilkening/Krist (1995).

konnte zwischen der Geschichte mit der mütterlichen Stimme und der Geschichte, die von der anderen Frau vorgelesen wurde. Saugte er mit einem bestimmten Rhythmus, so schaltete sich das Tonband mit der mütterlichen Stimme ein, bei einem anderen Rhythmus war die Stimme der fremden Frau zu hören. Interessanterweise wählen Säuglinge signifikant häufiger den Saugrhythmus, der dazu führt, daß sie die mütterliche Stimme hören. Sie haben also eine Präferenz dafür. Diese Bekundung einer Vorliebe zeigt zugleich, daß sie die beiden Stimmen voneinander unterscheiden können. Könnten sie das nicht, gäbe es auch keine Vorliebe für die eine oder andere Stimme, denn die Bekundung einer Präferenz setzt voraus, daß zwischen zwei Dingen, die zur Wahl stehen, auch unterschieden werden kann.

Neugeborene haben schon viele solcher Vorlieben und sind zu ziemlich differenzierten Unterscheidungen fähig. Sie sind auch in der Lage, Wahrnehmungen aus verschiedenen Sinnesbereichen zu koordinieren, was für ein Neugeborenes eine ganz verblüffende Fähigkeit ist. Steckt man einem acht bis vierzehn Tage alten Säugling einen Schnuller mit Noppen in den Mund, den er zuvor nie gesehen hat, und zeigt ihm anschließend nebeneinander zwei Bilder von Schnullern – einen mit, den anderen ohne Noppen –, dann betrachtet der Säugling bevorzugt das Bild des Schnullers mit Noppen. Er sieht also den Schnuller länger an, den er zuvor im Mund gefühlt hat. Umgekehrt funktioniert das ebenfalls: Hat er zuerst an einem Schnuller ohne Noppen gesaugt, betrachtet er anschließend lieber das Bild des Schnullers ohne Noppen (Meltzoff/Borton 1979). Er stellt also eine Verbindung her zwischen dem, was er im Mund gefühlt hat, und dem, was er sieht. Aufgrund dessen, was er gefühlt hat, bildet er eine Erwartung aus, wie das, was er im Mund hatte, aussehen muß. Für ihn sind der gefühlte Schnuller und der gesehene Schnuller nicht zwei verschiedene Dinge, sondern zwei Ausprägungsformen ein und desselben Dinges, ähnlich wie für uns der Tisch, den wir betasten, identisch ist mit dem, den wir gleichzeitig sehen.

Solche Untersuchungen sind von großer Bedeutung, weil sie uns eine Ahnung davon vermitteln, wie der Säugling die Welt erlebt. Früher dachte man, daß der Säugling z. B. die mütterliche Stimme hört und das mütterliche Gesicht sieht, aber zunächst keine Verbindung zwischen beiden Sinneseindrücken herstellt. Er würde dann in einer Welt vielfältiger, unzusammenhängender Objekteindrücke leben und hätte gewissermaßen viele Mütter: eine, die er hört, eine andere, die er sieht, und eine dritte, die einen bestimmten Geruch hat. Heute wissen wir, daß der Säugling ziemlich früh diese verschiedenen Sinneseindrücke koordiniert und ein einheitliches Objektkonzept entwickelt, wahrscheinlich schon im ersten halben Lebensjahr. Wir wissen auch, daß der Säugling mit fünf bis sieben Monaten einen Zusammenhang zwischen dem Affektausdruck im Gesicht der Mutter und dem Affektausdruck in ihrer Stimme herstellt (s. Rauh 1995, S. 217). Läßt man ihn eine ärgerliche Stimme hören und zeigt ihm anschließend zwei Gesichter, ein ärgerliches und ein fröhliches, so blickt er vermehrt das verärgerte Gesicht an und umgekehrt. Hat er zunächst die fröhliche Stimme gehört, bevorzugt er anschließend das fröhliche Gesicht. Er verfügt also bereits mit einem halben Jahr über ein Verständnis dafür, daß Affekte in verschiedenen Sinnesmodalitäten ausgedrückt werden können, und koordiniert diese Modalitäten miteinander.

Die Gefühlswelt des Säuglings

Damit komme ich zu den Affekten. Auf diesem Feld konkurrieren, grob gesprochen, zwei Richtungen miteinander. Die sogenannten Differenzierungstheorien der Emotionen behaupten, daß am Anfang des Lebens Emotionen global und nur wenig voneinander abgegrenzt sind (z. B. Bridges 1930, Sroufe 1979); die Theorie der diskreten Affekte (Tomkins 1962, 1963; Izard 1977, Izard et al. 1995) behauptet das Gegenteil, nämlich daß sich Affekte nicht aus einer undifferenzierten Matrix von globalen Zuständen wie Lust und Unlust langsam herausbilden, sondern von Anfang an in gut voneinander unterscheidbarer Form vorhanden sind.

Die klassische psychoanalytische Affekttheorie kann man den Differenzierungstheorien zurechnen. Eine ihrer Grundannahmen ist, daß das Neugeborene ausschließlich durch die Gefühle von Lust und Unlust beherrscht wird. Andere Gefühle existieren nicht oder sind unwichtig. »Diese beiden Erlebnisse, das der Lust und das der Unlust, sind die beiden wichtigsten Erfahrungen in der frühen Kindheit. Alle anderen Erlebnisse des Neugeborenen sind entweder affektiv neutral… oder sie sind nur mit ganz geringen Affektmengen ausgestattet… Aus dem Flachland der Indifferenz des Säuglings gegenüber den meisten anderen Erlebnissen ragen sie wie zwei einsame Gipfel empor« (Spitz 1965, S. 161 f.). Ich gehe davon aus, daß diese Theorie falsch ist, und habe diese Auffassung andernorts (Dornes 1993, Kap. 5; und hier Kap. 1) begründet.

Symbolisierte und nicht-symbolisierte Gefühle

Wenn der Säugling (wie ebenfalls in Kapitel 1 beschrieben; s. a. Dornes 1993, Kap. 8; und hier Kap. 3) vorwiegend sensomotorisch und nicht symbolisch denkt, so ist es angebracht, zwischen sensorischen und symbolischen / symbolisierten Affekten zu unterscheiden. Im ersten Fall werden Affekte durch eine Wahrnehmung oder Körperempfindungen ausgelöst, im zweiten Fall durch eine Phantasie. Da der Säugling noch nicht phantasieren oder imaginieren kann, bestimmen Realitätswahrnehmungen und nicht Phantasien in den ersten einenhalb Lebensjahren sein Affektleben. Ein Beispiel soll diesen Unterschied illustrieren: Wenn ein Säugling allein in der Wiege liegt, kann er sich nicht ohne weiteres an die Vergangenheit erinnern. Er lebt vorwiegend in der unmittelbaren Gegenwart und ist damit beschäftigt, die aktuell auf ihn einströmenden oder von ihm produzierten Sinneseindrücke zu ordnen. Durch das Fenster fällt z. B. Licht herein, und er exploriert mit Interesse die sich auf seinem Bett abzeichnenden Muster von Licht und Schatten; sein Mobile beginnt durch einen Luftzug zu tanzen, und er ist fasziniert von diesen Bewegungen; nun kommt die Mutter herein, und wenn er sie sieht und hört, begrüßt er sie mit einem Lächeln.

Die geschilderte Sequenz enthält die Affekte der Neugier, des Interesses und der Freude. Diese Affekte wurden durch Sinneseindrücke ausgelöst, die von aktuellen Ereignissen im Wahrnehmungsfeld des Säuglings herrühren. Erwachsene oder auch ältere Kinder können jedoch in der gleichen Situation etwas, was der Säugling noch nicht kann. Sie können, auch wenn die Mutter nicht hereinkommt, ein Bild von ihr evozieren. Diese Evokation eines Bildes kann mit dem Affekt der Freude einhergehen. Unter einem symbolisierten Affekt verstehe ich, daß wir uns Personen oder Situationen vorstellen können, ohne daß diese in der Realität da sind, und daß solche Vorstellungen einen Affekt auslösen können.

Die phantasiebedingte Affektauslösung bereichert und erweitert das Gefühlsspektrum außerordentlich. Sie sorgt dafür, daß wir von der aktuellen Realität unabhängiger werden und uns in der Phantasie eine eigene Welt erschaffen können, die sich von der tatsächlich vorhandenen unterscheidet. Eine in Wirklichkeit frustrierende Situation kann in der Phantasie umgearbeitet werden, bis sie nicht mehr frustrierend ist. War die Mutter z. B. unfreundlich, so können wir uns jetzt eine freundlichere Mutter zurechtphantasieren. Ist uns etwas mißglückt, so können wir uns in der Phantasie einen glücklicheren Ausgang denken; sind wir gekränkt worden, können wir uns in der Phantasie rächen. Die Gefühle von Unbehagen, Kränkung und Rache wurden durch Phantasien ausgelöst, die mit bestimmten Ereignissen einhergingen, nicht (nur) durch die Ereignisse selbst. Solche Gefühle sind komplexer als die sensorisch ausgelösten Affekte, weil sie mit komplizierten kognitiven Inhalten und Operationen verknüpft sind und nicht mehr nur mit Wahrnehmungen. Rache- oder Haßgefühle etwa sind eine phantasiemäßig überarbeitete Version des Basisaffekts Ärger.

Ein Säugling hat keine Rachegefühle, sondern empfindet Ärger, wenn man ihm z. B. einen Keks wegnimmt. Das kann man an seinem Gesichtsausdruck ablesen. Er wird auch ärgerlich, wenn man ihm die Arme festhält, die er gerade bewegen wollte. Wenn diese aversive Realität aufhört, klingt sein Ärger ab und verschwindet. Der Säugling ist nicht nachtragend und kann es gar nicht sein, weil sein Affektzustand von der aktuellen interaktionellen Realität abhängt und deren Änderung auch seine Affektlage ändert. Der gekränkte Erwachsene kann dadurch, daß er die kränkende Situation immer wieder phantasiert, ein Gefühl von Kränkung oder Rache auch unabhängig und über solche Situationen hinaus aufrechterhalten.

Diese Verknüpfung von Affekten mit Phantasien ist auch ein Grund dafür, wieso die menschliche Aggression so unbefriedbar sein kann. Denen, die den Triebcharakter der menschlichen Aggression in Abrede stellen – wozu auch viele Kleinkindforscher gehören (Stechler 1987; Stechler / Halton 1987; Lichtenberg 1989a, Kap. 7) –, wird immer wieder vorgehalten, sie entwürfen ein romantisches Bild der menschlichen Natur und verharmlosten die Aggression. Das Gegenteil ist der Fall! Wäre Aggression wirklich ein Trieb, so wäre sie lange nicht so gefährlich und chronisch, wie sie es ist (s. Thomä / Kächele 1985, S. 126 ff.; Thomä 1990; Mentzos 1993, Kap. 5). Triebe haben nämlich die Eigenschaft, zyklisch und damit erschöpfbar zu sein. Wenn Gewebedefizite oder physiologische Parameter, z. B. beim Hunger, wieder »stimmen«, hört der Hunger auf. Wäre Aggression wirklich ein Trieb, d. h. eine Energie, die auf eine innersomatische Reizquelle rückführbar ist (welche?), so wäre sie nicht ständig abrufbar, sondern würde zumindest nach ihrer »Abfuhr« für eine Zeitlang Ruhe geben. Genau das aber ist nicht der Fall, wenn durch Phantasien von Benachteiligung, Kränkung oder Zurücksetzung eine ständige Aggressivität oder aggressive Reaktionsbereitschaft geschaffen wird. Nicht der – angebliche – Triebcharakter der Aggression macht sie so gefährlich, sondern daß eine *biologisch adaptive Affektdisposition* – nämlich die, auf einen unangenehmen Reiz aversiv zu reagieren – *mit destruktiven Phantasien verknüpft werden kann* (weiteres zur Aggression in Kapitel 9).

Phantasie als anthropologischer Grund der Neurose – und als Antriebskraft der Entwicklung

Wenn wir die Ergebnisse der Kleinkindforschung aus der Vogelperspektive betrachten und zusammenfassen, so ergibt sich als *ein* beeindruckendes Resultat, daß der Säugling mit vielen Fähigkeiten ausgerüstet ist, die eine Anpassung an seine natürliche Umwelt gewährleisten. Für dieses Zusammenpassen gibt es viele Belege und ebenso dafür, daß es nicht erlernt ist, sondern auf mitgebrachten biologischen Programmen beruht, die sofort nach der Geburt in Aktion treten. Auch Erwachsene verfügen, trotz der in der Einleitung skizzierten Weltoffenheit und Instinktfreiheit, über solche biologischen Programme im Pflege- und Interaktionsverhalten. Sie stellen normalerweise sicher, daß die Interaktionen von Mutter und Säugling zusammenpassen. Papousek/Papousek (1987; 1990a,b) haben die Vielfalt solcher Programme unter dem Titel »intuitive Elternschaft« beschrieben. Darunter verstehen sie die spontane Reaktions- und Handlungsbereitschaft, mit denen Eltern aller Kulturen auf die Äußerungen ihrer Säuglinge eingehen. Ein solches »Programm« ist beispielsweise, daß Eltern oder Erwachsene in der Interaktion mit ihren Neugeborenen intuitiv einen Gesichtsabstand von 20 cm einnehmen. Wir wissen inzwischen, daß der Säugling auf diese Entfernung besonders gut sieht. Ein zweites Beispiel ist das Sprach- und Kommunikationsverhalten, das Erwachsene mit Säuglingen an den Tag legen. Sie sprechen im sogenannten Baby-talk, das heißt langsamer, mit immer neuen, geringfügig variierenden Wiederholungen und Übertreibungen, die es dem Säugling erleichtern, sich darauf einzustellen und eine Regelmäßigkeit darin zu entdecken. Das funktioniert und ist in allen Kulturen zu beobachten.

Wenn nun also biologische Programme die wechselseitige Anpassung von Eltern und Kind sicherstellen, wie kommt es, daß es dennoch so viele mißglückte Interaktionen zwischen Säuglingen und Bezugspersonen gibt, die, wenn sie sich häufig wiederholen, zu einer Quelle späteren neurotischen oder psychotischen Leids werden können? Eine Möglichkeit ist, daß die Programme auf einer oder auf beiden Seiten wegen genetischer oder sonstiger Anomalien gestört sind. Dem will ich hier nicht weiter nachgehen. Eine andere Möglichkeit ist, daß Eltern »zu kopflastig« sind, vielleicht verwirrt von den vielen Erziehungsratgebern, und zu wenig intuitiv handeln. Dies mag sein, aber ich möchte es etwas allgemeiner ausdrücken: Weil der Mensch ein Wesen ist, das phantasiert und Symbole bildet, entsteht die Möglichkeit zur Neurose, und zwar auf zweierlei Art und Weise.

Erstens kann er sich Gefahren und Bedrohungen »einbilden«, gegen die er sich dann mittels Abwehrmechanismen wehrt, was schließlich in Neurosen enden kann. Das allerdings ist keine Möglichkeit für den Säugling, sondern eine spätere Errungenschaft. Zweitens können die biologisch auf Anpassung programmierten Interaktionen mit dem Säugling deshalb entgleisen, weil sie durch Phantasien *der Eltern* überformt werden, die biologische Programme außer Kraft setzen. Dadurch entstehen schon in der Säuglingszeit Leid und Fehlanpassung, die sich, je nach Umständen, später lindern oder verschlimmern können.

Im folgenden gebe ich einige Beispiele dafür, wie der biologisch auf Anpassung ausgelegte Interaktionsdialog zwischen Eltern und Kind durch Überlagerung mit elterlichen Phantasien entgleisen kann.*

Normalerweise sind die wechselseitigen Blicke, mit denen sich Säugling und Mutter ansehen, zwischen drei und sechs Monaten

---

* Die Beispiele stammen aus den Arbeiten von Cramer (1987, 1989) und Lebovici (1983b).

ein wesentliches Regulativ der Interaktion und eine Quelle von Freude und Vergnügen. Aber das ist nicht immer so. Die Feinabstimmung der Blickinteraktion kann beispielsweise durch die mütterliche Phantasie gestört werden, ihr Säugling sehe sie stechend an. Kein Beobachter kann diesen Eindruck bestätigen. Die Mutter aber fürchtet sich vor dem Blick ihres Kindes und vermeidet deshalb den Blickkontakt beim Füttern und Spielen, was zu Entwicklungs- und Ernährungsstörungen aller Art führt. In Gesprächen mit der Mutter stellt sich heraus, daß die Phantasie vom stechenden Blick eine Übertragung unbewußter Ängste vor ihrem Vater auf den Sohn ist. Eine andere Mutter entwickelt die Phantasie, ihr Säugling könne verhungern. Für diese Befürchtung gibt es zunächst keinen erkennbaren Anlaß. Dennoch veranlaßt sie die Mutter, im ganzen Haus Milchflaschen zu deponieren und den Säugling mit Fütterungsversuchen geradezu zu verfolgen. Auf diese ständigen Zwangsfütterungen reagiert der Säugling – verständlicherweise – aversiv. Er verschluckt sich, erbricht die Nahrung und verliert an Gewicht, kurz, er begibt sich auf den Weg zum Verhungern und ist dabei, die mütterliche Phantasie im Sinne einer sich selbst erfüllenden Prophezeiung wahrzumachen.

Diese Beispiele machen deutlich, wie Phantasien der Eltern eine Interaktion, die biologisch auf Anpassung und Regulation präprogrammiert ist, entgleisen lassen. Die Phantasie setzt die Biologie außer Kraft. Das ist nicht zuletzt deshalb möglich, weil die Biologie des Fütterungs- und Interaktionsverhaltens beim Menschen im Gegensatz zum Tier nur noch als disponierender, nicht mehr als determinierender Faktor vorhanden ist. Sie existiert als Neigung, nicht als Instinkt. Da biologische Programme flexibel geworden sind und von Phantasien ergänzt werden, können letztere erstere überformen. Diese Möglichkeit ist ein Privileg des Menschen und hat zwei Seiten.* Die eine – pathogene – habe ich eben geschildert. Die andere ist, daß Phantasien von Eltern über ihre Kinder / Säuglinge auch einen enormen wachstums- und entwicklungsfördernden Effekt haben. Von verschiedenen Autoren (Wygotski 1934; Newson 1977; Bruner 1982; Kaye 1982) wird eindrücklich beschrieben, wie Erwachsene generell und Eltern verstärkt den zunächst vergleichsweise unbestimmten

---

* Im Rahmen dieses Buches kann ich nicht auf die Frage eingehen, ob Tiere, insbesondere Primaten, über Vorstellungsintelligenz und Symbolbildungsfähigkeiten verfügen (s. dazu z. B. Ploog 1972; Griffin 1984 und Seyfarth / Cheney 1993).

Gesten und Vokalisierungen ihrer Säuglinge Bedeutungen zuschreiben, die sie wahrscheinlich vom Säugling aus betrachtet so explizit noch gar nicht haben. Fuchtelt ein Säugling z. B. mit dem Arm herum, und die Mutter sagt: »Oh, er zeigt seinem Vater (der gar nicht da ist) die Faust«, so ist das eine schwer neurotische Bedeutungszuschreibung, und es ist zu vermuten, daß die Mutter Konflikte, die sie selbst mit ihrem Mann hat, auf ihren Säugling projiziert – mit Folgen für die weitere Entwicklung. Sie kann diese Geste aber auch auf ein in der Nähe liegendes Spielzeug beziehen und sagen: »Ah, ich sehe, du willst diesen Teddybär haben.« Sie behandelt dann die zunächst relativ unspezifische Geste des Kindes, als ob sie eine intentionale Kommunikations- und Zeigehandlung wäre, und bringt den Teddy herbei. Auf diese Weise fördert sie die Fähigkeit des Kindes, etwas zu intendieren, und es lernt, daß man auf etwas zeigen kann, um es zu bekommen.

Psychoanalytisch gesprochen »introjiziert« der Säugling die Bedeutungen, welche die Mutter seinen Äußerungen zuschreibt, und gewinnt so ein Verhältnis zu seinen eigenen Bedürfnissen (McDougall 1978, S. 246). Noch radikaler objektbeziehungspsychologisch formuliert könnte man sagen, daß Bedürfnisse erst durch den elterlichen Interpretationsakt zu intentionalen Äußerungen werden, sich als solche also ausschließlich im interpersonellen Austauschprozeß konstituieren: Bedeutung entsteht durch Bedeutungs*zuschreibung*. Im Unterschied zu McDougall, die diese Position stellenweise vertritt, bin ich der Meinung, daß Bedeutung nicht ausschließlich relational entsteht, sondern daß es für jede Handlung des Säuglings ein *intrinsisches Bedeutungsspektrum* gibt, das die Bandbreite möglicher sinnvoller Zuschreibungen festlegt. Überschreiten die Zuschreibungen diese Bandbreite, so kommt es zu Störungen im Lern- oder Introjektionsprozeß. Daran kann man ablesen, daß die Bedeutungszuschreibung jenseits der intrinsischen Bedeutung lag (wie im obigen Beispiel der Mutter, welche die Armbewegungen ihres Kindes als Faustschütteln gegen den Vater interpretiert). Würde der Säugling außerhalb dessen, was er für seine Mutter repräsentiert, keine psychische Existenz besitzen, wie McDougall (1978, S. 246) schreibt, so würde er schnell psychotisch werden, weil er auch den verrücktesten Bedeutungszuschreibungen hilflos ausgeliefert wäre. Glücklicherweise wehrt er sich sehr früh gegen Zuschreibungen, die ausschließlich vom Objekt gesteuert werden, und bringt schon zu Beginn des Lebens seine »Meinung« zur Geltung. Bedeutung entsteht in einem wechselseitigen Prozeß des Ineinandergreifens von intrinsischer und zugeschriebener Bedeutung. Die Psychosenmodelle der frühen Entwicklung von Lacan und Bion legen meiner Meinung nach zuviel Gewicht auf das Objekt. Dessen Übergewicht ist eher Ausdruck einer mißlingenden Entwicklung und beschreibt nicht adäquat den normalen Prozeß der wechselseitigen Bedeutungsaushandlung.

Der Leser wird mittlerweile bemerkt haben, daß die Idee eines intrinsischen Bedeutungsspektrums von Handlungen des Säuglings ein Versuch ist, die von der Ich-Psychologie vertretene und von Lacan kritisierte »primäre Autonomie« des Ichs / Subjekts in modifizierter Form zu rehabilitieren. In modifizierter Form deshalb, weil sich die primäre Autonomie des Ichs bei Hartmann (1939) und Rapaport (1951) auf dessen partielle Unabhängigkeit von den Trieben bezieht, während ich eine teilweise Unabhängigkeit der Bedeutungserzeugung von elterlichen Zuschreibungen behaupte. Natürlich können Eltern den Lebensäußerungen ihrer Säuglinge Bedeutungen aufzwingen, aber das führt, wenn es ständig geschieht, zu einer pathologischen Entgleisung des normalen wechselseitigen Prozesses der Bedeutungsaushandlung.

Der symbolvermittelte Prozeß der Bedeutungszuschreibung ist also ein zweischneidiges Schwert. Auf der einen Seite kann er als Störfaktor biologisch gut abgestimmter Interaktionen auftreten. Auf der anderen Seite kann er auch einen gutartigen Effekt haben und einen Sog ausüben, in dessen Kielwasser der Säugling etwas Neues lernt, weil er dem Überschuß an Bedeutung, den die Mutter in sein Verhalten hineinphantasiert, gleichsam nachwächst.

Averbale Kommunikation und Interaktion

Säuglinge können weder sprechen noch die sprachlichen Äußerungen ihrer Eltern verstehen. Die vokale Begleitmusik der Sprache wie Melodie, Tempo, Rhythmus (s. Papousek / Papousek 1989; Papousek 1994) und die Körpersprache der Bewegungen, Gesten und Gesichtsausdrücke haben jedoch auf den Säugling eine Wirkung. Über solche »Kanäle« werden Affekte kommuniziert und induziert – bei Eltern und bei Säuglingen. Dieser Übertragungsprozeß von Affekten läßt sich am Beispiel der Interaktion depressiver Mütter mit ihren Säuglingen verdeutlichen.

Es gibt bekanntlich charakteristische beobachtbare Verhaltensweisen, an denen man die niedergeschlagene Stimmung eines Erwachsenen erkennt: Der Gesichtsausdruck ist traurig, die Motorik verlangsamt, die Körperhaltung zusammengesunken, die Vokalisierung tonlos und flach. Diese Affektausdrucksmuster übertragen sich auf den Interaktionspartner. Cohn/Tronick (1983) und Gusella et al. (1988) haben den Effekt mütterlicher Depressionen auf den Säugling zunächst experimentell studiert. Sie wiesen Mütter an, für eine gewisse Zeitspanne lang ihr natürliches Interaktionsverhalten willkürlich in einer bestimmten Weise zu verändern. Nach einer normalen Interaktionssequenz sollten sie mit ausdruckslosem Gesicht auf die Signale ihres Säuglings reagieren bzw. nicht reagieren *(still face procedure)*. Diese simulierte Depression hat enorme Auswirkungen auf den Säugling. Nach anfänglichen und nachhaltigen Bemühungen, das Verhalten seiner Mutter wieder zu normalisieren – er lächelt sie vermehrt an, vokalisiert mehr und intensiviert generell seine Interaktionsangebote –, zieht sich der Säugling aus der Interaktion zurück. Seine Augen werden glasig, seine Atmung flach, manche Säuglinge bleiben in diesem Zustand einfach liegen; andere fangen an zu schreien; wieder andere belassen es beim Abbruch des Blickkontakts. In den meisten Fällen folgt auf die simulierte Depression der Mutter schließlich ein Rückzug des Säuglings.

Naturalistische Studien, in denen die Interaktionen wirklich depressiver Mütter mit ihren Säuglingen untersucht wurden (Tronick/Field 1986; Dodge 1990; Field 1992; Campbell et al. 1995), vervollständigen und ergänzen dieses Bild. Schon recht früh übernehmen Säuglinge den verlangsamten affektmotorischen Interaktionsstil ihrer Eltern, sofern er sich chronifiziert, d.h. über eine bestimmte Zeitspanne hinaus andauert. Eine »Introjektion« der Depression auf der Verhaltens- und Körperebene findet statt.* Außerdem verallgemeinern die

---

* Wenn ich hier und später von einer »Depression« des Säuglings spreche, meine ich damit keine festumrissene Krankheitseinheit, sondern die Verlangsamung und den sich chronifizierenden Rückzug aus der Interaktion sowie den generellen Vitalitätsverlust des Säuglings, der auch in einer signifikant geringeren Häufigkeit positiver Affekte zum Ausdruck kommt.

Säuglinge diesen Stil nach einiger Zeit – vermutlich aber nicht, bevor sie sieben Monate alt sind (s. Hossain et al. 1994; Pelaez-Nogueras et al. 1994) – auch auf die Interaktion mit nicht depressiven Erwachsenen und induzieren bei ihnen Niedergeschlagenheit (Field et al. 1988; Kreisler 1990). Die Kommunikation solcher Gefühlszustände findet also im Medium nicht-sprachlicher Affektsignale (Körperhaltung, Vokalisierung, Bewegungstempo, Gesichtsausdruck) statt. Ich halte diese averbalen, kreis- und spiralförmigen Austauschprozesse, in denen eine wechselseitige Beeinflussung stattfindet, für die biologischen Grundlagen der projektiven Identifizierung.*

Bemerkungen zur projektiven Identifizierung

Kliniker beschreiben solche Prozesse metaphorischer: Ein unliebsamer oder unbequemer Affekt wird im anderen »deponiert«; dort angekommen, entfaltet er eine Wirkung, gegen die sich der Adressat kaum wehren kann, weil sie ihn mit allen Körperfasern ergreift. Er kommuniziert deshalb, ob er will oder nicht, den Affekt zurück, und diese unwillkürliche, kaum unterdrückbare Affektantwort wird subjektiv als fremd empfunden. Deshalb wird in der klinischen Literatur der Prozeß der projektiven Identifizierung oft als manipulativ oder gewaltsam beschrieben. Die Aufgabe des Therapeuten soll es nun sein, die in ihm deponierten Affekte zu entgiften und in metabolisierter Form zurückzugeben.

Hier möchte ich zwei Vorbehalte geltend machen. Erstens: Die Vorstellung vom entgiftenden Container ist als regulative Idee, die einen wünschenswerten Endzustand beschreibt, sicher wertvoll; als normative therapeutische Handlungs- oder Einstellungsempfehlung erzeugt sie jedoch im Kliniker (oder in der Mutter) häufig Überich-Druck und Schuldgefühle. Es ist nämlich gar nicht möglich – wie im Schrifttum gelegentlich suggeriert wird –, auf heftige Affekte sogleich in »verdauter« Form zu antworten. Vielmehr ist ein gewisses Maß an unverdauter Antwort – vulgo: Gegenagieren – unausweichlich. In

* Neueren Untersuchungen zufolge sind manche Säuglinge depressiver Mütter *von Geburt an* motorisch »herabgestimmt« und auch in der Exploration verlangsamt (Abrams et al. 1995).

Übereinstimmung mit Carpy (1989) bin ich der Meinung, daß dieses Gegenagieren nicht nur unvermeidlich ist, sondern darüber hinaus einen kurativen Effekt hat. Indem der Patient (oder das Kind) merkt, wie der Therapeut (oder die Mutter) mit den Affekten kämpft und sie schließlich *etwas* moduliert, wird ihm ein Modell für den möglichen Umgang mit den eigenen Affekten bereitgestellt. Der Lerneffekt besteht nicht zuletzt darin, den Verdauungsprozeß zu beobachten, und nicht (nur) darin, den verdauten Affekt zu reintrojizieren. Was verinnerlicht wird, ist nicht so sehr der verdaute Affekt, sondern in erster Linie die *Fähigkeit zur Affektregulation*.

Diese Modifikation des Container-Modells räumt mit der idealisierenden und die Spontaneität des Klinikers und der Eltern hemmenden Vorstellung auf, sie bräuchten nur lange genug nachzudenken und zu verdauen, um schließlich eine entgiftete Antwort zu finden. Es ist gerade die zurückgegebene *Mischung* aus verdaut und unverdaut und die Beobachtung der beständigen Nachregulierung und Neujustierung einer am Rande der Entgleisung befindlichen Interaktion, die dem Patienten und dem Kind ein realistisches Vorbild für Affektregulierungsprozesse liefert und zugleich die Erfahrung ermöglicht, daß seine Affekte eine Wirkung haben und nicht nur für ihn ein Problem sind. Schnelle, oft nur scheinbar klare Deutungen fingieren eine Omnipotenz des Therapeuten, die den Patienten in die Position von Bewunderung, Neid oder ohnmächtiger Wut zwingt. Solche Artefakte einer omnipotenten Deutungstechnik werden dann oft fälschlich als originäre Probleme des Patienten behandelt.

Mein zweiter Einwand bezieht sich auf folgenden Sachverhalt: Bei der Deutung der projektiven Identifizierung wird häufig davon ausgegangen, der Sender des Affekts – also der Patient – habe die bewußte oder unbewußte Absicht, den Empfänger (Therapeuten) zu einer bestimmten Antwort zu verleiten oder zumindest die Absicht, etwas Störendes loszuwerden. Diese Annahmen – die im Einzelfall zutreffen können – sind meines Erachtens als theoretische Grundaxiome entbehrlich und manchmal sogar schädlich. Oft ist es nämlich so, daß der Patient nicht die Absicht hat (und der Säugling sowieso nicht), einen depressiven oder aggressiven Affekt loszuwerden, zu deponieren etc., sondern daß sein Affektzustand ganz unintentional in den interpersonellen Raum eindringt. Intentionale Deutungen solcher unwillkürlichen Kommunikationsprozesse belasten den Patienten mit einer Verantwortung für seine Affekte, die er noch gar nicht übernehmen kann. Dazu ein Beispiel.*

Ein Patient betritt den Behandlungsraum, legt sich auf die Couch und schweigt. Nach einer Weile breitet sich Angst im Analytiker aus. Nichts wurde bisher gesagt. Wie entstand diese rätselhafte Angst? Der Analytiker beginnt, darüber nachzudenken. Seine Phantasien können in alle möglichen Richtungen gehen. Dem Modell der projektiven Identifizierung folgend, wird er sie als Abkömmlinge unbewußter Phantasien des Patienten verstehen. Er wird ihm vielleicht eine Auswahl davon probeweise anbieten. Das ist nicht unriskant, denn schließlich sind es seine Phantasien, und wieso sollte er den Patienten damit belasten? Andererseits kann er ihn damit auch anregen, über bisher Unsagbares und Undenkbares nachzudenken. Das muß jeweils im Einzelfall entschieden werden. Nehmen wir an, der Analytiker schweigt zunächst, folgt weiter seinen Phantasien und kommt zu dem Schluß, daß sie seine Angst nicht recht erklären. Belehrt von der Säuglingsforschung oder auch ohne sie besonders begabt, lenkt er die Aufmerksamkeit auf seine Körperprozesse. Er bemerkt, daß er auf eine eigenartige Weise atmet – nicht wie sonst, ruhig und tief, sondern kurz, gepreßt und angespannt. Dann spürt er seine ungewöhnlich feuchten Hände, und seine Aufmerksamkeit wandert wieder zum Patienten, der immer noch daliegt und schweigt. Er sieht Schweißperlen auf dessen Stirn und bemerkt einen eigenartigen Atemrhythmus. Langsam wird ihm klar, daß der Patient von Anfang an so dalag und er (der Therapeut), ohne es zu merken, den Atemrhythmus des Patienten übernommen hat. Die Angst des Analytikers war eine Folge dieser vom Patienten übernommenen Atmung. Der Patient wollte seine Angst nicht loswerden und hatte auch (noch) gar keine Phantasien darüber, sondern seine Angst transpirierte buchstäblich in die analytische Situation und in/auf den Analytiker. Wenn der nun »aus der Gegenübertragung heraus« sagt: »Ich habe den Eindruck, daß Sie heute sehr ängstlich sind«, liegt er richtig. Ein: »Sie wollen Ihre Angst in mir aufbewahren« oder: »Sie wollen, daß ich Ihre Angst mildere«, ist schon problematischer. Der Patient »will« nämlich in solchen Momenten möglicherweise gar nichts. Er befindet sich in den Klauen der Angst, und dieser Zustand drückt sich unwillkürlich aus. Die passivische Wendung (drückt sich aus) fängt meines Erachtens das subjek-

* Ich verdanke es Diskussionen mit Gertrud Reerink und Jörg Scharff.

71

tive Erleben am besten ein, weshalb Deutungen, die bewußte oder unbewußte Absichten unterstellen, in solchen Situationen oft am Patienten vorbeigehen oder sogar ein Gefühl von Wut oder Ohnmacht erzeugen.

In vielen Fällen sogenannter projektiver Identifizierung werden nämlich keine Phantasien projiziert, sondern unbewußt gebliebene, sensomotorisch-prozedural organisierte Charaktereigenschaften agiert, die sich in einer pathologischen Eltern-Kind-Beziehung herausgebildet haben und in denen passiv Erlittenes aktiv inszeniert wird (s. Lichtenberg 1989, S. 29, 45 ff., 280; Clyman 1992). Ein Patient, der vom Vater ständig verachtet wurde, reproduziert beim Erzählen einschlägiger Episoden die väterliche Verachtung, indem er den Therapeuten, ohne daß es beide zunächst merken, häufig verachtungsvoll anblickt, so daß dieser sich so verachtet fühlt, wie der Patient es als Kind getan hat (Krause 1992b, S. 193). Dabei wurde die Verachtung nicht auf oder in den Analytiker *projiziert* (etwa weil sie der Patient loswerden wollte), sondern diese Gefühle wurden unwillkürlich ausgedrückt und über den Gesichtsausdruck im Analytiker *induziert* (s. a. Porder 1987, S. 194). Ich stimme mit Modell (1990, S. 57 f.) überein, der sagt: »Meine Beobachtung an erwachsenen Patienten mit projektiver Identifizierung ergibt keinerlei Hinweis darauf, daß sie eine Phantasie haben, in den Körper oder in den psychischen Raum des Analytikers einzudringen. Die Beschreibung der projektiven Identifizierung als einer Phantasie* ist eine post hoc Rekonstruktion…, ein Versuch, einen etwas mysteriösen und unerklärlichen Prozeß so zu betrachten, als wenn er eine erzählbare Geschichte wäre. Die Tatsache, daß die projektive Identifizierung fälschlicherweise unter die Überschrift ›Phantasie‹ rubriziert wurde, führte zu der zutreffenden Kritik, in diesem Begriff würden Phantasie und Prozeß vermischt… Die Tatsache, daß projektive Identifizierung auf seiten des Analysanden unwillkürlich stattfindet, zeigt ihre defensive Natur; sie ist eine automatische, unwillkürliche Handlung, ähnlich wie die automatischen physiologischen Notfallreaktionen des Körpers.«

Was haben diese Ausführungen mit der Interaktion von Mutter und Säugling zu tun? Nach Meinung vieler Kommentatoren der projektiven Identifizierung geht der Säugling mit Unbehagen und Angst

---

* Auf die besonders die Kleinianer Wert legen (s. Kulish 1985/86; Hinshelwood 1991; M. D.).

so um, daß er sie oder eine entsprechende Phantasie in die Mutter projiziert (s. z. B. Ogden 1979, S. 9 f.; Beland 1989, S. 96; Hinshelwood 1991, S. 352 f.). Richtiger wäre es meines Erachtens zu sagen, daß Unbehagen und Angst ganz unintentional und phantasiefrei vom Säugling *ausgedrückt* werden und in der Mutter verschiedene Gefühle auslösen, ähnlich wie der ängstliche Patient über seinen Atemrhythmus Angst und der verachtete Patient über seinen Gesichtsausdruck Verachtung im Analytiker auslöst. Wir sollten also weder den Patienten noch den Säugling mit der Unterstellung unbewußter Absichten und Phantasien »belasten«, sofern es dafür keine handgreiflichen und plausiblen Anhaltspunkte gibt. Entwicklungspsychologisch heißt das, daß *nicht vor zwölf bis achtzehn Monaten von Phantasien und nicht vor neun Monaten von intentionaler Kommunikation* des Säuglings gesprochen werden kann, denn erst dann liegen plausible Hinweise für das Vorhandensein dieser Fähigkeiten vor.*

Projektive Identifizierung als nicht-intentionale Kommunikation

Die Behauptung, der Säugling kommuniziere erst ab neun Monaten intentional, bedarf der näheren Erläuterung. Die Frage, die dabei beantwortet werden muß, lautet: Ab wann sind expressive Äußerungen von Gefühlen mehr als bloße Ausdrücke von Befindlichkeiten? Ab wann drücken sie kommunikative *Absichten* aus? Man kann drei Stufen eines expressiven Aktes unterscheiden: 1. die reine Expression, 2. die intentionale Expression und 3. die intentionale Kommunikation. Ein Beispiel soll den Sinn dieser auf den ersten Blick etwas kompliziert klingenden Unterscheidung verdeutlichen.

Nehmen wir an, jemand unterhält sich mit seinem Nachbarn. Plötzlich durchzuckt ihn ein Schmerz. Er schreit auf und macht ein schmerzverzerrtes Gesicht. In diesem Moment will der Betreffende nichts loswerden und nichts mitteilen. Mit dem Schrei oder der Gesichtsbewegung drückt er unwillkürlich (unintentional) seinen

---

* Zum Phantasieren s. Dornes (1993, Kap. 8; und hier Kap. 3 und 4); zur Intentionalität s. Harding (1982), Stern (1985, S. 187 f.); Bates et al. (1987) und Camaioni (1993).

Schmerz aus, ähnlich wie der Säugling sich bei einer überraschenden Impfung oder bei aufkommendem Hunger bemerkbar macht. Sein Jammern und Quengeln sind Ausdruck seiner momentanen Befindlichkeit, mehr (zunächst) nicht. Nach einer gewissen Zeit (etwa drei Monaten) und vielfacher Wiederholung entsprechender Erfahrungen merkt der Säugling jedoch, daß er mit seinen Äußerungen die Welt beeinflussen kann. Wenn er schreit, eilt die Mutter herbei und sorgt für Abhilfe. So lernt er zu schreien, *um jemanden herbeizurufen.* Dieses sogenannte instrumentelle Schreien ist insofern intentional, als es eingesetzt wird, um einen anderen zur Änderung des eigenen Zustandes zu bewegen, d.h., es wird absichtsvoll eingesetzt. Die Absicht ist wahrscheinlich nicht bewußt, aber man kann ihr Vorhandensein aus dem Verhalten des Säuglings ableiten. Das intentionale Schreien hat nämlich – im Unterschied zum bloß expressiven – einen deutlich gerichteteren Charakter. Der Säugling beginnt z. B. damit, wenn er die Mutter mit dem Fläschchen hantieren hört; er verstärkt es, wenn sie nicht reagiert, oder schwächt es ab, wenn sie hereinkommt. Daran kann man ablesen, daß er nicht nur eine Befindlichkeit ausdrückt, sondern daß er sie in der Absicht ausdrückt, etwas zu bewirken, z. B. die Mutter herbeizuholen.*

Aber das ist noch keine *intentionale* Kommunikation. Dazu wird das Schreien (oder andere Formen des Affektausdrucks) erst, wenn es nicht nur 1. etwas ausdrücken und 2. damit jemanden beeinflussen soll, sondern wenn es 3. darum geht, dem anderen *etwas mitzuteilen.* Woran erkennt man aber den Unterschied zwischen Beeinflussen-Wollen und Mitteilen-Wollen? Nehmen wir an, der Säugling zeigt auf einen Gegenstand. Damit drückt er aus, daß er ihn haben will. Beim »Zeigen auf« handelt es sich nicht um eine die bloße Befindlichkeit ausdrückende, rein expressive Geste, sondern um den Versuch, einen anderen und sein Verhalten so zu beeinflussen, daß er den Gegenstand herbeibringt. Mit etwa neun Monaten kann man eine Veränderung im Zeigeverhalten des Säuglings beobachten. Er zeigt jetzt nicht mehr nur auf einen Gegenstand, sondern er blickt dabei oder danach ins

---

* Stirnimann (1973) meint, man könne ein Schreien aus Schmerz/Unbehagen von einem kommandierenden Schreien unterscheiden, d. h. in meiner Terminologie ein rein expressives von einem instrumentellen Schreien. Die Unterscheidung soll allein anhand der stimmlichen Qualität möglich sein, ohne daß dabei auf Kontextinformationen zurückgegriffen werden müßte.

Gesicht der Mutter (Murphy / Messer 1977; Stern 1985). Er will sehen, ob sie sieht, daß er etwas will. Bringt sie den Gegenstand nicht, so zeigt er erneut darauf, knurrt dabei zusätzlich vielleicht auffordernd und blickt wieder in ihr Gesicht. Diese Verhaltensweise ist ein Indiz für intentionale Kommunikation, weil jetzt erkennbar ist, daß eine Absicht und ein mentaler Zustand (nämlich etwas zu wollen) *mitgeteilt wird*. Vorher sollte nur das Verhalten des anderen durch die Geste *beeinflußt* werden.

Ich vermute – um dieses Beispiel klinisch fruchtbar zu machen –, daß Kommunikationsprozesse, die gemeinhin als projektive Identifizierung beschrieben werden, auf dem Niveau des Beeinflussen-Wollens operieren, aber keine intentionalen *Kommunikationen* sind. Der Patient, von dem oben gesagt wurde, daß seine Angst unintentional in den interpersonellen Raum transpiriert, »will« möglicherweise doch etwas, ist also insofern nicht ganz absichtsfrei. Er will den anderen (unbewußt?) *beeinflussen*, damit es ihm besser geht; er will seine eigene Angst vielleicht auch loswerden. Aber – und das ist ein wichtiger Unterschied – er will dem anderen das nicht *mitteilen*. Er sagt nicht: »Schau her, ich habe Angst, ich will dir zeigen, daß ich Angst habe, und möchte, daß du meine Angst siehst.« Er sagt vielmehr: »Schaffe meine Angst weg.« Ähnlich »sagt« der Säugling, der *vor* neun Monaten auf einen Gegenstand zeigt: »Her mit dem Gegenstand.« *Nach* neun Monaten »sagt« er: »Ich will, daß du siehst, daß ich diesen Gegenstand will.« Vorher bedeutet die Zeigehandlung: »Ich will diesen Gegenstand.« Jetzt bedeutet sie (angezeigt im Rückversichern durch den Blick ins mütterliche Gesicht): »Ich will *dir mitteilen*, daß ich diesen Gegenstand will.«

Wahrscheinlich ist es gerade die fehlende Mitteilungsabsicht, welche die projektive Identifizierung so schwer deutbar und so belastend macht. Sie enthält keine kommunikative Absicht, will keinen mentalen oder motivationalen Zustand mitteilen, sondern impliziert nur eine Aufforderung zur Veränderung.* Der aber will und kann der Analytiker gerade nicht Folge leisten. Er will den unbewußten Sinn, der »hinter« dem Ausdruck steckt, verstehen. Teilt er dem Patienten dann eine vermutete Absicht mit, so fühlt dieser sich zu Recht mißverstanden, denn er wollte den anderen zu einer Veränderung, nicht

---

* Man könnte auch sagen: Sie ist faktisch, aber nicht intentional kommunikativ.

aber zu einer Kommunikation veranlassen. Er äußert sein Bedürfnis also nicht in Mitteilungsabsicht, sondern in Veränderungsabsicht. Psychoanalytisch gesprochen »will« er agieren, nicht kommunizieren. Seine Befindlichkeit teilt er ohne kommunikative Absicht mit, d. h. ohne die Absicht, *darüber* zu kommunizieren. Insofern handelt es sich bei der projektiven Identifizierung tatsächlich um eine, entwicklungspsychologisch betrachtet, frühe oder »primitive« Form der Kommunikation, in der das, was mitgeteilt wird (z. B. Angst, Ärger), nicht selbst zum Gegenstand der Kommunikation wird. Dafür aber gibt es im klassischen psychoanalytischen Setting, das auf die Analyse und Deutung (unbewußter) kommunikativer Absichten eingestellt und ausgerichtet ist, keinen originären Platz.

Die neueren Debatten um das Agieren und Mitagieren (Klüwer 1983, 1995), die Betonung der Notwendigkeit von sogenannten Handlungsdeutungen – d. h. »Deutungen«, die der Analytiker in Form von unwillkürlichen, nicht-sprachlichen Affektausdrücken als Antworten und Kommentare zu den Affekten des Patienten gibt – sowie die Faszination von Bions Container-Metapher, sind Anzeichen für Versuche, *im* psychoanalytischen Setting einen Ort für das ihm eigentlich fremde Phänomen des Agierens zu finden. Dieses Agieren ist kein Widerstand gegen das Erinnern, der als solcher gedeutet werden könnte, sondern Ausdruck der Unfähigkeit des Patienten, einen Zustand oder Affekt zu »mentalisieren«, d. h. ihn *nicht bloß zum Medium von Information, sondern zum Gegenstand von Kommunikation* zu machen.*

Hier nun lauert die Gefahr, daß Analytiker und Patient aneinander vorbeireden. Der Patient will mit dem Ausdruck seiner Bedürfnisse eine Änderung erreichen, aber nicht in eine Kommunikation einsteigen. Der Analytiker liest aber in die Ausdrücke des Patienten unbewußte Absichten hinein und behandelt sie, »als ob« sie kommunikative Mitteilungen wären. Dem ängstlichen Patienten mag er dann deuten: »Sie wollen mir sagen, daß Sie sich hier nicht gehalten fühlen.« Aber das wollte der Patient gerade nicht *sagen*. Er wollte gehal-

---

* Der philosophisch versierte Leser wird bemerkt haben, daß ich Dennetts (1983) Theorie intentionaler Systeme für entwicklungspsychologische und klinische Zwecke adaptiert habe. Eine ausgezeichnete Darstellung dieser Theorie und der von ihr postulierten verschiedenen Intentionalitätsstufen findet sich bei Gomille (1988, S. 242 ff.) und Cheney / Seyfarth (1990, S. 191 ff.).

ten *werden*.* Es ist – in einer räumlichen Metapher gesprochen –, wie wenn der Patient im Parterre eines Hauses an die Tür klopft und der Analytiker öffnet im ersten Stock das Fenster und ruft »Herein« (Killingmo 1989). Körner (1995, S. 23) schreibt in einer lesenswerten Arbeit sehr zutreffend: »Mit einem neurotischen Patienten setzen wir uns *in* der Welt der symbolischen Ordnung auseinander und handeln miteinander aus, was wir füreinander bedeuten wollen. Mit einem Borderlinepatienten ringen wir darum, ob es überhaupt eine symbolische Ordnung geben kann...«. Die Mißverständnisse, die im Laufe dieses Ringens unausweichlich auftauchen, enthalten aber zugleich eine Chance. Das Hineinlesen einer kommunikativen Absicht in einen Affektausdruck kann nämlich auch einen entwicklungsfördernden Effekt haben.

Zur Illustration dieser These rekurriere ich noch einmal auf den Säugling, der vergleichsweise unspezifisch mit der Hand herumfuchtelt. Seine Eltern können in diese Geste eine Absicht hineinlesen und sie auf einen herumliegenden Teddybären beziehen. Sie sagen dann: »Ah, diesen Teddybär willst du haben?« Auf diese Weise lernt das Kind, daß man auf etwas zeigen kann, um es zu bekommen. In vergleichbarer Weise kann durch die Deutung der projektiven Identifizierungen, »als ob« sie eine intentionale Kommunikation wäre, der Patient *lernen*, intentional zu kommunizieren. Dadurch, daß der Analytiker einen Affektausdruck, z. B. die Angst, behandelt, wie wenn sie eine unbewußte kommunikative Mitteilung wäre (»Sie wollen mir sagen, daß Sie sich hier nicht gehalten fühlen«), lernt der Patient im besten Falle genau das: seinen Gefühlen und ihrem Ausdruck kommunikative Absichten und seelische Zustände zu unterlegen. Er drückt dann nicht mehr bloß Angst aus und das Bedürfnis, gehalten zu werden, sondern er kann *mitteilen*, daß er sich nicht gehalten fühlt und gehalten werden möchte. Durch diese selbstreflexive und kommunikative Einstellung zu den Affekten werden sie moduliert oder zumindest modulierungsfähig. Der Patient lernt erstens, über Affekte *nachzudenken*, und kann sie dadurch kognitiv verarbeiten und / oder kontrollieren. Er lernt zweitens, darüber zu *kommunizieren*, d. h., er entwickelt die Fähigkeit, ein Gefühl mitzuteilen und es nicht bloß auszudrücken. Drittens erfährt er, daß dieses »Reden über« einen

---

* Oder allenfalls sagen, daß er gehalten werden will, und nicht, daß er das Gefühl hat, nicht gehalten zu werden.

Einfluß auf seine Gefühle haben kann. Vorher konnte er nur ausdrükken (im Gesicht, in der Stimme), daß er sich nicht gehalten fühlt, und
hoffen, daß es besser wird. Jetzt kann er es mitteilen, und die möglichen Gründe für diese Gefühle können dann exploriert werden.
Diese reflexive Einstellung zu den Affekten ist auch eine Form der
Bewußtmachung. Ein unwillkürlich ablaufender Affektaustausch-
prozeß wird auf diese Weise in seiner Automatisierung unterbrochen
und damit der potentiellen Korrektur zugänglich (Näheres dazu in
Kap. 10).

Die Unfähigkeit, über einen Affekt zu sprechen, kann noch eine
andere Wurzel haben. Ich hatte behauptet, daß intentionale Kommunikation mit neun Monaten beginnt. Zur gleichen Zeit etwa entsteht
das sogenannte social referencing. Konfrontiert man ein Kind in diesem Alter mit einer zwiespältigen Situation, z. B. mit einem Spielzeug, das sowohl Interesse als auch Vorsicht auslöst, so blickt das
Kind zunächst zur Mutter, um zu sehen, wie sie reagiert. Lächelt sie,
so wird das Kind sich dem Spielzeug nähern, zeigt sie Furcht, wird es
sich zurückziehen. Es richtet sich also in seiner Antwort nach dem
mütterlichen Affekt und betrachtet ihn als Information über etwas
Drittes (das Spielzeug), auf das sich beide beziehen. Steimer-Krause
(1996) beschreibt, daß Psychotiker oder Borderline-Patienten – vermutlich aufgrund bestimmter Beziehungserfahrungen in der Kindheit – diese Fähigkeit nicht haben. Sie beziehen jeden gezeigten Affekt auf sich selbst, nicht aber auf ein Drittes. Sie verstehen nicht, daß
der Affekt des Gesprächspartners sich nicht auf sie, sondern z. B.
auf das Wetter oder einen anderen gemeinsamen Gesprächsgegen-
stand beziehen kann. Dadurch sind sie von Affekten unmittelbar
»betroffen«, was ihre Fähigkeit, *darüber* zu kommunizieren, ein-
schränkt. Es fehlt ihnen der »Abstand« zum Affekt (zur Kommunikation) des anderen, der es ihnen erst ermöglichen würde, seine
Mitteilungen als Mitteilungen *über* etwas zu verstehen. Statt dessen
fühlen sie sich direkt beeinflußt, weil sie z. B. eine abfällige Äußerung über das Wetter auf sich selbst beziehen. Dieses Direkt-Beein-
flußt-*Werden* ist die Kehrseite des Direkt-Beeinflussen-*Wollens*, das
ich oben als zweite Stufe des Ausdrucks von Gefühlen und als Kern
der projektiven Identifizierung beschrieben habe.

Ich vermute, daß im analytischen Dialog, der darauf abzielt, die
selbstreflexive Einstellung zu den eigenen Gefühlen zu fördern, dem
Patienten auch noch etwas anderes bewußt wird, was er bisher

schmerzlich vermied oder nicht sehen konnte: daß nämlich der andere nicht bloß ein *Objekt* ist, das auf eine quasi unpersönliche Weise den eigenen Zustand verändern kann, sondern daß er eine *Person* ist, die ebenfalls mentale Zustände hat. Die »Rücksichtslosigkeit« mancher Borderline-Patienten hat wahrscheinlich eine ihrer Ursachen darin, daß sie weder sich selbst noch den Analytiker als Personen, d. h. als Wesen mit seelischen Zuständen, begreifen, sondern eher unpersönlich als transformierende (Analytiker) oder zu transformierende (Patient) »Substanzen«.

Fonagy (1991) hat eindrücklich beschrieben, welche Rolle dieses Mentalisierungsdefizit in der Genese und Behandlung von Borderline-Störungen spielt. Er weist darauf hin, daß Borderline-Patienten das Interesse und die Fähigkeit, über eigene und fremde Gefühle nachzudenken, aus Abwehrgründen hemmen, weil es für sie in der Kindheit zu bedrohlich gewesen ist, sich über die Motive der oft unverständlichen und grob traumatisierenden elterlichen Handlungen Klarheit zu verschaffen. Zum Schutz vor dieser Bedrohung wurde das Nachdenken darüber vermieden. Die Analyse dieser Abwehr, die sich in der psychoanalytischen Situation u. a. darin zeigt, daß solche Patienten oft »grausam« oder scheinbar ignorant in bezug auf die Gefühle des Analytikers, ihre eigenen und die anderer Menschen erscheinen, erfordert eine Reihe behandlungstechnischer Besonderheiten, auf die Fonagy ebenfalls hinweist, die ich aber hier nicht darstellen möchte.

Die averbale Kommunikation abgewehrter Affekte

Statt dessen kehre ich zu einem Problem zurück, das im Abschnitt über averbale Kommunikation und Interaktion offen geblieben ist, nämlich: Wie können *abgewehrte* Affekte der Eltern dem Säugling zur Kenntnis gelangen? Bisher wurde nur dargestellt, wie sich z. B. eine *manifeste* Depression der Eltern über Gesichtsausdruck, Stimmlage und Körperhaltung auf den Säugling überträgt. Wie aber verhält es sich mit einer abgewehrten, latenten Depression? Eltern tun oft ihr Bestes, um depressive Gefühle vor ihren Kindern und vor sich selbst zu verbergen. Das Ergebnis dieser Anstrengung ist häufig ein aufgeputschter, intrusiver, gelegentlich feindselig getönter Interaktionsstil, der den Säugling unruhig und unausgeglichen macht (Cohn et al. 1986; Lyons-Ruth et al. 1986; Murray 1993). Er hat verschiedene Möglichkeiten, damit fertig zu werden. Entweder zieht er sich temporär oder dauerhaft zurück und wird so »direkt« depressiv, oder er läßt sich anstecken und wird ebenfalls hektisch. Diese Hektik wird mit der Zeit und nach vielen Wiederholungen solcher Episoden zu einem Charaktermerkmal des Säuglings, in dem sich die maniforme, kontradepressive Abwehr der Eltern verfestigt. Unter der agitierten Oberfläche lauert aber ein depressiver Kern. Weil der Säugling trotz vieler Versuche, den Interaktionsstil seiner Eltern zu verändern, keinen Erfolg hatte, entsteht neben und gleichzeitig mit der Übernahme des elterlichen Stils ein Gefühl von Ohnmacht und Wirkungslosigkeit. Schon in der Säuglingszeit werden also sowohl manifeste als auch abgewehrte Affekte kommuniziert und vom Säugling übernommen. Das geschieht allerdings nicht über die Verbalisierung von Phantasien oder die intentional-kommunikative Projektion und Introjektion von Affekten, sondern durch Anpassung an die interaktionellen, mimisch-affektiven und vokalen Ausdruckskorrelate elterlicher Depressionen bzw. ihrer Abwehr.

Diese Ausführungen sollten verdeutlichen, wie in der präsymbolischen Zeit ein manifest nicht-depressiver Interaktionsstil dennoch depressive Gefühle im Säugling induzieren kann. Sie lassen sich auf die klinische Situation ausdehnen. Ein offen depressiver Patient ist, auch ohne daß man dem Inhalt seiner Rede viel Aufmerksamkeit schenkt, leicht an seiner zusammengesunkenen Körperhaltung, der farblosen Sprechmelodie und anderen Eigenarten zu erkennen. Ein aufgedrehter, hektischer Patient kann seinen Gesprächspartner in Grund und Boden reden und erzeugt über kurz oder lang, ganz unabhängig vom Inhalt seiner Rede, in ihm ein Gefühl von Ohnmacht und Niedergeschlagenheit.* Die meisten sogenannten Gegenübertragungsreaktionen beruhen auf der subliminalen Wahrnehmung von redebegleiteten averbalen Kommunikationssignalen, und viele intuitiv erstellten Gegenübertragungsdiagnosen ließen sich auch empirisch-meßbar begründen, wenn wir mehr über das Funktionieren

---

* Oder von Wut. Diese Variante übergehe ich hier aus Gründen der Vereinfachung. Sie kann in die obigen Modellvorstellungen problemlos integriert werden. Im Kern ist die Wut in solchen Situationen eine Folge von Ohnmachtserfahrungen, also bereits einer Abwehr- oder Bewältigungsstrategie.

averbaler Kommunikationskanäle in der Therapie wüßten.* Dafür
wäre eine Neurosenlehre oder Psychopathologie nützlich, die seelische Erkrankungen nicht nur, wie bisher, hinsichtlich ihrer unterschiedlichen intrapsychischen Merkmale beschriebe, sondern untersuchen würde, ob es für die jeweiligen Krankheiten nicht auch
spezifische averbale Affektausdrucksmuster und Affektinduktions-
regeln gibt – also pathologiespezifische Muster und Häufigkeiten des
Affektausdrucks bzw. der Affektinduzierung im anderen. Dann wäre
die Psychopathologie interaktionell geworden, und wir wären klüger
in bezug auf die nonverbalen Mikroprozesse, die sprachliche Inhalte
unterstützen, konterkarieren oder modifizieren und so zur Übertragung und Gegenübertragung beitragen. Rainer Krause hat dazu
grundlegende Vorarbeiten geleistet und ist mit der weiteren Ausarbeitung dieses Projekts beschäftigt (s. Krause 1988, 1990, 1992a,b,
1994; Krause/Lütolf 1989; Krause et al. 1992; Steimer-Krause 1994,
1996; Steimer-Krause et al. 1990).

Eine einfache Überlegung macht deutlich, von welcher Bedeutung
eine solche spezielle Affektausdrucks- und Affektinduktionslehre ist.
Ein manifest hektischer Patient/Vater kann einen Therapeuten/
Säugling in einem Arbeitsgang aufputschen und depressiv machen.
Wodurch unterscheidet sich aber ein temperamentvoller Vater von
einem hektischen, und wie merkt der Säugling den Unterschied?
Stern (1992; 1995, S. 104) meint, der Säugling sei in der Lage, einen
forcierten Bewegungsfluß von einem unforcierten, temperamentvol-
len zu unterscheiden, was auch empirisch demonstriert werden kann.
Die analoge Frage in bezug auf die Therapie und die Neurosen lautet:
An welchen averbalen Affektsignalen und Verhaltensweisen kann
man den Unterschied zwischen der Hektik einer echten Hysterie und
der pseudohysterischen Hektik einer abgewehrten Depression erkennen? Solche Fragen sind bisher kaum systematisch erforscht worden. Dies wäre die Aufgabe einer speziellen interaktionellen Neurosenlehre, in der die differentiellen interpersonellen Ausprägungen
intrapsychischer Konfigurationen untersucht werden müßten.

* Zur Wichtigkeit vokaler Affektsignale in Deutungen s. Gedo (1991, S. 11),
Levin (1991, Kap. 7), Rayner (1992), Steiner (1987) und Viderman (1991, S. 483 f.).

Der depressive Säugling und die tote Mutter

Die Überlegungen zum depressiv gewordenen Säugling können anhand der Arbeiten von Cohn et al. (1986), Lyons-Ruth et al. (1986) und Stern (1992; 1995, Kap. 6) weiter verfeinert werden. Diese Autoren unterscheiden vier Modalitäten, in denen der Säugling seine depressive Mutter erleben und auf sie reagieren kann. Zwei davon habe ich beschrieben: die offene Depression der Mutter, die direkt in der Interaktion erscheint und auf den Säugling übergreift; und die kontradepressive Hektik, die, neben der Anpassung daran, ein Gefühl von Ohnmacht und Hilflosigkeit erzeugt. Nun ist die elterliche Depression oft keine Alles-oder-Nichts-Angelegenheit, und gelegentlich oder zu gewissen Zeiten gelingt es dem Säugling vielleicht, die Mutter zu vitalisieren. Wenn dies der vorherrschende Modus ist, kann sich bei ihm ein Interaktions- und Selbstgefühl als »Reanimator« seiner Mutter herauskristallisieren. Dies mag später so ausgearbeitet und erlebt werden, daß das Subjekt immer aktiv, verführerisch und attraktiv sein muß, um sich geliebt und beachtet zu fühlen und um eine gefürchtete Leblosigkeit zu vermeiden.

Eine weitere Möglichkeit wäre, daß sich der Säugling von der Mutter ab- und anderen Personen oder Dingen zuwendet und dadurch mehr Stimulation findet. Die physisch noch präsente Mutter rückt dann, was die Regulierung der Interaktion und die gemeinsam erlebten positiven Affekte angeht, in den Hintergrund. Der Säugling unternimmt viel allein, exploriert verstärkt die unbelebte Welt und reguliert seine Interessen und Spannungen ohne sie. Die Mutter ist zwar physisch noch da, aber psychisch nicht mehr recht verfügbar. Kleinkindforscher (z. B. Biringen 1991) haben dieses Phänomen der anwesenden Abwesenheit unter dem Titel »emotionale Verfügbarkeit« beschrieben. Emde / Sorce (1983) konnten zeigen, daß einjährige Kinder sich während des Spiels immer wieder mit Blicken bei der Mutter rückversichern. Liest die Mutter Zeitung – d. h. blickt sie nicht zurück oder signalisiert nicht sonstwie ihre Aufmerksamkeit –, so hat das meßbare Auswirkungen auf das Explorationsverhalten der Kinder. Im weiteren Verlauf des Spiels blicken sie weniger auf die Mutter als die Kinder einer Kontrollgruppe, suchen seltener ihren Rat und spielen schwungloser. Obwohl die Affektlage insgesamt noch positiv ist, nimmt die Häufigkeit des Lächelns ab, ebenso die Zahl der positiven Vokalisierungen. »Diese Ergebnisse zeigen, daß Kinder beim Erforschen und Spielen in einer unvertrauten Umgebung mehr Spaß haben, wenn die Mütter nicht lesen. Sind die Mütter nicht verfügbar, so scheinen sich die Kinder eher geduldig in der Nähe herumzutreiben und ihre ›Rückkehr‹ abzuwarten, als sich im Raum zu bewegen und andere Bereiche und Objekte zu erkunden« (Emde/Sorce 1983, S. 28). Es scheint so, als wären die Kinder, während sie mit ihrem Spiel beschäftigt sind, zugleich in einem Zustand schwebenden »Wartens auf«, der eine weitere Art sein kann, in der der Säugling sich und seine Mutter erlebt: als anwesend, aber auf eine unfaßbare Weise nicht da.*

Green (1983) hat in einem großen Aufsatz klinisch-rekonstruktiv die Auswirkungen des »Todes«, d.h. bei ihm des depressiven Rückzugs der Mutter auf den Säugling und späteren Erwachsenen beschrieben. Seine Patienten schilderten diesen Rückzug als einen Schock, durch den sich wie mit einem Schlag die Mutter-Imago verwandelte. Die referierten Ergebnisse der Forschungen zur Interaktion von depressiven Müttern und ihren Säuglingen ergänzen, wie Stern (a.a.O.) luzide ausführt, Greens Rekonstruktionen. Sie machen deutlich, daß das, was Patienten als ein einmaliges, plötzliches Trauma beschreiben, sich aus vielen kleinen wiederholten Episoden zusammensetzt, die in ihrer Kumulation die Auswirkungen haben, die der Patient als grundlegendes Lebensgefühl und Mutterbild schildert. Es wird klarer, daß es nicht ein Moment ist, in dem die Mutter ihre Besetzung vom Kind abzieht und der Säugling die depressive Mutterimago introjiziert, sondern daß dieser Besetzungsabzug in den täglich wiederholten Interaktionen und Interaktionsbruchstücken stattfindet, die in ihrer Häufung zu dem Effekt beitragen, der in der analytischen Situation als Resultat eines einmaligen Ereignisses erscheint. Dadurch wird das Trauma in den Bereich des Alltäglichen zurückgeholt (s. Tronick/Gianino 1986, S. 11; Stern 1992, S. 313; 1995, S. 105). Es wird entmystifiziert und in statu nascendi buchstäblich begreif- und sichtbar. Was in der Rekonstruktion und in der Erinnerung wie ein Augenblick erscheint, ist in der Wirklichkeit eine sich immer wiederholende Folge. Dennoch enthält die »falsche« Re-

---

* Diese Ausführungen sollten Eltern, die passionierte Zeitungsleser sind, nicht von dieser Beschäftigung abhalten. Sie werden ihr Kind damit nicht traumatisieren. Problematisch werden Zeitunglesen und andere Beschäftigungen erst dann, wenn sie Symptome einer generalisierten Unverfügbarkeit sind. Zeitlich begrenzte Rückzüge kann der Säugling durchaus verkraften.

konstruktion und Erinnerung des plötzlichen Rückzugs die Essenz der Atmosphäre und des emotionalen Aromas der frühen Interaktion und ist insofern durchaus »wahr«. Die Phantasie vom plötzlichen Rückzug schiebt viele Mikroepisoden in einen Moment zusammen, und dieser Moment erfaßt die gefühlsmäßige Wahrheit über die frühe oder ständige Interaktion, auch wenn er als *Moment* in der Kindheit gar nicht existierte.*

Man sollte sich klarmachen, daß die vier verschiedenen beschriebenen Varianten der Interaktion von Mutter und Säugling nicht (immer) in dieser Reinform vorkommen, sondern alle vier zu jeweils unterschiedlichen Zeitpunkten des Tages interaktionelle Realität sein können. Dennoch können Mütter und Säuglinge bestimmte Schwerpunkte ausbilden, die den oben skizzierten Idealtypen nahekommen. Die verschiedenen Reaktionen des Säuglings sind allerdings *keine Abwehrmechanismen, sondern Coping* (= Bewältigungsversuche). Er versucht, das Beste aus der Situation zu machen und sich, so gut es geht, an seine Mutter anzupassen. Er hat nur diese zwei Möglichkeiten, sich anzupassen oder sich zu wehren, aber er kann nichts abwehren in dem Sinne, daß er einen unliebsamen seelischen Inhalt vor sich selbst oder anderen verbirgt. Das sind spätere Errungenschaften.

Resümee

Diese Überlegungen nehmen klinisch gewonnenen Rekonstruktionen nichts von ihrem Wert. Ihr »Gegenstand«, der erwachsene Patient, *kann* abwehren und tut dies auch. Rekonstruktionen der Vergangenheit erfassen spätere Prozesse der Weiterverarbeitung präsymbolischer Erfahrungen und, im besten Fall, auch die durch Überarbeitung und Abwehr noch hindurchschimmernde frühe Wirklichkeit, die meistens nicht nur eine frühe, sondern eine ständige war. Wenn sich Erwachsene oder ältere Kinder vergangene Erfahrungen mit Hilfe ihrer jetzigen Denk- und Gedächtnismöglichkeiten vergegen-

---

* So stelle ich mir das Verhältnis von wirklicher und (re)konstruierter, *in dieser Form* niemals real gewesener Vergangenheit vor und auch die Integration realistischer und konstruktivistischer Gedächtnismodelle (ausführlich dazu Granzow 1994).

wärtigen, kommt es unausweichlich auch deshalb zu Veränderungen, weil die Ausarbeitung einer erzählbaren Lebensgeschichte – die Konstruktion eines Narrativs – eigenen Gesetzen gehorcht. Erzählen ist ein Stilmittel besonderer Art, und es gibt bestimmte Eigentümlichkeiten, die jede Erzählung, die als solche gelten will, haben muß. Eine Geschichte hat z. B. einen Anfang, einen Höhepunkt und ein Ende. Sie hat ein Thema und eine bestimmte Affektdynamik und besteht nicht in einem bloßen Aneinanderreihen von Ereignissen. Das und anderes erforscht die neuere entwicklungspsychologische Narrationsforschung (s. z. B. Bruner / Lucariello 1989; Stern 1989b; 1990, Kap. 5; Britton / Pellegrini 1990; McCabe / Peterson 1991; Nelson 1993, 1995; Engel 1995). Ihre Fragen sind unter anderem: Wie genau gibt die Erzählung von Geschehnissen die während dieser Geschehnisse beobachtbaren Gefühle wieder, und unter welchen Bedingungen weicht die Erzählung in Inhalt und Affektdynamik vom Geschehnis ab? Gibt es immer Abweichungen, oder lassen sich besondere Umstände spezifizieren, die die ungenaue Wiedergabe fördern? Welchen Einfluß haben andere Personen auf die Narration? Verändert ein Kind die Wiedergabe eines Ereignisses unter dem Einfluß der Mutter, und wenn ja, wann und wie dauerhaft? Kehrt es – ohne die Mutter – wieder zu seiner ursprünglichen Geschichtsversion zurück, oder wird die elterliche Beeinflussung zu einem bleibenden Strukturmerkmal der Geschichte?

Das sind wichtige Fragen, welche die Theorie und Praxis der psychoanalytischen Narration betreffen. In der konstruktivistischen Version dieser Theorie (Loch 1976; Viderman 1979; Spence 1982; Schafer 1983; Tress / Reister 1993) kommt es bei der Rekonstruktion der Vergangenheit zu einer unausweichlichen Ko-Konstruktion von Analytiker und Patient, in der das ursprüngliche Geschehen und die wirkliche Vergangenheit nicht nur vielfach transformiert, sondern gar nicht mehr erkennbar sind. Die gemeinsame Narration schafft eine neue Sicht der Vergangenheit – die psychoanalytische Geschichte im Gegensatz zur wirklichen Geschichte (ausführlich dazu Lamm 1993). Der zweifellos vorhandene Unterschied zwischen beiden wird von den Konstruktivisten meines Erachtens übertrieben. Die gelebte und die erzählte Erfahrung müssen irgendwann zur Deckung kommen, wenn nicht intellektuelle Spiegelfechterei an die Stelle eines bedeutungsvollen emotionalen Austauschs treten soll. Aber das ist eine andere »Geschichte«, die hier und heute nicht erzählt werden kann.

Kapitel 3   Können Säuglinge phantasieren?

Die Säuglingsforschung hat zu einer Fülle neuer Erkenntnisse über die Wahrnehmung, die Gefühle, die Interaktionsfähigkeiten und die Denkprozesse kleiner Kinder geführt. Sie hat damit die alte Frage, ob schon Säuglinge phantasieren können, neu auf die Tagesordnung gesetzt und Antworten gegeben, die in den psychoanalytischen Theoriekorpus aufgenommen werden sollten. Eine der wichtigsten Aussagen der Säuglingsforscher lautet, daß das Affektsystem zunächst vom Phantasiesystem unabhängig ist und ihm zeitlich vorausläuft. In Piagets Theorie der sensomotorischen Entwicklung (1936, 1937, 1945) wird nachgewiesen, daß Säuglinge nicht über Vorstellungen oder Symbole verfügen, sondern mit Hilfe von Handlungen denken. Sensomotorisches Denken ist handlungsgebunden, nicht symbolvermittelt.

In den folgenden zwei Kapiteln werde ich mich mit der entwicklungspsychologischen Literatur befassen, die sich nach Piaget mit den Besonderheiten früher Denkprozesse auseinandergesetzt hat. Dies ist deshalb von Bedeutung, weil in der post-piagetschen Entwicklungspsychologie verschiedene Annahmen und Aussagen zur sensomotorischen Natur früher Denkprozesse und ihre Datierung in Zweifel gezogen wurden. Es wurde argumentiert, daß Säuglinge viele Fähigkeiten, die Piaget als Vorstufe zur Symbolbildung betrachtete, bereits vor eineinhalb Jahren erwerben. (Dies war für Piaget der Zeitpunkt der beginnenden Symbolfunktion.) Eine mögliche Schlußfolgerung daraus ist, daß auch die Fähigkeit zum symbolischen Denken früher auftritt, als Piaget annahm.

Einige dieser neueren Befunde sollen nun genauer dargestellt werden, weil die Frage, ob Säuglinge phantasieren können, nach wie vor klärungsbedürftig ist. Letztlich geht es darum, ob frühkindliche Denkprozesse nach dem Muster des Erwachsenendenkens ablaufen oder ob sie Besonderheiten aufweisen, für die es im symbolvermittelten Denken des Erwachsenen keine oder nur wenige Parallelen gibt.

Piaget und Lichtenberg über die Entstehung des inneren Bildes

Für Piaget (1945) ist die verzögerte Nachahmung eine Vorstufe der Symbolfunktion. Er versteht darunter die Fähigkeit, ein Ereignis nachzuahmen, auch wenn es nicht mehr im aktuellen Wahrnehmungsfeld vorhanden ist. Zwischen der Wahrnehmung eines Ereignisses und seiner Nachahmung können z. B. einige Stunden vergangen sein. Dann leitet nicht mehr die Wahrnehmung die Nachahmungshandlung an, sondern die Erinnerung.

Piaget war der Meinung, daß die verzögerte Nachahmung einerseits eine Art »Vor-Bild« voraussetzt, das Nachahmung inspiriert, und daß diese gleichzeitig aber auch die *Vorstufe* des bildhaften Denkens ist. Das »Vor-Bild«, mit dessen Hilfe sich das Kind an ein Ereignis erinnert, ist aber noch kein richtiges Bild, sondern eben nur eine Vorstufe (näheres dazu bei Szagun 1983, S. 108 ff.; 1986, S. 99 ff.). Ein echtes inneres Bild ist nicht die Voraussetzung, sondern die Folge der verzögerten Nachahmung. Genauer gesagt: die Folge der allmählichen »Interiorisierung« von Nachahmungshandlungen. Was ist damit gemeint?

Ein kleines Kind ahmt ein Ereignis zunächst mit Körperbewegungen nach – z. B. den Flügelschlag eines Vogels mit entsprechenden Armbewegungen. Dann tritt zwischen Beobachtung und Nachahmung eine gewisse Zeitspanne (verzögerte Nachahmung). Schließlich werden die motorischen Bewegungen immer kürzer und rudimentärer ausgeführt, bis sie am Ende nur noch als rein mentale, bildhafte Operationen im Geiste stattfinden. Diesen Prozeß nennt Piaget die Verinnerlichung einer Handlung. Das bildhafte Denken ist in seiner Theorie keine von Anfang an vorhandene Fähigkeit, sondern eine Entwicklungserrungenschaft, die erst nach der verzögerten Nachahmung auftreten kann. Handlungen kommen zuerst, Bilder sind die Folge ihrer Verinnerlichung.*

---

* Daß es einen Zusammenhang zwischen Handlungshemmung und Vorstellungsbildung geben könnte, vermuten so verschiedene Autoren wie Freud (1900), Gehlen (1956, in seiner Theorie der Geburt der darstellenden Kunst aus dem gehemmten Ritus) und Hofstadter (1979, S. 391). Möglicherweise produziert die Handlungshemmung über Reafferenzschleifen im Gehirn ein bildhaftes Äquivalent der gehemmten Handlung. Bei Freud ist die Bildhaftigkeit des Traums u. a.

Piaget datierte das erste Auftreten von verzögerten Nachahmungen auf etwa 18 Monate und kam u. a. deshalb zu dem Schluß, daß es bildhaftes Denken erst danach, also zwischen 18 und 24 Monaten, geben kann. Neuere Untersuchungen zu diesem Thema haben die verzögerte Nachahmung jedoch schon mit 14 bzw. neun Monaten, gefunden (s. Meltzoff 1988a, b). Das würde bedeuten, daß auch die Symbolfunktion bereits kurze Zeit später vorhanden sein könnte.

Lichtenberg (1983, Kap. 7) hat eine von Piaget abweichende Theorie über die Genese des inneren Bildes formuliert. In ihr wird die Vorstellungsfähigkeit nicht als Resultat einer Handlungsverinnerlichung begriffen. Nach Lichtenberg entsteht sie aus der Fähigkeit, die ursprüngliche Ganzheit einer Wahrnehmung, in der Handlung, Sinnesempfindung und Affekt noch eins sind, in ihre Teile aufzuspalten, den visuellen Anteil aus diesem gesamten Ensemble herauszulösen und zu »betrachten«, bis es schließlich gelingt, dieses »Abbild« auch vorzustellen. Vor dem Vorstellen kommt in dieser Theorie das Abbilden, das in einer Herauspräparierung des bildhaften Anteils einer Gesamtwahrnehmung aus dem sie üblicherweise begleitenden Kontext anderer Sinnesempfindungen und Handlungen besteht. Eine Milchflasche »abbilden« heißt, nicht mehr mit Saugen und Greifen auf sie zu reagieren, sondern sie ganz ohne Handlung ansehen zu können. Ist dieser Schritt des Abbildens (mit neun bis 14 Monaten) erreicht, so erfolgt als nächster das kontextfreie *Vorstellen* des Abgebildeten mit etwa 18 Monaten. Statt etwas, was da ist, nur zu betrachten (abzubilden), kann jetzt etwas, was nicht da ist, in bildhafter Form vorgestellt werden. Die Fähigkeit zum »Bildermachen« ist also für Lichtenberg ebenfalls nichts Primäres, sondern eine Entwicklungserrungenschaft. Sie erwächst bei ihm aus der Abbildungsfähigkeit, nicht, wie bei Piaget, aus der Verinnerlichung von Handlungen. In beiden Theorien spielt aber die Handlungshemmung eine große Rolle bei der Entstehung des Vorstellungsbildes (ebenso bei Wright 1991, S. 58 f., 91 ff., 104 f.).*

eine Folge der stillgestellten Motorik, und auch das psychoanalytische Setting, in dem der Patient auf der Couch liegt, soll das Phantasieren fördern.

* Der Befund, daß vor dem sechsten Lebensjahr Erblindete im REM-Schlaf nicht bildhaft träumen und bei später Erblindeten die Bildhaftigkeit von Träumen mit zunehmendem Lebensalter verblaßt (Zimmer 1986, S. 200), verweist auf die Wichtigkeit des beständigen visuellen Inputs sowohl für die Entstehung als auch für die Aufrechterhaltung bildhaften Denkens. Die Rolle der visuellen Wahrneh-

Symbolisches Spiel

Neuere Untersuchungen zum symbolischen Spiel (s. Hoppe-Graff/ Uhl 1993) scheinen ebenfalls eine Vorverlegung der Symbolfunktion nahezulegen. Ein zentrales Charakteristikum des symbolischen Spiels ist sein Als-ob-Charakter. Ein Gegenstand, z. B. ein Bauklotz, wird behandelt, »als ob« er ein Auto wäre, und das Kind spielt Auto mit dem Bauklotz, indem es ihn brummend durch die Wohnung fahren läßt. Es abstrahiert also von der konkreten Eigenschaft des Bauklotzes und symbolisiert ihn als Auto.

Diese einfache Darstellung ist von verschiedenen Autoren differenziert worden (Überblick bei Hoppe-Graff/Uhl 1993). Sie unterscheiden zwischen Als-ob-Handlungen, die sich auf den eigenen Körper beziehen (das Kind tut so, als ob es schlafen würde), von solchen, die sich auf Gegenstände beziehen. Selbstbezogene Als-ob-Handlungen sollen früher auftauchen (zwölf bis 13 Monate) als objektbezogene (15 bis 18 Monate). Darüber hinaus werden weitere Unterscheidungen eingeführt, z. B. die, ob das Kind sein Als-ob-Spiel mit verschiedenen Gegenständen zu einer Spielhandlung koordinieren kann, also etwa das »Auto« (Bauklotz) in einer »Garage« (Schachtel) fahren läßt (sogenanntes kombinatorisches Symbolspiel). Dadurch kompliziert sich die Chronologie des Erwerbs der Fähigkeit zum Symbolspiel, und es wird schwierig, eine eindeutige und einfache zeitliche Festlegung vorzunehmen. Nicht nur selbst- und objektbezogene Als-ob-Handlungen tauchen zu unterschiedlichen Zeitpunkten auf, sondern auch die Koordination verschiedener Als-ob-Handlungen erfolgt später (18 bis 20 Monate) als die Ausführung einzelner.

Betrachtet man eine solche Koordination als Voraussetzung des Phantasierens, weil Phantasieren ja in der Regel in einer Verknüpfung von Symbolen untereinander besteht, so folgt daraus keine Vorverlegung der Fähigkeit zum Phantasieren. Dennoch bleibt als Resultat, daß zumindest einige Aspekte des Als-ob-Spiels früher vorhanden

---

mung bei der *Entstehung* des inneren Bildes ist mir noch nicht ganz klar. Piaget/ Inhelder (1969, S. 17 ff.) sind der Meinung, daß das Vorstellungsbild kein »Nachhall« des Wahrnehmungsbildes ist (ähnlich Werner 1953, S. 101 ff.). Dies bedeutet, daß sowohl die nativistische Hypothese, Vorstellungsbilder würden rein endogen vom Gehirn erzeugt, falsch ist als auch die empiristische, die behauptet, sie würden rein exogen aus der Wahrnehmung stammen.

sind als von Piaget beschrieben. Eine Konvergenz dieses Befundes mit denen zur verzögerten Nachahmung ist nicht von der Hand zu weisen.

Objektpermanenz

Der Trend zur Vorverlegung findet sich auch in einem dritten Bereich, der Piaget veranlaßte, den Erwerb der Symbolfunktion auf 18 bis 24 Monate zu datieren: Es handelt sich dabei um die sogenannte Objektpermanenz. Darunter versteht Piaget die Fähigkeit, an die Weiterexistenz eines Gegenstandes zu glauben, auch wenn er verschwunden ist. Die frühesten Anzeichen von Objektpermanenz fand er mit etwa acht Monaten. Zu diesem Zeitpunkt beginnen Kinder nach einem Gegenstand zu suchen, wenn sie sein Verschwinden beobachten konnten. Dies ist für Piaget (1936, 1937) allerdings noch kein Indiz für eine existierende Vorstellungsfähigkeit. Ein Kind, das mit acht Monaten nach einem Ball sucht, der unter einer Decke verborgen wird, tut dies nicht, weil es über eine Vorstellung vom Ball auch über dessen Verschwinden hinaus verfügt, sondern weil es die Decke als Hinweisreiz für den verschwundenen Ball betrachtet. Es sucht also den Ball, weil er assoziativ mit der Decke verknüpft ist, ähnlich wie Pawlows Hund beim Ton der Glocke speichelte, weil Glocke und Wurst assoziativ verknüpft sind, und nicht, weil sich der Hund beim Ton der Glocke die Wurst bildlich vorstellt. Auch der Löwe jagt weiter nach der Gazelle, die hinter einem Busch verschwunden ist, ohne daß man ihm die Fähigkeit zur Evokation des Bildes von der verschwundenen Gazelle zusprechen müßte. Piaget (1937, S. 87 f.; ähnlich 1936, S. 257) drückt diesen Sachverhalt so aus: Die Wahrnehmung der Decke »befiehlt« den Glauben an die Fortexistenz des Balles, aber ohne diese Wahrnehmung gibt es auch den Glauben nicht mehr. Außerdem besteht der Glaube, solange es ihn gibt, nicht in einer bildhaften Vorstellung vom Objekt. Das Objekt wird vielmehr vermißt, wodurch eine Leerstelle im Wahrnehmungsfeld entsteht, deren Füllung angestrebt wird. Es wird nach diesem »Etwas« gesucht, das jetzt verschwunden ist, ohne daß es bildlich vorgestellt werden könnte.

Diese möglicherweise spekulativ anmutenden Überlegungen können empirisch substantiiert werden. Im weiteren Verlauf seiner Untersuchungen gelingt Piaget nämlich der Nachweis, daß der Glaube an die Weiterexistenz des »Etwas« zerfällt, wenn der Hinweisreiz, der den Glauben »befiehlt«, nicht mehr da ist.

Freie und bedingte Evokation

Mit diesen Ausführungen bin ich bei der für eine Theorie des symbolischen Denkens so wichtigen Unterscheidung von freier und bedingter Evokation angelangt. Von bedingter Evokation spricht man dann, wenn der Säugling mit acht Monaten die Decke als einen Hinweisreiz für den verschwundenen Ball betrachtet. Selbst wenn man – im Gegensatz zu Piaget, Lichtenberg u. a. – davon ausginge, daß der Säugling ein *Bild* des verschwunden Balles evozieren könnte, wäre das noch kein symbolisches Denken oder Phantasieren des Balles, weil die Evokation dieser Vorstellungen nicht frei geschieht, d. h. nicht rein intrapsychisch, sondern nur mit Hilfe eines im aktuellen Wahrnehmungsfeld des Säuglings anwesenden Hinweisreizes. In anderen Worten: Der Säugling könnte sich in dieser Sichtweise einen abwesenden Gegenstand (z. B. die Mutter) dann vorstellen, wenn er zuvor oder gleichzeitig ein oder mehrere Attribute, die mit diesem jetzt abwesenden Gegenstand perzeptuell verknüpft waren (z. B. den Mantel der Mutter oder ihre Brille), tatsächlich wahrnimmt. Er kann es aber nicht ohne die Wahrnehmung solcher Hinweisreize.* Erst wenn er dazu in der Lage ist, kann er frei evozieren, d. h. eine Vorstellung unabhängig von aktuellen Wahrnehmungen hervorrufen.

Im Gegensatz zu anderen Autoren, die schon die bedingte Evokation als Phantasietätigkeit gelten lassen (z. B. Kernberg 1987, S. 8 ff.; 1991, S. 113 f.), betrachte ich, wie Sandler (1994, S. 30), die freie Evokation als Mindestvoraussetzung für Phantasieren, weil ich unter Phantasieren eine Tätigkeit verstehe, die *nicht* von einem aktuellen wahrnehmungsmäßigen Input abhängt.

Vielleicht ist damit aber die Latte für das Phantasieren zu hoch ge-

---

* In einer Vielzahl von Untersuchungen ist demonstriert worden, daß das frühkindliche Gedächtnis sehr stark auf solche Hinweisreize angewiesen ist (Überblick bei Rovee-Collier 1987; Rovee-Collier/Bhatt 1995).

legt. Könnte man nicht doch von einer »Phantasie« der Mutter sprechen, wenn ein zwölf Monate altes Kind beobachtet, wie seine Mutter den Raum verläßt und durch den Anblick der Tür (Hinweisreiz) in die Lage versetzt würde, das Bild seiner Mutter zu evozieren? Piaget ist, wie ich beschrieben habe, nicht dieser Meinung. Mit Hilfe des Hinweisreizes wird kein *Bild* des Balles oder der Mutter aktiviert, sondern nur eine Suche oder Sehnsucht nach dem verschwundenen Objekt, ohne daß dieses als Bild vorgestellt werden könnte. Den Grund für diese Behauptung liefert seine Theorie der verzögerten Nachahmung, deren sukzessive Verinnerlichung erst zum geistigen Bild führt. Da sie vor 18 Monaten nicht vorhanden ist, kann es auch kein geistiges Bild vor diesem Zeitpunkt geben.

Eine Analogie soll diesen zentralen Gedanken noch einmal verdeutlichen. Ein Erwachsener geht in die Küche, sieht seine Einkaufstasche und beschließt, einkaufen zu gehen. Durch irgend etwas abgelenkt, begibt er sich in sein Arbeitszimmer und erledigt dort verschiedenes. Nach getaner Arbeit »spürt« er, daß er noch etwas anderes hatte tun wollen. Aber was? Unruhig läuft er im Zimmer hin und her, wird dann ärgerlich und setzt sich schließlich hin, um zu brüten. Er ahnt, daß da noch etwas war, aber er kann sich dieses Etwas (die Einkaufstasche oder den Einkauf) nicht vor sein geistiges Auge rufen. Diese Situation ist mit der eines Säuglings vergleichbar, der von seiner Mutter verlassen wurde und kein Bild von ihr evozieren kann. *Nach* 18 Monaten kann er das, und möglicherweise wird u. a. deshalb die Trennungsangst ab diesem Alter geringer. Der Säugling kann sich jetzt die abwesende Mutter vorstellen, und ihr Bild dient als tröstlicher Ersatz für ihre reale Abwesenheit.

Manchem Leser mögen diese Überlegungen überkompliziert und gezwungen erscheinen. Nehmen wir deshalb der Einfachheit halber an, der Säugling könne beim Anblick der Tür, durch die seine Mutter verschwunden ist, *doch* ein Bild evozieren, zumal verzögerte Nachahmungen ja mittlerweile schon mit neun Monaten beobachtet wurden. Was folgt daraus? Meines Erachtens könnten wir dann ab dem Alter von etwa zehn bis zwölf Monaten von einer rudimentären Phantasietätigkeit sprechen. Man muß sich allerdings klarmachen, daß damit nur die Fähigkeit gemeint ist, 1. *ein* Bild zu evozieren, wenn 2. assoziativ damit verknüpfte Hinweisreize vorhanden sind (also bedingte und nicht freie Evokation *eines* Bildes). Letztlich ist es eine Frage der persönlichen Entscheidung, ob man schon hier von Phantasien sprechen will oder nicht besser – wie etwa Sandler / Nagera (1963, S. 215) in einem ähnlichen Kontext – von »Vorformen« des Phantasierens. Wann aber beginnt dann das echte Phantasieren?*

Ich möchte im folgenden den Vorschlag unterbreiten, erst dann von Phantasien zu sprechen, wenn mindestens zwei weitere Voraussetzungen (außer der Evokation eines Bildes oder der einer andersartigen Präsenzerfahrung) erfüllt sind: 1. Die Evokation mehrerer Bilder und die Verknüpfung von mindestens zweien zu einer Sequenz (»Bildgeschichte«). 2. Die Fähigkeit, solche Bilder zu verändern und / oder sie aus dem Kontext, in dem sie ursprünglich aufgetaucht sind, herauszulösen und in einen neuen (hypothetischen) Kontext einzugliedern.

Empirische und hypothetische Repräsentation

Die Berechtigung zu einer solchen Festlegung leite ich aus folgenden Überlegungen ab: Phantasieren ist mehr als freies Evozieren, denn es besteht nicht nur in der Hervorrufung eines Bildes in Abwesenheit eines Objekts, sondern schließt darüber hinaus die Fähigkeit ein, das Evozierte in einer Weise zu verändern, die durch keine bisherige empirische Erfahrung gedeckt ist. Phantasieren stellt Möglichkeiten dar, die noch nie Wirklichkeiten gewesen sein müssen. Das freie Evozieren eines Bildes (z. B. der abwesenden Mutter) ist zwar die notwendige Bedingung für Phantasieren, aber meines Erachtens noch keine hinreichende. Die hinreichende besteht in der Fähigkeit zur hypothe-

---

* Löchel (1996) und von Uexküll et al. (1996) beschäftigen sich ebenfalls näher mit Vorformen des Phantasierens. Fraiberg (1969), Greenspan (1979, S. 38 f.), Boothe (1996) und Stern (1985, S. 117 f.) schlagen vor, Freuds Konzept der halluzinatorischen Wunscherfüllung nicht – wie ich es im ersten Kapitel und andernorts (Dornes 1993, Kap. 8) getan habe – mit der kognitiven Fähigkeit zum Hevorrufen eines Vorstellungsbildes gleichzusetzen, sondern sie als bedingte Evokation zu betrachten, die auch auf einen *inneren* Hinweisreiz erfolgen kann, und schon vor der Symbolbildung möglich ist. In dieser Lesart wäre z. B. der Hunger des Säuglings ein Hinweisreiz, der es ihm ermöglicht, andere Attribute der Fütterungssituation (z. B. die Brust oder den angenehmen Affekt) zu evozieren. Damit ist nicht gesagt, daß die Brust oder die ganze Situation *als Bild* evoziert wird, sondern nur, daß irgendeine Form affektiv getönter Präsenzerfahrung hervorgerufen wird. Das ist denkbar, aber experimentell schwer zu demonstrieren.

tischen im Gegensatz zur bloß empirischen Repräsentation (s. dazu Meltzoff/Gopnick 1989; Meltzoff 1990).

Empirische Repräsentation meint, daß eine wirkliche Vergangenheit (oder ein Prototyp derselben) evoziert wird. Das Kind, das einen verschwundenen Gegenstand oder eine vergangene Interaktionssequenz (frei) evoziert, *verändert das Bild nicht, sondern ruft es nur hervor*. Es erinnert sich, wie das Objekt oder die Situation gewesen ist. Im Gegensatz dazu bedeutet hypothetisches Repräsentieren, daß Möglichkeiten imaginiert werden, die (noch) nie Wirklichkeiten gewesen sind. Das Kind kann sich dann z. B. vorstellen, wie die Mutter in einer bestimmten Situation hätte handeln können oder sollen, obwohl sie das noch nie getan hat. Es kann sich wünschen, was sie in zukünftigen Situationen tun sollte, obwohl es diese Situationen noch nie gegeben hat. Es kann sich einen Gegenstand und seine Veränderungen vorstellen, obwohl es eine solche noch nie beobachtet hat. Kurz: Phantasieren ist nicht nur Evozieren, sondern eine Verbindung von Evokation und Veränderung.

Ich erfinde nun ein Beispiel, das den Unterschied zwischen empirischer und hypothetischer Repräsentation illustrieren soll. Danach stelle ich die entwicklungspsychologische Literatur zum Thema hypothetische Repräsentation vor. Letzteres soll eine Entscheidung darüber ermöglichen, ab wann Phantasieren im eigentlichen Sinne möglich ist. Zunächst das Beispiel.

Der Leser dieser Zeilen kann mit seiner Beschäftigung innehalten, das Buch aus der Hand legen und eine Vorstellung hervorrufen, in der er sich auf den Kopf stellt und dabei die Schuhe zubindet. Er kann auch eine ganze Szene phantasieren, in der er den Autor dieser Zeilen wegen seiner absurden Beispiele kritisiert. Solche Phantasien sind hypothetische Repräsentationen, weil sie Episoden imaginieren, die nie empirische Wirklichkeit gewesen sind. Kaum jemand wird sich auf dem Kopf stehend die Schuhe zubinden, und der Leser dieser Zeilen kennt den Autor vielleicht gar nicht. Meine These ist nun, daß selbst wenn der Säugling in der Lage wäre, einzelne Bilder oder sogar Szenen frei zu evozieren, diese Evokationen nicht über den Status empirischer Repräsentationen hinausgelangen, weil der Säugling noch nicht in der Lage ist, *solche* Bilder oder Szenen zu imaginieren, die keine wirklich wahrgenommenen Situationen oder Personen zum Gegenstand haben. In anderen Worten: Der Säugling kann nicht phantasieren, weil er bestenfalls Empirisches repräsentieren kann, nicht aber Hypothetisches.

Bevor diese Unterscheidung weiter erläutert wird, ist ein Caveat am Platz. Die Betonung des Wirklichen bei der empirischen Repräsentation ist nicht ganz unproblematisch. Stern (1985, Kap. 5) hat gezeigt daß auch frühe sensomotorische Repräsentationsprozesse schon konstruierende und nicht bloß abbildende Tätigkeiten enthalten. Säuglinge erleben beispielsweise mehrmals am Tag eine Fütterung, die Stern als Brust-Milch-Episode bezeichnet. Jede Fütterung hat gemeinsame Elemente, unterscheidet sich aber immer auch in geringfügigen Variationen von der vorherigen. Stern u. a. vertreten nun die Auffassung, daß nicht die einzelnen Episoden gespeichert werden, sondern eine Durchschnittsrepräsentanz der verschiedenen Episoden gebildet wird. Dieser Prototyp einer Brust-Milch-Episode hat als solcher nie empirisch existiert – sowenig wie jeder Durchschnitt.

Ich halte diese Überlegungen für zutreffend, bin aber der Meinung, daß die Brauchbarkeit der Unterscheidung zwischen empirischer und hypothetischer Repräsentation dadurch nicht unterminiert wird. Die Durchschnittsrepräsentanz der Fütterungsinteraktion ist zwar nicht empirisch im Sinne eines genauen Abbildes einzelner Situationen, aber sie ist trotz ihres konstruierten Charakters keine hypothetische Repräsentation. Sie bezieht sich nämlich auf *tatsächliche* Interaktionsprozesse, die »verrechnet« werden, und nicht auf Vorstellungen, wie die Interaktionen abweichend von der Realität hätten sein können oder sollen. In anderen Worten: Es wird nicht eine mögliche Interaktion phantasiert, sondern viele tatsächliche Interaktionen werden zu einem Prototyp zusammengefaßt.

Empirische und hypothetische Repräsentation:
entwicklungspsychologische Aspekte

Was sind nun aber die entwicklungspsychologischen Evidenzen für eine beginnende Fähigkeit zur hypothetischen Repräsentation? Zugegebenermaßen ist das Hypothetische nicht leicht empirisch zu untersuchen und das Wissen darum noch spärlich. Ich beschränke mich daher auf die Darstellung einiger Befunde, die illustrieren sollen, wie man sich diesem Problem nähern kann.

Aus der Sprachentwicklungspsychologie ist bekannt, daß Kinder die englische Verbform »gone« (gegangen, weg) zwischen zwölf und 18 Monaten zu verwenden beginnen, und zwar in verschiedenen

Kontexten (ausführlich dazu Gopnick 1984). Manchmal sagen sie »gone«, wenn sie sich von einem Gegenstand abwenden und ihn nicht mehr sehen. Ein anderes Mal dient das Wort zur Bezeichnung für einen gerade verschwundenen Gegenstand, z. B. einen Ball, der unter einen Stuhl gerollt ist. Wenn ein Behälter leer ist, in dem vorher etwas war, heißt der Kommentar ebenfalls oft »gone«. In einem *hypothetischen* Kontext taucht »gone« erstmals mit 18 Monaten auf. Kinder murmeln »gone« bei der Suche nach Objekten, deren Verschwinden sie gar nicht beobachtet haben. Das gleiche passiert, wenn man ihnen ein unbekanntes Objekt mit einem Schlitz zeigt. Sie deuten dann auf den Schlitz, sagen »gone« und geben dadurch der Vermutung Ausdruck, daß da etwas gewesen ist oder sein könnte, obwohl sie diesen Gegenstand noch nie in dieser oder in der als »richtig« vermuteten Form gesehen haben. »Gone« findet jetzt also nicht nur Verwendung, um Verschwundenes zu bezeichnen, sondern um die Erwartung, daß etwas erscheinen oder dasein sollte, zu artikulieren. Beispielsweise sagen Kinder, wenn sie einen Satz ineinandergesteckter Becher auseinandergenommen haben, nach dem letzten Becher oft »gone« und suchen weiter, obwohl es einen weiteren, noch kleineren Becher, nie gegeben hat. Das Wort heißt jetzt: Ich vermisse etwas, ein (hypothetisches) Objekt, das dasein sollte oder könnte, aber nicht da ist (s. a. Gopnick / Meltzoff 1986, S. 200 f.).

Ähnlich verhält es sich mit dem Wort »no«. Zuerst wird es in einem interpersonellen Kontext verwendet, etwa wenn das Kind einer Aufforderung der Mutter nicht folgen will. Später sagt es zu sich selbst »no«, wenn etwas schiefläuft, z. B. ein Puzzle nicht aufgeht, oder wenn sich seine Absichten im Verlauf einer Handlung ändern. Kinder kommentieren dann die Beendigung einer Handlung mit »no«. *Zuletzt* verwenden sie diesen Ausdruck in einem hypothetischen Sinn, beispielsweise wenn sie zu einem Bild, auf dem ein Mann mit Hut zu sehen ist, »hat off no« sagen und damit ihre Verwunderung ausdrükken, daß der Mann immer noch seinen Hut auf hat. Das, was Psychoanalytiker negative Halluzination oder Hinweghalluzinieren nennen, scheint hier seinen Anfang zu nehmen. Die Kinder beginnen sich eine Realität vorzustellen, die noch nie wirklich gewesen ist.

Ein dritter Beleg für hypothetisches Repräsentieren ab 18 Monaten ist die Tatsache, daß Piagets komplizierte Objektpermanenzaufgaben, d. h. solche, die (mehrere) unsichtbare Ortsveränderungen mit sich bringen, ebenfalls nicht vor 18 Monaten gelöst werden können.

Wohl sucht das Kind bereits früher nach einem Gegenstand, wenn es ihn hat verschwinden sehen, aber es kann sich das Objekt erst ab 18 Monaten an einem Ort vorstellen, an dem es dieses nie gesehen hat, d.h. an einem für dieses Objekt hypothetischen Ort. Man kann z.B. eine kleine Kette in die Hand nehmen, die Hand schließen, sie anschließend unter eine Decke stecken, wieder hervorziehen, dann unter eine zweite Decke stecken, dort heimlich öffnen, die Kette fallenlassen und dann die geschlossene Hand erneut hervorziehen. Kinder unter 18 Monaten suchen in der Hand, in der sie das Objekt verschwinden sahen, aber nicht unter der (zweiten) Decke, wo sie es nicht verschwinden sahen. Unsichtbare Ortsveränderungen werden erst ab 18 Monaten verstanden. Die Fähigkeit, sich ein Objekt an einem anderen Ort vorzustellen als dem, an dem man es verschwinden sah, scheint die Fähigkeit zur hypothetischen Repräsentation vorauszusetzen.

Ein viertes Indiz für hypothetisches Repräsentieren ergibt sich aus folgender Beobachtung. Konfrontiert man Kinder mit kaputtem Spielzeug, das sie vorher nie gesehen haben – z.B. einer Puppe, deren Gesicht schwarz angemalt ist –, so reagieren sie mit 19 Monaten – nicht aber mit 14 Monaten – verstört. Sie laufen zur Mutter, sagen »kaputt« oder »heilmachen« und drücken damit aus, daß sie über eine Art idealisierter Repräsentation verfügen, wie der Gegenstand »richtig« auszusehen hat, obwohl sie ihn noch nie in der richtigen Form gesehen haben (s. Mussen et al. 1990, S. 217 f.).

Möglicherweise überzeugen diese Beispiele nicht jedermann. Man könnte z.B. die Suche des Kindes nach einem »kleinsten«, nie vorhandenen Becher auch als Vervollständigung einer Gestalt verstehen, ohne zu unterstellen, dieser Becher würde vorgestellt. Wenn beschädigtes Spielzeug Unruhe hervorruft, so wäre eine alternative Erklärung die, daß das Kind ähnliches Spielzeug in anderen Zuständen schon vorher gesehen hat und seine Verstörung aus der enttäuschten Erwartung herrührt, daß der Gegenstand nicht so aussieht wie vermutet. Auch ein drei Monate alter Säugling reagiert bereits verstört, wenn sich seine Mutter in der Interaktion mit ihm anders verhält als sonst und versucht, sie durch Lächeln, Armefuchteln und dergleichen umzustimmen. Er hat also Erwartungen, die vom aktuellen (Interaktions-)Kontext abweichen. Der entscheidende Punkt ist aber, daß seine Erwartungen nur auf einer Verhaltensebene existieren und noch nicht als Vorstellungen symbolisiert sind. Der Säugling bemerkt zwar die Abweichungen von einem erwarteten/gewohnten Zustand und verspürt auch die Sehnsucht nach etwas anderem, aber ohne sich den erwünschten Zustand *vorstellen* zu können. Das 19 Monate alte Kind kann sich jedoch den erwarteten oder erwünschten Zustand (des Spielzeugs) vorstellen. Es *spürt* nicht nur die Abweichung von einer Erwartung, sondern kann sich auch vorstellen, was es erwartet oder an Veränderungen wünscht.

Ein letztes Indiz für die Fähigkeit zur hypothetischen Repräsentation leite ich aus folgender Beobachtung ab. Mit 22 Monaten imitieren Kinder einen Erwachsenen, der pantomimisch aus einer Tasse trinkt oder telefoniert. Mit 16 Monaten tun sie das noch nicht, obwohl sie motorisch zur Nachahmung dieser Handlung in der Lage sind (Mussen et al. 1990, S. 219). Meine Erklärung dieses Sachverhaltes ist, daß sie erst mit 22 Monaten fähig sind, das abwesende Objekt mental in die ablaufende Handlung einzufügen.

Insgesamt rechtfertigen die geschilderten Befunde die Hypothese, daß Kinder nicht vor 18 Monaten über die Fähigkeit zur hypothetischen Repräsentation verfügen (s. auch Meltzoff/Gopnick 1989, S. 41 ff.; Meltzoff 1990, S. 23 f.; Astington 1993, S. 49 ff.). Wahrscheinlich dauert es sogar noch etwas länger, bis sie phantasieren können, d.h. die jeweilige Realität im Hinblick auf rein imaginierte vergangene oder zukünftige Möglichkeiten transzendieren und unabhängig von jeder momentanen äußeren Realität eine Innenwelt kreieren können.

Nun bleibt noch die Frage zu beantworten, ab welchem Zeitpunkt Kinder Bilder zu Sequenzen kombinieren. Ein Phantasiebegriff, der die Phantasie mit der Evokation eines Bildes vom abwesenden Objekt gleichsetzt, greift nämlich in zweifacher Weise zu kurz. Einmal würdigt er das Hypothetische beim Phantasieren zu wenig. Zum zweiten übersieht er den Sachverhalt, daß Phantasien in der Regel nicht aus einem Bild, sondern aus der Kombination von zwei oder mehreren Bildern zu einer Sequenz bestehen. Wie erwähnt können Kinder ab 18 bis 20 Monaten zwei Symbolschemata miteinander koordinieren. Ab diesem Alter können sie den Holzklotz (das Auto) in die Schuhschachtel (die Garage) fahren lassen. Die Koordination oder Kombination zweier phantasierter Bilder zu Sequenzen halte ich vor diesem Zeitpunkt für unwahrscheinlich, weil ich die Kombination zweier Als-ob-Handlungen als empirischen Hinweis auf die Kombination zweier Schemata oder Bilder betrachte. Noch unwahrscheinlicher erscheint mir vor diesem Alter die Kombination mehrerer Bilder miteinander oder die Rekombination in beliebiger Reihenfolge.*

Phantasieren in einem anspruchsvollen Sinn setzt also mindestens drei verschiedene Fähigkeiten voraus: 1. Die (freie) Evokation eines Bildes; 2. die Kombination zweier oder mehrerer Bilder zu einer Sequenz; 3. die Fähigkeit zur hypothetischen Repräsentation. Selbst wenn die erste Fähigkeit vor 18 Monaten vorhanden wäre, würde es sich dabei nur um ein sehr rudimentäres Phantasieren handeln. Ich denke, man sollte die Fähigkeit zur hypothetischen Repräsentation als entscheidendes Kriterium für Phantasietätigkeit ansehen.

Unbewußte Phantasien

Bisher war nur von Phantasien die Rede, ohne zwischen bewußten und unbewußten klar zu unterscheiden. Auch bei Freud gibt es, wie Laplanche / Pontalis (1967, S. 390) betonen, keine strenge Unterscheidung zwischen beiden Phantasieformen. Sieht man von den strittigen Urphantasien einmal ab, so setzt die Unbewußtheit von Phantasien Verdrängung voraus. Verdrängung ist aber 1. ein reifer Abwehrmechanismus, der zwischen zwei und vier Jahren entsteht; 2. greift sie an einer Vorstellungsrepräsentanz an, die aber erst einmal gebildet sein muß, bevor sie verdrängt werden kann. Deshalb gehe ich davon aus, daß das frühe Seelenleben topisch noch nicht in bewußt und unbewußt differenziert ist.**

Was soll aber – im Lichte der obigen Ausführungen – die Rede von infantilen unbewußten Phantasien bedeuten, die insbesondere in der Kleinianischen Literatur vorherrscht. Beland (1989) und Hayman (1989) haben klar herausgearbeitet, daß die Kleinianer unter einer unbewußten infantilen Phantasie etwas anderes verstehen als die Ich-

---

* Auch der Spracherwerb beginnt mit Einwortsätzen und schreitet dann zu komplizierteren Konfigurationen fort.
** Möglicherweise ist diese Aussage zu apodiktisch. Es ist denkbar, daß es (frühe) Formen von Unbewußtheit beim Säugling gibt, die auf anderem Wege als dem der Verdrängung entstehen, z. B. durch Unterdrückung von Affekten oder durch Abspaltung. Ich gehe im letzten Kapitel auf diese Fragen ausführlich ein.

Psychologen. Deshalb ist der Streit über ihre Existenz bis heute nicht beigelegt.*

Kleins Theorie enthält, wie die von Freud, eine klassische, die konflikthaften und aggressiven Seiten des Menschen betonende Anthropologie; im Gegensatz dazu betonen die psychoanalytischen Romantiker wie Ferenczi, Kohut, Balint und Winnicott die guten Seiten. In einem bestimmten Sinn ist allerdings auch Melanie Klein eine große Romantikerin, und zwar hinsichtlich ihres Phantasiebegriffs. In der romantischen Medizin und Naturphilosophie gab es bis ins 19. Jahrhundert hinein die Vorstellung, daß Körperprozesse beseelt sind. Kreislauf, Atmung und die Funktion verschiedener Organe sind nicht rein somatisch-biologisch zu erklären, sondern darüber hinaus auf das Wirken einer nicht dinglich faßbaren Seelenkraft angewiesen, die in diesen Körperprozessen materialisiert ist. Eine Störung dieser Prozesse entmaterialisiert die Phantasien und läßt sie als rein geistige Wesen in Erscheinung treten (s. dazu die interessanten Ausführungen von Bittner, 1974, S. 149 ff.; 1977, S. 39 ff., an die ich mich in meiner Darstellung angelehnt habe).

Der Gedanke, daß schon bloßen Körpervorgängen »Phantasien« innewohnen und Körperprozesse materialisierte Phantasien sind bzw. enthalten, ist der Kern des kleinianischen Phantasiebegriffs. In ihm wird entweder nicht genügend zwischen Empfindungen / Gefühlen und den sie begleitenden oder sie später überformenden Vorstellungen unterschieden (z. B. bei Melanie Klein, zit. in Grosskurth 1986, S. 552); oder es wird postuliert, daß die frühesten Empfindungen schon (von) Vorstellungen (begleitet) sind. Riviere, stilistisch sicher die beste Autorin unter den Kleinianern, vertritt die Auffassung, daß der Säugling nicht nur Empfindungen und Impulse wie Kratzen oder Hunger hat, sondern auch eine Vorstellung davon. In einer dramatischen Passage ihrer berühmten Arbeit von 1936 schreibt sie: »Die Glieder sollen trampeln, schlagen und stoßen; Lippen, Finger und Hände sollen saugen, greifen und kneifen; die Zähne sollen beißen, mahlen und schneiden; die Augen sollen mit ihrem Blick stechen, durchbohren und töten; Atem und Mund sollen durch Geräusche

---

* Fornari (1966), Ogden (1984), Shuttleworth (1989) und Lazar (1991) sind kleinianisch inspirierte Autoren, die Verbindungslinien zu Piaget und / oder zur Kleinkindforschung ziehen. Lewis (1993) vergleicht Kleins Theorien mit denen von Neo-Piagetianern.

verletzen… Man kann annehmen, daß ein Säugling im Alter von einigen Monaten nicht nur fühlt, daß er diese aggressiven Handlungen ausführt, sondern auch eine Art von Vorstellungen mit diesem Gefühl verbindet« (S. 499). Das halte ich, wie dargestellt, für ausgeschlossen. Der Hund liegt natürlich in dem etwas vagen Ausdruck »*eine Art von Vorstellung*« begraben. »Isaacs (1948) gab sich große Mühe, die Primitivität der Phantasien – einer nonverbalen, nonvisuellen, somatisch erlebten Phantasie – zu beschreiben, und postulierte ein phylogenetisch angelegtes Wissen. Damit meinte sie, daß dem Körper und seinen Impulsen ein angeborenes Wissen bereits inhärent sei – körperliche Sensationen werden als eine Art postulierten (phantasierten) Handelns erlebt« (Hinshelwood 1991, S. 52).

Bei diesen Ausführungen bleibt sowohl unklar, was eine nonvisuelle, nonverbale Phantasie sein soll, als auch wie eine körperliche Sensation als postuliertes, phantasiertes Handeln erlebt werden kann. Isaacs meint meines Erachtens, daß Empfindungen *die Matrix* von Bildern / Phantasien sind, die sich daraus entwickeln, und deshalb könne man sagen, Phantasien seien den Empfindungen *inhärent*. Ebenfalls dunkel spricht sie von einer »einheitlichen, undifferenzierten Erfahrung des Saugens und Phantasierens« (1948, S. 86). Mit diesem Phantasiebegriff tritt sie das Erbe der romantisch-vitalistischen Idee einer in den Körperprozessen enthaltenen Phantasie an und bezeichnet sie als frühe *unbewußte* Phantasie. Bewußtmachung solcher Phantasien heißt dann Explizierung des latenten Phantasiegehalts von Körperprozessen. Die Existenz dieser Phantasien hängt nicht von Erfahrungen mit der Außenwelt ab (Beland 1989, S. 94), sondern ergibt sich allein aus der Existenz von Körperprozessen. Sie hängt auch nicht von Verdrängung ab, weil unbewußte Phantasien das psychische Korrelat von Körperprozessen sind und Körperprozesse auch ohne Verdrängung ablaufen. Bittner schreibt sehr schön, daß es darum gehe »zu zeigen, wie in scheinbar biologisch-somatisch determinierten Abläufen… das Psychische nicht überformend hinzutritt, sondern eben diesen Prozessen selber schon… als ›Phantasie‹, als intelligibler Kern inhärent ist« (1981, S. 107 Fn). Das ist natürlich Metaphysik*, und ich vertrete die gegenteilige Auffassung, nämlich daß

---

* Obwohl diese Position durchaus ihre Vorteile hat. Sie umgeht beispielsweise die Probleme des cartesianischen Leib-Seele-Dualismus und kennt keinen »mysteriösen Sprung von der Seele zum Körper« (Deutsch 1959). Vermutlich haben die

Phantasien »biologische« Abläufe später überformen und nicht von Anfang an in ihnen enthalten sind. Das Wort »biologisch« habe ich in Anführungszeichen gesetzt, weil jeder Affekt, jede Handlung und jede Wahrnehmung gespürt wird, zugleich also eine psychische Innenseite hat. Deshalb tritt nicht das Psychische erst später hinzu, sondern nur das *in Phantasieform* existierende Psychische. Das Psychische existiert von Anfang an als Innenseite des Biologischen, aber nicht als Phantasie.

Diese Unterscheidung zwischen Psychischem und phantasiertem Psychischem ist nach meinem Dafürhalten von grundlegender Bedeutung für das Verständnis und die Konzeptualisierung des frühen Seelenlebens. Das Psychische in den ersten eineinhalb Lebensjahren ist in Piagets sensomotorischen Schemata, Lichtenbergs Wahrnehmungs-Affekt-Handlungsmustern und Sterns generalisierten Interaktionsrepräsentanzen (bzw. seinen »vorsprachlichen Hüllen«; Stern 1992, 1994, 1995, Kap. 5) angemessen erfaßt. (Ich habe diese Konzepte andernorts ausführlicher beschrieben; s. Dornes 1993, Kap. 8, und hier Kap. 4.) Solche Aufzeichnungen von Sinnesempfindungen und Interaktionen sind zum Teil im deskriptiven Sinne unbewußt, weil bestimmte Prozesse, z. B. die der Verinnerlichung, nicht gespürt werden können, zum Teil kann ihre Aktivierung gespürt werden – aber sie existieren nicht als Phantasien im Sinne mentaler Bilder. »Sensomotorische Phantasien«, »nonvisuelle, nonverbale Phantasien« und »intelligible« Körperprozesse sind so willkürliche Begriffe wie das berüchtigte »hölzerne Eisen«.*

Bionianer (z. B. Lazar 1991, S. 61; Lazar 1993; s. a. Bion 1962a, S. 231) werden einwenden, daß das Gespürte, Gefühlte und Wahrgenommene noch gar nichts bedeutsames Psychisches, sondern nur

---

Kleinianer deshalb keine bedeutenden Beiträge zur Psychosomatik geleistet, sondern zur Psychosentherapie.

* Natürlich hat jeder die Freiheit, Körperprozesse oder ihre mentalen Korrelate als unbewußte Phantasien *zu bezeichnen*, aber diese definitorische Willkür führt zu einer idiosynkratischen Terminologie, gegen die schon Waelder (1936, S. 107 Fn.) geltend machte, man solle nicht jeden Impuls oder jede subjektive Empfindung als Phantasie bezeichnen, sondern diesen Begriff für bis zu einem gewissen Grade gedanklich überarbeitete Impulse/Empfindungen reservieren. Die Wichtigkeit dieser Unterscheidung war einer der Hauptstreitpunkte in den »controversial discussions«, die sich an Isaacs Vortrag anschlossen (s. King/Steiner 1991, S. 322–475).

etwas Sensorisches ist, ein reines Ereignis, ein Bruchstück, das erst qua Containing und Alpha-Funktion der Mutter in eine psychische Erfahrung umgewandelt und mit psychischer Bedeutung ausgestattet werden muß. Ich denke anders: Affekte, Handlungen und Wahrnehmungen weisen auch nach ihrer psychischen Innenseite hin eine intrinsische Organisiertheit und Bedeutungshaltigkeit auf. Zu Fragmenten können die damit verbundenen Empfindungen werden, wenn sie nicht in eine Beziehung eingebunden sind, aber das heißt nicht, daß die Beziehung allein ihre »Psychizität«, d.h. ihre Reguliertheit und Integriertheit, erschafft. Vielmehr sind diese Empfindungen gewissermaßen von Hause aus zumindest teilweise psychisch bedeutungsvoll und *bleiben* es, wenn die Beziehung funktioniert. Wenn sie entgleist, desintegrieren die Empfindungen in Richtung auf »Sensorisierung«. Aber das ist kein ursprünglicher Zustand: jedenfalls nicht ausschließlich, denn die Alpha-Funktion ist von Geburt an *im Baby* wirksam, weil es angeborene Fähigkeiten zur Affekt-/Interaktionsregulation und Wahrnehmungsintegration besitzt. Sinneseindrücke, Handlungsempfindungen und Affekte sind also nicht erst biologisch-sensorische Rohempfindungen, die dann psychisch »verdaut« werden müssen, sondern sie sind von Anfang an psychisch. Natürlich erfahren sie in einer Beziehung eine Ausarbeitung ihres psychischen Gehalts und eine Erweiterung ihrer psychischen Bedeutung, und mit eineinhalb Jahren werden sie dann auch phantasiemäßig überarbeitet. Aber psychische Bedeutung entsteht nicht ausschließlich in Beziehungen; sie wird dort elaboriert! (s. Kap. 2).*

Was aber ist, jenseits der Inhalte, die *Struktur* unbewußter Phantasien, wenn es zum Phantasieren schließlich kommt? Was für Gebilde sind das? Für mich sind es entweder unbewußt gewordene affekthaltige Bilder, also eine Art unbewußt gewordener Tagtraum (s. Schafer 1968; Sandler 1976) oder unbewußt gewordene Erlebnisweisen, welche die Gestalt satzähnlicher Strukturen gewonnen haben. Boesky (1989) hat in einem interessanten Aufsatz als unbewußte Phantasie eines Patienten die Überzeugung herausgearbeitet, daß das Ende der Analyse gleichbedeutend mit einem tödlichen Orgasmus sei.**

---

* In Anlehnung an die Ich-Psychologie könnte man von einer teilweisen »primären Psychisiertheit« der Empfindungen sprechen.

** Es ist eine in klinischen Fallberichten weit verbreitete (Un)Sitte, die bewußten Phantasien des Analytikers über den Patienten als dessen unbewußte Phanta-

Etwas stilisiert kann man die unbewußte Phantasie des Patienten in dem Satz zusammenfassen: Ich befürchte, daß am Ende meiner Analyse ein tödlicher Orgasmus steht. Die diese Phantasie konstituierenden Begriffe wie Ende, Tod und Orgasmus sind keine Bilder, sondern Konzepte, die abstrakter sind als Bilder. Ihr Erlebniskorrelat ist natürlich sehr konkret und ängstigend. Aber ist eine solche unbewußte Phantasie auch als infantile denkbar? Ich meine nein, weil der Säugling noch keinen Begriff und keine Vorstellung von Tod, Ende und Orgasmus hat. Er kann Korrelate davon erleben, wie organismische Panik, Agonie und ständig wachsenden Druck, aber eben keine *Todes*angst oder Orgasmus. Diese Korrelate sind auch keine Phantasien. Unbewußte Phantasien, die propositionales, also satzähnliches »Format« haben und keine bildhafte Struktur, beruhen auf *Begriffen*, die eine noch spätere Errungenschaft sind als Bilder (s. Werner 1953, S. 109) und deshalb dem Säugling schon gar nicht zur Verfügung stehen. Aus diesem Grund scheint mir auch die Idee einer nicht-bildhaften, sondern sprachanalogen Struktur unbewußter Phantasien, die bei Lacan anklingt, für die Säuglingszeit ebenfalls eine fragwürdige Hypothese zu sein.

Lorenzer (1981) hat eine Dreistufentheorie des Phantasierens vorgelegt, die alle drei bisher diskutierten Aspekte enthält (ähnlich Money-Kyrle 1968, S. 694). Auf der ersten Stufe besteht eine »ursprüngliche Einheit von Trieb und Phantasie in Körperprozessen« (S. 221). »Leibliche Situationsspuren« oder »sensomotorische Interaktionsengramme« *sind* unbewußte Phantasien. Das ähnelt dem kleinianischen Phantasiebegriff. Auf der zweiten Stufe erfolgt eine Bebilderung dieser Situationsspuren (sinnlich-symbolische Interaktionsformen), auf der dritten ihre Versprachlichung (sprachlich-symbolische Interaktionsformen). Ich habe unbewußte Phantasien als

sien zu deklarieren. Dorpat/Miller (1992, Kap. 3) haben einige Literatur zu diesem Thema zusammengestellt und dieses Verfahren nachdrücklich kritisiert. Boeskys Arbeit ist insofern eine erfreuliche Ausnahme, als sich der Autor bemüht, Kriterien für das Vorhandensein unbewußter Phantasien beim Patienten zu formulieren. Die Frage, ob unbewußte Phantasien tatsächlich in der vom Analytiker rekonstruierten/gedeuteten Form auch in der Psyche des Patienten existieren oder nicht vielmehr der Name für etwas sind, das der Analytiker aus noch nicht verbundenen Denk- und Affektfragmenten zusammensetzt, wird instruktiv von Diatkine (1991, S. 378 ff.) und besonders Jimenez (1993) diskutiert. Ich nehme im letzten Kapitel dieses Problem noch einmal auf.

(verdrängte) Bilder oder, später, als satzähnliche Strukturen konzipiert. Das entspricht in etwa Lorenzers zweiter und dritter Stufe. Seine unbewußten Phantasien der ersten Stufe sind in meiner Lesart keine Phantasien, sondern Körperprozesse und ihre psychischen Korrelate, die weder Bild- noch Satzformat haben. Sie sind das Fundament für das, was *später* als unbewußte Phantasie ausgearbeitet und rekonstruiert werden kann. Ich habe bezweifelt, ob man das frühe Psychische sinnvollerweise Phantasie nennen sollte, und ebenfalls, ob man es unbewußt nennen sollte. Verdrängt ist es jedenfalls nicht.

Glauben und Wissen

Wallerstein (1993) hat die Debatte um die frühen Phantasien als theologisch bezeichnet. Das ist insofern richtig, als diejenigen, die über ihre Existenz diskutieren, sich in einer ähnlichen Lage befinden wie die, die vor Jahrhunderten über die Existenz Gottes nachdachten. Kant hat in der »Kritik der reinen Vernunft« gezeigt, daß man weder beweisen kann, daß es Gott gibt, noch daß es ihn nicht gibt. Es ist überhaupt schwierig zu beweisen, daß es etwas nicht gibt, sei es nun Gott oder infantile Phantasien. Man kann nur indirekte Beweise oder Indizien anführen, welche die Annahme von frühen Phantasien plausibel oder unplausibel machen. Ich habe Indizien angeführt, die gegen ihre Existenz sprechen. Es gibt weder Bilder noch satzähnliche Strukturen in der Säuglingszeit, und die mentalen Korrelate von Körperprozessen als Phantasien zu bezeichnen halte ich für unzweckmäßig und terminologisch verwirrend.

Eine andere Frage ist allerdings, ob man nicht »an der Wissenschaft vorbei« aus lebenspraktischen Gründen weiter an der Idee festhalten könnte, Säuglinge würden doch phantasieren. Der psychoanalytische Kliniker etwa könnte geltend machen, daß diese Annahme, obwohl vielleicht unrichtig, für seine Behandlungen nützlich ist, weil sie ihm z. B. erlaubt, in der Lebensgeschichte seiner Patienten einen roten Faden zu finden, mit dessen Hilfe er spätere Probleme als Neubearbeitungen frühester Phantasien *betrachten* kann. Die vielleicht gar nicht existierende, aber so *konstruierte* Kontinuität und Kohärenz der Biographie mag als solche bereits einen kurativen Effekt haben, weil jeder Mensch ein Bedürfnis nach sinnhaltiger Ganzheit seiner Lebensgeschichte hat. Eltern könnten sich darauf berufen, daß es unausweichlich ist, den Regungen von Säuglingen Bedeutungen zuzuschreiben, die sie noch gar nicht haben, daß aber ein solcher Adultomorphismus gutartig ist und sogar die Entwicklung fördert, weil Kinder den Bedeutungszuschreibungen ihrer Eltern nachwachsen (s. dazu Dornes 1993, Kap. 8, und hier Kap. 2). Ein Säugling bewegt z. B. den Arm in eine nicht genau definierbare Richtung, und der Vater bezieht diese Bewegung auf einen herumliegenden Becher. Er denkt sich: »Den will mein Sohn haben«, und bringt ihn herbei. Dadurch lernt sein Kind, daß man mit Gesten auf etwas zeigen kann und es dann bekommt. Wygotski (1934) hat als einer der ersten solche Prozesse beschrieben. Er sprach von einer »Zone der proximalen Entwicklung«, in der Eltern operieren und die Entwicklung stimulieren, indem sie den Fähigkeiten ihres Kindes gerade einen Schritt voraus sind und es dadurch auf die nächste Stufe »ziehen«. Trad (1992) hat diese Fähigkeit als »previewing« bezeichnet und wie Wygotski und andere ihren entwicklungsfördernden Effekt betont. Keiner der mir bekannten Autoren behauptet allerdings, man solle Neugeborenen Fähigkeiten zuschreiben, die sie wahrscheinlich erst eineinhalb Jahre später haben; dann ist man nämlich nicht nur einen, sondern zu viele Schritte voraus, und der Säugling wird nicht gefördert, sondern überfordert durch die Last der Projektionen.

Die entscheidende Frage ist letztlich, ob die *kontrafaktische Unterstellung* von Phantasien beim Säugling durch Bedürfnisse der Lebenspraxis gerechtfertigt werden kann. Dürfen wir an etwas glauben – notfalls gegen das verfügbare Wissen –, wenn es bei der Lebensbewältigung hilft? Sicherlich. Aber der so begründete Glaube muß, wenn er als Theorie auftreten will, nicht nur praktisch verwendbar, sondern auch empirisch untermauert sein. Daran mangelt es in bezug auf die Säuglingsphantasien. Der phantasierende Säugling ist ein phantasierter Säugling! Theoretische Alternativen dazu sind mit Piaget und der Säuglingsforschung vorhanden. Ich bin zuversichtlich, daß sie, bei entsprechender Rezeption, auch die praktischen Bedürfnisse von Analytikern und Eltern befriedigen können.

Kapitel 4   Nach Piaget

Vorbemerkung

Die Überschrift dieses Kapitels ist ein wenig prätentiös. Ich kann nicht in Anspruch nehmen, den Stand der postpiagetschen Forschung umfassend darzustellen – nicht einmal für die ersten zwei Lebensjahre. Einen ausgezeichneten Überblick über die theoretisch und empirisch außerordentlich heterogene Post-Piaget-Debatte gibt Karmiloff-Smith (1992). Eine Kurzdarstellung einiger Themen findet der Leser bei Flavell (1992). Ein zentraler Topos der nachpiagetschen Entwicklungspsychologie, nämlich das Problem des sogenannten bereichsübergreifenden versus bereichsspezifischen Lernens – d. h. die Frage, ob Lernen in einzelnen Bereichen wie Sprache, Physik, Biologie etc. durch *übergreifende*, allgemeine Denkstrukturen beherrscht wird (wie Piaget meinte), oder ob nicht in jedem dieser Bereiche *spezifische* kognitive Strukturen und Wissensbestände zum Einsatz kommen –, wird instruktiv von Sodian (1995) dargestellt.

Das sind spannende Fragen, die hier aber nicht behandelt werden können. Ich beschränke mich vielmehr auf drei Themenkomplexe. Im ersten Teil des Kapitels schildere ich einige ausgewählte Befunde, die für den bisher diskutierten Problembereich der Entstehung des inneren Bildes von Bedeutung sind. Im zweiten Teil stelle ich Daniel Sterns neue Theorie der Interaktionsrepräsentierung vor und im dritten die Umrisse einer Theorie der Intersubjektivität. Diese drei Teile weisen keinen unmittelbar einsichtigen inneren Zusammenhang auf. Insofern könnte man sagen, daß das Kapitel in drei recht heterogene Teile »zerfällt«. Die Rechtfertigung dafür, sie alle unter dem Titel »Nach Piaget« zu versammeln, leite ich daraus ab, daß sie Themen behandeln, die entweder (von manchen Autoren) heute anders gesehen werden als von Piaget (Teil 1), oder solche, die von ihm vernachlässigt wurden (Teil 2 und 3). Auch wenn sich diese Teile also nicht direkt aufeinander beziehen lassen, halte ich sie doch für interessant genug, um die Aufmerksamkeit des Lesers zu fesseln.

Teil I: Objektpermanenz und die Entstehung des inneren Bildes – Ergänzungen und mögliche Alternativen

Piaget ging davon aus, daß die Objektvorstellung des Säuglings weitgehend identisch ist mit der Summe der Empfindungen, die das Objekt bei ihm auslöst. Da abwesende Objekte keine aktuellen Sinneseindrücke verursachen können, existieren sie für den Säugling nicht mehr.* Die Gedächtnisspuren, die gebildet wurden, solange der Gegenstand da war, können im ersten Lebensjahr nicht in Abwesenheit des Gegenstandes aktiviert werden, sondern erst, wenn er wieder erscheint. In der nach-piagetschen Entwicklungspsychologie sind diese Hypothesen in Frage gestellt worden. Im folgenden Abschnitt sollen deshalb zumindest kursorisch einige Befunde und Theorien dargestellt werden, die zu anderen Schlußfolgerungen über die Beschaffenheit und Zugänglichkeit früher Repräsentationen gelangt sind als Piaget.

Frühe Formen von Objektpermanenz

Verschiedene Arbeiten zur Objektpermanenz, insbesondere die von Baillargeon (Baillargeon et al. 1985; Baillargeon 1986, 1987; Baillargeon/DeVos 1991; Baillargeon 1993), legen nahe, daß Kinder schon im Alter zwischen dreieinhalb und sechs Monaten zumindest für Sekunden bis Minuten an die Weiterexistenz verschwundener Objekte glauben. Aus der Vielzahl der Experimente greife ich eines heraus.**

---

* Die Kleinianer würden sagen, daß der Säugling die durch die *Ab*wesenheit von Objekten unter Umständen verursachten (Miß-)empfindungen – wie beispielsweise Hunger – als *An*wesenheit eines bösen Objekts erlebt/phantasiert (s. z.B. Riviere 1936, S. 495 f., 501 f.; Riesenberg 1978, S. 224; Hinshelwood 1991, S. 103, 294; O'Shaughnessy 1992, S. 91). Ich glaube das nicht, verzichte aber an dieser Stelle auf eine Begründung meines Unglaubens.
** Die folgende Darstellung ist stark vereinfacht und ein wenig »fiktionali-

Baillargeon zeigte Kindern im Alter von fünf Monaten eine sich bewegende Zugbrücke. Zunächst steht die Zugbrücke im Winkel von 90 Grad senkrecht auf einer Oberfläche, ähnlich wie ein aufgestelltes Buch auf einem Schreibtisch. Nun kann man die Zugbrücke nach hinten klappen, so daß sie flach auf den Untergrund zu liegen kommt. Befindet sich dahinter aber ein Holzklotz, so wird die Umklappbewegung behindert, und die Brücke kann, je nach Höhe des Holzklotzes, nur noch ein Stückchen, aber nicht mehr vollständig nach hinten umgekippt werden. Zeigt man fünf Monate alten Kindern zunächst einen Holzklotz, zieht dann die Brücke davor, so daß der Holzklotz nicht mehr zu sehen ist, und klappt sie dann, nachdem der Klotz heimlich entfernt wurde, vollständig nach hinten, so daß sie platt auf die Oberfläche des Tisches zu liegen kommt, so sind die Kinder erstaunt und betrachten diesen eigentlich unmöglichen Vorgang länger, als wenn man eine Zugbrücke *ohne* vorherige Aufstellung eines Holzklotzes vollständig nach hinten kippt. Sie scheinen – zumindest für einige Sekunden lang – davon auszugehen, daß der verschwundene Holzklotz weiterexistiert und ein volles Nach-hinten-Kippen der Brücke eigentlich verhindern müßte. Andere Experimente von Baillargeon weisen in dieselbe Richtung, und je älter die Kinder werden, desto länger »glauben« sie an die Permanenz des Objekts: mit dreieinhalb Monaten nur wenige Sekunden, mit sechs bis sieben Monaten schon etwa eine Minute lang.

Auch die Arbeiten von Clifton et al. (1991) illustrieren frühe Formen von Objektpermanenz, d.h. die Fähigkeit, aufgrund eines Hinweisreizes die Repräsentation eines verschwundenen Objekts zu aktivieren, die dann entsprechende Handlungen anleitet. Die Autorin untersuchte, ob sechs Monate alte Kinder gezielt nach verschwundenen Objekten greifen und ob sie die Greifbewegung nach der Beschaffenheit des verschwundenen Objekts ausrichten, was ein Indiz dafür wäre, daß sie über eine auch in Abwesenheit des Objekts noch zugängliche Repräsentation desselben verfügen. Zu diesem Zweck zeigte sie den Kindern zunächst zwei verschiedene Objekte: einen gestreiften Ring mit 5 cm Durchmesser, einen zweiten von gleichem Aussehen, aber mit 30 cm Durchmesser. Nach dem großen Ring wurde in der Regel mit beiden Händen gegriffen, nach dem kleinen mit einer

siert«. Ich gebe eine intuitiv verständliche Beschreibung, die den Kern der Aussagen wiedergibt, aber von den genaueren Details absieht.

Hand. Beide Objekte waren von unterschiedlichen Tönen begleitet: das eine von Glockenklingeln, das andere von Rasseln. Dann wurde der Raum verdunkelt, und nur noch der Ton war zu hören – entweder Rasseln oder Klingeln. Die Frage war, ob die Kinder, wenn sie den Rasselton hören, der das große Objekt signalisiert, mit *beiden* Händen danach greifen, obwohl sie das Objekt gar nicht mehr sehen können. Ein solches Greifen würde anzeigen, daß die Kinder aufgrund des bloßen Tons in der Lage sind, eine Repräsentation über die Beschaffenheit des abwesenden (großen) Objektes zu aktivieren. In der Tat war genau das der Fall. Nach einer gründlichen Diskussion der Einzelheiten der Greifbewegungen schließen die Autoren aus, daß es sich dabei um konditionierte motorische Reaktionen handelt, die auch ohne Evokation einer Repräsentation des verschwundenen Objekts ablaufen könnten.

Überträgt man diese Ergebnisse auf Alltagssituationen, so könnte man z. B. annehmen, daß der Säugling, wenn er die Schritte der Mutter auf der Treppe hört, eine Repräsentation des visuell noch abwesenden Objektes evozieren kann. Es ist allerdings (noch) unklar, ob eine *bildhafte* Repräsentation der Mutter evoziert wird. Clifton et al. machen keine solche Annahme, sondern gehen nur davon aus, daß bestimmte Informationen, z. B. über die Größe des Objekts (des Rings), gespeichert und in Abwesenheit desselben abgerufen werden können. Sie machen aber keine Aussagen über das mögliche »Format« dieser Repräsentation. »Irgendwie« ist die Größe des Objekts (seine räumliche Struktur) gespeichert, aber wie? Ich werde gleich noch einmal darauf zurückkommen, möchte aber vorher die Ausführungen zur Objektpermanenz durch einen weiteren Befund abrunden.

Der A-nicht-B-Irrtum

Neuere Untersuchungen zum sogenannten A-nicht-B-Irrtum belegen ebenfalls, daß Objekte weniger abhängig von Handlungen repräsentiert werden, als Piaget behauptete. Der A-nicht-B-Irrtum kommt im folgenden Verhalten von Kindern im Alter zwischen acht und elf Monaten zum Ausdruck: Zeigt man ihnen einen Gegenstand und versteckt ihn anschließend unter einer Decke *links* vom Kind an einer Stelle A, so wird das Kind dort danach suchen. Nachdem es einige

Male erfolgreich war, wird die Anordnung geändert. Man führt den Gegenstand jetzt vor den Augen des Kindes nach *rechts* und versteckt ihn unter einer Decke B. Obwohl das Kind das Verschwinden des Objekts bei B beobachten kann, sucht es bei A! Dies belegt für Piaget, daß das Objekt immer noch in beträchtlichem Umfang als Teil der eigenen Handlung begriffen wird und noch keine davon unabhängige Existenz besitzt. Obwohl der Säugling ansatzweise an die Permanenz des Objektes glaubt – er sucht jetzt, wenn er das Objekt verschwinden sieht –, sucht er dort, wo die Such*handlung* beim letzten Mal erfolgreich war, und nicht dort, wo er das Objekt hat verschwinden sehen. Die visuelle *Wahrnehmung*, daß das Objekt rechts bei A verschwunden ist, kann nichts ausrichten gegen das *Handlungswissen*, daß es links bei B gefunden wurde. Es ist, wie wenn das Suchen bei B das Objekt wiederbringen könnte, weil es beim letzten Mal durch dieses Suchen zum Vorschein kam. Das Objekt, obwohl in Ansätzen permanent, verliert diese Eigenschaft wieder, wenn es seinen Ort verändert. Es wird dann wieder zum Teil seiner Handlung, die es hervorgebracht hat, und hat keine von ihr unabhängige (objektive) Existenz mehr. Die Permanenz existiert also nur unter elementarsten Bedingungen und geht bei einfachen Ortsverlagerungen sofort wieder verloren.

Die Arbeiten von Diamond (z. B. 1985, 1988, 1994) belegen aber, daß diese Auffassung nur bedingt richtig ist. Läßt man nämlich acht Monate alte Kinder *sofort* nach dem verschwundenen Objekt suchen, so suchen sie meist an der richtigen Stelle, nämlich dort, wo sie sein Verschwinden beobachtet haben. Nur wenn man die Suche z. B. um zwei bis drei Sekunden verzögert, tritt der Irrtum auf, und die Kinder suchen *nach* dieser Verzögerung dort, wo sie das Objekt vorher gefunden haben. Je älter die Kinder werden, desto länger muß die Verzögerung sein, um den Suchirrtum zu produzieren. Genügen bei acht Monate alten Kindern bereits zwei bis drei Sekunden, so müssen es bei elf Monaten schon neun Sekunden sein.* Es scheint so, daß das via Wahrnehmung gewonnene Wissen über den Ort, an dem das Objekt verschwunden ist (A), nach einer kurzen Zeit von dem durch Handlungen erworbenen Wissen über den Ort, an dem es zu finden war

---

* In der Regel steigt die für den Irrtum notwendige Verzögerung um zwei Sekunden pro Monat; also zwei bis drei Sekunden mit acht Monaten, fünf Sekunden mit neun Monaten, sieben Sekunden mit zehn Monaten usw.

(B), dominiert wird. Nach kurzer Verzögerung »gewinnt« das Handlungs- gegen das Wahrnehmungswissen. Oder es verhält sich so, daß die Kinder eine etablierte Suchroutine – das erfolgreiche Suchen bei B – nach einer kurzen Verzögerung nicht mehr hemmen können, so daß sie gewissermaßen gegen besseres Wissen am falschen Ort suchen. Beide Deutungen sind möglich (Krist/Wilkening 1991, S. 151). Das *prompte* Suchen am richtigen Ort (A) zeigt immerhin, daß die Repräsentation des verschwunden Objekts nicht *ausschließlich* handlungsgebunden ist, sondern auch eine nicht handlungsgebundene, wahrnehmungskonstituierte Repräsentation zumindest für einige Sekunden lang zugänglich ist, abgerufen werden kann und das Suchverhalten anleitet.

Noch einmal: das »innere« Bild

Ich kehre nun zu der Frage zurück, welche Gestalt diese frühen nicht-sensomotorischen Repräsentationen haben könnten: Sind sie bildhaft oder nicht? Clifton et al. machen dazu wie erwähnt keine Aussagen, und viele Kognitionspsychologen sind der Meinung, daß die Rede von mentalen Vorstellungen als inneren Bildern überhaupt eine irreführende Metapher sei (z. B. Neisser 1976, S. 105 f; Anderson 1985, S. 91 ff.). Vorstellungsbilder seien nämlich gar keine richtigen Bilder und würden sich in vielerlei Hinsicht von Wahrnehmungsbildern unterscheiden, z. B. in ihrer Größe, Gliederung oder Plastizität. Die Vorstellung eines gelben Balles muß z. B. nicht selbst unbedingt (im gleichen Grade) gelb sein wie die Wahrnehmung des Balles. Eine weitergehende Behauptung ist, daß Vorstellungsbilder überhaupt keine originären Repräsentationsmedien des Geistes sind, sondern aus Propositionen, also satzähnlichen Strukturen, abgeleitet werden. Der darüber – unter dem Namen »imagery-debate« – geführte Streit kann hier nicht dargestellt werden (s. dazu z. B. Mandler 1983, S. 434 ff.; Wippich 1984, Kap. 5; Gardner 1985, Kap. 11; Scholz 1991, S. 168 ff.).

Das Ergebnis der Debatte ist, daß nur manche Vorstellungsbilder, nicht aber alle aus satzähnlichen Strukturen abgeleitet werden können und Vorstellungsbilder deshalb als eigenständige Repräsentationsmedien zu betrachten sind.* Um Vorstellungsbilder von wirklichen

* Der Leser, der sich unter dem Ausdruck Proposition nichts Rechtes vorstel-

bzw. Wahrnehmungsbildern abzugrenzen und den unbestreitbaren Unterschieden Rechnung zu tragen, werden erstere oft als bild- oder wahrnehmungs*analoge* Repräsentationen bezeichnet, wobei es Vertreter schwacher und starker Analogiebehauptungen zwischen Vorstellungs- und Wahrnehmungsbildern gibt. Außerdem wird zwischen konkreten (»reichhaltigen«) Vorstellungsbildern als Oberflächenerscheinungen und diesen zugrundeliegenden (abstrakteren) Tiefenstrukturen unterschieden. Die Tiefenstrukturen selbst sind keine konkreten Bilder (und keine Sätze), aber sie erzeugen über Transformationsprozesse ein Bild, ähnlich wie »im Computer« auch keine Bilder sind, aber über bestimmte Rechenoperationen auf dem Bildschirm welche erscheinen.

Jean Mandler über die Entstehung des inneren Bildes

Für diese Tiefenstrukturen verwendet J. Mandler den Ausdruck Bild-Schema. Diese Autorin hat in einer Reihe faszinierender Arbeiten (1988, 1990, 1992a,b) die Piagetsche Theorie vom bildlosen Säuglingsalter am nachhaltigsten kritisiert. Zunächst einmal stellt sie seine Theorie, das innere Bild entstehe durch Hemmung und anschließende Verinnerlichung von Handlungen, in Frage. Sie weist darauf hin, daß die Dinge in der Welt für den Säugling von Anfang an nicht nur Objekte von Handlungen sind. Zwar haben sie für ihn einen »Aufforderungscharakter«, der zum handelnden Umgang einlädt, aber sehr früh schon läßt sich auch ein handlungsfreier »kontemplativer« Umgang oder ein Abwechseln zwischen Handlung und Betrachtung beobachten.* Es ist schwer zu entscheiden, ob dieses Betrachten zunächst

len kann und auch nicht darunter, wie Bilder aus Propositionen entstehen können, sei auf die instruktive Darstellung dieser Probleme bei Wessels (1982 S. 252 f., S. 284 ff.) verwiesen.

  * Deshalb ist Lichtenbergs Theorie der Entstehung des inneren Bildes aus der handlungsfreien »Abbildungstätigkeit«, die zu Anfang des vorigen Kapitels skizziert wurde, ebenfalls problematisch. Zuerst soll die Handlung mit und Wahrnehmung des Objekts erfolgen, danach (zwischen neun und 15 Monaten) seine Betrachtung und Abbildung, aus der schließlich das innere Bild entsteht. Mandler behauptet, daß beides – Handlung und Betrachtung in bezug auf das Objekt – nicht nacheinander wie bei Lichtenberg, sondern nebeneinander erfolgt. Sie vertritt allerdings, wie ich gleich zeigen werde, eine ähnliche Auffassung wie Lichtenberg hinsichtlich der Genese des inneren Bildes, nämlich daß innere Bilder aus »Be-

über bloßes Sehen hinausgeht, aber zwischen drei und acht Monaten entwickelt der Säugling eine Fähigkeit, die darüber hinausweist. Mandler (1988, S. 128) nennt sie Wahrnehmungsanalyse *(perceptual analysis)*. Zeigt man Säuglingen zwei Objekte, so blicken sie in den ersten zwei Monaten oft nur auf eines davon. Zwischen drei bis vier und acht Monaten jedoch beginnen sie verstärkt, von einem zum anderen und wieder zurückzublicken, um beide Objekte (wahrscheinlich auch die intern gespeicherten Objekteindrücke) zu vergleichen, und zwar mit zunehmender Frequenz bei zunehmendem Alter. Mandler betrachtet diese Fähigkeit (und andere empirische Befunde) als Indiz für einen Prozeß der Wahrnehmungsanalyse. Dieser führt dazu – oder besteht darin –, daß visuelle Informationen über Objekte »umgeschrieben« werden, wodurch Bild-Schemata *(image-schemas)* entstehen. Die Bild-Schemata sind die Grundlage konkreter Vorstellungsbilder (»rich images«), die aus einer erneuten Umschrift bildhaft schematisierter Informationen entstehen. Wie geht das vor sich?

Nehmen wir als Beispiel folgenden Fall: Unbelebte Objekte wie z. B. Spielzeuge müssen bewegt werden, wenn sie ihren Ort verändern sollen. Dazu ist es in der Regel notwendig, daß man sie anfaßt. Einen Spielzeughund muß man ziehen oder aufziehen, bevor er sich bewegt, und einen Ball erst anschubsen. Belebte Objekte bewegen sich von selbst. Der lebendige / wirkliche Hund läuft von allein los, auch wenn niemand in seiner unmittelbaren Nähe war und ihn anfaßte – ebenso die Mutter, der Vater und die Geschwister. Aufgrund der vergleichenden Beobachtung und Wahrnehmungsanalyse vieler solcher Ereignisse wird aus ihnen allmählich ein Schema für die Bewegung unbelebter (fremdbewegter) Objekte herausabstrahiert, das so aussehen könnte: ⇥. Das Schema für belebte (sich selbst bewegende) Objekte könnte so aussehen: ↗ (frei nach Mandler 1992a, S. 593 f.). Das klingt möglicherweise etwas banal, aber es illustriert zumindest, was unter einem Bild-*Schema* zu verstehen ist. Es ist kein konkretes, reichhaltiges Vorstellungsbild von einem bestimmten Objekt, sondern eine abstrahierte, schematische Konfiguration, die aber nichtsdestotrotz bildhaft ist und nicht propositional.* Das Bild-

---

trachtungen« entstehen. Da diese bei ihr aber früher auftreten als bei Lichtenberg (nämlich zwischen drei und acht Monaten), kann sie auch die Existenz innerer Bilder früher datieren als er.

* Mandler diskutiert (besonders in 1991 und 1992a, S. 598 ff.), inwieweit solche

Schema vom Stuhl (z. B. ⊓) ist etwas anderes als der sprachliche Begriff »Stuhl« und etwas anderes als das konkrete Vorstellungsbild eines bestimmten Stuhls. Nach Mandlers Auffassung sind solche Bild-Schemata die Basis für den Abruf konkreter Vorstellungsbilder. *Wie* diese Umwandlung von Bild-Schemata in Bilder im einzelnen vor sich geht, ist mir nicht ganz klar geworden, aber *daß* es einen Unterschied zwischen beiden gibt, erscheint mir einleuchtend und kann auch durch folgendes Beispiel illustriert werden.

Wenn eine bekannte Person den Raum betritt, so erkennen wir sie wieder. Der Wiedererkennungsprozeß verläuft aber *nicht so*, daß wir im Moment des Anblicks der Person ein konkretes Erinnerungsbild von ihr aus der Vergangenheit evozieren, es dann mit dem aktuellen Wahrnehmungseindruck vergleichen und schließlich Ähnlichkeit oder Übereinstimmung feststellen. Der aktuelle Eindruck wird nicht mit einem evozierten Vorstellungsbild verglichen, sondern mit einer Art latent vorhandenem Bildschema des Bekannten, das auch im Moment des Wiedererkennens nicht als konkret Bildhaftes aktiviert ist. Es ist aber potentiell bild*fähig*, weil wir uns den Bekannten durchaus auch konkret vorstellen können, wenn er abwesend ist.

Ob der Säugling zu dieser Art des bildhaften Denkens in der Lage ist, war eine der zentralen Fragen des vorigen Kapitels, die unter Berufung auf Piaget und Lichtenberg zunächst mit nein beantwortet wurde. Offensichtlich verfügt er zwar 1. über Schemata / Repräsentationen, die ein Wiedererkennen ermöglichen. 2. Im Unterschied zu Piaget meinen Baillargeon, Clifton u. a. jedoch, daß er auf (temporäre) Repräsentationen zurückgreift, die einen Abruf von Wissen / Erinnerung an Ereignisse oder Objekte ermöglichen, auch wenn diese Objekte nicht mehr da sind. Damit ist aber 3. noch nicht gezeigt, daß diese Repräsentationen auch als Bild-Schemata oder konkrete Bilder aktiviert werden können. Wolf / Gardner (1981, S. 295) unterscheiden einleuchtend zwischen *Repräsentation*, definiert als die Fähigkeit »to recall information to guide behaviour«, und *Symbolisierung*, definiert als Übertragung der abrufbaren Information in ein bestimmtes Me-

Bild-Schemata zum späteren Spracherwerb beitragen, ob und wie also analoge Repräsentationen eine *Voraussetzung* propositionaler Strukturen sind. Sie kehrt damit die Stoßrichtung der *imagery-debate* um. In der ging es eher um das Umgekehrte, nämlich darum, inwieweit Propositionen die Voraussetzung für bildähnliche Repräsentationen sind.

dium / Format, z. B. Bilder oder sprachliche Zeichen. Ob das, was in den Untersuchungen von Baillargeon, Clifton et al. als Repräsentationen nachgewiesen wird, schon symbolisch in diesem Sinne ist, wird von vielen für fraglich gehalten. Mandlers Theorie impliziert jedoch genau das: Die Umschrift von (visuell gewonnener) Information in das Medium des Bild-Schemas und des konkreten Bildes bedeutet, daß dadurch *symbolisches* Wissen geschaffen wird.

Ein offenes Problem dabei ist – Mandler erwähnt es selbst –, ob es zwischen dem Prozeß der Wahrnehmungsanalyse und dem daraus entstehenden Bild-Schema nicht einen gewissen zeitlichen Abstand geben könnte, so daß der Prozeß der Wahrnehmungsanalyse zwischen drei und acht Monaten nicht sofort zum Resultat des Bild-Schemas führen würde, sondern erst nach einer gewissen Zeit von einigen Wochen oder Monaten; und weiter, ob die erneute Umschrift des Bild-Schemas in ein konkretes Bild nicht wiederum mit Verzögerung erfolgt. Mandler sieht keinen Grund, a priori anzunehmen, daß die Verzögerung erheblich sein könnte, und scheint von einer relativen Gleichzeitigkeit aller drei Prozesse (Wahrnehmungsanalyse → Entstehung des Bild-Schemas → Entstehung des konkreten inneren Bildes) auszugehen. Die Klärung dieser Hypothese bedarf weiterer Forschung. Falls sie zutrifft, wäre es denkbar, daß der Säugling schon zwischen drei und acht Monaten über ein inneres Bild verfügt (weil zu diesem Zeitpunkt empirische Hinweise auf stattfindende Wahrnehmungsanalyse existieren) und nicht wie bei Piaget / Lichtenberg erst mit 18 bis 24 Monaten oder, wie im vorigen Kapitel behauptet, mit zehn bis zwölf Monaten.

Welchen Zeitpunkt man für den vermutlich richtigen hält, hängt auch davon ab, welche *Theorie* über die Entstehung des inneren Bildes man favorisiert. Diese Theorie legt nämlich fest, wie bestimmte Beobachtungen, die verschiedene Deutungen zulassen, zu interpretieren sind. Sucht ein Säugling z. B. mit acht Monaten nach einem hinter einem Stuhl verschwundenen Ball, so würde Piaget sagen, daß er beim Suchen kein Bild vom Objekt hat, denn seine (durchaus mit empirischen Daten unterfütterte) Theorie, daß Bilder aus verzögerten Nachahmungen und Verinnerlichungen von Handlungen entstehen, schreibt dann vor, daß Bilder erst nach dem Auftreten dieser Phänomene existieren können. Er würde argumentieren, daß der Stuhl ein Hinweis auf das verschwundene Objekt ist, der die Suche anleitet, ohne daß es dazu einer (bildhaften) Evokation einer Repräsentation des verschwundenen Objekts bedarf. Die Arbeiten von Baillargeon, Clifton u. a. zeigen, *daß* Repräsentationen des verschwundenen Objekts evoziert werden, zumindest für kurze Zeit, machen aber über *deren Gestalt* keine Aussage. Mandlers ebenfalls mit empirischem Material belegbare Theorie erlaubt es, das Suchverhalten des acht Monate alten Säuglings als durch eine evozierbare *bildhafte* Repräsentation angeleitet zu verstehen.*

Bildsequenzen

Noch in einer weiteren Hinsicht sind Mandlers Überlegungen interessant. Sie beschäftigt sich nämlich (insbesondere 1990) ebenfalls mit der Frage (s. Kap. 3), wann einzelne Bilder zu Sequenzen verknüpft werden können. Meine Auffassung war, daß dies ab etwa 18 Monaten geschieht, weil ich die Koordination zweier Symbolschemata (Auto / Holzklotz fährt in Garage / Schuhschachtel) als Indiz für die Kombination von Vorstellungsbildern betrachtet habe, die diesen Handlungen zugrunde liegen. Dies ist zugegebenermaßen eine etwas spekulative Annahme. Mandler versucht, die Frage der Bildsequenzierung nicht anhand von Spiel-, sondern anhand von Nachahmungshandlungen zu klären. Sie untersucht z. B., ab welchem Alter Kinder in der Lage sind, sich an die zeitliche Reihenfolge von Ereignissen zu erinnern und diese nachzuahmen. Zu diesem Zweck zeigt sie Kindern ein Ereignis, das zwei Sequenzen enthält: Zuerst wird ein Knopf durch einen Schlitz in einen Plastikbecher geworfen (wie Geld in eine Sparbüchse), und danach wird der Plastikbecher geschüttelt. Oder ein

---

* Die Motivationsfrage, das heißt, die Frage, *warum* der Säugling sucht, ist eine andere. In den bisherigen Abschnitten ging es nur um das Problem, welche Gestalt die Denkprozesse haben, die seine Suche begleiten, wenn sie in Gang gekommen ist. Auf die begleitenden oder auslösenden Affekte wurde nicht eingegangen. Ebensowenig auf die Frage, in welchen Formaten Affekte oder andere modalitätsspezifische Empfindungen wie Geschmacks-, Geruchs- und akustische Wahrnehmungen gespeichert werden. Zu diesem Problem der sogenannten modalitätsspezifischen Repräsentation siehe den informativen Überblick von Engelkamp / Pechmann (1988). Auch die Frage, wie die Interaktion mit lebendigen Objekten (Personen) die Fähigkeit zur Repräsentierung / Symbolisierung beeinflußt, wurde nicht behandelt (s. dazu ausführlich Wright 1991; Hobson 1993, S. 268 ff.; 1995, S. 171 ff.; Gergely / Watson 1996). Ich komme weiter unten auf einige dieser Themen zurück.

117

Teddybär wird ins Bett gelegt und anschließend gefüttert. Dreiteilige Sequenzen wurden ebenfalls untersucht, z. B. das Einsprühen eines Tisches mit Reinigungsspray, dann Abwischen mit einem Papiertuch und schließlich Wegwerfen des Papiertuchs; oder einen Sticker an eine Tafel heften, die Tafel an eine Staffelei lehnen und dann etwas darauf kritzeln.

Die Ergebnisse zeigen, daß Kinder zwischen elf und 13 Monaten eine zweiteilige Sequenz nachahmen können, aber selten eine dreiteilige. Zwischen 16 und 20 Monaten können auch dreiteilige Sequenzen nachgeahmt werden. Allerdings gibt es eine Einschränkung: elf bis 13 Monate alte Kinder können zweiteilige Sequenzen nur unmittelbar nach deren Präsentation nachahmen, nicht aber mit größerer Verzögerung. Letzteres gelingt erst – ganz wie Piaget fand – mit 20 Monaten. Interessant sind jedoch die Details der unmittelbaren Nachahmung. Oft erfolgen sie mit *kleinen* Verzögerungen von im Durchschnitt 23 Sekunden, gelegentlich bis zu einer Minute. Dieses Zeitintervall liegt jenseits der sogenannten perzeptuellen Spanne, was bedeutet, daß die Kinder nicht aufgrund einer Art »Wahrnehmungsnachschatten« nachahmen, sondern das vergangene Ereignis *aus dem Gedächtnis* rekonstruieren, zumindest für kurze Zeit. Die offene Frage ist hier, wie schon oben für den Zeitraum zwischen drei und acht Monaten diskutiert, ob die Kinder die Sequenz *in bildhafter Form* aus dem Gedächtnis abrufen (was für eine Verknüpfung zweier Bilder spräche), oder ob eine nicht bildhafte Repräsentation sequentieller Ereignisse aktiviert wird.

Resümee

Als Resultat der bisherigen Diskussion ergibt sich: Der Säugling verfügt im ersten Lebensjahr nicht nur über sensomotorische oder perzeptuell auslösbare Repräsentationen, sondern auch über solche, »von denen angenommen werden kann, daß sie den momentanen Informationsverarbeitungsprozeß zumindest kurzfristig überdauern« (Krist/Wilkening 1991, S. 148). Sie sind unabhängig vom handelnden Umgang mit Objekten und (teil-)unabhängig von aktuellen Wahrnehmungen zugänglich und abrufbar, wenn auch nur für kurze Zeit. Derzeit muß offen bleiben, welches Format diese Repräsentationen haben. Piagets und Lichtenbergs Theorien würden Bildhaftigkeit ausschließen, die von Mandler nicht. Ihrer Konzeptualisierung der Entstehung innerer Bilder zufolge wäre es durchaus möglich, daß der Säugling zwischen drei und acht Monaten bildhaft »denkt«, das heißt visuelle Information in dieses Medium umschreibt und deshalb (proto-)symbolisch funktioniert. Allerdings bedarf das Phantasieren, d.h. die Herauslösung der Repräsentationen von Ereignissen und Objekten aus dem Kontext, in den sie ursprünglich eingebettet waren, und die rein interne Weiterverarbeitung auch bei Mandler zusätzlicher Entwicklungsschritte, für deren Vorhandensein es bisher vor dem Alter von 18 Monaten keine Hinweise gibt (s.a. Neisser 1976, S. 150). Summa summarum:

1. Die Hypothese, daß Säuglinge nicht phantasieren können, scheint nach wie vor zutreffend.

2. Die Auffassung, es gebe im ersten Lebensjahr nur sensomotorische Repräsentationen, ist wahrscheinlich falsch.

3. Die Beschaffenheit der zweifellos vorhandenen nicht-sensomotorischen Repräsentationen ist nach wie vor unklar, d.h. es ist offen, ob es sich dabei um Bilder bzw. bildanaloge Strukturen handelt oder nicht.

4. Die in den beiden letzten Kapiteln diskutierten Alternativen waren: a) Inneres Bild mit zehn bis zwölf oder mit drei bis acht Monaten; b) Sequenzen innerer Bilder mit 18 oder mit elf bis 13 Monaten. Beide Auffassungen sind begründbar. Wahrscheinlich gibt es auf die zentrale Frage des Formats früher Repräsentationen keine definitive Antwort, weil die Verhaltensbeobachtungen beim Säugling keine eindeutigen Schlußfolgerungen zulassen und er auch keine introspektiv gewonnenen, sprachlich kommunizierbaren Auskünfte über die Beschaffenheit seiner Denkprozesse geben kann.

5. Meine bisherigen Ausführungen bezogen sich nur auf etwas, das man »intentionale« Bildproduktion nennen könnte, also auf den mehr oder weniger *absichtlichen* Versuch, ein Vorstellungsbild zu produzieren. Aber vielleicht fallen dem Säugling schon früher Bilder einfach ein, ohne daß er sich darum bemühen muß. Aus der Gedächtnisforschung wissen wir, daß intentionale Erinnerung, d.h. der aktive und erfolgreiche Versuch, sich an ein Ereignis zu erinnern, für einen späteren Zeitpunkt nachweisbar ist als implizite, nicht-intentionale und nicht bewußte Erinnerungen an dasselbe Ereignis (Literatur bei Petzold 1995, S. 390 und hier Kap. 10). Könnte es sich mit dem inneren Bild nicht ähnlich verhalten? Das würde bedeuten, daß

es nicht-intentionale Vorstellungsbilder noch früher geben könnte. Kann man diese Unterscheidung überhaupt sinnvoll auf innere Bilder anwenden? Traumbilder wären ein Beispiel für nicht willkürlich hervorgerufene Bilder. Wie träumt der Säugling? Ich habe im vorigen Kapitel dazu nur gesagt, daß er nicht bildhaft träumen *muß*, sondern träumen könnte wie blind Geborene, also vorwiegend in Form von Schwere- und Geräuschempfindungen. Aber natürlich *könnte* es auch anders sein. Das weiß ich so wenig wie jeder andere, und das wird auch niemand jemals mit letzter Sicherheit herausfinden.

6. Vielleicht bringt ein Blick in das Gehirn des Säuglings in Zukunft dennoch einige weitere Aufschlüsse, z.B. wenn gezeigt wird, ab wann bei Säuglingen *die* Hirnareale funktionieren, die auch bei Erwachsenen aktiv sind, wenn sie Vorstellungsbilder produzieren (s. dazu z.B. Farah 1984; Goldenberg 1987; Kosslyn 1994; Damasio 1994, S. 140ff.). Das wäre dann zwar immer noch kein schlüssiger Beweis, weil unklar ist, wie umfassend die Korrespondenz von Nervenstrukturen und (entsprechenden) mentalen Repräsentationen ist (s. Engelkamp/Pechmann 1988, S. 8); aber immerhin wäre es ein *Indiz* für oder gegen bildhaftes Denken und Vorstellen beim Säugling. Auf alle Fälle war und ist der Versuch einer Beantwortung dieser Frage der Mühe wert, auch wenn wir dabei keine letzten, sondern allenfalls vorletzte Wahrheiten zutage fördern können.

Exkurs: Bions Theorie des Denkens

Dem überwiegend psychoanalytisch interessierten Leser werden die Ausführungen in den letzten Abschnitten zu »kognitionslastig« vorkommen. Zur Wiederherstellung der Balance skizziere ich deshalb nun einige Facetten von Bions *affektiver* Theorie des Denkens (s. bes. Bion 1957, 1959, 1962a,b). Es würde den Rahmen dieser Arbeit sprengen, seine Konzeptualisierung des frühen Seelenlebens umfassend zu würdigen. Deshalb beschränke ich mich auf wenige Bemerkungen. Sie sollen klarmachen, daß Bions Begriff des Denkens etwas ganz anderes meint als die bisher diskutierte Fähigkeit der bildhaften Evokation eines abwesenden Objektes.

Bion verwendet eine völlig neue Terminologie für die Entstehung und das Funktionieren des psychischen Apparates, die den Nachteil hat, schwer verständlich zu sein, aber den »Vorteil«, das notorische Problem, welche »Gestalt« frühe psychische Inhalte haben, zu umgehen. Er verabschiedet sich auch von der klassisch Kleinianischen Konzeption einer von Geburt an vorhandenen unbewußten Phantasie. Während Riviere und Isaacs unbewußte Phantasien als uranfänglich vorhandene Innenseite körperlicher (Trieb-)Prozesse verstehen – und Riviere sogar die Existenz von Vorstellungen postuliert –, betrachtet Bion die unbewußte Phantasie als relativ reifes und spätes Ergebnis der Entwicklung (s. Beland 1989, S. 95). Am Anfang stehen sensorische Empfindungen, Beta-Elemente genannt, die zwar psychisch sind, aber für das Kind noch keine Bedeutung haben. In der Sprache Bions heißt das: Die sensorischen Empfindungen können nicht »gedacht« werden. Aus diesem Anfangszustand des bloßen Empfindens findet der Säugling nicht allein heraus. Er »evakuiert« diese Roherfahrungen, die ihn peinigen, weil sie so roh sind, in die Mutter.* Ist sie empfänglich für die Signale des Kindes und fühlt sich dadurch nicht bedroht, so gelingt es ihr, die Unruhe des Säuglings aufzunehmen, deren Ursachen zu verstehen und Abhilfe zu schaffen. Diese Fähigkeiten nennt Bion Alpha-Funktion.

Die Alpha-Funktion der Mutter »verdaut« die Rohempfindungen (Beta-Elemente) des Kindes und verwandelt sie in psychisch bedeutungsvolle Gefühle, die vom Säugling »reintrojiziert« werden. Anders ausgedrückt: Der Säugling wird im Verlauf der Interaktion oder des Stillaktes wieder ruhig(er) und zufrieden(er). Ein unangenehmer Spannungszustand weicht einem angenehmeren. Im Interaktionsprozeß zwischen Mutter und Kind werden so Gefühle »ausgetauscht« und verändert. Erst die weiterverarbeiteten Gefühle, Alpha-Elemente genannt, können nach Bion »gedacht«, d. h. *als seelisch bereichernde Erfahrungen erlebt* werden. Alpha-Elemente sind die Grundbausteine und die Voraussetzung für neurotische Symptome, unbewußte Phantasien und gehaltvolle Träume, während die »ungedachten« Roherfahrungen (Beta-Elemente) die Basis späterer bizarrer Objekte, konkretistischer Träume und anderer psychotischer Erscheinungen sind. Einen Gedanken, z. B. die Brust »denken«, heißt bei Bion, wenn ich ihn recht verstehe, nicht, daß das Kind ein *Bild* der Brust evoziert, sondern daß die von der Brust vermittelten bruchstückhaft sensorischen Empfindungen in psychisch bedeutsame / signifikante *Gefühle*

---

* … oder er hält sie aus. Darauf gehe ich nicht weiter ein.

weiterverarbeitet werden.* Da dieser Transformationsprozeß Zeit und mütterliche Vermittlung braucht, soll der Säugling am Anfang nicht »denken« können, d.h., er hat nur sensorische Empfindungen, aber keine bedeutsamen emotionalen Erfahrungen. Letzere werden »symbolisiert« genannt, im Gegensatz zu den »unsymbolisierten« Roherfahrungen.

Unter symbolisierten Gefühlen versteht Bion aber nicht, daß die Gefühle mit Vorstellungen verknüpft sind, sondern daß sie als bedeutungshaltig, *wirklich* psychisch erlebt werden und nicht nur als Mißempfindungen, die man loswerden möchte. Indem Bion eine Entwicklungslinie von der Roherfahrung zu den verarbeiteten Gefühlen postuliert – von der »Sensorik« zu »Psychik« –, umgeht er die Frage, in welchem »Aggregatzustand« diese Entitäten existieren. Das Format der Roherfahrungen und Gefühle – d.h. die Frage, ob sie die Gestalt nicht bildhafter (schematisierter) Handlungs- und Affekt*muster* haben oder die von Bildern und Sätzen – interessiert Bion nicht bzw. weniger als die, ob frühe Empfindungen roh bleiben oder moduliert werden können. Damit hat sich der Symbolisierungsbegriff, dessen Heterogenität in der Geschichte der Psychoanalyse schon für viel Verwirrung gesorgt hat, ein weiteres Mal verändert. Der Begriff des Symbolisierens bezeichnet jetzt nicht in erster Linie die Fähigkeit zur bildhaften Imagination oder zur Verwendung sprachlicher Symbole; er bedeutet auch nicht mehr, daß das Symbol für etwas steht, das der Verdrängung anheimgefallen ist. Er meint vielmehr, daß Gefühle, Bilder oder Worte nicht als isolierte Elemente, sondern als bedeutungsvolle Erfahrungen erlebt werden.

Diese Lesart des Symbolisierungsbegriffes macht es sogar möglich, von einem unsymbolisierten Bild zu sprechen, was in meiner Sichtweise ein Widerspruch in sich ist, weil Vorstellungsbilder für mich Symbole oder zumindest Vorformen von Symbolen *sind*. Ein unsymbolisiertes Bild oder eine unsymbolisierte Phantasie wäre nach Bion etwas, das als erratischer Block in der Seele herumliegt, eine bloße »Sensation«, die für das Subjekt nur bedrohlich ist, keine Bereiche-

---

* Ich habe geschrieben: Der Säugling »denkt« die Brust. Bei Bion heißt es, er reintrojiziert eine »denkende Brust«, womit gemeint ist, daß das Baby die Mutter als ein Objekt erlebt, das seine Gefühle aufbewahren und regulieren kann (s. Lazar 1993, S. 75). Das beinahe schon geflügelte Wort Bions, der erste Gedanke sie »keine Brust«, kann ich hier nicht erörtern.

122

rung darstellt und deshalb »ausgeschieden« werden muß. Sogar eine unsymbolisierte Sprache wäre denkbar, wenn nämlich sprachliche Äußerungen nur Roherfahrungen, schizophrene Fragmente usw. kommunizieren. Lazar (1993) beschreibt sehr anschaulich, wie ein Kind in der analytischen Sitzung Fernsehansager spielt. Seine Ansagen bestehen aus einer ständigen Flut von Worten, die alles überschwemmt und keine Pause und keine Gnade kennt. Lazar versteht diesen Vorgang als Ausstoßung von Beta-Elementen (Roherfahrungen) mit Hilfe von sprachlichen Symbolen. Diese Sprache aber kann unsymbolisiert genannt werden, weil sie nur rohe, »unsymbolisierte« Erfahrungen zum Ausdruck/Ausbruch bringt. Ihre Verwendung impliziert keine symbolische Kommunikation im anspruchsvollen Sinne.

Ich sehe (wie schon in Kap. 1 erwähnt) keine Möglichkeit, die beiden bisher diskutierten Symbolisierungsbegriffe miteinander zu verbinden. Die Divergenzen müssen einfach – bei klarer Bezeichnung der Unterschiede – respektiert werden. Versteht man unter Symbolisieren die Fähigkeit, über das Abwesende vermittels frei kombinierbarer, aus dem ursprünglichen Kontext herausgelöster Bilder oder Sätze nachzudenken, so können Säuglinge nicht symbolisieren/phantasieren.* Versteht man darunter aber die Fähigkeit, Alpha-Elemente zu bilden, d. h. nicht nur rohe Empfindungen oder Wahrnehmungen zu haben, die Angst hervorrufen und die Neigung zur Ausstoßung, sondern psychisch »integrierte« Wahrnehmungen und Gefühle zu entwickeln – dann können Säuglinge natürlich »symbolisieren«. Das Ergebnis der bisherigen Erkundungen läßt sich also in folgendem Satz zusammenfassen: Säuglinge können nicht phantasieren, aber sie können »denken« in dem Sinne, daß sie »psychisch unveredelten Rohstoff« (Lazar 1993, S. 79) in verdaute Gefühle/Wahrnehmungen verwandeln können. Ob man zur Bezeichnung dieses Umwandlungsprozesses den Begriff des Denkens für besonders geeignet hält, ist wahrscheinlich eine Frage der persönlichen Entscheidung.

Die besondere Betonung des Gegensatzes zwischen roher und verdauter Erfahrung halte ich jedoch für keine zutreffende Beschreibung des normalen Säuglings(-alltags), sondern für eine Dramatisierung,

---

* Es sei denn, Mandler hat recht. Dann wären zumindest bestimmte Formen bedingt evokativen bildhaften Erinnerns/Denkens möglich.

die allenfalls einige »Momente« seines Lebens einfängt (zu den »Momenten« siehe ausführlich Kapitel 5). Im Grunde wird in dieser Sicht der Zustand (schizophrener) Desintegration – in dem bedeutungsvolle Zusammenhänge in isolierte Fragmente zerrissen wurden oder zerfallen sind – auf den Säugling projiziert und angenommen, dies sei sein normaler oder vorherrschender Zustand. Eine Kernaussage in Bions Theorie über den ursprünglichen Zustand lautet nämlich: Am Anfang gibt es nur Beta-Elemente (s. Krejci 1990a, S. 60; 1990b, S. 21). Ich denke, daß es sich anders verhält, und habe am Ende des letzten Kapitels skizziert, wie die Alpha-Funktion, also die Fähigkeit zur Regulierung von Affekten und zur Integration von Wahrnehmungen, von Anfang an *im Säugling* vorhanden ist, spontan eingesetzt wird und zu Wahrnehmungs-, Affekt-, Handlungs*mustern* (Lichtenberg 1983) führt, d. h. zu Regelmäßigkeiten, die als »verdaut« erlebt werden. Dieser Prozeß wird von der Mutter unterstützt, aber nicht erschaffen.

Teil II: Interaktion und ihre Repräsentierung

Interaktionen zwischen *Personen* und deren Repräsentierung stehen bei Piaget (und Mandler) nicht im Zentrum des Interesses, wohl aber bei anderen Autoren der modernen Säuglingsforschung, die insofern eine nach-piagetsche Disziplin ist. Im folgenden werde ich die avancierteste zeitgenössische Theorie der Interaktionsrepräsentierung darstellen und danach einige grundsätzliche (von Piaget ebenfalls vernachlässigte) Fragen zur Intersubjektivität in der frühen Mutter-Kind-Interaktion diskutieren. Doch zunächst zur Repräsentationsproblematik.

Daniel Sterns neue Theorie

Stern (1985) hat vorgeschlagen, die Repräsentationen und Verarbeitungen von *Interaktions*prozessen in den Mittelpunkt zu stellen und die Idee generalisierter Interaktionsrepräsentanzen entwickelt, die das Empfinden, Verhalten und die Erwartungen von Säuglingen in der Interaktion bestimmen. In Anlehnung an die sogenannten Skript-

oder Ereignistheorien geht er davon aus, daß der Säugling schon früh in der Lage ist, den Fluß der Interaktion in Episoden zu segmentieren. Mehrmals am Tag erlebt er eine Fütterung; jede Fütterung unterscheidet sich von der vorausgehenden ein wenig, weist aber auch genügend Gemeinsamkeiten auf, die es dem Säugling ermöglichen, die verschiedenen Episoden als zur Klasse der Fütterungsinteraktionen gehörig zu identifizieren. Diese Gemeinsamkeiten nennt Stern die Invarianten der verschiedenen Fütterungsinteraktionen, die der Säugling extrahiert, um daraus ein Schema oder einen Prototyp dessen zu bilden, was eine Fütterung üblicherweise beinhaltet. »Denken« in Interaktionen bestünde also in der Extraktion von Invarianten und Bildung von Schemata, die es dem Säugling erlauben, 1. verschiedene Interaktionstypen wie Fütterung oder Spiel voneinander abzugrenzen und 2. die einzelnen Ereignisse, d.h. die einzelnen Fütterungs- oder Spielinteraktionen, auf ihr Gemeinsames hin abzutasten und ein allgemeines Schema oder Skript davon zu entwickeln, was üblicherweise in jeder Fütterung oder in jedem Spiel passiert.*

Stern (1989a) hat diese Skript- oder Ereignistheorie der Bildung von Interaktionsschemata zunächst weiter ausgebaut, ist aber heute anscheinend nicht mehr damit zufrieden. Über die Motive seiner Unzufriedenheit kann ich nur spekulieren. Nach meinem Eindruck ist er mit den Skripttheorien der Ereignis- und Interaktionsrepräsentation deshalb unzufrieden, weil diese sich zu sehr damit befassen, wer was tut (d.h. mit dem Inhalt von Ereignissen), und zu wenig mit den Gefühlen und Motiven der Handelnden. Eine Skripttheorie der Interaktion würde darauf fokussieren, daß die Mutter hereinkommt, die Bluse aufknöpft, den Säugling hochnimmt; daß der Säugling lächelt, die Brust ergreift und trinkt; und daß er diesen üblichen Ablauf »verinnerlicht«. Das nächste und übernächste Mal »weiß« er, wie das Ereignis der Fütterung abläuft, und dieses Wissen steuert sein Verhalten und seine Erwartungen. Solche Theorien vernachlässigen die die Interaktion begleitenden Gefühle**, und deshalb entwickelt Stern eine erweiterte, umfassendere Theorie der Interaktionsrepräsentie-

---

* Ich habe die hier nur skizzierte Theorie von Piaget, Lichtenberg und Stern andernorts ausführlich beschrieben (Dornes 1993, Kap. 8).
** Bretherton (1994, S. 38) bezweifelt, ob das eine faire Charakterisierung der Skripttheorien ist, und hält sie für hinreichend dynamisch. Diese Kontroverse kann hier nicht behandelt werden.

rung, in der die Repräsentierung von Affekten mehr im Vordergrund steht.

Seine Grundidee ist, daß sich eine vollständige Theorie der Interaktionsrepräsentierung nicht nur mit dem Objektwissen (gespeichert in sensomotorischen, perzeptuellen und konzeptuellen Schemata) und dem Ereigniswissen (gespeichert in Skripts oder Ereignisschemata) befassen muß, sondern auch mit den Affekten (und ihrer Repräsentierung), die alle Interaktionsaktivitäten begleiten. Die generalisierten Interaktionsrepräsentanzen nennt er nun »schemas-of-being-with«. Diese »schemas-of-being-with« entstehen aus der simultanen Aktivierung von sechs verschiedenen Komponenten / Repräsentationsformaten, die zusammen aktiviert werden, weil sie regelmäßig in jeder Interaktion zusammen auftreten. In anderen Worten: In jeder Interaktionsepisode machen wir mindestens sechs verschiedene Arten von Erfahrungen, die in entsprechenden Repräsentationen gespeichert werden und zusammen ein »schema-of-beingwith« konstituieren, dessen Aktivierung das subjektive Interaktionsgefühl ausmacht.

Nehmen wir als Beispiel für eine Interaktionsepisode die Fütterung eines hungrigen Säuglings. Was erfährt / erlebt er in dieser Situation?
1. Hat er sensomotorische Empfindungen: Er spürt die Bewegung seiner Arme und Beine. Wenn die Fütterung beginnt, lassen die grobmotorischen Aktivitäten nach, er saugt und bemerkt die Milch im Mund. Außerdem spürt er die Haut der Mutter. All diese Sinnesempfindungen werden in sensomotorischen Schemata gespeichert;
2. sieht er die Mutter, und ihre wiederholte visuelle Wahrnehmung wird in perzeptuellen Schemata des Gesichts gespeichert;
3. gibt es (angeblich) konzeptuelle Schemata, aber die werde ich nicht berücksichtigen, weil ich zweifle, ob der Säugling über Bilder und Worte verfügt, die üblicherweise als die Medien des konzeptuellen Denkens gelten (Stern 1995, S. 82);*

---

* Jean Mandler (1992a) vertritt die Auffassung, daß der Säugling über »Protokonzepte« *(conceptual primitives)* verfügt. Im Unterschied zu perzeptuellen Schemata, die visuelles Wissen speichern, enthalten konzeptuelle Schemata – welche Gestalt auch immer sie haben mögen – eine Art »Minitheorie« über das, was gesehen wurde. Perzeptuelles Wissen würde dem Säugling z. B. erlauben, männliche von weiblichen Gesichtern zu unterscheiden (was mit drei Monaten der Fall ist), aber konzeptuelles Wissen müßte ein darüber hinausgehendes Wissen vom »Wesen« des Unterschieds zwischen Männlich und Weiblich enthalten, und nicht nur

4. hat der Säugling einen Eindruck von der zeitlichen Abfolge des Ereignisses. Erst kommt die Mutter herein, dann lächelt sie und spricht zu ihm, dann nimmt sie ihn hoch, dann knöpft sie ihre Bluse auf, und schließlich legt sie ihn an die Brust. Diese Abfolge von Ereignissen wird in einem Skript gespeichert, das die übliche zeitliche Abfolge der einzelnen Elemente abbildet / einfängt;
5. hat der Säugling aber nicht nur taktile und kinästhetische Empfindungen (gespeichert in sensomotorischen Schemata), visuelle Wahrnehmungen (gespeichert in perzeptuellen Schemata) und ein Wissen von Ereignisabfolgen (gespeichert in Ereignisschemata), sondern auch Gefühle, z. B. das des Hungers. Das Format, in dem Gefühle gespeichert werden, nennt Stern »Gefühlsgestalten« *(feeling shapes)*. Gefühlsgestalten sind zeitliche und dynamische Muster, z. B. des An- und Abschwellens beim Hunger, beim Ärger oder in der sexuellen Erregung. Jedes Erlebnis hat eine Gefühlsgestalt, das heißt eine zeitliche und dynamische Textur: Es kann langsam anschwellen und schnell nachlassen oder umgekehrt schnell anschwellen und langsam nachlassen. Solche Gestalten und dynamische Muster sind das

ein Wissen um die Unterschiede im Aussehen. Letzteres gibt es z. B. auch bei industriellen Sehmaschinen, die in der Lage sind, Bolzen und Schrauben zu unterscheiden, und dafür zu sorgen, daß beide in verschiedenen Kartons landen. Die Sehmaschinen verfügen über die Fähigkeit zur Mustererkennung (perzeptuelle Schemata), aber nicht über ein Wissen vom »Wesen« des Unterschieds zwischen Bolzen und Schrauben. Mandler behauptet nun nicht, daß der Säugling ein Wissen um das Wesen von Geschlechtsunterschieden hat (sie ist keine Kleinianerin, sondern Kognitionspsychologin), aber sie meint, daß er z. B. über konzeptuelles Wissen bezüglich des Unterschieds von belebten und unbelebten Gegenständen verfügt: Er sieht nicht nur, daß sie sich unterschiedlich bewegen (belebte Objekte bewegen sich von selbst, unbelebte müssen in der Regel angestoßen werden), sondern er entwickelt außerdem eine Minitheorie oder zumindest eine Ahnung davon, daß sich beide Gegenstandsklassen »substantiell« voneinander unterscheiden, nicht nur, daß ihre Bewegung unterschiedlich aussieht. Krist / Wilkening (1991, S. 152) zweifeln, ob man das Denken jüngerer Säuglinge konzeptuell nennen sollte. Ab zwölf Monaten sind Kinder jedoch zu konzeptuellem Denken in der Lage. Sie klassifizieren dann Objekte nicht mehr nach perzeptueller, sondern nach konzeptueller Ähnlichkeit. Ein Vogel und ein Flugzeug zum Beispiel, die ähnlich *aussehen*, werden nicht mehr aufgrund *ihres Aussehens* in dieselbe Klasse von Objekten (Dinge, die Flügel haben) eingeordnet, sondern der Vogel wird jetzt bei den Hunden oder Katzen untergebracht (Gruppe der belebten Objekte; konzeptuelle Ähnlichkeit), auch wenn er ganz anders aussieht als diese; und das Flugzeug wird bei den Autos eingeordnet (Gruppe der unbelebten Objekte), obwohl sich beide visuell nicht ähneln (weitere Beispiele bei Karmiloff-Smith 1992, S. 79f.).

Format, in dem Affekte gespeichert werden (sie heißen Affekt-Schemata). An- und abschwellender Hunger fühlt sich jedoch anders an als an- und abschwellende sexuelle Erregung oder an- und abschwellender Ärger, und deshalb kann das Gefühl nicht von der Gestalt, in der es auftritt, abgelöst werden. Ein reines An- und Abschwellen können wir nicht empfinden, sondern nur das An- und Abschwellen von etwas. Deshalb enthält die Gefühlsgestalt, das (abstrakte) Schema der zeitlichen und dynamischen Kontur, immer zugleich auch die spezifische Qualität des Gefühls (Hunger, Ärger etc.), das gestaltet ist oder wird (Stern 1995, S. 84).

Auch wenn die Gefühlsgestalt nicht vom jeweiligen Gefühl zu trennen ist, kann sie doch von einer Situation auf eine andere »übertragen« werden. Fonagy (1994, S. 61) schildert eine analytische Behandlung, in der sich folgendes ereignete: Ein Patient begann Sitzung um Sitzung in lethargischer und depressiver Stimmung, die allmählich von Erregung und Idealisierung abgelöst wurde, aber immer wieder unausweichlich in Depression und ein Gefühl des Verlustes ausklang. Dieses Affektschema bzw. diese Gefühlsgestalt zeigte sich in seiner Arbeit, seinem Liebesleben, in vielen Kindheitserinnerungen und in der analytischen Situation. Es dauerte Jahre, bevor klar wurde, welche Erfahrungen diesem immer wieder auftauchenden Zyklus zugrunde lagen. Der Patient war als Kind »gedeihschwach« *(failure to thrive infant)* gewesen, aber die Ursache dafür, die in der unregelmäßigen mütterlichen Milchproduktion lag, wurde monatelang nicht entdeckt. Die analytische Sitzung und menschliche Beziehungen insgesamt wurden nun immer wieder nach dem Muster dieser frühen Erfahrung erlebt: als eine »Fütterung«, an die das Kind mit einem Gefühl von Pessimismus und Lethargie heranging, weil es ahnte, daß es nicht genug zu essen geben würde; dann, wenn etwas Milch floß, folgte freudige Erregung (im analytischen Prozeß Idealisierung), die schließlich wieder in Enttäuschung mündete, weil nie genug Milch für eine richtige Sättigung da war. Auch später wurde jede interpersonelle Situation von dieser Gefühlsgestalt eingefärbt.

A. M. Sandler (1976) hat ein ähnliches Fallbeispiel berichtet. Ein junger Mann begann eine Analyse, weil er, sowohl in der Arbeit wie in der Liebe, jede Aktivität nach enthusiastischem Beginn schnell abbrach. Dieses Muster stellte sich alsbald in der Übertragung ein. Der Patient begrüßte die Deutungen der Analytikerin zunächst freudig, um sie kurze Zeit später wieder fallenzulassen. Lange Zeit änderten

Deutungen daran nichts. Eines Tages sprach er in ängstlichem Ton von seiner Küche, die für alles, was er darin unterbringen wollte, immer zu klein sei. Dann von seiner Putzfrau, die ihr Fahrrad ständig in dem dafür zu engen Hausflur abstelle, was seinen Hauswirt verärgern könne. Die thematischen Assoziationen »eng, zu eng, ängstlich, überquellend« (die im Kern Assoziationen zur Affektdynamik / »Gefühlsgestalt« sind) bringen die Analytikerin auf die Idee, der Patient könne als Kind ständig erbrochen haben, d.h. ein »Spucker« gewesen sein. Sie fragt ihn danach, er erkundigt sich zu Hause und berichtet in der nächsten Stunde, seine Mutter habe ihm erzählt, daß er als Säugling an einem Verschluß des Magenpförtners gelitten habe. Darauf erfolgt ein Durchbruch in der Analyse mit dramatischem Wandel des basalen Musters von Konsumieren und Ausspucken. Dieses Beispiel ist, wie alle Beispiele, vielen Ausdeutungen zugänglich, dennoch illustriert es anschaulich und erneut, wie bestimmte frühe Erfahrungen dynamische Muster von Gefühlen etablieren können, die auf spätere Erfahrungen ausstrahlen und sie einfärben. Im vorliegenden Fall war das Spuckmuster die Basis, auf der Affekte und Objektbeziehungen ausgestaltet und erlebt wurden. Die frühen Erlebnisse waren in die späteren eingearbeitet worden und bestimmten ihre Gestalt.

Fonagy (1994, S. 61) betont völlig zu Recht die große Bedeutung, die das Erkennen solcher Affektmuster für die Organisation des analytischen Materials hat. Oft ist die Erfassung dieser Muster wichtiger und informativer als die Kenntnis mancher bewußter und unbewußter Phantasien. Meines Erachtens zeigt sich in solchen Gefühlsgestalten die psychosomatische Grundbefindlichkeit eines Patienten meist deutlicher und ergreifender – häufig auch quälender – als im Inhalt seiner Erzählungen und Phantasien.*

6. Nach diesem Versuch der klinischen Veranschaulichung dessen, was eine Gefühlsgestalt ist, komme ich zum sechsten und letzten Element einer Interaktionsepisode. Stern nennt es »protonarrative Hülle« (protonarrative envelope). Zunächst zur Hülle. Eine Hülle begrenzt etwas und umfaßt es. Stern bezeichnet diejenigen Ereignisse,

---

* Auf das Problem der Aktivierung oder »Verdrängung« solcher Affektschemata gehe ich im letzten Kapitel noch einmal ausführlich ein. Dort verwende ich zur Herausarbeitung der Bedeutung von Affektschemata und ihrer Aktivierung den Begriff der prozedural organisierten Gefühlsregel, der etwas ähnliches meint wie Sterns Gefühlsgestalten.

die der Säugling natürlicher- und angeborenerweise als Episoden aus dem Fluß des Geschehens heraussegmentiert, als Hüllen (1995, S. 85). Im Grunde sagt er, daß der Säugling Interaktionsereignisse »irgendwie« segmentiert und in Episoden aufteilt, von denen jede einen Anfang, eine Mitte und ein Ende hat. Nehmen wir an, die Mutter kommt herein und macht sich am Bettchen des Kindes zu schaffen; das Kind hebt dann den Arm, um aufgenommen zu werden; die Mutter nimmt es hoch. Dies ist eine Interaktionsepisode. In der nächsten lächeln sich vielleicht beide wechselseitig an. In der darauffolgenden dreht sich der Säugling weg. Was wir die erste, die nächste und die darauffolgende Episode nennen, sind nicht unbedingt drei gut unterscheidbare Sequenzen, sondern es ist oft ein Fluß von Ereignissen, die gar nicht scharf voneinander abgegrenzt sind.

Die Rede von den Hüllen will besagen, daß der Säugling nicht im Fluß von in der Zeit einfach strömenden Ereignissen versinkt, sondern daß er die Ereignisse gewissermaßen interpunktiert, ein Ereignis vom nächsten abgrenzt, wie wenn wir erzählen würden: *Erst* kam die Mutter herein und machte sich am Bett zu schaffen, *dann* winkte ihr Kind mit dem Arm, und sie nahm es hoch, *daraufhin* lächelten sich beide wechselseitig an, und *schließlich* wendete sich der Säugling ab. Der Säugling interpunktiert diese vier Sequenzen, die ineinander übergehen, in vier »Hüllen«. Dabei ist, wie Stern in einer anderen Arbeit (1989, S. 199) betont, wichtig, daß der interaktive Moment, der abgegrenzt wird, »eine hypothetische Einheit von unklarer Größe, mit unbestimmten Grenzen ist...« Dennoch erscheint es heuristisch fruchtbar, die Existenz einer solchen Einheit zu postulieren und zu betonen, daß eine solche Episode eben als Einheit ins Gedächtnis gelangt und dort gespeichert wird. Diese Einheiten heißen jetzt »protonarrative Hüllen«.*

---

* Daß Säuglinge ziemlich früh »bedeutungsvolle Einheiten« wahrnehmen, läßt sich auch für andere Bereiche als den der Interaktion demonstrieren. Wenn wir sprechen, machen wir zwischen den einzelnen Sätzen und Satzteilen bestimmte Sprechpausen. Hirsh-Pasek et al. (1987) haben sieben bis zehn Monate alten Kindern solche natürlichen Sätze vorgespielt. Danach haben sie die Sprechpausen verändert, und zwar so, daß jetzt Pausen an *den* Stellen der Rede erschienen, an denen wir üblicherweise keine machen, und keine Pausen dort, wo sie normalerweise auftreten. Schon sieben Monate alte Säuglinge bevorzugen sprachlichen »Input«, der die natürliche Struktur hat. Daraus kann man schließen, daß Wörter und Sätze nicht wie ein gleichförmiger »Schwall« über den Säugling hinwegfließen, sondern

Aber warum sind sie protonarrativ? Bisher wurde nur begründet, daß Interaktionsereignisse vom Säugling sequenziert werden, so daß die Ereignisse nicht wie die Endlosrolle eines Papiers über den Säugling hinweglaufen und er im Strom der Ereignisse gewissermaßen versinkt, sondern daß er sie interpunktiert, indem er die Rolle an verschiedenen Punkten markiert, ähnlich wie Klosettpapier zwar in einer Rolle zusammenhängt, aber an einzelnen Stellen Perforationen aufweist, die es erlauben, ein Blatt vom nächsten abzugrenzen. Durch solche Markierungen entstehen in Interaktionsverläufen »Hüllen« oder Umschläge, die das, was zwischen Anfang und Ende geschieht, umfassen. Anfang und Ende sind aber auch Kategorien, die wir benützen, um Geschichten zu erzählen bzw. um Strukturen von Geschichten zu charakterisieren. Eine Geschichte hat einen Anfang, einen Höhepunkt und ein Ende; sie hat ein Thema (plot), einen oder mehrere Akteure, die motiviert sind und Ziele verfolgen, und sie findet an bestimmten Orten zu bestimmten Zeiten statt. Eine typische Geschichte enthält also die fünf großen Ws: Wer (tut), was, wann, wo, warum, und könnte so beginnen: Eines Morgens (wann) schlich der Indianer (wer) aus seinem Zelt und bestieg sein Pferd (was tat er). Er wollte auf die Jagd gehen, denn der Hunger hatte schon die ganze Nacht in seinen Gedärmen genagt (warum). So geht es dann weiter. Der Indianer besteht in der Prärie (wo) einen aufregenden Kampf mit dem Büffel (Höhepunkt) und reitet mit der Beute stolz nach Hause, wo Frau und Kinder schon freudig auf ihn warten. Oft haben Geschichten, im Unterschied zu Chroniken, auch eine Moral, d. h., sie hören nicht einfach auf wie Eintragungen in einem Tagebuch, sondern kommen zu einem Abschluß (s. Nelson 1995, S. 184 f.). Der Indianer kehrt nicht einfach nach Haus zurück und wirft den erlegten Büffel vor sein Zelt, sondern eine gute Geschichte transportiert auch eine Botschaft, im vorliegenden Fall etwa, daß Mut belohnt oder Tapferkeit bewundert wird, d. h., es erfolgt eine implizite Bewertung.

Was aber hat das alles mit dem Säugling zu tun? Wenn ich Stern richtig verstehe, so behauptet er, daß der Säugling nicht nur *chronologische* Abfolgen von Interaktionsepisoden wahrnimmt oder inter-

daß er gehörte Sprache in linguistisch bedeutungsvolle Einheiten einteilt bzw. die existierende Einteilung wahrnimmt. Bereits mit sieben Monaten scheint es also erste Formen der Syntax-Wahrnehmungen zu geben (weitere Beispiele bei Gleitman et al. 1988, Karmiloff-Smith 1992, S. 38, 51, und Morgan/Saffran 1995).

punktiert, sondern jede Episode zugleich als ein kleines narrationsähnlich strukturiertes Gebilde wahrnimmt. »Wenn Motive oder Bedürfnisse in einer interpersonellen Situation inszeniert werden, wird subjektiv eine narrationsähnliche Struktur geschaffen« (1995, S. 90). Das ist eine weitreichende Behauptung. Betrachten wir deshalb noch einmal eine Interaktionsepisode unter dem Gesichtspunkt ihrer potentiellen narrativen Strukturiertheit. Wenn die Mutter hereinkommt und sich am Bettchen zu schaffen macht, der Säugling dann mit dem Arm winkt und die Mutter ihn aufnimmt, enthält diese Episode folgende Elemente einer Geschichte: 1. einen oder mehrere Akteure (wer), 2. eine motivierte Handlung (Armwinken; was), 3. ein Ziel (Hochgenommenwerden; warum), 4. Raum und Zeit, d.h. einen Kontext (wann und wo; es ist Vormittag, und das Kind liegt in seinem Bett); 5. einen »plot«, d.h. ein Thema, das hier vielleicht heißt: »Nimm mich hoch, damit wir spielen können.«

Außerdem gibt es einen Anfang, einen Höhepunkt (das Hochgenommenwerden) und ein Ende, also eine »dramatische« zeitliche Kontur *(feeling shape).* So betrachtet sind alle Elemente einer guten Geschichte (bis auf die darin enthaltene Moral) vorhanden, wenn auch manche nur in einfacher Form – deshalb »proto«. Die Hypothese lautet also, daß der Säugling jede Interaktionsepisode – außer in den genannten fünf Formaten – noch in einem sechsten Format speichert: der protonarrativen Hülle. Ab drei bis vier Monaten perzipiert er jede Interaktionsepisode als dynamische narrationsähnliche Struktur (Stern 1995, S. 92). Zugespitzt heißt das, daß der Säugling die Welt der Interaktionsereignisse unvermeidlich und natürlicherweise als geschichtenähnlich strukturiert erlebt.

Diese Auffassung wird nicht von allen geteilt. Nelson (1995, S. 178f., 188f.) etwa ist der Meinung, daß Ereignisse *nicht* natürlicherweise in narrativer Form wahrgenommen werden, und belegt diese These anhand der Analyse von Babbelmonologen kleiner Kinder. Mit 21 Monaten ist in diesen Monologen noch keine narrative Struktur erkennbar, wohl aber ab 23 Monaten. Die fehlende narrative Struktur ist, wie die Autorin, einen naheliegenden Verdacht ausräumend, nachweist, *nicht* auf mangelnde Sprachbeherrschung zurückzuführen. Stern würde diesen Einwand vermutlich nicht akzeptieren. Er behauptet ja nicht, daß Säuglinge schon eine Geschichte *erzählen* können, sondern daß sie narrativ *denken*. Narratives Denken – im Unterschied zum narrativen Erzählen – meint, daß der Säugling ein

Interaktionsereignis als »narrativ strukturiert« wahrnimmt. Etwas als narrativ strukturiert wahrnehmen soll heißen, daß jede zielgerichtete motivierte Handlung oder Empfindung »in ihrem unmittelbaren Sog die Tendenz hinterläßt, Ereignisse in Form dramatischer Spannungslinien und Pläne zu erfahren. Diese Erfahrungen stellen Kohärenz und Grenzmerkmale des Augenblicks her« (Stern 1995, S. 91).

Das ist sicher richtig. Aber ich finde, daß die Verwendung des Begriffs »protonarrativ« zur Charakterisierung der Erfassung vorsprachlicher (Interaktions-)Ereignisse eine Überdehnung ist (s.a. Emde 1994b, S. 48). Man könnte nämlich, Sterns Kriterien für Narrativität akzeptierend, selbst den Geschlechtsverkehr oder die Defäkation als narrativ strukturiertes Ereignis betrachten. Auch bei der Stuhlentleerung gibt es einen Akteur, eine Handlung, ein Motiv, einen Kontext von Ort und Zeit, ein Thema und eine dramatische Spannungslinie. Wenn aber nahezu alles narrativ strukturiert ist, verliert der Begriff seine Abgrenzungsschärfe. Ich würde es deshalb vorziehen, statt von protonarrativen Hüllen von *präverbalen* Hüllen zu sprechen. Dann bliebe der Sinn des Konzepts erhalten – es soll die intuitive Erfassung der Einheit und Bedeutung einer Interaktionsepisode und deren mentale Repräsentierung als eine solche Einheit bezeichnen (s. Stern 1995, S. 89) – ohne es mit einer meines Erachtens problematischen narrationsähnlichen Strukturiertheit zu überlasten. Aber das sind wahrscheinlich eher Fragen der Semantik als wirklich substantielle Einwände.*

Wir haben nun alle Bausteine für ein »schema-of-being-with« beisammen. Jedes dieser Beziehungs- oder Interaktionsschemata (in denen z.B. gespeichert wird, wie es üblicherweise »ist«, von der Mutter gefüttert zu werden oder mit einer depressiven Mutter zu interagieren) besteht aus den sechs genannten Elementen. Interaktionsepisoden werden, wie gezeigt wurde, in sechs verschiedenen Formaten gespeichert, weil in jeder Interaktion simultan mindestens sechs verschiedene Erfahrungen gemacht werden: Handlungen, taktile Empfindungen und Handlungsabfolgen werden in sensomotorischen und Ereignisschemata gespeichert (1 und 4); visuelle Wahrnehmungen in perzeptuellen Schemata (2); Affekte und ihre Veränderungen in Gefühlsgestalten (5) und die Episode als von anderen abgegrenzte, be-

---

* In der Urfassung des hier dargestellten Textes war übrigens von »*pre*narrative envelopes« die Rede (Stern 1992).

deutungsvolle Einheit in Form einer protonarrativen Hülle (6).* Das zusammenhängende Netzwerk dieser fünf oder sechs Schemata nennt Stern ein »schema-of-being-with«. Es besteht aus den genannten Elementen, von denen keines privilegiert ist. Der Affekt und seine Gestalt sind nicht wichtiger als die Wahrnehmung, und die Wahrnehmung ist nicht wichtiger als die Handlung. Der Säugling (und wir) hat in jedem Augenblick die sechs Elemente zur Verfügung (wie sechs verschiedene »Karten«, die aufgedeckt und angesehen werden können), und im Moment der Interaktion werden sie alle erlebt bzw. aktiviert. Das »schema-of-being-with« besteht aus der Gesamtheit aller Repräsentationsformate, die in einem Interaktionsmoment aktiviert sind.

Die Frage, die sich der Leser mittlerweile wahrscheinlich stellt, ist: Braucht man für einen Moment – oder mehrere Momente – soviel Theorie? Ich weiß es nicht. Aber ich weiß, daß die Theorie der Materie auch immer komplizierter wird und daß sich die Menge der Teilchen, aus denen sie bestehen soll, in enormem Tempo vermehrt. Der »Teilchenzoo« beherbergt, wie ich höre, mittlerweile etwa 30 Partikel, und ein Ende ist noch nicht abzusehen. So betrachtet sind wir mit sechs »Teilchen«, die eine Interaktionsepisode ausmachen sollen, noch recht gut und sparsam bedient, aber die Vermehrung der Repräsentationsformate deutet immerhin an, daß wir auf dem Weg zu einer (vom modernen Konnektionismus inspirierten) »Mikrophysik« der Interaktionsrepräsentierung sind.

Sterns Theorie des Denkens

Die geschilderte Theorie sollte zeigen, wie der Säugling Interaktionen erlebt, und vor allem, wie er sie repräsentiert. Sie enthält zugleich eine Antwort auf die Frage: Wie denkt der Säugling? Etwas erleben und das Erlebte repräsentieren sind jedoch zwei verschiedene Dinge. Wir erleben etwas in der realen Zeit, aber wenn das Erlebnis repräsentiert ist und wir uns mit Hilfe dieser Repräsentationen daran erinnern, so findet die Erinnerung nicht mehr in Realzeit statt, sondern in einer Art virtueller »innerer« Zeit. Die Erinnerung an das Erlebte dauert

---

* Die konzeptuellen Schemata (3) lasse ich wegen ihres strittigen Status im ersten Lebensjahr weg (s. die Fußnote auf S. 126 f.).

nicht so lange oder so kurz wie das Erlebnis selbst war. Außerdem kann in der Erinnerung das Erlebnis in seiner chronologischen Zeitfolge verändert werden. Wir können uns zuerst an das Ende des Ereignisses erinnern und dann an den Anfang gehen. Wir können es auch variieren und ausschmücken, z. B. die Mitte des Ereignisses durch etwas ersetzen, was uns besser gefällt als das, was wirklich geschehen ist. Dann ist es keine Erinnerung mehr, sondern eine retrospektive *Phantasie* über ein Ereignis. Möglicherweise wissen wir aber gar nicht mehr genau, was geschehen ist, und halten die Phantasie über das Ereignis für eine veridikale (zutreffende) Erinnerung. Wie dem auch sei: Wenn wir Repräsentationen von Ereignissen aktivieren, befinden wir uns in einer anderen Welt, als wenn wir Ereignisse gerade erleben. Stern unterscheidet drei Welten: die des *erlebten* Augenblicks, die des *repräsentierten* Augenblicks und die des *erinnerten* Augenblicks.

Den Prozeß, der vom repräsentierten zum erinnerten Augenblick führt, nennt er Refiguration. Refiguration ist, vereinfacht gesagt, die Aktivierung von gespeichertem Material. Stern bevorzugt den Begriff der Refiguration vor dem der Aktivierung vermutlich deshalb, um auf den Transformationsprozeß hinzuweisen, der mit der Aktivierung verbunden ist. »Refiguration, so wie ich den Begriff gebrauche, ist der Prozeß, bei dem sich die Aufmerksamkeit zwischen den verschiedenen Schemaformaten frei vor- und zurückbewegen kann. Die Muster der Aufmerksamkeitsverschiebung schaffen virtuelle Sequenzen, virtuelle Überlappungen, virtuelle Gleichzeitigkeiten oder verschiedene Kombinationen derselben. Die Aufmerkamkeit kann auch auf zwei Schemaformate gleichzeitig gerichtet sein, wobei eines zentral und das andere eher peripher bleibt; in einer Vordergrund-Hintergrund-Beziehung, die auch umgedreht werden kann. Die Variierungsmöglichkeiten sind nahezu unbegrenzt« (Stern 1995, S. 94).

Die Behauptung, daß wir in der Erinnerung vergangene Ereignisse verändern können und so virtuelle Ereignisse erschaffen, ist für den Erwachsenen sicher richtig. Aber trifft sie auch für *den Säugling* zu? Ich bin skeptisch. Meine Auffassung ist, daß der Säugling keine virtuellen oder hypothetischen Realitäten kreiert. Er bearbeitet und verändert zwar im Geist seine Erfahrungen, aber weitgehend in dem Sinne, daß er aus vielen Ereignissen Invarianten extrahiert und Prototypen bildet. Diese Prototypen sind zwar auch Neuschöpfungen, weil Durchschnittsbildungen empirisch nie existieren, aber sie sind »Verrechnungen« vergangener *Realerfahrungen*, nicht Imaginationen von Ereignissen, die gar nicht stattgefunden haben (s. Kap. 3), und auch nicht Montierungen oder Collagen von vergangenen Ereignisfragmenten in neuer Form, obwohl das wahrscheinlich eher möglich ist als die Kreierung neuer, rein imaginärer Ereignisse (s. das Beispiel in Stern 1992, S. 309).

Der Prozeß der Refiguration ist übrigens der Psychoanalyse wohlvertraut. Wenn ein sechsjähriger Junge in der ödipalen Phase mit seinem Vater konkurriert, wird er das mit den Mitteln und Themen tun, die altersangemessen sind. Er wird ihn beim Fußballspiel übertreffen wollen oder beim Mensch-ärgere-dich-nicht-Spiel. Wenn er aber dreißig ist und sein Vater ist Professor, dann wird er ihn im akademischen Feld schlagen wollen. Vielleicht ist sein Analytiker ebenfalls ein gescheiter Mann, und er wird in der Übertragung auf dem Gebiet intellektuellen Wissens mit ihm wetteifern. Die ödipale Struktur oder das ödipale »Schema« wird also auf den jeweiligen Altersstufen unterschiedlich »refiguriert«. Aber – und das ist der Unterschied – hier werden Makrostrukturen verändert, zwischen denen Jahre oder Jahrzehnte liegen, während Stern sich mit der Refiguration von *Momenten* der Interaktionserfahrung beschäftigt, die Sekunden oder Minuten dauern.*

Zu Anfang des Abschnitts hatte ich gesagt, daß Sterns Repräsentationstheorie eine Antwort auf die Frage erlaubt, wie der Säugling denkt. Die Psychoanalyse sagt: Er hat unbewußte Phantasien, die von seinen Trieben herstammen (und vom Ich bearbeitet werden); er denkt primärprozeßhaft. Piaget sagt: Er denkt sensomotorisch. Stern sagt: Er aktiviert die Repräsentationen von Interaktionserfahrungen. Die simultane und parallele Aktivierung der sechs verschiedenen Aspekte von Interaktionserfahrungen in einem kohärenten, aber heterogenen Ensemble – dem Schema-of-being-with – *ist* das Denken des Säuglings. Eine umfassendere Antwort wäre, daß das Denken nicht erst mit der *Aktivierung* der mentalen Repräsentationen be-

---

* Im sechsten Kapitel skizziert er, wie das »schema-of-being-with-a-depressed-mother« *später* refiguriert, inszeniert und erlebt werden kann, d.h. wie die Interaktion zwischen dem Säugling und einer depressiven Mutter ein Interaktionsgefühl konstituiert, das nach Jahren vom Erwachsenen in verschiedenen Gestalten wiederbelebt werden kann. (Siehe dazu auch den Abschnitt über den depressiven Säugling und die »tote« Mutter im zweiten Kapitel des vorliegenden Buches.)

ginnt, sondern schon mit deren *Bildung*. Die »Verrechnung« von Wahrnehmungen, Empfindungen und Interaktionsepisoden zu Prototypen und die Extraktion von Invarianten aus dem Fluß sich wiederholender Erfahrung wären dann ebenfalls Denkprozesse.* Dieses Denken ist aber noch kein Denken *über* etwas in dem Sinne, in dem Erwachsene über ein Objekt oder ein vergangenes Ereignis nachdenken. Es ist eine Form mentaler Aktivität, die alle Ereignisse begleitet, wie wenn wir von einem Zehnmeterbrett springen und verschiedene Empfindungen und Wahrnehmungen haben, die, wenn wir öfter springen, zu einem »Schema-des-Sprungs-vom-Zehnmeterbrett« zusammengebaut werden. Im Unterschied zum Erwachsenen aber kann sich der Säugling nicht – wie wir, wenn wir über unseren Sprung einem anderen erzählen oder allein darüber nachdenken – gewissermaßen an den Rand des Beckens setzen und das Ereignis mental rekapitulieren. Das liegt jenseits seiner Möglichkeiten.**

Der wesentliche Unterschied zwischen Sterns Konzeption des Denkens und derjenigen der Psychoanalyse scheint mir zu sein, daß in der psychoanalytischen Theorie das Denken von Trieben oder Affekten »angestoßen« wird. In Sterns Theorie muß Denken nicht moti-

* Stern äußert sich nicht zu der Frage, ob Säuglinge Interaktionserfahrungen z. B. in Gestalt von Bildern o. ä. aktivieren. Er geht anscheinend davon aus, daß Schemata die Medien *sind*, in denen Denken beim Säugling stattfindet, und daß Bilder die Instantiierung (Exemplifizierung) solcher Schemata darstellen. Erwachsene denken u. a. in Begriffen, d. h. konzeptuellen Schemata wie »Hund«, »Baum«, »Stuhl« usw.; aber die Verbildlichung oder Veranschaulichung solcher Begriffe hat immer die Gestalt eines bestimmten konkreten Hundes, Baumes oder Stuhls. So betrachtet wäre das innere Bild die Symbolisierung eines Schemas, d. h. die Umschrift einer nicht-bildhaften, »schemaförmigen« Repräsentation in ein anderes Format. Möglicherweise sind solche Umschriften die Voraussetzung oder der Weg, auf dem Repräsentationen aus dem Kontext, in dem sie gebildet wurden, herausgelöst und unabhängig von ihm verwendet werden können. Dann ist die Stufe des symbolischen Denkens erreicht. Ein bestimmtes Schema wird nunmehr nicht nur dann aktiviert, wenn wir uns in einer Situation befinden, die der ähnelt, in der es gebildet wurde, sondern das Schema kann auch außerhalb dieses Kontextes und in verschiedenen Gestalten evoziert werden. Karmiloff-Smith (1992) hat eine faszinierende Vier-Stufen-Theorie repräsentationaler Umschreibung *(representational redescription)* vorgelegt, in der das Thema der progressiven Dekontextualisierung (Symbolisierung?) von Denken und Wissen ausführlich behandelt wird.

** Bollas (1987) hat dieses Gewußte, über das noch nicht nachgedacht werden kann, als das »ungedacht Gewußte« *(unthought known)* bezeichnet.

viert werden, etwa durch einen Zustand des Mangels oder der Spannung. Denken ist vielmehr eine allgegenwärtige, in jedem Moment sich ereignende mentale Aktivität, die Wahrnehmungen, Affekte, Empfindungen, d. h. alles, was sich ereignet, bearbeitet. Natürlich werden auch von Trieben herrührende Empfindungen verarbeitet, aber es verhält sich *nicht* so, daß der Trieb das Denken/diese Verarbeitung *in Gang* setzt. Vielmehr ist das Denken (d. h. das Wahrnehmen, das Extrahieren von Invarianten, das Prototypenbilden etc.) eine *autogenerative primäre Aktivität, die sich der Triebe und der dadurch erzeugten Empfindungen bemächtigt und sie bearbeitet.* Der menschliche Geist kann gar nicht anders als »denken«, d. h. aktiv sein und die gemachten Eindrücke und Erfahrungen ordnen. Dazu muß er nicht besonders motiviert werden, denn das ist sein intrinsisches Design. Denken ist in dieser Sichtweise wie Wasser, das ständig strömt, und Triebe, Wahrnehmungen, Empfindungen sind wie Steine, die auftauchen und von diesem Strom bearbeitet werden. Sie erzeugen nicht den Strom (auch wenn sie ihn mitformen) – der erzeugt sich selbst!

Vielleicht sind diese Überlegungen und Metaphern unklar oder verworren. »Der Leser möge mir verzeihen, wenn ich beim Versuch, mich zu orientieren, über meine eigenen unbeholfenen Metaphern stolpere... Uns fehlen die Begriffe, sogar die Worte, in denen das Niemandsland menschlichen Beginns beschrieben werden könnte. Wir wissen noch nicht, wie von der Psyche des Neugeborenen, von den ersten Regungen des Geistes im Dämmern vor Sonnenaufgang zu sprechen ist« (Spitz 1972, S. 1017). Seit Spitz diese Sätze schrieb, hat sich einiges verändert. Aber es bleibt ein Rest von unauflösbarem Geheimnis um die ersten Lebensjahre.

Teil III: Formen der Intersubjektivität

Ich möchte dieses Kapitel mit Gedanken fortführen, die unmittelbar nichts mit Sterns Ausführungen zur Interaktionsrepräsentierung zu tun haben, aber von seiner Theorie des intersubjektiven Selbst (1985, Kap. 6 und 7) inspiriert sind und sich ebenfalls mit der Interaktion beschäftigen – deren Repräsentierung beim Säugling war das Thema der letzten Abschnitte. Unabhängig von der Frage, wie Interaktionen repräsentiert werden, können wir von der Säuglingsforschung zum

Thema Mutter-Kind-Interaktion noch etwas anderes lernen: Wir können daraus lernen, warum die Triebtheorie als eine Theorie, welche die hedonistische Tönung, d. h. die Befriedigung oder Nichtbefriedigung (körpernaher) Bedürfnisse in den Vordergrund stellt, unzureichend und einseitig ist.*

Interaktion und Anerkennung: Primäre Intersubjektivität

Der Mensch ist das (vielleicht) einzige Lebewesen, das nicht nur die Befriedigung seiner Bedürfnisse anstrebt, sondern außerdem noch deren Anerkennung. Dieser Kampf um oder die Suche nach Anerkennung spielt sich in der Interaktion ab. Wenn Mutter und Säugling miteinander kommunizieren, einander anlächeln, mit- oder nacheinander vokalisieren, so befinden sie sich in einem kommunikativen Austausch, den wir als dialogische Spielinteraktion ohne Spielzeug bezeichnen können. Eine »Just for fun«-Theorie des Spiels greift aber zu kurz. Zwar tauschen beide interessante Reizereignisse aus, aber das ist nur ein Aspekt ihrer Interaktion. Der Säugling will nämlich im Spiel nicht nur seinen Spaß haben und sucht nicht nur interessante Reizereignisse, sondern er will, daß seine Mutter seinen Spaß sieht und diesen Zustand / Affekt erkennt und anerkennt. Das klingt trivial, ist aber von enormer anthropologischer Bedeutung. Auch Primaten spielen, aber ich vermute, daß sich ihr Spiel auf den Austausch und die Produktion interessanter Stimulation beschränkt (s. Gomille 1988, S. 274; Breuer 1991). Dabei wird ein Spielbedürfnis befriedigt, aber keines nach Anerkennung von Gefühlszuständen. Der Säugling ist damit nicht zufrieden. Er will nicht einfach nur spielen oder mit der Mutter kommunizieren, sondern er will, daß sie sein Spiel- und Kommunikationsbedürfnis sieht und »sagt«: »Ja, ich sehe, daß du spielen und dich mit mir unterhalten willst, und ich begrüße die Art und Weise, in der du dieses Bedürfnis zum Ausdruck bringst.«

---

* Die folgenden Gedanken sind inspiriert von Abschnitten aus Carl Gomilles (jetzt Breuer) hervorragender, leider unveröffentlichter Dissertation (Gomille 1988, bes. S. 270 ff.) und einer weiteren, bisher ebenfalls unveröffentlichten Arbeit desselben Autors (Breuer 1991). Ich mache freien Gebrauch von seinen außerordentlich anregenden Überlegungen. In anderer Form habe ich mich zu diesem Thema bereits früher geäußert (s. Dornes 1993, Kap. 7).

Dieses Bedürfnis nach Anerkennung von Bedürfnissen existiert vermutlich nicht nur in der Spielinteraktion, sondern in jeder interpersonellen Situation, z. B. auch in der Fütterungsinteraktion. Am Lebensanfang mag es genügen, das Bedürfnis nach Nahrung zu stillen, aber nach einer gewissen Zeit kommt es nicht mehr nur auf das Geben von Nahrung an, sondern auch darauf, wie sie gegeben wird. Kohut (1977, S. 80) hat das sehr schön als »empathisch moduliertes Geben von Nahrung« bezeichnet. Beim Menschen muß eben nicht nur der Hunger befriedigt werden, sondern zugleich muß die Art und Weise, wie er sich artikuliert, als *legitim* anerkannt werden. Der Säugling fragt gewissermaßen – im Spiel und in der Fütterung –: »Ist es richtig und kannst du akzeptieren, daß ich als der und der existiere und meine Bedürfnisse auf diese oder jene Art zum Ausdruck bringe?« Empirische Unterstützung erhält diese Hypothese durch Untersuchungen von Hoffmann (1993). Er hat Kinder zwischen vier und zwölf Monaten beobachtet, wie sie das erste Mal feste Nahrung mit dem Löffel erhalten. Dabei spielt das Essen selbst eine eher untergeordnete Rolle. Im Vordergrund stehen die Versuche des Kindes, den Löffel in seinen Besitz zu bringen und damit nach eigenem Willen zu spielen und zu experimentieren – oft zum Verdruß seiner Eltern. Deren Reaktion, d. h. ihre Fähigkeit zu Toleranz und Akzeptierung des Bedürfnisses, ist von erheblicher Bedeutung für die weitere Entwicklung. Elterliche Responsivität, so die Hypothese, wird eher zu Initiative, Kreativität und psychosomatischer Integration führen. Elterliche Restriktivität eher zum Gegenteil. Die langfristige Überprüfung dieser Hypothese durch Untersuchungen der Kinder im Alter von zwei, drei, vier etc. Jahren steht noch aus, aber erste Nachuntersuchungen weisen in eine bestätigende Richtung. Hoffmann hat also das Bedürfnis nach Anerkennung nicht in der Spielinteraktion entdeckt, sondern bei der Fütterung, die üblicherweise eher mit Triebererfahrungen in Verbindung gebracht wird als mit dem Bedürfnis nach Anerkennung. Dieses scheint sich aber überall zu zeigen, wenn der Blick dafür erst einmal geschärft ist.

Im Grunde ist das Anerkennungsthema so alt wie die Menschen. In den sogenannten primitiven Gesellschaften waren Ritus und Tanz die Medien, in denen es ausgedrückt wurde, und in der Bibel heißt es, daß der Mensch nicht vom Brot allein lebt. Das ist eine tiefe Weisheit. Ob man das, was über das Brot, d. h. die Befriedigung vitaler Bedürfnisse hinausgeht, transzendental-theologisch als »Wort des Herrn«, spiri-

tuell als »Suche nach Sinn« oder psychologisch-intersubjektivitäts-
theoretisch als »Anerkennung der Person« formuliert, will mir an dieser Stelle nicht so wichtig erscheinen, solange klar ist, daß es diesen
»Überschuß« gibt. Vermutlich rühren viele, wenn nicht die meisten
neurotischen Probleme, die es heute gibt, nicht von frustrierten
Triebwünschen, sondern von frustrierten Anerkennungsbedürfnis-
sen her. Balint, Winnicott und Kohut haben das erkannt. Balint (1968)
in seinem Konzept der primären Liebe, das besagt, daß der Säugling
als Person geliebt und nicht nur als Organismus befriedigt werden
will; Winnicott (1960b) mit seiner Unterscheidung von wahrem und
falschem Selbst, die etwas Ähnliches meint; Kohut (1971) in seiner
Konzeption des Größenselbst, das empathische Spiegelung, d. h. Anerkennung und Validierung in seinem So-Sein sucht. Diese Autoren *
haben das anthropologische Mißverständnis Freuds korrigiert, daß
der Mensch in seiner Bedürfnisstruktur ähnlich ist wie ein Tier (auch
wenn Triebe etwas anderes sind als Instinkte). Für Freud war die
Sinnfrage eine Angelegenheit »frustrierter Libido«. Wer sexuell un-
befriedigt ist, stellt Fragen nach Sinn oder Anerkennung. Das ist
sicher falsch bzw. einseitig, auch wenn dieser Irrtum aus den Zeit-
umständen und dem intellektuellen Milieu seiner Zeit heraus verständlich ist.

Ich habe zwei Ideen, warum sich Freud in diesem Punkt getäuscht
hat und warum wir heute über ein klareres Bewußtsein der Anerken-
nungsproblematik verfügen.
1. Freud war viel zu sehr Atheist (er hat sich selbst einmal als »gottlo-
sen Juden« bezeichnet) und viel zu sehr Darwinist, um eine »Sonderstellung des Menschen«, die zu seiner Zeit immer einen theologischen
Beigeschmack hatte, zu akzeptieren. Er verfolgte das umgekehrte
Programm: die Sonderstellung als eine Illusion zu entlarven, der
Menschen anhängen, um sich über die schmutzigen, körperlichen,
triebhaften, tierischen Seiten ihrer Existenz hinwegzutrösten.**
2. Ich denke, daß das Anerkennungsproblem zu Freuds Zeiten gar
nicht klar erkennbar war und / oder sich als Triebproblem maskierte.
Eine Analogie soll diesen Gedanken verdeutlichen. Unsere Eltern
und die Generation vor ihnen hatten, so heißt es, weniger narzißtische
Probleme, d. h. weniger Anerkennungsprobleme. Ich weiß nicht, ob

---

* Vermutlich auch schon Ferenczi, dessen Schriften ich aber zu wenig kenne.
** Dieser Gedanke stammt aus Diskussionen mit Reimut Reiche.

das stimmt, und ob diese These epidemiologisch abgesichert werden kann. Meine Meinung ist, daß sie die gleichen narzißtischen Probleme hatten wie wir, aber diese traten als solche nicht in Erscheinung (s. a. Reiche 1991). Sie wurden zugedeckt oder überwuchert von den Problemen der materiellen Reproduktion. Das Lebensmotto unserer Eltern war, salopp gesprochen: »Hast du was, bist du was.« In anderen Worten: Sie versuchten, das Problem der Anerkennung über die Akkumulation von Vermögen und Reichtum, d. h. über die Befriedigung materieller Bedürfnisse zu lösen. Das funktioniert eine Weile, und solange materielle Knappheit vorherrscht, ist diese Strategie auch vernünftig, und die Hoffnung, als materiell befriedigter Mensch zugleich vollständig befriedigt zu sein, ist verständlich. Wir als ihre Erben »haben« heute aber schon fast alles (inklusive Triebbefriedigung), und deshalb ist uns klarer, daß wir damit nicht schon etwas »sind«. Deshalb kommt uns das Anerkennungsproblem klarer zu Bewußtsein. Paradox formuliert: Weil wir auf der materiellen und Triebebene befriedigt sind, haben wir das Anerkennungsproblem. Weil wir uns nicht mehr so sehr mit der Frage der materiellen Reproduktion, des Überlebens oder der Triebbefriedigung beschäftigen müssen, tritt die Frage der Anerkennung als Person deutlicher hervor.

Die grundlegende These dieses Abschnitts läßt sich in einem Satz zusammenfassen: Brecht hat unrecht, wenn er eine seiner Figuren sagen läßt: »Erst kommt das Fressen, dann die Moral.« Der Säugling stellt vielmehr (nach einiger Zeit) schon beim Fressen die Moralfrage. Er fragt zugleich mit der Nahrungsaufnahme: »Ist es richtig, und erkennst du an, daß ich so fresse, wie ich es tue.« Wenn er sehr ausgehungert ist, tritt dieser Aspekt der Anerkennung in den Hintergrund. Aber er ist immer da, und heute, in den Zeiten und Gegenden materiellen Überflusses, deutlicher denn je.

Interaktion und Verständigung: Sekundäre Intersubjektivität

Bisher wurden, so könnte man sagen, einfache, aber wichtige Formen des Sympathieaustauschs zwischen Mutter und Kind behandelt. Sie sind auch in jeder Interaktion zwischen Erwachsenen enthalten. Aber Erwachsene kommunizieren nicht nur miteinander, sondern auch miteinander *über etwas Drittes*. Auf einer gemeinsamen Wanderung kann einer z. B. den Abendhimmel anschauen und sagen: »Welch ein wunderbarer Himmel«; dann blickt er zu seinem Partner, um zu sehen, ob auch dieser den Himmel ansieht, und fordert ihn, falls nötig, auf, das zu tun: »Sieh, welch ein schöner Himmel.« Beide teilen dann den mentalen Zustand der Betrachtung des Himmels und die Freude, die sie dabei haben. Ab wann entsteht ein solches Bedürfnis beim Säugling? Ich will nun zeigen, daß sich mit etwa neun Monaten das im vorigen Abschnit skizzierte Bedürfnis nach Anerkennung von Bedürfnissen weiterentwickelt zu einem Bedüfrnis nach Teilung von emotionalen und kognitiven Zuständen *in bezug auf die Welt.*

Trevarthen (1979; Trevarthen / Hubley 1978) hat diesen Entwicklungsschritt die Entstehung sekundärer Intersubjektivität genannt.* Ihr geht ein Zustand primärer Intersubjektivität voraus, den es schon ab zwei bis drei Monaten gibt. Diese Unterscheidung ist aus folgendem Grund wichtig: Manche Forscher haben bestritten, daß der Säugling schon früh ein kompetenter Interaktionspartner ist. Sie behaupten, der Eindruck von Interaktionskompetenz entstehe dadurch, daß sich die Mutter geschickt in Bewegungen oder mimische Äußerungen des Säuglings »einfädelt« und sich an sie anpaßt. Der Anschein, daß beide sich in einem *reziproken* Austausch, z. B. von Blicken, befinden, ist eine Täuschung, weil die Reziprozität und das Zusammenpassen der Äußerungen von Säugling und Mutter allein auf die mütterlichen Anpassungsleistungen und ihre Sensitivität zurückzuführen sind, nicht aber auf Fähigkeiten des Säuglings. Das haben Trevarthen (u. a., s. Gomille 1988, S. 259 ff.) widerlegt und gezeigt, daß die Interaktion von Säugling und Mutter schon mit zwei bis drei Monaten reziprok in dem Sinne ist, daß das Zusammenpassen und die Abgestimmtheit verschiedener Interaktionskomponenten (Mimik, Vokalisierungen, Gesten, Blicke) *auch* auf aktive Anpassungs- und Koordinationsleistungen des Säuglings in bezug auf die Angebote seiner Mutter zurückzuführen ist und nicht nur auf die Anpassung der Mutter an den Säugling. Die frühen Formen von Interaktion und Kommunikation sind also *wirklich* reziprok und erscheinen nicht bloß so. Dieses Phänomen nennt Trevarthen primäre Intersubjektivi-

* S. a. Stern (1985, Kap. 6), der die Phänomene geteilter emotionaler und kognitiver Zustände unter dem Titel »gemeinsame Ausrichtung der Aufmerksamkeit« *(inter-attentionality)*, »Gemeinsamkeit von Absichten« *(inter-intentionality)* und »Gemeinsamkeit affektiver Zustände« *(inter-affectivity)* behandelt und die empirischen Evidenzen für die Existenz solcher Zustände auflistet.

tät. In den Zuständen primärer Intersubjektivität finden auch die im vorigen Abschnitt skizzierten Formen des Spieldialogs ohne Spielzeug statt, in denen es darum geht, daß die Mutter die Art und Weise, in der sich die kommunikativen und anderen Bedürfnisse des Kindes artikulieren, anerkennt.

Mit neun Monaten erweitert sich jedoch der Interaktions- und Aufmerksamkeitsradius. Säugling und Mutter verständigen sich nun nicht mehr nur miteinander über sich selbst, d. h., sie tauschen nicht mehr nur miteinander Affekte und kommunikative Gesten aus, sondern ihre Kommunikation bezieht sich jetzt auf etwas Drittes (wie bei Erwachsenen, die nicht mehr nur verliebt miteinander »turteln«, sondern *über den Abendhimmel* miteinander turteln). Breuer (1991) spricht in diesem Zusammenhang von erweiterter dialogischer Spielinteraktion (im Unterschied zur einfachen dialogischen Spielinteraktion); Trevarthen von sekundärer Intersubjektivität. Was ist damit gemeint?

Ein Beispiel soll den Unterschied illustrieren. Ab neun Monaten zeigen Kinder in zwei verschiedenen Weisen auf einen Gegenstand: proto*imperativ* und proto*deklarativ*. Das sogenannte protoimperative Zeigen beinhaltet nur die Aufforderung, den gezeigten Gegenstand herbeizubringen. Es will sagen: »Bring mir den Gegenstand, auf den ich zeige.« Auch dies ist eine Kommunikation über die Welt, aber das gleichzeitig entstehende sogenannte protodeklarative Zeigen unterscheidet sich davon in einem zentralen Punkt: Es dient keinem anderen erkennbaren Zweck als dem, die Aufmerksamkeit der Mutter auf den Gegenstand zu lenken. Nicht ihr Verhalten, sondern ihr mentaler Zustand soll beeinflußt werden. Sie soll den Gegenstand nicht herbeibringen, sondern ihn ebenfalls ansehen. Das Kind überprüft, ob sie das tut, indem es – nachdem es auf den Gegenstand gezeigt hat – mehrfach zwischen diesem und der Mutter hin und her blickt und seine Zeigehandlung unter Umständen noch mit auffordernden Knurrlauten begleitet. Schließlich freut es sich, wenn es feststellt, daß die Mutter nun ebenfalls den Gegenstand betrachtet.

Trevarthen/Hubley (1978), Stern (1985, Kap. 6), Baron-Cohen (1991) und andere haben daraus geschlußfolgert, daß das Kind damit ein Bedürfnis bekundet, mentale Zustände in bezug auf etwas Drittes (hier: den Zustand der Aufmerksamkeit; des Blickens auf ein Objekt) mit anderen zu teilen. In dieser sekundären Intersubjektivität geht es nicht mehr nur – wie bei der primären Intersubjektivität – um den reziproken *Austausch* averbaler Verhaltensweisen und Affekte im

Spiel und deren *Anerkennung*, sondern darüber hinaus um die Wahrnehmung, Validierung und das Gemeinsam-haben-wollen von mentalen und emotionalen Zuständen als *Ziel* der Interaktion. Nun soll nicht mehr nur ein Bedürfnis (sei es ein Spielbedürfnis oder das des Hungers) in seinem So-Sein anerkannt werden, sondern ein neues Bedürfnis ist auf den Plan getreten: das nach kommunikativer *Verständigung über die Welt* (einschließlich der Innenwelt). Das Kind appelliert an die Betreuungsperson, als würde es sagen: »Schau her, was ich da Interessantes sehe. Sieh auch hin, damit wir es gemeinsam sehen können. Das Kind ›erzählt‹ der Betreuungsperson in nonverbaler Form, welchen außerhalb der beiden Interaktionsteilnehmer liegenden Sachverhalt es gerade erlebt, und die Betreuungsperson nimmt am Erzählten Anteil, indem sie den mitgeteilten Sachverhalt – daß da ein interessantes Ding ist, das das Kind wahrnimmt – miterlebt« (Breuer 1991, S. 55). Vermutlich kann die Verweigerung einer solchen Verständigung über die Welt, die zugleich eine Verweigerung der Teilung mentaler Zustände ist, wenn sie chronisch auftritt, ebenso gravierende Auswirkungen auf die weitere psychische Entwicklung haben wie die Nicht-Befriedigung von Triebbedürfnissen oder die Nicht-Anerkennung der Art und Weise, in der sich Bedürfnisse artikulieren.*

* Perner (1991, S. 131 ff.) findet die obige Interpretation des protodeklarativen Zeigens als Indikator für ein Bedürfnis nach intersubjektiver Teilung mentaler Zustände nicht zwingend (ähnlich Moore/Corkum 1994). Er meint, daß sich der Säugling bezüglich des Effekts seines Zeigens nicht deshalb rückversichert, weil er einen bestimmten Zustand mit seiner Mutter gemeinsam haben will und überprüft, ob das der Fall ist, sondern daß er zur Mutter blickt, um zu sehen, ob er erfolgreich ihre Blickrichtung beeinflussen kann. Die Freude von Kindern, die feststellen, daß die Mutter auf dasselbe Objekt blickt wie sie, ist für Perner nicht Ausdruck einer Freude am Gemeinsam-Haben seelischer Zustände (hier: am gemeinsamen Betrachten eines Objekts), sondern ein Vergnügen über die Fähigkeit, die Blickrichtung des anderen erfolgreich beeinflussen zu können – Kompetenzlust also, keine Intersubjektivitätslust. Perner räumt indes ein, daß die Deutung des protodeklarativen Zeigens als Ausdruck eines Bedürfnisses nach »Gemeinsam-blicken-wollen-auf« intuitiv plausibel ist, weil ältere Kinder und Erwachsene solche Bedürfnisse zweifellos haben und bekunden. Im Grunde steht also nicht die Existenz intersubjektiver Bedürfnisse in Frage, sondern nur die richtige zeitliche Datierung ihres erstens Auftretens. Perner verlegt den Zeitpunkt auf eineinhalb Jahre. Baron-Cohen (1994; 1995, Kap. 4) hat die ganze, mittlerweile recht verzweigte Diskussion noch einmal ausführlich rekapituliert und dargelegt, wieso die frühere zeitliche Datierung überzeugend ist.
Eine weitere Frage in der Intersubjektivitätsdebatte ist, ob das Bedürfnis nach

Die bisherigen Überlegungen können noch einen Schritt weiterge-trieben werden. Bisher wurde nur die Frage gestellt (und bejaht), ob es beim Säugling ein Bedürfnis nach (intersubjektiver) *Anerkennung* von Bedürfnissen gibt und ein darüber hinausgehendes nach Teilung (Gemeinsam-haben-wollen) mentaler Zustände.

Die nächste Frage lautet: Will der Säugling nur anerkannt werden oder will und kann er auch die Mutter als getrennte Person in eigenen Rechten anerkennen? Im Grunde ist das die Frage nach der Liebe des Säuglings zu seiner Mutter oder, intersubjektivitätstheoretisch ge-sprochen, das Problem der *wechselseitigen*, reziproken Anerken-nung, das in den Sozialphilosophien von Hegel, Mead und Habermas eine so bedeutende Rolle spielt (s. Benjamin, 1988; Honneth 1992).

Bei der Behandlung dieses Themas interessieren folgende Aspekte: 1. Erkennt der Säugling die Mutter an, und wenn ja, ab wann? 2. Ist der Wunsch nach Anerkennung oder die Fähigkeit zur Anerkennung Bestandteil der natürlichen Ausstattung des Säuglings, so daß er die Mutter freiwillig und von Anfang an anerkennt; oder muß der Säug-ling zu dieser Anerkennung gezwungen oder sonstwie »überredet« werden, wie die Triebtheorie postuliert?* 3. Eine andere Option wäre, daß die Liebe des Säuglings zur Mutter, d. h. ihre Anerkennung als unabhängige Person, zwar nicht von Anfang an vorhanden und somit kein primärer Bestandteil seiner Natur ist, aber doch eine

---

»sharing of mental states« ein primäres psychobiologisches Motivationssystem ist, das erstmals in einem bestimmten Alter auftritt, oder ob die Befriedigung intersub-jektiver Bedürfnisse nicht anderen Motivationssystemen untergeordnet werden kann. »Zum Beispiel könnten intersubjektive Erfolge Gefühle erhöhter Sicherheit hervorrufen« (Stern 1985, S. 195). In dieser Sichtweise würde der intersubjektive Austausch nicht um seiner selbst willen gesucht, sondern um der Sicherheit willen, die er gibt. Das Bedürfnis nach Intersubjektivität wäre dann dem Sicherheitsbe-dürfnis untergeordnet. Die Gemeinsamkeit mentaler Zustände kann auch gesucht werden, weil sie das Gefühl vermittelt, zu einer Gruppe zu gehören (auch wenn die Gruppe für den Säugling zunächst nur aus Mutter und Vater besteht). Dann wäre das Bedürfnis nach Intersubjektivität dem fundamentaleren Zugehörigkeitsbe-dürfnis untergeordnet – letztlich also dem Bindungssystem. Ich neige dazu, es als selbständiges Motivationssystem sui generis zu betrachten und nicht in erster Linie als »Beiträger« oder »Teil« von anderen Motivationssystemen, obwohl es als solcher natürlich ebenfalls fungieren kann.

* Ich komme darauf weiter unten zurück.

sich im Laufe der geglückten Entwicklung einstellende, unerzwungene Antwort auf die Liebe seiner Mutter. Das Anerkanntwerden des Säuglings durch die Mutter wäre eine notwendige Voraussetzung für seine Fähigkeiten zu ihrer Anerkennung, und ersteres würde letzterem ontogenetisch vorausgehen.

Ich neige zu dieser Auffassung. Soweit ich die psychoanalytische Literatur zu diesem Thema überblicke, ist Winnicott der Autor, der die ausgefeilteste Theorie der reziproken Anerkennung von Säugling und Mutter vorgelegt hat. In seiner Arbeit über »Objektverwendung und Identifizierung« (Winnicott 1969; s. dazu auch die vorzüglichen Darstellungen bei Benjamin 1988, S. 34 ff.; Phillips 1988, S. 103, 131 f., und insbesondere Honneth 1992, S. 157 ff.) entwickelt er folgendes Szenario*: Am Anfang befindet sich der Säugling in einem Stadium »absoluter Abhängigkeit«, das weitgehend einer symbiotischen Beziehung entspricht. In diesem Zustand hat er kein Bewußtsein von der Außenwelt. Das Objekt ist für ihn ein vollständig »subjektives« Objekt, d. h. identisch mit seinen Halluzinationen und Phantasien von ihm. Braucht er die Brust, so halluziniert er sie herbei. Das wirkliche (objektive) Objekt (die Brust bzw. die Mutter) sollte allerdings rechtzeitig erscheinen, um die Halluzination zu bestätigen / »anzuerkennen«. Wenn es nicht erscheint, bricht die Halluzination zusammen, und der Säugling gerät in einen traumatischen Zustand. Dieser Zustand ist nicht nur deshalb traumatisch, weil Triebbedürfnisse nicht befriedigt werden, sondern auch, weil die »Kontinuität des Seins-Gefühls« unterbrochen wird, der Säugling also einen existentiellen Zusammenbruch erleidet. Er ist sowohl libidinös als auch narzißtisch traumatisiert. Erscheint die Mutter jedoch rechtzeitig, so empfindet sich der Säugling als »omnipotent«, weil er glaubt, er hätte die Brust bzw. das, was er braucht, »herbeigezaubert«. Das stärkt sein Selbstwertgefühl, und er fühlt sich »real«. Das Subjekt wird also real durch Anerkennung, d. h. bei Winnicott durch Bestätigung seiner omnipotenten Phantasien. Die entscheidende Frage ist aber, wie, ob und wann der Säugling auch die Mutter anerkennt.

Winnicott meint, daß zwischen fünf und zwölf Monaten ein

---

* Ich kann nicht in Anspruch nehmen, ihn wirklich verstanden zu haben. Manche seiner Gedanken sind für mich unbegreiflich. So habe ich mich entschlossen, mit ihm zu »spielen« und zu träumen. Wahrscheinlich wäre er der letzte gewesen, der gegen diese Vorgehensweise etwas einzuwenden gehabt hätte.

Übergang von der absoluten zur »relativen« Abhängigkeit stattfindet. In letzterem Stadium ist das Objekt kein rein subjektives mehr, sondern der Säugling erfährt es als »außerhalb seiner omnipotenten Kontrolle« befindlich, d. h. als unabhängiges Wesen. Wie kommt es dazu? In Winnicotts Szenario nicht so sehr durch Frustration, sondern durch Aggression (s. Honneth 1992, S. 163). Zunächst ahnt der Säugling nur, daß die Mutter nicht (mehr) seiner vollständigen Kontrolle unterliegt. Das mag ihn frustrieren, aber für Winnicott ist das nicht der entscheidende Punkt. Sein Konzept von Aggression ist ein liebevolles. Wenn der Säugling erstmals zu ahnen beginnt, daß die Mutter von ihm getrennt ist, wird er gewissermaßen neugierig. Er »testet«, ob das so ist. Bei Winnicott nimmt dieser Test die Form liebevoller Aggression an. Der Säugling greift »in der Phantasie« die Mutter an und versucht sie zu zerstören, um zu sehen, ob sie überlebt.* Überlebt sie seine Angriffe, ohne sich zu rächen, so ist damit der Beweis erbracht, daß sie ein unabhängiges Subjekt/Objekt ist. Würde sie die Angriffe nicht überstehen, so hätte der Säugling gelernt, daß seine Phantasien omnipotent sind und alles zerstören können, d. h. daß es letztlich keine unabhängigen Objekte gibt. Würde sie sich rächen (und ihn zerstören), so hätte er das gleiche gelernt, nur in anderer Form, nämlich daß er sie mit seinen omnipotenten Phantasien zur Rache verführen oder manipulieren kann. Nur wenn sie überlebt, *ohne* sich zu rächen, entwickelt der Säugling ein Bewußtsein von der Unabhängigkeit des Objekts. Das also ist Objektzerstörung: die Zerstörung der Illusion des subjektiven Objekts. Zerstört wird nicht das Objekt in der Realität und auch nicht das Objekt in der Phantasie, sondern die Phantasie vom (subjektiven) Objekt. So betrachtet wird das Subjekt zuerst real durch Anerkennung, und das Objekt wird real durch Zerstörung (der Phantasie vom subjektiven Objekt).

Nun kann man sich fragen, ob der Begriff der Aggression oder der »Zerstörung« den Vorgang angemessen beschreibt, in dem der Säugling die Unabhängigkeit der Außenwelt entdeckt, und weiter, ob

* Mir ist unklar, wieso die Prüfung der Ahnung der Unabhängigkeit des Objekts die Form eines phantasierten Angriffs annehmen muß. Vermutlich macht sich in dieser Konstruktion Winnicotts kleinianischer Hintergrund bemerkbar. Oder aber es verhält sich so, daß diese Form der (aggressiven) Prüfung *in der therapeutischen Situation* am häufigsten auftritt. Das bedeutet aber nicht, daß sie auch entwicklungspsychologisch primär ist (siehe dazu weiter unten).

diese Entdeckung überhaupt ein Vorgang ist oder ob der Säugling nicht von Anfang an »weiß«, daß es reale, von ihm unabhängige, getrennte Objekte gibt. Das ist meine Meinung. Weder gibt es beim Säugling Phantasien, noch gibt es ein vollständig subjektives Objekt. Die erste Behauptung wurde begründet (s. Kap. 3), die zweite muß nun erläutert werden.

Im Grunde ist die Idee eines vollständig subjektiven Objekts dasselbe wie die Idee der Symbiose, des primären Narzißmus oder Piagets Konzeption eines ursprünglichen Adualismus von Subjekt und Objekt. Alle diese Konzepte konvergieren in dem Punkt, daß es anfänglich keine Unterscheidung von Ich und Umwelt geben soll, d.h. keine Wahrnehmung der Außenwelt als Außenwelt. Die Säuglingsforschung hat gezeigt, daß der Säugling die Außenwelt differenziert wahrnimmt, aber eine Frage blieb dabei zu wenig berücksichtigt: Nimmt er sie auch *als Außenwelt* wahr? Fast (1985) hat, an genau diese Frage anknüpfend, versucht, mit Hilfe von Piagets sensomotorischer Theorie das Konzept des primären Narzißmus und der Symbiose mit dem des differenzierten, kompetenten Säuglings zu versöhnen. Ihr Argument lautet: Die Säuglingsforschung hat festgestellt, daß der Säugling differenziert wahrnimmt; er kann die Stimme seiner Mutter von der einer fremden Person unterscheiden; ebenfalls ihren Geruch; nach einiger Zeit auch ihr Gesicht. Er kann Quadrate von Kreisen unterscheiden, Würfel von Kugeln, genoppte Schnuller von ungenoppten. Das alles ist unbestreitbar; ebenso, daß er auf solche Wahrnehmungen differenziert reagiert und Vorlieben hat, z.B. lieber gesichtsähnliche Kreise anguckt als Quadrate und der Stimme seiner Mutter lieber zuhört als der einer Fremden. Aber wer sagt uns, daß er diese Wahrnehmung als von Objekten, d.h. von einer Außenwelt herstammend empfindet?

Piagets Theorie besagt, daß die ersten Objektwahrnehmungen *vollständig identisch* sind mit den Sinneseindrücken, die das Objekt hervorruft. Dies würde bedeuten (genau wie in Winnicotts Theorie des subjektiven Objekts), daß der Säugling noch über keine Idee oder keine Empfindung einer von ihm unabhängigen Außenwelt verfügt. Wenn er die Milchflasche sieht und betastet, hat er bestimmte visuelle und kinästhetische (sensomotorische) Sinneseindrücke, aber er weiß gar nicht, daß seine Empfindungen, mögen sie auch noch so differenziert sein, von einem oder mehreren Objekten *in der Außenwelt* herrühren, sondern er lebt unmittelbar in der Welt dieser Empfindungen.

Wenn er auf das Gesicht seiner Mutter anders reagiert als auf das einer Fremden oder auf eine rote Kugel anders als auf ein grünes Quadrat, dann, weil er einen Unterschied zwischen beiden »Sinneseindrücken« bemerkt und einen davon bevorzugt, aber diese Sinneseindrücke enthalten zunächst keinen »Objekthinweis«, d.h., sie sind für den Säugling nicht etwas, was auf die Existenz eines real existierenden Objekts verwiese, sondern es sind nur verschiedene Wahrnehmungsbilder und Empfindungen, die in seinem Kopf zirkulieren – subjektive Objekte eben. Der Säugling – so Winnicott (1969, S. 104) – erlebt »die Brust noch nicht als abgetrenntes Phänomen..., er saugt sozusagen an sich selbst«.

Und genau das ist falsch. Gomille (1988, S. 37ff., 92ff., 107ff.; s.a. Breuer 1985) hat, in Anlehnung an die Wahrnehmungstheorie von J.J. Gibson (1966, 1979), gezeigt, daß von Objekten herrührende Empfindungen für den Säugling niemals rein subjektiv sind, sondern daß er von Anfang an in der Lage ist, eine von Objekten ausgelöste Empfindung als Empfindung »von etwas« zu begreifen. In solchen Empfindungen ist also zugleich das Gefühl / Wissen der Ausgelöstheit durch die Außenwelt enthalten. Der Säugling, der einen Schnuller oder eine Brust sieht und betastet, »weiß« zugleich, daß die dadurch ausgelösten Empfindungen von Objekten herstammen und nicht nur aus ihm selbst. Er hat, so könnte man sagen, a priori ein epistemisches, erkennendes Verhältnis zur Welt und nicht bloß Empfindungen. Ich spare mir ein ausführliches Referat der Belege für die Richtigkeit dieser Auffassung (s. dazu Gomille a.a.O.) und verweise nur auf zwei Befunde, die sie stützen. 1. Das Beispiel der drei Monate alten siamesischen Zwillinge, das im fünften Kapitel (S. 156f.) beschrieben wird, zeigt, daß die Zwillinge sehr wohl bemerken, ob sie am eigenen Daumen oder an dem des anderen saugen. 2. Untersuchungen zum sogenannten looming demonstrieren, daß Säuglinge bereits im Alter von drei Wochen mit Schreckreaktionen wie Augenblinzeln und Zurückwerfen des Kopfes reagieren, wenn sie ein Objekt wahrnehmen, das sich ihnen frontal auf Kollisionskurs nähert. Solche Schreckreaktionen sind nicht darauf zurückzuführen, daß der Säugling den vom Objekt ausgelösten Luftzug wahrnimmt und deshalb blinzelt. Sie treten auch auf, wenn man illusionäre Objekte (z.B. sich annähernde Schatten) verwendet, die gar keine Luftbewegung verursachen (Bower 1976, S. 33; 1977, S. 23).

Nun könnte man argumentieren, daß der Säugling nicht auf ein

Objekt in der Außenwelt reagiert, sondern nur auf die subjektive Empfindung eines expandierenden Netzhautbildes, das mit der Wahrnehmung eines sich nähernden Objekts einhergeht. Bower (a. a. O.) und Nánez (1988) haben aber herausgefunden, daß Säuglinge *keine* Schreckreaktion zeigen, wenn sich das Objekt auf einer Schrägbahn von der Seite her nähert (und nicht auf Kollisionskurs), obwohl sich bei dieser Form der Annäherung das Netzhautbild des Objekts ebenfalls vergrößert (s. a. Wilkening / Krist 1995, S. 492). In anderen Worten: Der Säugling reagiert eben nicht nur auf die subjektive Empfindung eines sich vergrößernden Netzhautbildes, sondern er entnimmt den unterschiedlichen Arten der Vergrößerung die Information, daß »da draußen« etwas geschieht, d. h. eine Information über die Beschaffenheit der Außenwelt. Andernfalls wäre nicht erklärbar, wieso er im Falle eines drohenden Zusammmenstoßes mit Zurückweichen reagiert, im Falle einer anderen Annäherung des Objekts aber nicht, obwohl in beiden Fällen das Netzhautbild größer wird! Diese Beispiele mögen genügen. Ihre Implikationen sind klar: Primärer Narzißmus, Symbiose, vollständig subjektives Objekt, ursprünglicher Adualismus sind keine brauchbaren Konzepte mehr. Der Säugling nimmt vielmehr von Anfang an die Außenwelt *als Außenwelt* wahr.

Damit ist aber das Winnicottsche Szenario der Anerkennung des Objekts problematisch geworden, denn es bestand ja gerade darin, die Wahrnehmung der Unabhängigkeit des Objekts als einen Entwicklungsschritt zu konzipieren und zu sagen: Wenn der Säugling (via Zerstörung der Phantasie vom subjektiven Objekt) bemerkt, daß das Objekt unabhängig ist, d. h. ein Objekt in der Realität, nicht bloß in der Phantasie, dann ist der Übergang von der Symbiose zur Anerkennung (der Unabhängigkeit) des Objekts gelungen. Wenn es aber anfänglich weder eine Phantasie vom Objekt noch ein vollständig subjektives Objekt gibt, dann sind beide Grundbausteine von Winnicotts Anerkennungstheorie fragwürdig. Wir müssen vielmehr davon ausgehen, daß der Säugling von Anfang an in der Wahrnehmungssituation über ein intuitives Wissen von der Unabhängigkeit des Objekts verfügt, wie immer begrenzt es auch sein mag. Die Wahrnehmung der Unabhängigkeit des Objekts ist also kein Resultat eines Entwicklungsprozesses, sondern ein primäres Datum.*

---

* Für Leser, die es ganz genau wissen wollen, kann eine weitere Unterscheidung eingeführt werden. Die Erkenntnis der Unabhängigkeit des Objekts hat

Die entscheidende Frage ist, ob dieses Wissen um die Unabhängigkeit des Objekts zugleich eine (emotionale) Anerkennung dieser Unabhängigkeit impliziert. In anderen Worten: Der Säugling weiß zwar von Anfang an um die Unabhängigkeit des Objekts, aber kann er dieses Wissen auch emotional »ertragen«, das heißt diesen Sachverhalt *anerkennen*? Winnicott hatte, wie nun deutlich wird, zwei Fragen vermengt – oder in einem »Wurf« behandelt. Die erste lautet: Wann erkennt der Säugling die Unabhängigkeit des Objekts; die zweite lautet: Wann erkennt er sie an? Seine Ideen kreisen um den zweiten Punkt, d. h. um die Frage, wie die emotionalen Ressourcen beim Säugling entstehen, die zu einer Anerkennung der Mutter als einem unabhängigen Objekt führen. Dabei vermischt er die Frage nach den wahrnehmungspsychologischen Voraussetzungen mit der nach den emotionalen Voraussetzungen. Ich habe versucht, sie auseinanderzuhalten. Das *Erkennen* der Unabhängigkeit der Außenwelt ist für den Säugling kein Problem, wohl aber kann ihr *Anerkennen* eines sein oder werden. Wirklich bedeutend bleibt, trotz dieser Einwände, daß Winnicott das Thema der *reziproken emotionalen* Anerkennung thematisiert hat, das weder bei Balint noch bei Kohut adäquat entfaltet ist und auch nicht in der Triebtheorie.

Diese übersah, wie gezeigt wurde, das Problem des Anerkannt-*werden*-wollens. Allerdings enthält sie eine Theorie der Anerkennung der Unabhängigkeit des Objekts, wenn auch eine, wie ich

nämlich zwei Aspekte. Erstens kann man sich fragen, ob der Säugling Reize, die von einem *aktuell anwesenden* Objekt ausgelöst werden (z. B. das Wahrnehmungsbild oder die Tastempfindungen), als rein subjektive Empfindungen oder als »von etwas« herstammend wahrnimmt. Ich habe für letzteres optiert. Zweitens muß man klären, ob der Säugling glaubt, daß das Empfindungen auslösende Objekt auch noch weiterexistiert, wenn es *nicht* mehr da ist, d. h. *keine* aktuellen Empfindungen mehr verursacht. Das ist das Problem der Objektpermanenz. Diesbezüglich wurde in Kapitel 3 und 4 (s. a. Dornes 1993, Kap. 8) gezeigt, daß es verschiedene Stufen von Objektpermanenz gibt. Mit drei bis vier Monaten glauben Säuglinge nur wenige Sekunden an die Weiterexistenz; mit sechs bis acht Monaten etwa eine Minute lang, wenn sie das Verschwinden des Gegenstandes beobachtet haben; mit 18 Monaten schließlich unter allen Umständen und über längere Dauer. Das Wissen, daß die von einem *anwesenden* Objekt ausgelösten Empfindungen *nicht* rein subjektiv sind, könnte man als Idee von der Unabhängigkeit des Objektes *in* der Wahrnehmungssituation bezeichnen; das Wissen, daß Objekte auch weiterexistieren, *wenn sie nicht mehr da sind*, als Idee der Unabhängigkeit des Objektes *von* der Wahrnehmungssituation (s. Gomille 1988, S. 92 ff., 107 ff., 118 ff.). Letztere entwickelt sich allmählich, erstere ist von Geburt an vorhanden.

denke, unzulängliche. Der Triebtheorie zufolge ist der Säugling von Bedürfnissen nach Triebbefriedigung beherrscht. Er will nicht anerkannt, sondern befriedigt werden. Im Laufe des Lebens lernt er, daß das Objekt nicht immer so will wie er. Schließlich akzeptiert er diesen Sachverhalt, aber nicht, wie bei Winnicott, weil die Mutter seine Angriffe überlebt, d.h. letztlich, weil sie ihn so liebt, wie er ist, sondern weil ihm nichts anderes übrigbleibt. Er wird »reif« und sieht ein, daß das Realitätsprinzip etwas anderes ist als das Lustprinzip. Diese Einsicht, die ebenfalls mit der Anerkennung des anderen als eigenständiger, unabhängiger Person verknüpft sein kann, ist das Ergebnis von frustrierenden Einschränkungen der Triebbedürfnisse. Sie hat einen resignativen Unterton und atmet den Geist einer Verzichtsmoral. Die Fähigkeit, den anderen als unabhängige Person mit eigenen Rechten anzuerkennen, wird hier nicht aus der Erfahrung des Anerkanntwerdens abgeleitet, d.h. nicht aus der Erfahrung von Liebe und Fülle, sondern aus der (resignativen) Anerkennung der Unvermeidlichkeit von Frustration und Mangel.* Auch darin ist sicher etwas Richtiges enthalten – wer wüßte nicht, daß die Realität ein großer Zuchtmeister ist –, aber keinesfalls die ganze Wahrheit.

Auf die Frage, ob der Säugling nicht nur anerkannt werden will, sondern auch anerkennen will, ergibt sich als Antwort, daß diese Fähigkeit wahrscheinlich eine Entwicklungserrungenschaft ist und nicht von Anfang an vorhanden. Zwar *erkennt* der Säugling in einem wahrnehmungspsychologischen Sinne die Welt sehr früh als von sich selbst unabhängig, aber um sie als solche auch emotional *anerkennen* zu können – d.h. vor allem: um dieses Wissen auch in Beziehungen zu lebendigen Personen zwanglos und ohne allzuviel Anstrengung praktizieren / anwenden zu können –, muß er vorher in seinem Bedürfnis nach »Anerkannt-*werden*-wollen« bestätigt worden sein.**

* Und allenfalls noch aus der Erfahrung gelegentlicher *Trieb*befriedigung.
** Die Fähigkeit zur emotionalen Anerkennung wird mit etwa drei Jahren erreicht (s. Bowlbys Konzept der zielkorrigierten Partnerschaft; Bowlby 1969, S. 248 f.).

Kapitel 5   Margaret Mahlers Theorie
neu betrachtet

Theorien haben, wie Triebe, ihre Schicksale. Auf eine Zeit des Kampfes um Anerkennung, in der das neue Paradigma zunächst am Rande der Hauptströmung existiert, folgt eine zunehmende Akzeptanz und – nach einer Zeit allgemeiner Zustimmung – eine Phase des Niedergangs. Die Theorie wird erst geboren, dann reif, schließlich alt; Mängel werden entdeckt und Löcher gestopft, und am Ende bleibt eine verkleinerte Zahl von Anhängern zurück, die nach wie vor von ihrer Richtigkeit überzeugt sind, aber weniger Gehör finden als zuvor, weil mittlerweile eine neue Theorie aufgetaucht ist, die den Zyklus von Aufstieg und Niedergang ebenfalls durchlaufen wird.

Margaret Mahlers Theorie ist ein gutes Beispiel für diesen Prozeß. In den Jahren ihrer Entstehung war sie mehr gelitten als geliebt, weil sie die Zentralität des Ödipuskomplexes in Frage stellte (Mahler 1988). Mit der wachsenden Einsicht in die Bedeutung präödipaler Faktoren bei der Genese schwerer Störungen gewann sie an Einfluß und Verbreitung, die heute allmählich schwinden, weil Verfeinerungen in den Direktbeobachtungsmethoden kleinster Kinder zu Ergebnissen führten, die manche ihrer Hypothesen fragwürdig machen.

Entstanden ist Mahlers Theorie aus der Behandlung und Beobachtung psychotischer Kinder (Mahler 1952, 1968a). Manche waren autistisch und zurückgezogen. Sie schienen sich vor der Welt zu fürchten und lehnten insbesondere den Kontakt mit der menschlichen Umgebung ab. Statt dessen beschäftigten sie sich mit unbelebten Gegenständen und Bewegungsstereotypen, die es ihnen erlaubten, der anscheinend als bedrohlich erlebten Welt ein Minimum an Ordnung und Regelmäßigkeit abzugewinnen. Eine zweite Gruppe von Kindern war ebenfalls schwer beeinträchtigt, aber auf eine andere Weise: Nicht menschlicher Kontakt bedrohte sie, sondern im Gegenteil – die

Trennung von der Hauptbezugsperson, gewöhnlich der Mutter, konnte nicht verkraftet werden. Auch kleinste Separationen wurden mit psychotischen Halluzinationen beantwortet, die Mahler und Mitarbeiter als Restitutionsversuche verstanden. Sie sollten die durch das Gewahrwerden der Getrenntheit ausgelöste Panik mildern. Gelegentlich kam es (so Mahler 1968a) statt zu symbiotischen Halluzinationen zu einem sekundären Rückzug in den Autismus. Dieser Rückzug war aber, anders als bei den primär autistischen Kindern, die *Folge* einer (vorzeitigen) Wahrnehmung von Getrenntheit. Die primär autistischen Kinder hatten etwas nicht erreicht, was die sekundär autistischen und symbiotisch-psychotischen zu früh verloren hatten: einen Zustand der fraglosen, beglückenden Zweieinheit mit der Mutter.

Der psychoanalytischen Tradition folgend, verstand Mahler diese Kindheitspathologien als besonders deutliche Ausprägungen universaler Phänomene. Sie folgerte, daß autistische und symbiotisch-psychotische Kinder ein Problem »artikulierten«, mit dem alle Kinder konfrontiert sind, das aber von den meisten besser bewältigt wird. *Jeder* Säugling ist autistisch, d. h. zunächst von der Welt abgeschlossen, und *jeder* ist symbiotisch, d. h. subjektiv mit der Mutter verschmolzen, aber er löst die Aufgabe des herzustellenden und aufrechtzuerhaltenden Weltkontakts besser als die psychotisch gewordenen Kinder. So entstand die Idee einer normalen autistischen und symbiotischen Phase. Die in ihr enthaltene Grundfrage lautet: Wie und wann bewerkstelligen normale Kinder den gelungenen Übergang von der illusionären Einheit zum (erträglichen) Gewahrwerden der Getrenntheit.

Diese Frage wurde in den 60er Jahren systematisch an gesunden Kindern untersucht (zusammengefaßt bei Mahler 1974; Mahler et al. 1975).* Da Mahler et al. zunächst davon ausgingen, die Symbiose dauere zwölf Monate, wurden Kinder ab einem Jahr beobachtet. Im weiteren Verlauf der Forschung wurden gelegentlich auch jüngere, meist Geschwisterkinder der schon im Forschungsprojekt befindlichen älteren, einbezogen. Daraus erhellt, daß die eigentliche symbiotische Phase, die schließlich auf den Zeitraum von zwei bis fünf

---

* Mahlers Untersuchungsdesign wurde wegen methodischer Mängel kritisiert (s. Tanguay 1977; Minde 1981). Methodische Probleme stehen jedoch bei meinen Überlegungen nicht im Vordergrund.

Monaten datiert wurde, deshalb nur unzulänglich erforscht werden konnte, weil zuwenig Beobachtungsmaterial vorlag und zum Teil heute als unzulänglich betrachtete Untersuchungsmethoden verwendet wurden. Die Aussagen über Verschmelzungszustände normaler Säuglinge beruhten letztlich auf einer Mixtur von Rückschlüssen aus Halluzinationen psychotischer Kinder, dem noch spärlichen Wissen um die Wahrnehmungsfähigkeit von Säuglingen und bestimmten metapsychologischen Annahmen z. B. über den primären Narzißmus des Neugeborenen. So gewonnene Hypothesen müssen nicht eo ipso falsch sein, denn auch mit unzulänglichen Methoden und mangelhafter Datenbasis können richtige Ergebnisse erzielt werden; eine genauere Untersuchung blieb aber wünschenswert.*

Die Kritik der Säuglingsforschung

Diese Aufgabe haben Säuglingsforscher in Angriff genommen, und sie sind, hinsichtlich der behaupteten autistischen und symbiotischen Phase, zu eindeutigen Ergebnissen gelangt (Überblick bei Stern 1985 und Dornes 1993). Es wurde, kurz gesagt, festgestellt, daß der Säugling von Geburt an über differenzierte Wahrnehmungs- und Interaktionsfähigkeiten verfügt und deshalb nicht als autistisch oder symbiotisch bezeichnet werden kann. Als Beispiel für die Vorgehensweise der Säuglingsforschung, die dieses neue Bild vom »kompetenten« Säugling hervorgebracht hat, kann ein Experiment von Stern dienen. Es soll illustrieren, wie der Nachweis differenzierter Wahrnehmungsfähigkeiten beim Säugling zu einer Kritik der Symbiosetheorie beitrug.

Stern (1985) hat siamesische Zwillinge im Alter von drei Monaten untersucht. Gelegentlich kam es vor, daß ein Säugling am Daumen

---

* Eine Analogie soll das Problem noch einmal verdeutlichen. Es gibt Kinder, die mit Kot schmieren und mit ihren Ausscheidungsfunktionen und -produkten präokkupiert sind; ebenso manche Erwachsene. Daraus kann man schließen, daß für alle Menschen(kinder) die Ausscheidungsfunktionen eine große Bedeutung haben und daß diejenigen, die sie überbewerten, nur ein bedeutsames normales Interesse übertreiben. Aber ist es wirklich zutreffend, daß alle Kinder ihren Ausscheidungen ein großes Interesse entgegenbringen? Um diese Frage zu beantworten, müssen normale Kinder untersucht werden.

des anderen lutschte, zuweilen saugte er auch am eigenen. Wenn die Zwillinge ihr jeweiliges Körper-Selbst nicht vom dem des anderen unterscheiden könnten, dürften sie keinen Unterschied zwischen dem Lutschen am eigenen und dem Saugen am fremden Daumen bemerken. Sie wären miteinander verschmolzen und wüßten nicht, wie Mahler et al. (1975) behaupten, daß ihre eigenen Hände zu ihnen gehören; sie würden sie vielmehr mit Objekten in der Welt bzw. mit den Händen des anderen verwechseln. Das tun sie aber nicht, wie folgende Beobachtung belegt: Saugt der Zwilling A am eigenen Daumen und versucht man, diesen aus dem Mund zu entfernen, so wehrt er sich dagegen, indem er durch Anspannung seiner Armmuskulatur Widerstand gegen die Entfernung des Daumens leistet. Saugt er aber am Daumen des Zwillings B, so leistet er beim Versuch der Entfernung nicht Widerstand mit dem Arm, sondern folgt dem sich entziehenden Daumen mit dem Kopf. Er bemerkt also, daß der Daumen von B nicht sein eigener ist und es deshalb keinen Sinn hat, ihn durch Anspannung des eigenen Armes festhalten zu wollen.

Solche und viele andere Untersuchungen haben die Idee einer symbiotischen Verschmolzenheit von Selbst und Objekt problematisch gemacht. Der Nachweis elaborierter Interaktionsfähigkeiten, die den Säugling als kompetenten und aktiven Interaktionspartner ausweisen, vertiefte die Zweifel. Nach gründlicher Diskussion der verschiedenen Bedeutungen des Symbiosebegriffs kam ich zu folgendem Ergebnis: »Mahlers Konzept der Symbiose ist im Licht der bisher dargestellten Fähigkeiten des Säuglings unhaltbar. Der Säugling ist nicht symbiotisch in dem Sinne, daß er die Umwelt nur verschwommen wahrnimmt, er ist nicht symbiotisch in dem Sinn, daß seine Interaktion mit der Mutter überwiegend undifferenziert oder passiv ist (Symbiose als Beziehung). Und er ist nicht symbiotisch in dem Sinn, daß er Phantasien über Verschmelzung mit der Mutter haben könnte (Symbiose als Phantasie)« (Dornes 1993, S. 75).

Was aber tritt an die Stelle der Symbiose? Stern (1985) hat vorgeschlagen, statt von symbiotischer Verschmelzung von »self-with-other« zu sprechen. Damit ist gemeint, daß das Zusammenleben in den ersten Monaten nicht von einem überwiegend passiven Verschmelzungserleben gekennzeichnet ist, sondern von differenzierten Wahrnehmungen und Interaktionen, die ein lustvolles Gefühl von aktiv hergestelltem Miteinander und affektiver Übereinstimmung bei Aufrechterhaltung der Ich-Grenzen hervorbringt. Die Übereinstimmung und Abstimmung im gemeinsamen Lächeln, Nachahmen und Vokalisieren wird von beiden Partnern aktiv produziert, nicht durch passive Verschmelzung erreicht (ähnlich Horner 1992, S. 29). In dieser Sichtweise ist die Verschmelzung und der Verlust der Ich-Grenzen eher ein pathologischer Zustand, der eintritt, wenn die Wahrnehmungskapazitäten und interaktiven Regulationsfähigkeiten des Säuglings dauerhaft zusammenbrechen, etwa weil heftige Affekte durch die Beziehung nicht genügend moderiert werden. Verschmelzungserlebnisse aufgrund der daraus resultierenden perzeptuellen Entdifferenzierung sind aber eher das Desintegrationsprodukt einer entgleisten Beziehung als ein normaler Zustand. In der durchschnittlichen Mutter-Kind-Beziehung werden heftige Affekte einigermaßen rasch moduliert. Das beseitigt sie zwar nicht ganz, wohl aber ihre übermäßige Dauer und die Häufigkeit ihres Auftretens. In den so vorherrschenden niederen Spannungszuständen ist das Wahrnehmungssensorium intakt, und deshalb betrachten die neueren Theorien die Getrenntheit zwischen Selbst und Objekt als vorherrschende Seinsweise und die symbiotische Verschmelzung eher als Ausnahme.

Die hermeneutische Teilrehabilitierung der Symbiose

Diese Schlußfolgerungen sind nicht von allen akzeptiert worden. Mittlerweile haben sich zwei Richtungen der Verteidigung des Symbiosekonzepts herauskristallisiert. Die erste ist eher wissenschaftstheoretischer Art und wird u. a. von Baumgart (1991) vertreten. Sein Grundgedanke lautet, daß der Symbiosebegriff gar kein (ausschließlich) entwicklungspsychologischer ist oder sein sollte, sondern ein narratives Schema, ein Konstrukt, das es ermöglicht, einen Sinn in klinischen Phänomenen wie Verschmelzungsphantasien zu sehen, der anders nicht zu finden ist. Der Symbiosebegriff beschreibt in dieser Sichtweise keine entwicklungspsychologische Realität, und es sollte deshalb nicht weiter behauptet werden, daß sich Säuglinge im Alter von zwei bis fünf Monaten mit der Mutter verschmolzen fühlen; der Symbiosebegriff soll vielmehr ein rein oder vorwiegend klinischer sein und dazu dienen, Erzählungen von Patienten über ihr Anklammern, über wahnhafte oder ekstatische Verschmelzungserfahrungen, über Trennungs- und Näheängste etc. in eine sinnvolle Ordnung zu fügen. Wir brauchen das Symbiosekonzept – oder können es gebrauchen –, um eine kohärente und kontinuierliche Lebensgeschichte *zu konstruieren*, in der spätere Probleme als transformierte Versionen früherer gesehen werden können. Der Begriff ist, ähnlich wie die Schöpfungsgeschichte, eine Metapher oder Mythologie, die es erlaubt, daß wir uns in kohärenter Form über unsere Vergangenheit verständigen, auch wenn sie in Wirklichkeit anders war, als die Mythologie es nahelegt. Als Metapher beschreibt der Begriff nicht, was der Säugling wirklich erlebt, sondern was Erwachsene mit symbiotischen Problemen als Bild ihrer Kindheit entwerfen oder benötigen, um Kontinuität und Kohärenz in ihre Lebensgeschichte zu bringen. Diese sind als solche kurativ, ähnlich wie ein kohärenter Wahn, verglichen mit einem inkohärenten, die Anpassungsfähigkeit und damit die Lebensqualität schizophrener Patienten verbessert (s. dazu Roberts 1992). In dieser Konzeption verhält es sich mit der Kindheit wie mit der Geschichte in den modernen Theorien der Metahistorie (s. Strenger 1991, S. 75, 104, 124 f.). Man kann die Geschichtsdarstellung eines Autors lesen, um etwas über die Zeit, die er beschreibt, zu erfahren. Man kann sie aber auch lesen, um etwas über das Verständnis, die Einschätzungen, (Vor-)Urteile und Abneigungen des Autors in bezug auf diese Zeit zu erfahren. Diese Art von »Metahistory« (White 1974) ähnelt der konstruktivistisch-modernistischen Version der Psychoanalyse, die nicht mehr quasi-archäologisch fragt, wie die Vergangenheit des Patienten gewesen ist, sondern wie er heute darüber denkt und fühlt.*

Damit ist der Symbiosebegriff allerdings der empirisch-entwicklungspsychologischen Überprüfung entzogen und seine Gültigkeit in ein anderes »Diskursuniversum« verlegt. Konsequenterweise muß dann Mahler selbst kritisiert werden, weil sie ihren Symbiosebegriff entwicklungspsychologisch und nicht metaphorisch verstand. Sie un-

---

* Zu den verschiedenen Strömungen hinsichtlich der Bedeutung der Vergangenheit in der Psychoanalyse siehe die vorzüglichen Bücher von Wallace (1985), Strenger (1991), Lamm (1993), Mertens/Haubl (1996) und Haubl/Mertens (1996). Eine weniger modernistische Variante besagt, es sei auf der Basis einer (eingestandenermaßen problematischen) entwicklungspsychologischen Kontinuitätsannahme empfehlenswert, nach möglichen Anfängen von Zuständen und Erlebnisweisen zu suchen, von denen wir wissen, daß sie *später* existieren. Ob die möglichen Anfänge auch wirklich waren, ist weniger wichtig, aber auch nicht unwichtig (Pine 1981).

159

terliegt damit einem Selbstmißverständnis (Baumgart 1991, S. 792) und hat sich über den Geltungsanspruch ihrer Begriffe getäuscht. Ihre Beobachtungen sind »vermeintliche Beobachtungen« (ebd., S. 787), und die Differenz zwischen entwicklungspsychologischem und klinischem Geltungsanspruch des Symbiosebegriffs ist von Mahler nicht klar erkannt worden. Berücksichtigt man diesen Unterschied, so wird deutlich, »daß ein Teil des Konflikts zwischen Mahlers Entwicklungsmodell und den neonatologischen Theorien nicht durch Falsifikation zu lösen ist, da beide Ansätze nicht durchgängig auf einer ›Erkenntnisebene‹ liegen, auf der sie zusammenprallen könnten und können, sondern daß sich wichtige Aspekte von Mahlers Theorie nur erschließen, wenn man sie als (tiefen-)hermeneutische Theorie begreift, die Lebensgeschichte in ihrem biographischen Zusammenhang verstehen will« (Baumgart 1991, S. 784).*

Bevor ich auf die zweite Verteidigungsvariante des Symbiosekonzepts zu sprechen komme, möchte ich die grundsätzlichen Probleme der ersten, eben beschriebenen, in einem kurzen Exkurs umreißen.

Exkurs: Metaphern oder Begriffe?

Nicht nur das Symbiosekonzept, sondern auch Teile der in den letzten 20 Jahren innerhalb der Psychoanalyse in die Kritik geratenen Triebtheorie und Metapsychologie lassen sich durch Metaphorisierung der einzelwissenschaftlichen Kritik entziehen. Sie sind nämlich nur dann falsifizierbar (so Baumgart 1994), wenn man sie objektivistisch als falsifizierbare Theoriegebäude (miß)versteht. Versteht man sie jedoch hermeneutisch-metaphorisch, z. B. Triebe als »Negativ verstehbarer Sinnzusammenhänge« (S. 59), als »Kraft auf der Suche nach Sinn« (S. 60), nicht als »Körperlichkeit schlechthin«, sondern

---

* Wichtig ist die Einschränkung, daß nur *ein Teil* des Konflikts nicht durch Falsifikation, d. h. Konfrontation der Theorie mit divergierenden Beobachtungsdaten zu lösen ist. Baumgart räumt nämlich durchaus ein, daß das Symbiosekonzept von der Phase selbst nur ein unklares Bild liefert (S. 791); aber als narrative Metapher bezieht es sich gar nicht auf das wirkliche Leben in dieser Phase selbst, sondern ist (nur) eine nützliche retrospektive Sicht.

als »Körperlichkeit auf der Suche nach Aneignung« (S. 64), und versteht man die Metapsychologie als »Mechanik des Noch-Unverständlichen« (S. 60), so ändert sich das Bild. Triebtheorie und Metapsychologie erklären dann zwar nichts mehr, aber sie »orientieren« (S. 63).

So betrachtet ist die Metapsychologie, die in ihrem ökonomischen Aspekt den psychischen Apparat als eine Reizabfuhrmaschine konzipiert, nicht etwas, was durch empirische Forschung widerlegt werden könnte – etwa durch den Befund, daß der Säugling nicht primär Reize loswerden will, sondern sie sucht, weil er neugierig ist und sie zum Wachstum braucht. Sie ist vielmehr eine Metapher für das Selbstverständnis des Menschen, der sich getrieben fühlt von fremden Kräften und geplagt von Symptomen, die er nicht versteht. Die Metapsychologie beschreibt dann den seiner Körperlichkeit entfremdeten Menschen, den Neurotiker, der von Impulsen beherrscht wird, statt sie zu beherrschen. Sie ist eine Anthropologie des *entfremdeten* Menschen, und konsequenterweise müßte eine erfolgreiche Behandlung ihre Gültigkeit liquidieren, denn in der Therapie sollen ja die unverstandenen Kräfte durch Sinnverstehen angeeignet werden. Ähnlich ist die Triebtheorie – folgt man dieser Lesart – keine Theorie des Antriebslebens, die beschreibt, wie dieses wirklich ist, sondern sie ist eine Konzeptualisierung des Antriebs*erlebens*. Sie formuliert, wie wir unsere Antriebe erleben, nicht wie sie sind. Spannungsminderung, z. B. bei Hunger und Durst, erleben wir als »Abfuhr«, auch wenn dabei nichts wirklich abgeführt, sondern sogar etwas aufgenommen wird.

Ich möchte eine gewisse Skepsis bezüglich dieser Betrachtungsweise nicht verhehlen, aber ich erkenne an, daß die *Entscheidung*, psychoanalytische Grundbegriffe wie Trieb, Spannungsabfuhr, Symbiose etc. als Metaphern zu betrachten, möglich ist. Es ist eine genauso gut oder schlecht begründbare Entscheidung wie die gegenteilige, nämlich Begriffe nicht als Metaphern, sondern als empirisch gehaltvolle, falsifizierbare Aussagen ermöglichend zu verstehen. Betrachtet man theoretische Grundtermini als Metaphern, so muß man sich klarmachen, daß sie als solche nicht beanspruchen können, in einem wissenschaftlichen Sinn »wahr« zu sein; sie können (nur) ein subjektives Selbstverständnis artikulieren. Sagt jemand beispielsweise: »Mir liegt etwas schwer auf der Seele«, so ist es hinsichtlich des sich darin ausdrückenden Selbsterlebens sinnlos und dumm, zu untersuchen, ob tatsächlich etwas »dinglich Faßbares« auf der Seele liegt oder ob es ein neurophysiologisches Korrelat dieser Empfindung gibt.

Die Metaphorisierung psychoanalytischer Grundbegriffe wie Trieb, Symbiose etc., läuft allerdings Gefahr, die Psychoanalyse aus dem interdisziplinären Dialog zu entfernen, weil Begriffe wie »Trieb« und »Symbiose« auch in anderen Disziplinen verwendet werden und dort etwas über die psychobiologische, »substantielle« Verfaßtheit von Lebewesen, ihrer Beziehungen und ihres Antriebslebens aussagen und nicht nur etwas über das personale Erleben von (An-)Getriebenheit. Überantwortet man den organismischen Bereich vollständig den anderen Disziplinen, z. B. der Biologie, so wird aus einer Hermeneutik der Triebe (als »Kräften auf der Suche nach Sinn«) leicht eine Hermetik, die sich gegen die Nachbarwissenschaften abschließt, weil sie nicht mehr »relevant« sind. Das war nicht Freuds Anliegen. Sein Triebbegriff sollte bekanntlich beides artikulieren – die substantielle Verfaßtheit und das subjektive Erleben –, wovon die verschiedenen Definitionen dessen, was Triebe sind, Zeugnis ablegen.* Gerade wegen dieser Mehrdeutigkeit kann die Triebtheorie sowohl empirischen Wissenschaftlern als auch Hermeneutikern als Bezugspunkt dienen, und die einen kritisieren (einen Aspekt) während die anderen (einen anderen) verteidigen. Sagen Biologen, die Triebtheorie sei (biopsychologisch) falsch, so antworten Hermeneutiker, das könne zwar sein, verfehle aber den (angeblich entscheidenden) *Erlebnis*gehalt des Triebbegriffs.

Eine vergleichbare Konstellation ergibt sich nun beim Symbiosekonzept, das entwicklungspsychologisch falsch sein könnte, aber als Bezeichnung eines Erwachsenenerlebens und als therapeutisch nützlicher sinnstiftender Ursprungsmythos dennoch weiterhin verwendet werden könnte. Als solcher ist es weder durch entwicklungspsychologische Forschung noch durch Forschung überhaupt falsifizierbar.

* Manchmal wird die Triebtheorie als »unsere Mythologie« bezeichnet (Freud 1933a, S. 101), zu anderen Zeiten hofft Freud auf eine Naturwissenschaft der Triebe (z. B. 1914, S. 143 f.) und will die Mythologie nur als Ersatz für die noch fehlende Wissenschaft akzeptieren. Auch das Changieren zwischen der Identifizierung des Triebes mit einer ständig fließenden innersomatischen Reizquelle (Freud 1915b) und einem mehr psychologischen Triebbegriff, in dem der Trieb der *psychische Repräsentant* dieser Reizquelle ist (Freud 1915a; s. a. Laplanche/Pontalis 1967, S. 443), zeigt die Mehrdeutigkeit dieses Begriffs bei Freud.

Diese Betrachtungsweise ist möglich, aber nicht im Sinne der Erfinderin des Konzepts und wahrscheinlich auch wissenschaftspolitisch fatal. Deshalb sollte nach anderen Lösungsmöglichkeiten gesucht werden.*

Die entwicklungspsychologische Teilrehabilitierung der Symbiose

Pine hat in einer Reihe von Arbeiten (1985, 1986, 1990, 1992, 1994) den meines Erachtens überzeugendsten Versuch unternommen, das Symbiosekonzept nicht durch Metaphorisierung/Hermeneutisierung, sondern entwicklungspsychologisch zu verteidigen. Seine Reformulierung hat den Vorteil, sowohl interdisziplinär »anschlußfähig« zu sein als auch auf Einseitigkeiten der Symbiosekritik der Säuglingsforscher hinzuweisen, die bisher nicht deutlich genug gesehen wurden. Pine behauptet, Mahlers Symbiosebegriff beschreibe durchaus eine enwicklungspsychologische Realität. Die Kritik der Kleinkindforscher daran sei einseitig, nicht etwa, weil sie den hermeneutischen Status des Symbiosekonzepts verkenne, sondern weil sie die Realität des Säuglings einseitig darstelle! Was ist damit gemeint?

Die Aussagen der Säuglingsforscher über differenzierte Wahrnehmungs- und Interaktionsfähigkeiten basieren in der Regel auf der gründlichen Analyse zweier bestimmter Ausschnitte im Leben des Säuglings: der Zeit ruhiger und aktiver Aufmerksamkeit.** Diese Zustände umfassen (nach Wolff 1987, S. 58) in der zweiten Lebenswoche etwa 25 % des Beobachtungszeitraumes bei Tageslicht, am Ende

---

* Vielleicht gibt es einen Rest von Unvereinbarkeit zwischen wissenschaftlicher und metaphorischer Betrachtungsweise, aber es sollte nicht von Anfang an davon ausgegangen werden, daß beide unvereinbar sind und inkompatiblen Diskursebenen angehören. Wenn sich am Ende herausstellt, daß es so ist, muß man sich – im Falle der Unvereinbarkeit – für eine entscheiden. Bis dahin sollten weiterhin Kompromißlösungen angestrebt werden.

** Üblicherweise werden fünf Zustände unterschieden: Non-REM-Schlaf, REM-Schlaf, ruhige Aufmerksamkeit (*alert inactivity*), aktive Aufmerksamkeit (*alert/waking activity*) und Schreien. Die Nomenklatur ist nicht einheitlich, und es gibt außerdem Übergangszustände wie Nervosität (*fussiness*) und Dösigkeit (*drowsiness*). Detaillierte Beschreibungen findet der Leser bei Wolff (1966, 1987).

des 3. Lebensmonats etwa 65 %. In den anderen Zeiten schläft der Säugling, ist nervös, döst vor sich hin oder schreit.* Wie sind sein Erleben und seine Wahrnehmungsfähigkeit aber in solchen Zuständen beschaffen? Pine räumt ein, daß in Zeiten ruhiger / aktiver Aufmerksamkeit und guter Wahrnehmungsfähigkeit ein symbiotisches Erleben eher unwahrscheinlich ist. Der Säugling kann, wie von den Kleinkindforschern beschrieben, Selbst und Objekt unterscheiden, nimmt die Außenwelt differenziert wahr und erlebt sich nicht als mit der Mutter verschmolzen. Nach oder vor einer Fütterung, wenn er z.B. schläfrig an der Mutterbrust liegt und sich in einem Übergangszustand vom Wachen zum Schlafen befindet, ist das jedoch anders. Hier sind seine Wahrnehmungsfähigkeiten nicht auf der Höhe, und es erscheint deshalb denkbar, daß er sich in *solchen Momenten* nicht als von der Mutter abgegrenzt, sondern als mit ihr verschmolzen erlebt (s.a. Kaplan 1987, S. 32; Horner 1992, S. 41). Solche Momente mögen kurz sein, aber ihre mögliche psychische Bedeutsamkeit korreliert nicht unbedingt mit ihrer zeitlichen Dauer. Auch was nur kurz anhält, kann bedeutsam sein, und deshalb kann aus dem nur momentanen Charakter des Erlebens nach Pine nicht geschlossen werden, daß es keine oder nur geringe Bedeutung hat. Auch ein Orgasmus dauert nicht lange und ist doch psychisch bedeutsam.

Die Analogie verdeutlicht zugleich ein Problem. Wenn man eine Phase der Entwicklung nach einem (vermeintlich) bedeutsamen Erleben benennen will, so könnte man das Erwachsenenalter mit gleichem Recht als die »orgastische Phase« des Menschen bezeichnen, was offenkundig unangemessen und willkürlich ist (Horner 1986). Diesem Einwand Rechnung tragend, schlägt Pine (insbes. 1990, 1992) vor, sich vom Konzept der symbiotischen *Phase* zu verabschieden, und es durch die Vorstellung symbiotischer *Momente* zu ersetzen. Er unter-

---

* Er schreit allerdings kürzer und weniger, als Forscher in den 60er und 70er Jahren dachten: im ersten Monat selten länger als sechs Minuten am Stück, im zweiten und dritten Monat gewöhnlich höchstens drei Minuten, meistens aber kürzer. Die *Gesamtschreizeiten* betrugen z.B. bei Wolff (1987, S. 80 ff.) im ersten Monat durchschnittlich nur 2 % der Beobachtungszeit von 4 ½ Stunden am Tag (also ca. 5,2 Minuten), im zweiten und dritten Monat nur noch ½ % (etwa 1,3 Minuten pro 4 ½ Stunden) – mit weiter abnehmender Tendenz bei zunehmendem Alter! Die Beobachtungen wurden zu unterschiedlichen Tageszeiten viermal die Woche für vier bis fünf Stunden täglich und einmal die Woche für zehn Stunden über sechs Monate lang durchgeführt.

scheidet außerdem zwischen der Bedeutsamkeit, die diese Momente *als solche* haben, und der, die sie durch elterliche Reaktionen darauf *gewinnen* können. Seine revidierte Symbiosetheorie besagt nun folgendes: Es gibt keine symbiotische Phase, sondern nur symbiotische Momente. Ob sie intrinsisch bedeutsam sind oder nicht, ist schwer zu sagen, aber sie *werden* es auf alle Fälle, wenn Eltern mit solchen Momenten Schwierigkeiten haben. Die Schwierigkeiten können unterschiedlicher Natur sein. Eine Mutter oder ein Vater mag solche Momente selbst stark benötigen und sie deshalb über ihr natürliches Maß hinaus verlängern; er / sie kann sie auch fürchten und deshalb verkürzen oder das Unbehagen daran anders ausdrücken. Das führt dazu, daß der symbiotische Moment »gestört« wird und dadurch an Bedeutung gewinnt. Der Säugling merkt, daß da etwas Besonderes ist; er wird gegen eine innere Tendenz in einem Zustand »festgehalten« oder in einen anderen »hineingeschoben«, und dadurch entsteht eine Akzentuierung bzw. Fixierung. Auch eine außergewöhnlich starke Trennungsangst des Säuglings kann die Eltern gegen ihre Neigungen in verlängerte symbiotische Momente hineinziehen (Greenacre 1959, S. 160) und so zu Störungen im harmonischen Wechselspiel führen. In all diesen Fällen sind es individuelle Besonderheiten eines bestimmten Eltern-Kind-Paares, nicht eine universale symbiotische Sehnsucht, welche die Bewältigung symbiotischer Momente zum Problem machen.*

Ich habe gegen eine so überarbeitete Theorie der normalen symbiotischen Phase nichts einzuwenden. Sie enthält allerdings eine zweifache Revision. Erstens: Es wird nicht mehr von einer symbiotischen Phase gesprochen, sondern nur noch von symbiotischen Momenten. Zweitens: Die psychologische Bedeutsamkeit dieser Momente ergibt sich weniger aus den sie begleitenden intrinsischen körperlich-affektiven Empfindungen und mehr aus dem elterlichen Umgang damit. Ein zwangloser Umgang führt dazu, daß solche Momente mehrere unter vielen bleiben. Sie werden erlebt, gespeichert, aber treten nicht

---

* Ähnlich könnte es sich mit der Analität verhalten. Vermutlich bereitet das Spiel mit der Kotsäule eine gewisse körperliche Lust, aber das intrinsische Lustpotential ist vergleichsweise gering, wahrscheinlich nicht mehr als ein mäßig angenehmer Schleimhautreiz. Wenn aber die Eltern auf das Erscheinen des Kots mit übertriebenem Entzücken oder Ekel reagieren, verleihen sie der Analität eine Bedeutung, die den analen »Moment« psychologisch auflädt, vergrößert und *so* bedeutsam macht.

als etwas Besonderes, Bedeutungsvolles hervor, das eine spezielle Namensgebung oder Hervorhebung als Phase verdienen würde. Etwas Besonderes werden diese Momente erst dann, wenn sie durch die elterlichen Reaktionen aggraviert werden.

Diese Theorie hat also die Phase zum Moment verkürzt und die Bedeutung des Moments interaktionell individualisiert: Bei *manchen* Individuen werden symbiotische Momente durch elterliche Reaktionen aufgeladen – vermutlich bei denen, die später klinisch auffällige Symbioseprobleme haben. Bei anderen sind sie Momente unter anderen und ohne besonderes Gewicht.*

Diese Relativierung und Individualisierung erklärt auch, weshalb die Aufgabe der Separation/Individuation nicht für alle die gleiche Aufgabe ist (nicht einmal für alle eine besondere Aufgabe) und von den verschiedensten Individuen auf die verschiedenste Art gelöst werden kann. Die Lösung des »Problems« der Symbiose, d. h. des Übergangs von der (momentanen) Illusion der Einheit zur Wahrnehmung des Getrenntseins, ist jetzt keine universale Entwicklungsaufgabe mehr, die sich jedem gleichermaßen stellt. Momente der Symbiose koexistieren nämlich von Anfang an mit solchen der Getrenntheit, und der Übergang von einem zum anderen oder ihr Abwechseln ist der normale Zustand, den jeder erfährt. Wenn deren Balance gestört wird, entsteht ein Problem: Der Säugling erfährt zuviel oder zuwenig Symbiose, und dann wird er sich damit auseinandersetzen müssen. Aber diese Auseinandersetzung erreicht ein klinisch oder lebenspraktisch relevantes Problemniveau nur bei bestimmten, dafür disponierten, weniger gut balancierten Eltern-Kind-Paaren.

Möglicherweise haben also Stern und andere das Ausmaß der Getrenntheit übertrieben, ebenso wie Mahler zuvor das Ausmaß der Verschmolzenheit. Wenn die Säuglingsforscher sagen, der Säugling sei nicht symbiotisch oder werde es nur, wenn ihn unmodulierte Affekte in diesen Zustand bringen, so haben sie vorwiegend auf die Segmente ruhiger und wacher Aufmerksamkeit in niederen Spannungszuständen fokussiert. Erstens gibt es jedoch, wie Pine und andere (z. B. Kaplan 1987, S. 32; Kernberg 1987, S. 9 f.) betonen, auch niedere Spannungszustände bei geringer Aufmerksamkeit, in denen das Wahrnehmungssensorium weniger effizient funktioniert, z. B. das Dösen an der

---

* Auch zur Erklärung späterer symbiotischer *Phantasien* bedarf es nicht der Annahme einer symbiotischen Phase (s. Lachmann/Beebe 1989; Dornes 1993).

Brust. Zweitens können möglicherweise auch starke, lustvoll getönte Erregungszustände von einer Entdifferenzierung der Wahrnehmung begleitet sein und so zu Verschmelzungserlebnissen führen.

Es ist also denkbar, daß es ruhige und aufgeregte symbiotische Momente gibt. Aber entscheidend für ihre Bedeutung ist, welche weiteren Schicksale und interaktiven Ausarbeitungen diese Momente erfahren und wie schnell oder langsam die aufgeregten Momente in spannungsfreie oder spannungsärmere Interaktionen überführt werden, die einen großen Teil des Säuglingsalltags ausmachen.* Erst dadurch werden sie aus dem Fluß der vielfältigen Ereignisse hervorgehoben; erst dadurch fällt eine Entscheidung über das *Ausmaß* ihres Vorhandenseins und ihrer Bedeutung und damit über die Möglichkeit / Wahrscheinlichkeit eines Fixierungspunktes für ein später klinisch relevantes symbiotisches Problem. Es gibt also – so das Resümee – symbiotische Momente in der normalen Eltern-Kind-Beziehung, aber sie sind nichts Besonderes, sondern koexistieren mit anderen Zuständen wie z. B. dem der ruhigen / wachen Aufmerksamkeit und der Getrenntheit. Auf eine problematische Weise hervorgehoben und damit klinisch bedeutsam werden sie nur bei bestimmten Eltern-Kind-Paaren. Es ist deshalb nicht zweckmäßig, einen bestimmten Lebensabschnitt nach einem solchen Moment zu benennen, weil er für verschiedene Individuen ganz verschiedene (oder keine besondere) Bedeutung hat.**

Kernberg (1991c, S. 111 ff.) hat aus der unterschiedlichen Sichtweise von Säuglingsforschung und Psychoanalyse – die, wie mittlerweile

---

* Gianino / Tronick (1988) und Tronick (1989) beschreiben, daß 30 % aller Interaktionen von Mutter und Kind initial koordiniert sind, und 70 % aller auftretenden Mikrobrüche und »mismatches« innerhalb von zwei Sekunden repariert werden (s. a. Lachmann / Beebe 1989, S. 144). Diese Befunde gelten allerdings bisher nur für Interaktionen in einem definierten Laborsetting, in dem dreiminütige Interaktionssequenzen unter den optimalen Bedingungen ruhiger Wachheit und wacher Aktivität untersucht werden. Die Verallgemeinerbarkeit dieser Befunde muß noch demonstriert werden. Natürlich ist die Reparatur von Mikrobrüchen psychisch genauso bedeutungsvoll wie harmonische Koordiniertheit, denn sie vermittelt dem Säugling das Gefühl von Wirkmächtigkeit und läßt ihn Spannungs- und Interaktionsregulierung als Ergebnis eigener Bemühungen erleben.
** Grotstein (1980, S. 511, 527) und Eigen (1980, S. 437; 1983, S. 423 ff.) sind meines Wissens die einzigen Autoren, die das Nebeneinander von Symbiose und Individuiertheit auf einer klinisch-intuitiven Basis bereits vor 15 Jahren postuliert haben. Ich kann den Leser an dieser Stelle nur auf die Lektüre dieser originellen Arbeiten verweisen.

deutlich geworden sein dürfte, zum Teil darauf zurückzuführen ist, daß beide Disziplinen sich auf jeweils verschiedene »Momente« des Säuglingserlebens konzentrieren – folgenden Schluß gezogen. Es gibt mindestens zwei Säuglinge: den affektiven der Psychoanalyse, die Erlebnisweisen in hohen Spannungszuständen beschreibt, und den kognitiven der Säuglingsforschung, die Erlebnisweisen in niederen Spannungszuständen formuliert. Ich halte diese Dichotomie für problematisch, weil auch niedere Spannungszustände, der unaufgeregte Fluß der alltäglichen Erfahrungen und subtile, aber chronische Interaktionsverzerrungen charakter- und strukturbildende Kraft haben. Die Beobachtungen der Säuglingsforscher beziehen sich nicht nur auf die Ich- bzw. die kognitive Entwicklung, sondern erfassen auch die Mikroverzerrungen der Affektregulation und deren mögliche Folgen für die Persönlichkeitsbildung und die Beschaffenheit des dynamischen Unbewußten. Abwehr und Verdrängung finden ja nicht nur in hocherregten Affektzuständen statt.

Abgesehen von diesem Einwand hat die »Theorie« der zwei Säuglinge eine gewisse Plausibilität, weil sie deutlich macht, daß beide Disziplinen häufig auf unterschiedliche Segmente des Säuglingserlebens fokussieren: die eine auf niedere, die andere auf hohe Spannungszustände. Dementsprechend akzentuiert die Psychoanalyse eher Desintegration, Fragmentierung, Symbiose etc.; die Säuglingsforschung eher Integration, Ganzheit und Getrenntheit. Eine vollständige Entwicklungstheorie sollte beide Aspekte enthalten. Insofern stehen beide Disziplinen in einem wechselseitigen Ergänzungsverhältnis: Die eine artikuliert, was die andere unterbelichtet. Aber es bleibt eine Frage: Was herrscht in der normalen Entwicklung vor? Hier neigt(e) die Psychoanalyse dazu, ihre Befunde an erwachsenen Patienten zu generalisieren und deren Probleme (z. B. symbiotische oder solche der Fragmentierung) als besondere Ausprägung eines allen gemeinsamen Grundproblems zu betrachten. Winnicotts Behauptung, über das Säuglingsalter lasse sich am meisten vom tiefregredierten erwachsenen Patienten lernen (1960a, S. 70; 1960b, S. 183) illustriert diese pathomorphe Neigung. Die bisherigen Ausführungen sollten dazu beitragen, diese Sichtweise zu relativieren. Es gibt kein Grundproblem, das alle lösen müssen, sondern die möglicherweise von allen erlebten symbiotischen Momente können unter bestimmten Umständen bei bestimmten Eltern-Kind-Paaren zu einem lösungsbedürftigen Problem werden. Für viele sind und werden sie aber dazu gerade nicht.

Dasselbe gilt – mutatis mutandis – für die Kleinianische Entwicklungstheorie, in der zwei »Positionen« als für die frühe Zeit fundamental betrachtet werden: die paranoid-schizoide und die depressive. Segals Hinweis (1964, S. 55 f.), daß diese Positionen Augenblicke im Leben des Säuglings sind, nimmt Pines Argument um fast 30 Jahre vorweg, wird aber nach meinem Eindruck von den Kleinianern selbst nicht ernst genug genommen. Auch sie neigen dazu, einen (möglichen) »Moment« für das Ganze zu nehmen und die paranoid-schizoide und depressive Position zu totalisieren. Deren Relativierung könnte die Akzeptanz der Kleinianischen Entwicklungstheorie erhöhen, denn dann würde nur noch behauptet, daß es paranoid-schizoide »Momente« im Säuglingserleben gibt, über deren Bedeutung oder Bedeutungslosigkeit die weitere Entwicklung und die folgenden Beziehungserfahrungen entscheiden.* Es bliebe dann allerdings immer noch zu klären, wo die Evidenz für die Existenz solcher Momente ist, d. h. ob es sie beim Säugling wirklich gibt oder nicht.

Nach meinem Eindruck befinden sich die Kleinianer bezüglich dieser Frage auf dem geordneten Teilrückzug und beginnen, die entwicklungspsychologische Dimension dieser Positionen zu relativieren. Spillius (1994) argumentiert in einem lesenswerten neueren Aufsatz dahingehend, daß es nicht mehr so sicher sei, ob die Positionen entwicklungspsychologische Realitäten sind oder nicht, aber sicher sei, daß sie »states of mind« von erwachsenen Patienten sind und deshalb *klinische* Realitäten. Dagegen ist wenig einzuwenden – höchstens, daß andere Analytiker diese »states of mind« nicht mit gleicher Regelmäßigkeit finden wie die Kleinianer. Das entwicklungspsychologische Unterfutter der Kleinianischen Theorie wird dadurch allerdings etwas dünn. Ich lasse offen, ob das klinisch eher nützt oder schadet.

Das bisher Gesagte läßt sich wie folgt zusammenfassen: Pines Ausführungen zum symbiotischen Moment machen deutlich, daß solche Momente einerseits anthropologische Universalien sein könnten, andererseits aber ihre prägende Kraft dennoch erst durch interaktionelle Bedeutungsvergrößerung erhalten. Anders ausgedrückt: Jeder Säugling könnte oral, symbiotisch, temporär fragmentierend sein, aber zu

---

* Segal selbst schwankt. Einerseits (1964, S. 56) betont sie, daß »ein normales Kind *nicht* die meiste Zeit in einem Angstzustand verbringt«; an anderer Stelle (S. 95) erlebt es aber nur noch »Augenblicke« der Integration, und die Desintegration / Angst tritt wieder in den Vordergrund der Betrachtungen.

einem relevanten Sachverhalt würden solche temporären Zustände erst durch interaktionelle Verstärkung. Ob auch jeder Säugling paranoid-schizoide »Momente« hat, bezweifle ich, weil ich keine Momente aktiver Spaltung, Verfolgungsangst oder primären Neides bei ihm erkennen kann. Aber selbst wenn es sie gäbe, wäre es nicht zweckmäßig, diese (oder andere) Momente in der Theorie zu Ankerpunkten zu machen, weil sie nur für manche, nicht für alle eine besondere Bedeutung haben oder gewinnen.

Diese Überlegungen führen zu der Frage, ob wir nicht eine neue Taxonomie universeller Lebensthemen benötigen bzw. ob eine solche überhaupt sinnvoll und möglich ist (Daniel Stern; persönliche Mitteilung). Auf diese Frage weiß ich keine Antwort. Kinder erhalten von ihren Eltern in der Regel eine Vielfalt von Rollen und Aufgaben zugeschrieben. Sie können z. B. als Partnerersatz gesehen werden oder als bedingungslos verfügbarer Liebhaber; als Ersatz für ein verlorenes Kind oder als Antidepressivum gegen Einsamkeit; als Verbündeter gegen den Partner oder als Kitt für die Beziehung; als Gabe Gottes oder als Geschenk an den Ehegatten; als Konfliktmoderator oder als Störenfried; als Mittel des sozialen Aufstiegs oder der Enkulturation in einem fremden Land etc. Je nachdem was vorherrscht und wieviel Raum es bei den Eltern einnimmt, wird eines oder mehrere dieser Themen für das Kind von herausragender Bedeutung. Angesichts der nahezu unbegrenzten Vielfalt denkbarer Themen bin ich hinsichtlich einer universalen Taxonomie von Lebensaufgaben eher skeptisch. Wahrscheinlich erfaßt jede solche Ordnung immer nur einige wichtige Aufgaben und vernachlässigt oder vergißt andere.

Die Wiederannäherungskrise

Lassen wir die Symbiose jetzt – mehr oder weniger gut bewältigt – hinter uns und betrachten die Wiederannäherungskrise. Sie hat bei Kleinkindforschern nicht die gleiche Aufmerksamkeit gefunden, obwohl sie klinisch von erheblicher Bedeutung ist. Kernberg (1975; 1980, Kap. 6), Masterson (1976), Settlage (1977) sowie Mahler selbst (1971; Mahler/Kaplan 1977) haben einen guten Teil ihrer Borderline-Theorie darauf gegründet. Eine der zentralen Aussagen ist, daß in der Zeit zwischen 16 und 24 Monaten vor allem die Aufgabe bewältigt werden muß, gute und schlechte Repräsentanzen zu integrieren, d.h. einheitliche Selbst- und Objektrepräsentanzen auszubilden. Bei Borderline-Störungen gelingt diese Integration wegen eines Übermaßes an konstitutioneller oder erworbener Aggression nicht. Aggressiv aufgeladene »böse« Selbst- und Objektrepräsentanzen herrschen vor und drohen, bei Kontakt mit den »guten«, diese zu dominieren. Deshalb kommt es zum Gebrauch der Spaltung als einem Abwehrmechanismus, der die Restbestände an guten Selbst- und Objektrepräsentanzen vor der Übermacht der bösen schützen soll. Die dadurch aufrechterhaltene Unintegriertheit gegensätzlicher Repräsentanzen, die bis zum Alter von zwölf bis 18 Monaten normal war, wird so über den altersangemessenen Zeitraum hinaus aufrechterhalten.

Kleinkindforscher haben die Theorie der urspünglichen Gespaltenheit des Selbst- und Objekterlebens und die Idee multipler Selbst- und Objektrepräsentationen als eines Anfangszustands der menschlichen Entwicklung mit meines Erachtens überzeugenen Argumenten kritisiert (Überblick bei Molitor / Naumann-Lenzen 1992; Dornes 1993; Reich 1995). Sie haben argumentiert, daß der Säugling spätestens am Ende des ersten halben Lebensjahres – möglicherweise auch früher – sich selbst und die Welt der Objekte überwiegend einheitlich erlebt und nicht fragmentiert / gespalten. Der Begriff »überwiegend« bedarf der näheren Qualifizierung. Ähnlich wie bei der Symbiosekritik ist nämlich die Aussage über einheitliches Selbst- und Objekterleben nur für den Fall zutreffend, daß die Wahrnehmungsfähigkeiten des Säuglings intakt sind, seine Affekte gut reguliert und die elterlichen Verhaltensweisen einigermaßen konsistent – was, den Untersuchungen der Säuglingsforscher zufolge, der Normalfall ist (s. Fußnote 1, S. 167).

Nun gibt es aber auch in gut regulierten Interaktionen normaler Eltern-Kind-Paare *Momente* starker Disruption oder ekstatischer Verzückung, die zu Interaktionsbrüchen, Wahrnehmungseinschränkungen und heftigen Affekten führen. In solchen Momenten könnte das Erleben des Säuglings von sich selbst und vom Objekt weniger integriert und – für Augenblicke – entweder symbiotisch oder fragmentiert oder abwechselnd beides sein.* Sind solche Momente nicht

---

* Diese Fragmentierung sollte nicht als Spaltung bezeichnet werden, weil keine Aktivität des Säuglings sie herbeiführt, sondern besser als Gespaltenheit oder Desintegration, weil sie sich einfach ereignet. Später – ab ein bis eineinhalb Jahren –

von Dauer, so haben sie, als temporäre, ähnlich wie der symbiotische Moment, keine klinisch relevanten Folgen, sondern wandern gleichsam lautlos in das psychosomatische Grundgewebe des Individuums ein. Es sind universale Erfahrungen, die aber, um ein Ausmaß zu erreichen, das ihre theoretische Hervorhebung als zentrale Aufgabe einer Lebensphase rechtfertigen würde, der interaktionellen Verstärkung oder Chronifizierung bedürfen. Diese ist jedoch nicht universell, sondern findet sich nur bei bestimmten Eltern-Kind-Paaren, weshalb auch nur bestimmte Kinder und nicht alle Borderline-Patienten werden. Nur für solche hat die Borderline-Theorie der Entwicklung möglicherweise Gültigkeit. Angelegt und ausgedacht war sie jedoch als theoretisch gültige Beschreibung für alle. Die vorstehenden Überlegungen berücksichtigen, daß Fragmentierungs- oder Gespaltenheitserfahrungen universal sein könnten, relativieren aber deren Bedeutung für die weitere Entwicklung. Sie machen sie davon abhängig, wie stark und wie häufig diese Erfahrungen sind und demonstrieren, daß sie unter günstigen Umständen für Kinder *keine* erheblichen Probleme darstellen.

In der Zeit der Wiederannäherungskrise steht das Kind nach Mahler et al. aber nicht nur vor der »Spaltungsfrage«, sondern auch vor folgendem Dilemma: In der vorhergehenden Übungsphase freute es sich über die neuerworbene Fähigkeit des aufrechten Ganges, entfernte sich dabei zunehmend von der Mutter, war begeistert über die neuen Möglichkeiten der Entdeckung von Welt und deshalb insgesamt in einer gehobenen Stimmung.* Mit der zunehmenden Reifung seiner kognitiven Fähigkeiten bemerkt das Kind jedoch erneut und jetzt noch deutlicher seine Trennung von der Mutter. Außerdem stellt es fest, daß es noch nicht so selbständig ist, wie es sich in seiner Hochstimmung über die neue Fähigkeit des aufrechten Ganges zunächst eingebildet hatte. Es realisiert verstärkt das ganze Ausmaß seiner

kann diese momentane Nichtintegriertheit von Protorepräsentationen bzw. Erleben zu Abwehrzwecken aufrechterhalten werden und *wird* dann zur Spaltung.

* Neuere Forschungen zeigen, daß der aufrechte Gang mit einer Zunahme positiver *und* negativer Affekte verbunden sein kann (s. Nachmann 1991, S. 133). Nur bei einer Subgruppe von Kindern – denen, die früh zu laufen anfangen – findet sich die von Mahler beschriebene relative Zunahme positiver Affekte; bei den später Laufenden bleibt das Verhältnis positiver und negativer Emotionen in etwa konstant (Emde 1994a, S. 722). Mahlers Behauptung eines Stimmungsanstiegs in der Übungsphase scheint also nur für einige Kinder zuzutreffen, nicht für alle.

wirklichen Abhängigkeit von der Mutter, was zu Befürchtungen über ihren möglichen (Liebes-)Verlust und erhöhter Trennungsangst führt. Die Größenphantasien des Kindes und sein »Liebesverhältnis mit der Welt« (Greenacre nach Mahler et al. 1975, S. 98) erhalten dadurch einen empfindlichen Schlag. Um ihn zu kompensieren, wendet es sich erneut der Mutter zu.

Aber auch das Kleinkind steigt nicht zweimal in denselben Fluß. Es kann die Mutter nicht mehr so selbstverständlich als Ausdehnung des eigenen Selbst benutzen wie früher, denn jetzt ist ihm klarer als zuvor, daß beide nicht mehr eins sind, nicht mehr werden können und es das auch gar nicht mehr möchte. Die Rückwendung zur Mutter wird nämlich Mahler zufolge vom Kind in dieser Phase mit der Befürchtung verknüpft, von ihr »verschlungen« zu werden und der eigenen Separation / Individuation dabei verlustig zu gehen. Diese intrapsychische Konstellation von Krise der eigenen Größenvorstellungen und Angst vor symbiotischer Verschlingung zeigt sich in ambitendenten Verhaltensweisen. Einerseits strebt das Kind – reifungsbedingt und wegen psychischer Autonomiebedürfnisse von der Mutter weg; andererseits – um seine deflationierten Größenphantasien zu kompensieren – (erneut) zu ihr hin. Die Annäherung belebt aber eine symbiotische Angst wieder und mobilisiert erneute Abstoßungstendenzen. Das ambivalente Hin und Her des eineinhalbjährigen Kindes ist in Mahlers Theorie Ausdruck einer universalen intrapsychischen Dynamik von in die Krise geratenen Größenphantasien und Objektverlustbefürchtungen einerseits, die eine (Wieder-)Annäherung an die Mutter veranlassen, und Symbioseangst andererseits, die eine Wegbewegung induziert. Diese Dynamik und die daraus folgenden gegensätzlichen Verhaltensweisen können, worauf Mahler et al. gelegentlich hinweisen, durch interpersonelle Erfahrungen *verstärkt* werden: Mütter / Väter können z. B. auf die Wiederannäherung des Kindes, das in der Übungsphase schon viel selbständiger erschien, mit Mißbehagen und Zurückweisung reagieren und verstärken dadurch die Ambivalenz des Kindes. Aber sie wird Mahler et al. zufolge dadurch nicht *erschaffen*.

Interpersonelle Quellen der Ambivalenz des Kindes

Aber könnte es nicht doch sein, daß es der Zwiespalt der Eltern ist, der den der Kinder *hervorbringt*, so daß interpersonelle Faktoren und nicht die vermutete intrapsychische Dynamik von frustrierten Größenphantasien und Symbioseangst für die Ambitendenz des Kindes verantwortlich sind? Diese Auffassung vertritt Horner (1988), der sich als einer der wenigen mit der Wiederannäherungstheorie Mahlers kritisch auseinandergesetzt hat. Er argumentiert wie folgt: Die Zeit zwischen ein- und eineinhalb Jahren ist durch Reifungs- und Entwicklungsschritte gekennzeichnet, die eine Belastung der Eltern-Kind-Beziehung nach sich ziehen. Konflikte zwischen ihnen gibt es immer, aber sie intensivieren sich in dieser Zeit aus verschiedenen Gründen. Kinder können sich jetzt aufrecht fortbewegen und dabei mehr greifen. Dadurch sind sie vermehrt Gefahren ausgesetzt und drohen, mehr kaputtzumachen.

Unausweichlich steigt deshalb in diesem Alter die Zahl der Verbote. Gleichzeitig werden Kinder – vermutlich im Zusammenhang mit dem Erwerb des Ich-Bewußtseins um eineinhalb Jahre herum (Kagan 1981) – hartnäckiger in der Verfolgung ihrer Ziele. Sie sind nicht mehr so leicht abzulenken, was potentielle Konflikte intensiviert. Aber auch die Eltern werden »hartnäckiger«. Sie sehen ihre Kinder jetzt anders und erwarten jetzt mehr von ihnen. Illustrativ dafür ist die Veränderung im Umgang mit kindlichem Ärger. Bis zum Alter von einem Jahr versuchen Eltern in erster Linie, die Quelle des Ärgers zu beseitigen. Ab einem Jahr beginnen sie ihr Kind dahingehend zu ermahnen, es solle seinen Ärger beherrschen. Auch betrachten sie Äußerungen des Kindes nicht mehr so sehr als Reaktion auf Frustration, sondern sehen darin vermehrt einen Ausdruck von Widersetzlichkeit und (bösen) Absichten. (Etwa ab einem Jahr wird die kindliche Aggressivität in der Tat zielgerichteter artikuliert; s. Klinnert et al. 1984.) Dadurch werden sie zu einer Quelle von Enttäuschung, denn das Kind kann jetzt nicht mehr wie bisher erwarten, daß die Eltern entstehende Probleme schon aus der Welt schaffen werden. Außerdem wollen Eltern ihre Kinder, die an Gewicht zunehmen und laufen können, nicht mehr so oft tragen. Das ruft Anklammerungstendenzen beim Kind hervor, das auf diese Gewohnheit nur ungern verzichtet. Diese Anklammerung ist aber extrinsisch motiviert, d. h. Folge der elterlichen Zurückweisung und nicht intrinsisch als Folge der bedrohlichen Wahrnehmung eigener Kleinheit oder des Verlusts vermeintlicher Omnipotenz.

Noch in einer weiteren Hinsicht werden Eltern anspruchsvoller. Sie freuen sich, daß ihr Kind ab eineinhalb Jahren sozialer und mehr auf Gleichaltrige bezogen wird. Das bedeutet eine Entlastung. Sie werden nun selber ambivalent, inwieweit sie noch Bedürfnissen der Kinder, die auf sie gerichtet sind, nachgeben sollen, weil sie befürchten, von den Ansprüchen der Kinder »verschlungen« zu werden. Diese elterliche Ambivalenz wird von den Kindern gespürt und ruft in ihnen Zwiespalt und Unsicherheit über die elterliche Verfügbarkeit hervor.

So betrachtet ist Mahlers Konzept der Wiederannäherungskrise deshalb problematisch, weil es wesentliche Faktoren zu wenig berücksichtigt, die *bei Erwachsenen* Ambivalenz in bezug auf ihre Kinder erzeugen. Die Ambivalenz der Kinder in dieser Phase kann mit guten Gründen auf die der Eltern zurückgeführt werden, die in einer bestimmten Entwicklungsphase ihren Umgang und ihre Erwartungen ändern, weniger verfügbar sind und dadurch Ambivalenz im Kind erzeugen. Die Wiederannäherungskrise ist in dieser Sichtweise nicht so sehr ein Prozeß, in dem der jetzt voll realisierte Verlust der symbiotischen Einheit und / oder der Verlust von Größenphantasien bewältigt werden muß – die Eltern sich also mit Problemen auseinandersetzen, die *im* Kind entstehen. Sie ist vielmehr eine Entwicklungsphase, in der Störungen des Beziehungsgleichgewichts, die sich durch Wachstum und Entwicklung von Eltern *und* Kindern ergeben, verhandelt werden. Die gibt es natürlich immer, aber die Zeit zwischen einem und zwei Jahren ist aus den angeführten Gründen (und einigen anderen) für Störungen besonders anfällig.

Stern (1985) hat ebenfalls eine neue Sicht der Wiederannäherungskrise vorgeschlagen, die allerdings, wie die von Mahler, mögliche intrapsychische Quellen des Zwiespalts hervorhebt. In seiner Theorie ist die Zeit um eineinhalb Jahre für das Kind besonders schwierig, weil jetzt vorsprachliche Erfahrungen sprachlich neu kodiert werden. Die Neukodierung erfaßt jedoch nur einen Teil des vorsprachlichen Erlebens, weil bestimmte Erfahrungen durch das Netz der Sprache fallen. War ein gelbes Licht bisher die Summe der Empfindungen von Farbe, Wärme und Gefühl, die dieses Licht hervorrief, so akzentuiert (mit der Einführung der Sprache) das Wort »gelb« den visuellen Aspekt dieser Gesamtheit, wodurch z.B. die Wärmeempfindung verlorengeht bzw. in den Hintergrund tritt. Die ursprüngliche Ganzheit des Erlebens zerbricht, woraus eine Krise in Selbstverständnis und Selbstempfinden des Kindes resultiert (Stern 1985, S. 247 ff.). *Deshalb* wird es »schwierig« und nicht, weil es, wie bei Mahler, mit seiner Omnipotenz in die Krise gerät.*

Akzeptiert man Mahlers Theorie weiterhin, so könnte man argumentieren, daß beide Erklärungen sich nicht wechselseitig ausschließen, sondern ergänzen. Stern und Horner würden dann Evidenzen für *zusätzliche*, von Mahler nicht genügend berücksichtigte Quellen der Ambivalenz beibringen, aber Mahler wäre dadurch nicht widerlegt, sondern nur relativiert. Ihre Behauptung über die spezifischen intrapsychischen Ursprünge der Ambivalenz aus dem Zusammenspiel von frustrierten Größenphantasien und Symbioseangst hätte weiterhin Gültigkeit, und nur der Anspruch, damit die *hauptsächliche* oder *wichtigste* Quelle der Ambivalenz gefunden zu haben, wäre fragwürdig geworden. Diese Sichtweise ist möglich, aber nur, wenn man der Symbioseangst und dem Verlust von Größenphantasien denselben Stellenwert zubilligen will, wie Mahler das tut. Ich bezweifle, daß das sinnvoll ist, und neige zu einer etwas radikaleren Kritik. Beide Konzepte (Größenphantasien und Symbioseangst) sind nämlich weitgehend aus den Analysen älterer Kinder und Erwachsener abgeleitet, und ihre Gültigkeit für eineinhalbjährige Kinder ist bisher nicht empirisch belegt, sondern hat allenfalls den Status einer mehr oder weniger plausiblen Vermutung. In anderen Worten: Die Konzepte tragen zuviel rekonstruktiven und spekulativen Ballast. Bisher hat niemand demonstriert, daß einjährige Kinder im Zusammenhang mit dem aufrechten Gang Größenphantasien entwickeln, kurze Zeit später damit Probleme bekommen und Verschlingungsangst bei Wiederannäherung an die Mutter auftaucht. So lange das so ist, sollte besser begründeten alternativen Theorien der Vorzug gegeben werden. Die von Horner und Stern könnten solche sein.

---

* Gramont (1987) weist auf einige Probleme hin, die mit Sterns Konzeption von der entfremdenden Eigenschaft der Sprache verbunden sind.

Bindungstheorie und Wiederannäherungskrise

Auch wenn manche Konflikte erst in der Zeit um eineinhalb Jahre entstehen oder sich intensivieren, so ist doch die Art ihrer Verhandlung nicht unabhängig von der Vorgeschichte der Beziehung. Diese psychoanalytische Binsenweisheit leitet über zu einer anderen Kritik der Wiederannäherungskrise, die von Lyons-Ruth (1991) formuliert wurde. Ausgangspunkt ihrer Überlegungen sind die Ergebnisse der Bindungstheorie. Diese wurde von Bowlby begründet und begann mit einer detaillierten Beschreibung kindlicher Verhaltensweisen, die das Band zwischen Mutter und Kind stiften und mit einer von der Triebtheorie abweichenden Erklärung der Ursachen der Bindung (Bowlby 1958, 1969). Sie schritt fort mit der Konzipierung einer standardisierten Beobachtungssituation (die sogenannte Fremde-Situation) zur empirischen Untersuchung verschiedener Muster der Mutter-Kind-Beziehung. Ainsworth et al. (1978) und nach ihr viele andere haben typische Reaktionen ein- und eineinhalbjähriger Kinder auf kurze Trennungen von der Mutter, die Begegnung mit einem Fremden und die Rückkehr der Mutter untersucht und sie als indikativ für die Qualität der Mutter-Kind-Beziehung betrachtet.

Die »Fremde-Situation« besteht aus acht Episoden, von denen jede etwa drei Minuten dauert: 1. Mutter und Kind betreten das Spielzimmer. 2. Sie akklimatisieren sich, und das Kind hat Gelegenheit zur Erkundung des neuen Raums. 3. Eine fremde Person tritt ein und nimmt mit beiden Kontakt auf. 4. Die Mutter verläßt den Raum, und die Fremde bleibt mit dem Kind zurück. 5. Die Mutter kommt zurück, und die Fremde geht. 6. Die Mutter geht, und das Kind bleibt allein zurück. 7. Die Fremde kommt. 8. Die Mutter kommt, und die Fremde geht (wie in 5.).

Ainsworth und ihre Mitarbeiter haben drei typische Verhaltensmuster in diesen Situationen beobachtet.* Es gibt Kinder, die Zeichen von Kummer zeigen, wenn die Mutter den Raum verläßt. Sie unterbrechen ihr Spiel und suchen aktiv nach ihr. Von der Fremden lassen sie sich nur ungern trösten, aber gelegentlich zur Neuaufnahme ihres

---

* Mittlerweile ist eine vierte Gruppe beschrieben worden, die desorganisiert/desorientiert Gebundenen (Main/Solomon 1986, 1990; Main 1995b). Ich lasse sie aus Gründen der Vereinfachung in der folgenden Darstellung weg. (Näheres in Kap. 8.)

Spiels überreden. Wenn die Mutter zurückkommt, begrüßen sie sie freudig, suchen offen ihre Nähe, und beginnen nach kurzer Zeit wieder mit dem Spiel. Diese Kinder sind *sicher* gebunden (B-Gruppe). Eine zweite Gruppe von Kindern ignoriert den Weggang der Mutter. Sie setzen ihr Spiel fort, als wenn nichts geschehen wäre, und spielen mit der Fremden oft lebhafter als mit der Mutter. Auch die Rückkehr der Mutter wird ignoriert. Die Kinder vermeiden den Blickkontakt, begrüßen sie nicht und suchen auch nicht ihre Nähe. Ainsworth nennt sie die unsicher-*vermeidend* gebundenen Kinder (A-Gruppe).

Eine dritte Gruppe, die unsicher-*ambivalent* gebundene (C-Gruppe), wirkt unruhig und gestreßt, wenn die Mutter den Raum verläßt. Sie lassen sie nur ungern gehen und sich von der Fremden kaum trösten. Bei ihrer Rückkehr begrüßen sie die Mutter zwar und suchen ihre Nähe, fangen aber beispielsweise Sekunden später an, sie z.B. zu schlagen oder zu treten. Sie sind hin und her gerissen zwischen Nähesuchen und Distanzierung. Manche bleiben auch einfach weinend und passiv sitzen, ohne sich durch Körperkontakt zu beruhigen. Bei Ainsworth, die amerikanische Mittelklassekinder untersucht hat, waren 68 % der Kinder sicher gebunden, 20 % vermeidend und 12 % ambivalent. Interkulturelle Untersuchungen in Deutschland, Japan und Israel haben ergeben, daß die Häufigkeitsverteilung in anderen Kulturen gelegentlich anders ist. Unterschiede gibt es jedoch auch bei verschiedenen Stichproben innerhalb ein und derselben Kultur (Überblick bei van Ijzendoorn / Kroonenberg 1988; van Ijzendoorn et al. 1990).*

Die genannten Zahlen sind im vorliegenden Zusammenhang weniger wichtig als das grundlegende Argument, das sich aus ihnen ableiten läßt: Die Untergruppe der ambivalent-gebundenen Kinder (C) zeigt die Charakteristika, die Mahler in ihrer Beschreibung der Wiederannäherungskrise als typisch für alle Kinder behauptet hatte: die ständige Präokkupation mit der mütterlichen Verfügbarkeit und die Neigung, ihre Nähe gleichzeitig zu suchen und zu vermeiden. Wenn sich diese ambivalenten Verhaltensweisen aber nur bei etwa 10 % (25 %, wenn man die desorganisiert gebundenen ebenfalls als ambiva-

---

* In seiner neuesten Metaanalyse aller verfügbaren Studien kommt van Ijzendoorn (1995) zu folgender Häufigkeitsverteilung in nichtklinischen Populationen: 55 % sicher gebundene, 23 % vermeidende, 8 % ambivalente und 15 % desorganisierte.

lent betrachtet) einer Normalpopulation von Kindern finden lassen, scheinen sie eher für eine Untergruppe von Kindern zu gelten als für alle, sind also ein partikulares Phänomen, kein universales.

Ein naheliegender Einwand wäre, daß durch die Untersuchung von Ambivalenz in einem bestimmten Setting (der Fremden-Situation) ein verzerrtes Bild von deren wirklicher Häufigkeit entsteht. Vielleicht wäre sie universaler, wenn man ihr Auftreten nicht (nur) dort, sondern in der natürlichen Umgebung beobachten würde. Ich denke nicht, eher im Gegenteil! Die Fremde-Situation ist nämlich erstens Alltagsbedingungen nachempfunden und insofern ökologisch einigermaßen valide. Zweitens ist sie für das Kind (mäßig) belastend und als solche genau deshalb so konstruiert, um die unter weniger belastenden (Alltags-)Bedingungen unter Umständen latent bleibenden Reaktionen deutlicher hervorzulocken. Insgesamt wird die Fremde-Situation also – wenn überhaupt – eher zu einer Überschätzung als zu einer Unterschätzung der Ambivalenz in Beziehungen führen.

Wie sind nun die Beziehungserfahrungen beschaffen, die der Ambivalenz in der Fremden-Situation vorausgehen? Beobachtungen der Eltern-Kind-Interaktion in häuslicher Umgebung während des ersten Lebensjahres führten Ainsworth et al. zu der Erkenntnis, daß die Mütter der später in der Fremden-Situation ambivalenten Kinder im ersten Lebensjahr ein inkonsistentes Interaktionsverhalten zeigten. Waren ihre Kinder bekümmert und wollten getröstet werden, so konnten sie sich manchmal auf dieses Bedürfnis einstellen, andere Male nicht; häufig übertrieben sie den Trost, wenn sie ihn gaben, und unterließen ihn beim nächsten Mal ganz. Ihr Verhalten war für die Kinder nicht vorhersagbar und stürzte sie so in ständige Ungewißheit über die Zugänglichkeit der Mutter. Mit eineinhalb Jahren haben die Kinder dann verinnerlichte Erwartungen über die inkonsistente Verfügbarkeit der Eltern ausgebildet und entsprechend ambivalente Verhaltensweisen, um sie auszudrücken. Das Anklammern und Nicht-gehen-lassen-Wollen ist ein Versuch, die unsichere Verfügbarkeit zu sichern; die Untröstbarkeit und Gereiztheit nach der Rückkehr der Mutter ist Ausdruck des Ärgers über die stets nur prekäre Befriedigung der Bindungsbedürfnisse. So betrachtet haben die ambivalenten Kinder weniger das Problem, zwischen Größen- bzw. Kleinheitsphantasien und Angst vor dem Verschlungenwerden hin und her zu pendeln, sondern eher das, daß sie aufgrund inkonsistenter elterlicher Reaktionen ein ambivalentes Verhältnis zu ihnen entwickelt haben –

einschließlich widersprüchlicher Selbst-, Objekt- und Beziehungsrepräsentanzen. In ihnen paaren sich persistierende Bindungsbedürfnisse mit Ärger über deren unzureichende Befriedigung (wobei
dieser Ärger, anders als bei den vermeidend gebundenen Kindern,
immerhin noch ausgedrückt werden kann).

Die Rezeption der skizzierten Befunde der Bindungsforschung
führt also zu dem Ergebnis, daß die von Mahler beschriebene Ambivalenz kein universales Merkmal einer bestimmten Entwicklungsphase ist, sondern nur bei einem bestimmten Prozentsatz von Kindern vorkommt. Sie scheint bevorzugt in Eltern-Kind-Beziehungen
zu entstehen, die von Problemen der Eltern mit den Bindungs- und
Kommunikationsbedürfnissen ihrer Kinder belastet sind. Die Mehrzahl »normaler« Eltern – also die der sicher gebundenen Kinder –
reagiert überwiegend konsistent und responsiv auf diese Bedürfnisse,
und die Kinder sind entsprechend unambivalent und verfügen über
eine eindeutige Strategie im Umgang mit schwierigen, belastenden
Situationen: Sie suchen die Nähe der Bindungsperson. Das ist Ausdruck einer verinnerlichten Erwartung von der Zuverlässigkeit und
Zugänglichkeit dieser Person. Die Selbst-, Objekt- und Beziehungsrepräsentationen der B-Kinder (in Bowlbys [1973] Terminologie:
ihre inneren Arbeitsmodelle von Selbst, Objekt und Beziehung) sind
nicht widersprüchlich, wie die der ambivalenten (C), sondern einheitlich.

Diese Einsicht, daß die Ambivalenz der Wiederannäherungskrise
in erster Linie die Konsequenz und Begleiterscheinung der Qualität
vergangener (und gegenwärtiger) Beziehungserfahrungen ist und
nicht das Ergebnis einer universalen intrapsychischen Dynamik, findet sich in Mahlers Filmen und den gesprochenen Begleitkommenta-
ren durchaus angedeutet, tritt aber in den expliziten theoretischen
Ausarbeitungen immer wieder in den Hintergrund (s. Lyons-Ruth
1991, S. 9). Die deutlichsten Hinweise darauf finden sich bei Mahler et
al. (1975, S.129, 140) und Bergman/Ellman (1985, S. 244). Stork (1978,
S. 911) ist meines Wissens einer der ersten gewesen, der anmerkte, daß
die von Mahler beschriebenen Charakteristika der Wiederannäherungskrise bei Kindern mit vertrauensvoller Beziehung zur Mutter
kaum zu finden sind.

Resümee

Bezüglich der Wiederannäherungskrise ergeben sich folgende Schlußfolgerungen:

Erstens: Es wurde vorgeschlagen, die Ambivalenz des Kindes in der Wiederannäherungsphase als Antwort auf elterliche Ambivalenz zu betrachten und nicht als Ausdruck der von Mahler beschriebenen intrapsychischen Dynamik. Individuelle Besonderheiten bestimmter Eltern-Kind-Beziehungen wurden dabei als konstitutiv für das Entstehen von Ambivalenz beschrieben.

Zweitens: Folgt man Horner (1988) und einigen soziobiologischen Autoren (Überblick aus psychoanalytischer Sicht bei Slavin [1985] und Slavin/Kriegman [1992a, b]), so können elterliche Ambivalenz und interpersonelle Konflikte als universal betrachtet werden, insbesondere im Entwicklungszeitraum zwischen ein und drei Jahren, in dem Reifungs- und Entwicklungsprozesse kumulieren, die ein gewisses Maß an elterlichem Zwiespalt unausweichlich machen.

Drittens: Die entscheidende Frage war, ob – um Hartmann (1939) zu paraphrasieren – die »durchschnittlich zu erwartende Ambivalenz« ausreicht, um die kindliche Ambitendenz der Wiederannäherungskrise zu erklären. Die Antwort darauf lautete: nein. Die Ergebnisse der Bindungsforschung belegen, daß ein relevantes Maß an Ambivalenz nur bei etwa 10 bis 25 % der ein- bis eineinhalbjährigen Kinder aus Normalpopulationen zu finden ist. Längsschnittuntersuchungen ergaben, daß diese Ambivalenz eine von Kindern entwickelte Strategie des Umgangs mit elterlichem Zwiespalt und daraus folgenden inkonsistenten Beziehungsangeboten ist.

Viertens: Diese Befunde bestätigen Horners Gedanken zu den interpersonellen Ursprüngen der Ambivalenz und relativieren zugleich ihre Bedeutung: Selbst universal vorhandene Ambivalenz bei Eltern führt nur dann zu merklicher und dauerhafter Ambivalenz bei Kindern, wenn sie gewisse »Schwellenwerte« dauerhaft überschreitet und dadurch zu einem wesentlichen Beziehungsthema wird.

Fünftens: Diese Überlegungen sind mit denen zur Symbiose vergleichbar. Der symbiotische Moment – so wurde argumentiert – mag universal sein, aber das impliziert nicht, daß seine Bewältigung/Verarbeitung die zentrale Aufgabe des Kindes in einer bestimmten Entwicklungsphase ist, denn er kann auch passager und flüchtig sein und wird nur in bestimmten, dafür disponierten Eltern-Kind-Paaren zu einem bedeutsamen Thema, in anderen nicht. Das Ausmaß seiner Bedeutung ist also letztlich nur durch weitere empirische Einzelfall-forschung zu bestimmen. Ebenso kann der ambivalente »Moment« universal sein. Das rechtfertigt jedoch nicht die Hervorhebung von Ambivalenz und deren Bewältigung als zentrales Charakteristikum einer bestimmten Entwicklungsphase, weil im behaupteten Zeitraum solche »Momente« nachweislich nur für einige (etwa 10 bis 25 %) und nicht für alle Kinder von Bedeutung sind.

Sechstens: Mancher Leser wird sich durch diese Gedanken mög-licherweise depriviert fühlen. Die vorstehenden Ausführungen haben nämlich dazu geführt, daß aus den bisherigen »großen« Aufgaben des Kindes, die Mahlers Theorie postuliert, k(l)eine geworden sind. Die so imposant und einleuchtend erscheinenden universellen Themen von Symbiose und Bewältigung der Wiederannäherungskrise wurden empirisch »herunterrelativiert« und damit ein Stück weit ihres Zau-bers entkleidet. Aber Entzauberung ist das Wesen der Wissenschaft – und zugleich eines ihrer Probleme. Akademische Gedanken gehen bekanntlich oft im Gänsemarsch, und der ist nicht jedermanns Sache. Ich hoffe, es ist mir gelungen, den Leser ein wenig davon zu überzeugen, daß auch diese Gangart ihren Reiz und ihre Erkenntnis-chancen besitzt. Oder, in den Worten eines von Freud (1920b, S. 69) zitierten Dichters: »Was man nicht erfliegen kann, muß man erhin-ken.«

Kapitel 6   Zur Entwicklung der Angst beim Säugling

Eine meiner von Piaget und der Säuglingsforschung inspirierten Grundannahmen in bezug auf das frühe Seelenleben ist, daß Säuglinge nicht phantasieren können und daß das Affektsystem dem Phantasiesystem zeitlich vorausläuft. Die ersten Bewußtseinsformen sind Affekte, nicht Phantasien, und die Affekte des Säuglings werden durch Wahrnehmungen oder innere Empfindungen ausgelöst, nicht durch Vorstellungen / Phantasien. Ich unterscheide deshalb symbolisierte und nicht-symbolisierte Gefühle. Unter ersteren verstehe ich die Verknüpfung von Affekten mit Phantasien, unter letzteren Affekte, die ohne sie begleitende oder sie auslösende Phantasien auftreten (s. Kap. 2).

Es gibt natürliche Bedingungen, die Angst auslösen, und zwar bei allen Mitgliedern der Spezies, wie z. B. Alleinsein, Dunkelheit, überraschende oder plötzliche Geräusche etc. So ausgelöste Angst verschwindet, wenn die sie auslösende Situation sich verändert. Dauerhafte, chronische Angst entsteht durch die Verknüpfung einer an sich adaptiven Affektdisposition mit Vorstellungsinhalten, die unabhängig von aktuellen Situationen sind. Erst solche Vorstellungen stellen die Angst intrapsychisch auf Dauer. Säuglinge können nicht phantasieren, und deshalb haben sie in erster Linie realistische Ängste, keine phantasierten, d. h. Ängste, die sich auf Wahrnehmungen innerer oder äußerer bedrohliche Reize gründen, und nicht solche, in denen ängstigende Situationen phantasiert werden. Außerdem sind ihre Ängste zeitlich begrenzt und nicht dauerhaft, vorausgesetzt die angstauslösende Situation läßt sich verändern.

Terminologische Fragen

Ich möchte im folgenden die Empirie und Theorie der zwei großen Ängste der ersten eineinhalb Lebensjahre darstellen: die der Fremdenangst und die der Trennungsangst. Zunächst eine terminologische Vorbemerkung. In der psychoanalytischen Theorie wird üblicherweise zwischen Angst und Furcht unterschieden. Angst soll aus der Wahrnehmung einer Bedrohung von innen resultieren, während Furcht auf die Wahrnehmung einer äußeren Gefahr zurückzuführen sein soll. Diese Unterscheidung hat eine gewisse Plausibilität. Der Phobiker z. B. fürchtet sich zwar vor bestimmten äußeren Objekten / Situationen, aber das ist Resultat einer Verschiebung, und »eigentlich« ängstigt er sich vor einem inneren Objekt oder einer inneren Gefahr. Platzangst z. B. wurde in der klassischen Theorie u. a. auf unbewußte Prostitutionsphantasien zurückgeführt oder auf unbewußte feindselige Impulse, die das Kind veranlassen, kompensatorisch in der Nähe der Mutter zu bleiben; in der nachklassischen, z. B. Mahlerianischen Theorie auf Individuationsprobleme des Kindes, das die Trennung von der Mutter fürchtet und die Angst vor dem Verlust des symbiotischen Objekts als Angst vor Straße oder Schule empfindet.

Für die Säuglingszeit ist diese Unterscheidung zwischen Angst und Furcht weniger plausibel, weil die intrapsychischen Operationen, welche die Angst in Furcht verwandeln – z. B. die Verschiebung, durch die eine innere in eine äußere Gefahr verwandelt wird –, dem Säugling noch nicht zur Verfügung stehen. Seine Ängste sind, sofern sie dauerhaft sind, nicht das Ergebnis von Abwehrmechanismen, mit denen mentale Inhalte manipuliert werden, sondern das Resultat aversiver Konditionierung. Ich werde deshalb im folgenden die Begriffe Angst und Furcht austauschbar verwenden, was übrigens auch in der englischsprachigen Literatur zu diesem Thema üblich ist, in der »fear« und »anxiety« oft im gleichen Sinn verwendet werden.

Säuglingsaffektforscher haben herausgefunden, daß Furcht in der Regel erstmals mit sieben Monaten auftaucht. Frühere Bekundungen von Unbehagen bezeichnen sie als »distress / pain«. Impfungen beispielsweise oder andere schmerzliche Eingriffe werden mit einem recht spezifischen Gesichtsausdruck beantwortet, der Unbehagen / Schmerz signalisiert, aber nicht Furcht. Der Ausdruck von Furcht zeigt sich in der gleichen Situation erst ab etwa sieben Monaten oder –

genauer gesagt – der voll entwickelte Ausdruck von Furcht, denn einige Komponenten dieses Ausdrucks gibt es schon vorher (Izard et al. 1983, 1987).

Warum nun entsteht Furcht erst mit sieben Monaten? Die evolutionstheoretische Erklärung für diesen Sachverhalt ist, daß die Entwicklung von Furcht dann adaptiv ist, wenn der Säugling sich aktiv fortbewegen kann. Aktive Lokomotion beginnt in Gestalt des Krabbelns mit etwa acht Monaten, also ungefähr zur selben Zeit wie die Entstehung von Furcht. Die Entfernung von den Eltern birgt Gefahren für das Überleben – zumindest war das so in der evolutionären Vorzeit –, und die Selektion hat wahrscheinlich deshalb die zeitgleiche Entwicklung eines Furchtsystems begünstigt, weil es einen Schutz gegen Raubtiere und andere Gefahren bot, die mit dem Sich-Entfernen von den schützenden elterlichen Personen entstanden.

Fremdenangst und Trennungsangst

Die am besten untersuchten Ängste in der Säuglingszeit sind Fremden- und Trennungsangst. Fremdenangst beginnt mit etwa sieben Monaten, kurz darauf – mit etwa acht bis neun Monaten – entsteht Trennungsangst. Diese beiden Ängste haben die Psychoanalyse schon früh beschäftigt. In der 32. Vorlesung der *Neuen Folge*, in der Freud (1933a) mit großer didaktischer und sprachlicher Eleganz die Veränderungen seiner Auffassungen über die Angst, die sich im Laufe der Jahre und Jahrzehnte ergeben haben, systematisiert, schlägt er folgende Lesart der Fremdenangst vor: »Die Einsamkeit sowie das fremde Gesicht erwecken die Sehnsucht nach der vertrauten Mutter; das Kind kann diese libidinöse Regung nicht beherrschen…, sondern verwandelt sie in Angst. Diese Kinderangst ist also nicht der Realangst, sondern der neurotischen Angst zuzurechnen« (1933a, S. 89). Spitzens Ausarbeitung der Freudschen Andeutungen (Spitz 1965) klärt, was damit gemeint ist. Der Kern seiner (und Freuds) Theorie über die Fremden- / Achtmonatsangst ist, daß sie im Grunde keine Angst vor dem Fremden ist, sondern eine maskierte Trennungs- und letztlich Triebangst. Die Argumentation geht so:

Der Säugling sieht den Fremden; daraus schlußfolgert er, daß die Mutter nicht da ist und ihn verlassen hat. Aber das ist als solches noch kein besonders bedrohlicher Sachverhalt, sondern wird es erst, weil der Säugling nun allein seinen ihn plagenden Trieben ausgeliefert ist. Die Angst vor dem Fremden ist also »eigentlich« eine Angst, daß die Mutter ihn verlassen hat – Fremdenangst ist eigentlich Trennungsangst –, und die Trennungsangst ist »eigentlich« Triebangst, weil der Säugling nicht durch das Alleinsein als solches bekümmert ist, sondern sich durch die Gewalt seiner Triebe, insbesondere seiner Libido, im Zustand des Alleinseins bedroht fühlt. Er entwickelt dann entweder traumatische Angst, wenn er von den Trieben überrollt wird, oder Signalangst, wenn sein Ich genügend entwickelt ist. Das ist schön ausgedacht, aber wahrscheinlich leider falsch. Die weiteren Schicksale dieser Theorie zeigen, wie sie durch Beobachtungsmaterial in Schwierigkeiten kam und wie diese Schwierigkeiten »bewältigt« wurden.

Szekely (1954) war einer der ersten, der darauf hinwies, daß es Fremdenangst auch bei Mutteranwesenheit geben kann. Diese einfache Beobachtung bringt die geschilderte Theorie zu Fall: Wenn das Kind sich nämlich auch in *Anwesenheit* der Mutter vor dem Fremden fürchtet, kann die Furcht vor dem Fremden keine Trennungsangst (oder Triebangst) sein, denn das Kind ist ja gar nicht von der Mutter getrennt. Spitz hat seinen ganzen beachtlichen Scharfsinn darauf verwendet, eine unhaltbare Theorie zu retten, und er war nicht nur in solchen Dingen ziemlich erfindungsreich! Ich will mich mit den Details dieser Rettungsversuche nicht aufhalten.* Die Zeit ist über sie hinweggegangen, und 30 Jahre Forschung auf diesem Gebiet haben zu folgenden Ergebnissen geführt:

1. Es gibt starke Evidenzen dafür, daß Fremdenangst eine erhebliche Reifungskomponente hat und nicht auf unangenehme Erfahrungen mit dem Fremden zurückzuführen ist. In Kulturen mit den unterschiedlichsten Sozialisations- und Erziehungsbedingungen tritt sie etwa zum selben Zeitpunkt erstmals auf. Eine solche Zeitgleichheit trotz unterschiedlicher Umweltbedingungen verweist auf Reifungsgrundlagen (s. Emde et al. 1976).

2. Fremdenangst und Trennungsangst sollten als verschiedene, wenn auch interdependente Phänomene betrachtet werden. Das Fremde an

---

* Spitz hat den von Szekely beschriebenen Sachverhalt einfach bestritten und behauptet, es gebe praktisch keine Fremdenangst bei Mutteranwesenheit. Das ist nachweislich unrichtig (s. Benjamin 1961, 1963; Bowlby 1969; Emde et al. 1976; Dornes 1981).

sich genügt, um unter bestimmten Umständen Angst auszulösen (Bowlby 1969, 1973), aber ob die Angst überhaupt auftritt und wie ausgeprägt sie ist, hängt sehr von den Bedingungen ab, unter denen das Fremde erscheint. Trennung von der Mutter – d.h. Alleinsein – kann die Fremdenangst *verstärken*, weil das Fremde mehr ängstigt, wenn man allein ist; aber dennoch ist Fremdenangst nicht auf Trennungsangst reduzierbar, denn sie kann auch ohne Trennung auftreten. Gegen die Identität von Trennungs- und Fremdenangst spricht weiter, daß es Kinder mit viel Fremden- und wenig Trennungsangst gibt sowie umgekehrt solche mit viel Trennungs- und wenig Fremdenangst (Tennes / Lampl 1964).

3. Beide Ängste haben einen unterschiedlichen Verlauf mit unterschiedlichen Höhepunkten in den ersten zwei Lebensjahren. Die Fremdenangst beginnt mit etwa sieben bis acht Monaten, hat ihren Höhepunkt zwischen neun und elf Monaten und verschwindet dann allmählich. Trennungsangst taucht etwa zur selben Zeit – vielleicht eher einen Monat später – auf, hat ihren Gipfel ebenfalls später, nämlich mit zwölf bis fünfzehn Monaten, und wird ab eineinhalb Jahren sehr viel seltener (Mussen et al. 1990a, S. 152 f.).

4. Fremdenangst ist kein universales Phänomen und kein normaler Meilenstein der Entwicklung, wie Spitz meinte, sondern ihre deutliche Ausprägung ist von bestimmten Bedingungen abhängig. Unter »optimalen« Umständen reagiert das acht Monate alte Kind auf einen Fremden mit einer Mischung aus Neugier und Vorsicht, nicht mit Angst. »Stranger wariness« scheint eher normal und universal zu sein als »stranger anxiety« (Brody / Axelrad 1970; Mahler et al. 1975).*

5. Es gibt auch Kontextfaktoren, die das Auftreten und die Intensität der Fremdenangst mitbestimmten. Sie ist stärker bzw. tritt auf, wenn a) die Mutter nicht da und / oder schwer erreichbar ist; b) das Kind krank ist oder sich in einer unvertrauten Umgebung befindet; c) der

---

* Die Auffassungen hierzu sind kontrovers. Emde et al. (1976) und Sroufe (1977) behaupten weiterhin Universalität, Hellbrügge et al. (1978) bestreiten sie. Die unterschiedlichen Positionen lassen sich auf unterschiedliche Kriterien für das Vorhandensein von Fremdenangst zurückführen. Nimmt man Vorsicht, hochgezogene Augenbrauen und erhöhten Herzschlag als Anzeichen für Fremdenfurcht, dann ist sie universal; wenn man den furchtsamen Gesichtsausdruck, Weinen oder physische Flucht(versuche) zum Kriterium macht, ist sie es nicht. Erstere Kriterien finden sich bei allen Kindern, letztere nicht. Ich finde die letzteren aussagekräftiger.

Fremde sich ohne Vermittlung von Spielzeug oder Spielangebot dem Kind schnell nähert (Bretherton 1978); d) der Fremde die Distanz kontrolliert und nicht das Kind (Horner 1980; Sroufe et al. 1992). Umgekehrt gilt: Sitzt das gesunde Kind auf dem Schoß der Mutter in einer vertrauten Umgebung und nähert sich der Fremde langsam und mit Respekt oder bleibt, wo er ist, und das Kind kann sich *ihm* nähern, wird eher Vorsicht gepaart mit Neugier auftreten als Angst.

6. Kaltenbach et al. (1980) haben herausgefunden, daß Erwachsene genau die gleichen Reaktionsmuster in vergleichbaren Situationen zeigen wie acht Monate alte Kinder – d. h. je nach Kontext eher Angst oder Vorsicht / Neugier; dies zeigt, daß Fremdenangst sehr stark eine Funktion der Situation ist und nicht nur des Alters.

Die Diskussion über Fremdenangst ist in letzter Zeit gelegentlich politisiert worden, und die zweifellos vorhandenen Disposition, auf Fremdes mit Vorsicht zu reagieren, mußte dazu herhalten, Ausbrüche von Fremdenfeindlichkeit als »natürlich« zu unterfüttern bzw. zu erklären. Nun sind aber Fremden*angst* und Fremden*feindlichkeit* zwei verschiedenen Dinge, auch wenn man einräumen wird, daß Angst in Feindseligkeit umschlagen kann. Die Beobachtung, daß Kinder um so weniger Angst vor Fremden haben, je geborgener sie sich fühlen, und daß sie unter solchen Bedingungen auf Fremde sogar neugierig sein können, zeigt meines Erachtens jedoch, wie mit diesem Phänomen auch umgegangen werden könnte. Das Fremde wird als bedrohlich und angst- oder aggressionsauslösend erlebt, wenn sich das Subjekt unsicher fühlt. Vermutlich sind es deshalb eher die innerlich heimatlosen Individuen, die zu aversiven Reaktionen auf Fremde neigen.*

Verschiedene Untersuchungen belegen, daß Fremdenangst sozialisatorischen Einflüssen unterliegt. Betritt ein Fremder das Zimmer und wird von der Mutter freundlich begrüßt, so wird das Kind auf den Fremden eher mit Neugier als mit Angst reagieren. Begrüßt die Mutter den Fremden mit Zeichen der Furcht, so tut das Kind mit erhöhter Wahrscheinlichkeit das gleiche (Feinman / Lewis 1983). Dies ist so, weil Säuglinge ab dem Alter von etwa neun Monaten in Situa-

---

* Lütkenhaus et al. (1985) haben gezeigt, daß sicher gebundene dreijährige Kinder in der häuslichen Umgebung aufgeschlossener mit einem Fremden interagieren als unsicher gebundene. Auch sind sie im Spiel mit ihm ausdauernder und zeigen ihre Gefühle offener.

tionen, die zwiespältige oder widersprüchliche Gefühle auslösen (der Eintritt des Fremden löst Neugier und Vorsicht aus), sich an der Mutter und ihrem Affekt orientieren, um mehr Information zur »Entscheidung« über den Charakter der Situation zu erlangen. Der mütterliche Affekt bestimmt dann den kindlichen. Dieses Phänomen heißt »social referencing«; es ist von verschiedenen Autoren mittlerweile gründlich erforscht worden (z. B. Feinman 1982, 1992; Feinman / Lewis 1983; Klinnert et al. 1983; Sorce et al 1985; Hornik et al. 1987).

Neben den sozialisatorischen Einflüssen sollten auch biologische anerkannt werden. Es scheint eine biologische oder genetische Disposition zur (ängstlichen) Erregbarkeit zu geben. Säuglinge unterscheiden sich schon von Geburt an in der Fähigkeit, Erregung zu regulieren und Erregung regulieren zu lassen. Es gibt leicht tröstbare und schwerer tröstbare Säuglinge, und es gibt leicht erregbare und solche, die kaum aus der Ruhe zu bringen sind. Später gibt es welche, die ängstlicher, und andere, die weniger ängstlich sind. Es ist derzeit noch unklar, ob Kinder mit schwierigem Temperament und einer Neigung zur Irritierbarkeit – die als Vorläufer von Ängstlichkeit betrachtet werden – später eine erhöhte Wahrscheinlichkeit haben, Angsterkrankungen zu entwickeln. Einige Untersuchungen sprechen dafür (Miller et al. 1990), andere dagegen (Sroufe et al. 1992, S. 569). Für Therapeuten interessant ist, daß allgemeine Ängstlichkeit und erhöhte Trennungsangst in der Kindheit diejenigen Symptome sind, die auf alle Formen von Psychotherapie, seien sie verhaltenstherapeutisch oder psychodynamisch orientiert, am besten ansprechen. Auch ihre spontane Remissionsrate ist höher als die anderer Erkrankungen in der Kindheit wie »conduct disorders« (Lügen, Stehlen, offene Aggression) oder Hyperaktivität und Aufmerksamkeitsstörungen.

Wie ängstlich oder ruhig der irritierbare Säugling später als Kind schließlich ist, hängt von mehreren Einflußfaktoren ab. Säuglinge mit einem schwierigen Temperament können das Glück haben, auf Eltern oder eine Umwelt zu treffen, die damit gut fertig werden, und ihre Irritierbarkeit wird sich mildern. Umgekehrt können ruhige Kinder auf irritierbare Eltern treffen und im Verlauf der Entwicklung ängstlich(er) werden. Ungünstigere Ergebnisse sind ebenfalls denkbar, etwa wenn ein unruhiges Kind auf irritierbare Eltern trifft. Vorhersagen sind im Einzelfall schwer und erfordern ausgefeilte und kostenaufwendige Longitudinalstudien, die derzeit vermutlich kaum

189

jemand finanzieren wird. Auch ohne sie können wir feststellen, daß biologische und sozialisatorische Einflüsse wirksam sind, wobei das Verhältnis beider noch näher bestimmt werden muß.

Wie steht es mit der Trennungsangst? Wie erwähnt zeigt sie sich in der Regel ab acht bis neun Monaten, wenn die Mutter das Kind allein läßt. Vorläufer solchen Unbehagens gibt es jedoch schon früher, und Kinder weinen und quengeln schon mit wenigen Tagen, wenn sie alleingelassen werden. Fast immer kann aber in den ersten sechs Monaten ein anderer Erwachsener das Kind beruhigen, wenn auch oft nicht so gut wie die Mutter. Die meisten Autoren, die über Trennungsangst publiziert haben (Überblick bei Bower 1977, Schaffer 1977, Lamb/Bornstein 1987), sind der Meinung, daß im ersten halben Jahr die Bindung an die Mutter noch nicht so spezifisch ist wie später und deshalb ein Mutterersatz vom Säugling eher akzeptiert wird. Er bemerkt wohl den Unterschied zwischen verschiedenen Betreuungspersonen, aber seine Beziehung zur Mutter ist noch weniger exklusiv als später. *Nach* sechs Monaten ist das anders. Jetzt ist die Mutter nicht mehr nur die Person, die am besten beruhigen kann, sondern oft auch die einzige, die akzeptiert wird.

Möglicherweise tragen auch die Anfänge von Objektpermanenz zur Entwicklung der Trennungsangst bei. Piaget (1936, 1937) hat gezeigt, daß um etwa acht Monate herum eine Ahnung davon entsteht, daß Objekte, die man nicht mehr sieht, dennoch weiterexistieren. Vorher gilt: aus den Augen, aus dem Sinn.* Das dämmernde Bewußtsein davon, daß die Mutter noch existiert, auch wenn sie nicht mehr da ist, scheint die kognitive Voraussetzung für ausgeprägte Trennungsangst zu sein, weil der Glaube an die Weiterexistenz von etwas eine Voraussetzung dafür ist, dieses Etwas zu vermissen. Vor sechs bis acht Monaten lösen Trennungen eher ein Unbehagen aus, das von der fehlenden Stimulation einer zu Ende gegangenen Interaktion oder sonstwie unbehaglich veränderten Umständen herrührt, aber noch kein spezifisches Vermissen des Objekts zu implizieren scheint. Die Trennung verunsichert das Kind auch nicht in erster Linie deshalb, weil es im Zustand des Alleinseins Angst vor seinen Trieben hat, son-

---

* Mittlerweile ist der Beginn der Objektpermanenz von verschiedenen Autoren auf drei bis vier Monate vorverlegt worden (Überblick bei Baillargeon 1993 und in Kapitel 4 des vorliegenden Buches). Säuglinge dieses Alters glauben allerdings nur wenige Sekunden lang an die Fortexistenz eines verschwundenen Objekts.

dern weil eine vertraute Person aus seiner Umgebung verschwunden ist, an die es sich mit seinen Bedürfnissen nach Sicherheit, Schutz, Kontakt und Kommunikation wenden kann. Primär werden durch Trennungen nicht Triebbedürfnisse, sondern eher Kommunikations-, Trost-, Sicherheits- bzw. narzißtische Bedürfnisse frustriert, auch wenn sich beides miteinander verbinden kann.

Bowlby und die Kleinianer über frühe Ängste

Diese Auffassung stimmt mit den Ergebnissen der Säuglingsforschung sowie denen der akademischen Entwicklungspsychologie überein und steht innerhalb der Psychoanalyse den Theorien von Robertson/Robertson (1971) und Bowlby (1969, 1973) am nächsten. Bowlbys Theorie gilt unter Psychoanalytikern als nicht recht »satisfaktionsfähig« und steht unter Behaviorismus-Verdacht (Bacal/Newman 1990, S. 250).* Ich halte diesen Verdacht für oberflächlich, aber es ist hier nicht der Ort, diese Einschätzung zu begründen. Die einfache Tatsache, daß Bowlby einen Unterschied macht zwischen Bindung bzw. Bindungsbedürfnissen einerseits als einer *Disposition* des Individuums, unter bestimmten Umständen Nähe und Kontakt zu suchen, und Bindungs*verhalten* andererseits (das diese Disposition realisiert), sollte vor der vorschnellen Einordnung Bowlbys in die Behaviorismus-Schublade bewahren. Wie Bowlby fühle ich mich als Anwalt des Realismus in der psychoanalytischen Entwicklungspsychologie, aber ebenso wie er habe ich einiges aus der Lektüre der Schriften von Melanie Klein gelernt. Deshalb einige Bemerkungen zu ihren phantasievollen, manchmal phantastischen Theorien über das frühe Seelenleben.

Kleinianer (z. B. Fornari 1966) und kleinianisch inspirierte Autoren (z. B. Kernberg 1976, Diatkine 1978, Hopkins 1987) erklären die *Fremden*angst als Ergebnis der Projektion böser (Teil-)Objektrepräsentanzen. Die Anwesenheit des Fremden bezeugt in ihrer Theorie für das Kind die Abwesenheit der Mutter. Ganz wie bei Freud lautet die unbewußte Schlußfolgerung des Kindes beim Anblick des Frem-

***

* Erfreuliche Ausnahmen im deutschen Sprachraum sind u. a. Hoffmann (1986), Bräutigam (1991) und Köhler (1992, 1995, 1996).

den: Meine Mutter hat mich verlassen. Der folgende Schritt ist allerdings spezifisch kleinianisch. Die Abwesenheit des guten Objekts wird vom Kind als Anwesenheit eines bösen empfunden/phantasiert, und die schlechten Empfindungen/Phantasien werden auf/in den Fremden projiziert, der daraufhin als Träger des projizierten Bösen erscheint und Angst einflößt. Im Grunde ist die Kleinianische Theorie der Fremdenangst eine Variante des Themas »Sicherheit mildert Angst«, nur daß die Sicherheit in den »realistischen« Theorien auf reale Faktoren wie Anwesenheit der Mutter, vertraute Umgebung etc. zurückgeführt wird, in der Kleinianischen Theorie eher auf die Anwesenheit eines phantasierten guten inneren Objekts.*

Mir erscheinen die realistischen Theorien plausibler, weil ich der Meinung bin, daß Säuglinge weder phantasieren noch projizieren können. Aber für ältere Kinder und Erwachsene hat die Kleinianische Theorie unter Umständen einige Erklärungskraft. Ein unsicheres, aggressiv oder ängstlich getöntes inneres Milieu – kleinianisch gesprochen das Nicht-Erreichen der depressiven Position, in der kein überwiegend gutes inneres Objekt existiert – kann die Entstehung von Angst und die Projektion von Aggression auf andere (und damit erhöhte Fremdenangst) sicherlich begünstigen, ebenso wie starke Aggression Trennungsangst intensivieren kann. Ein grundsätzliches Problem der kleinianischen Angsttheorie sehe ich jedoch darin, daß sie quasi axiomatisch annimmt, Aggression sei die zentrale Ursache von Angst und gehe ihr immer voraus. Dabei wird zu wenig berücksichtigt, daß Angst auch unabhängig von Feindseligkeiten entstehen oder sie sogar hervorrufen kann.

Auch beim Säugling von sieben bis acht Monaten sind innere Faktoren für seine affektive Reaktion auf Fremdes und für das Ausmaß an Fremden- und Trennungsangst wahrscheinlich mitbestimmend. Bei diesen inneren Faktoren handelt es sich zwar nicht um Phantasien, aber doch um Niederschläge bisheriger Beziehungserfahrungen.

---

* Die *Trennungs*angst kleiner Kinder wird von Klein wie folgt erklärt: Am Anfang waltet der Todestrieb im Säugling und verursacht die Angst, von innen heraus zerstört zu werden. Um diese Angst abzuwehren/zu mildern, geht er Objektbeziehungen ein. Die ersten Objektbeziehungen sind also (teilweise) Abwehrformationen. Kommt es später wieder zu einem Verlust des Objekts, so wird die primitive Angst vor dem Zerstörtwerden wiederbelebt. Trennungsangst kann so letztlich auf die Befürchtung des Zerstörtwerdens durch innere destruktive Kräfte zurückgeführt werden.

Mahler schildert in einer ihrer Arbeiten (1968b, S. 332 f.) Beobachtungen, die darauf hinweisen, daß die Qualität der frühen Beziehung den Grad von späterer Fremdenangst mitbeeinflußt. Eine überwiegend geglückte Beziehung – in ihrer Terminologie: eine glückliche symbiotische Phase – entläßt das Kind mit Vertrauen in die Welt und gibt ihm eine Basis und einen Halt, mit dem es sich dem Fremden zuwenden kann. Eine weniger geglückte Beziehung verunsichert es, und die mit dem Fremden einhergehende Labilisierung kann es dann temporär überfordern. Solche Beobachtungen sind selten, aber wertvoll, denn die akademische Psychologie führt oft nur Querschnittuntersuchungen durch oder bringt das Ausmaß der Fremdenangst selten mit der Beziehungsgeschichte des untersuchten Kindes in Zusammenhang.

Über das unerschöpfliche Thema des Verhältnisses von Innen und Außen, von Realität und Phantasie noch eine weitere, sicherlich nicht erschöpfende Bemerkung. Mit Freuds Abkehr von der Verführungstheorie, die nur eine partielle war (Grubrich-Simitis 1987), und der Betonung der Rolle der Phantasie in der Genese von Ängsten und Neurosen fand bekanntlich eine Wende in seiner Theoriebildung über das Seelenleben statt. Viele Nachfolger Freuds haben das Ausmaß und die Bedeutung dieser Wende übertrieben, und die psychoanalytische Entwicklungspsychologie hat dadurch gelegentlich eine phantasievolle Einfärbung erfahren. Alle Arten von Ängsten wurden beim Säugling »gefunden« oder in ihn hineininterpretiert: Symbioseangst z. B., also die Angst, vom mütterlichen Objekt verschlungen zu werden (Mahler); Verfolgungsangst, d. h. die Angst, von bösen »Brüsten« oder Teilobjekten bedroht zu werden (Melanie Klein); auch sogenannte depressive Ängste, die im Kern Ängste sind, das mütterliche Objekt mit der eigenen Aggressivität beschädigt zu haben, sollen mit vier bis sechs Monaten auftauchen; Winnicott spricht von der Angst des Säuglings, in Stücke zu zerspringen oder endlos zu fallen. Diese psychotischen bzw. psychosenahen Ängste halte ich für Adultomorphisierungen, im besten Fall für mehr oder weniger brauchbare Metaphern, die uns helfen können, einen Hauch des Unvergeßlichen, aber auch Unerinnerbaren (Frank 1969) zu vergegenwärtigen. In der damaligen Originalgestalt ist es ja nicht mehr zugänglich.

Manchem Theoretiker und Praktiker hat diese Proliferation von Ängsten allerdings Unbehagen bereitet. Bowlby z. B. war damit unzufrieden, und eine Anekdote soll die unterschiedlichen Sichtweisen von Realisten und Phantasten illustrieren.

Bowlby hat zusammen mit James Robertson dessen Filme vor der Britischen Psychoanalytischen Gesellschaft gezeigt. In diesen zu Recht berühmt gewordenen und herzzerreißenden Filmen geht es um die Reaktionen kleiner Kinder zwischen eineinhalb und zwei Jahren auf kurzfristige Trennungen von der Mutter. Ein Film zeigt, wie sich der Zustand eines eineinhalbjährigen Jungen, der für zehn Tage ins Heim kommt, weil die Mutter wegen der Geburt eines zweiten Kindes ins Krankenhaus muß (Väter haben damals noch keine Betreuungsaufgaben übernommen), allmählich verschlechtert. Die ersten zwei Tage hält er sich noch recht tapfer, aber dann wird es ihm zuviel. Nach anfänglichem Protest wird er verzweifelt, danach apathisch, dann erholt er sich scheinbar. Das sind die klassischen Phasen von Protest, Verzweiflung und Gleichgültigkeit, die Bowlby ausführlich beschrieben hat. Seine Erklärung war, stark vereinfacht, daß der Verlust einer geliebten Person als solcher Kummer und Verzweiflung hervorruft.

Bion und die Kleinianer waren damit nicht einverstanden. Ihrer Meinung nach war es nicht der Verlust der Mutter, der den Zustand des Kindes verursachte, d. h. nicht die Trennung als solche, sondern hauptursächlich waren die neidischen und aggressiven Phantasien, die das Kind wegen der mütterlichen Schwangerschaft hegte (s. Bowlby et al. 1986, S. 48, 50; Holmes 1993, S. 4, 26). Mir ist diese Vernachlässigung des Offenkundigen und die Sucht nach »Tiefe«, die hinter einem Phänomen immer noch etwas anderes vermutet, so sehr ich sie gelegentlich teile, in diesem Fall unverständlich. Sie unterstellt dem Kind Phantasien und den Phantasien ein Primat und eine Autonomie gegenüber der Realität, die sie einfach nicht haben. Bions und Bowlbys Position verdeutlichen die Unterschiede zweier Sichtweisen. Der eine geht vom Primat der Phantasien aus, welche die Realitätsverarbeitung bestimmen, der andere vom Primat der Realität, welche die Inhalte der Phantasien bestimmt.

Beides ist als Hypothese legitim. Bions Deutung halte ich aber für problematisch: *Alle* Kinder reagieren in einem bestimmten Alter auf Trennungen unter bestimmten Umständen mit den beschriebenen Verhaltensweisen, auch wenn die Mutter nicht wegen einer Schwangerschaft ins Krankenhaus kommt, sondern wegen einer Krankheit oder wenn sie stirbt. Das legt die Schlußfolgerung nahe, daß die gezeigten Reaktionen nicht in erster Linie auf Neid zurückzuführen sind, weil sie auch bei Kindern und in Situationen auftreten, in denen kein Anlaß zum Neid besteht. Sicher kann man auch dann und grundsätzlich immer autonom entstehenden Neid oder aggressive Phantasien des Kindes als primäre Ursache seines elenden Zustands vermuten. Aber obschon die Psychoanalyse, wie Ricœur (1965) uns gelehrt hat, eine Hermeneutik des Verdachts ist, sollte sie nicht in Verdachts-*schöpferei* ausarten, und ihre theorieinspirierten Hypothesen müssen letztlich überprüfbar sein und sollten nicht nur als Postulate auftreten. Für die Existenz primärer Aggressivität oder eines primären Neides sehe ich jedoch beim Säugling keine Anhaltspunkte.

Natürlich ist die individuelle Variationsbreite der Reaktionen auf eine Trennung schon bei kleinen Kindern erheblich. Die Unterschiede sind zum Teil auf die Konstitution, zum Teil auf die bisherige Beziehungsgeschichte, zum Teil auf die die Trennung begleitenden Umstände und – bei älteren Kinder – zum Teil auf ihre Phantasien über das Ereignis zurückzuführen. Es gibt sicher einen mehr oder weniger großen »Rest« von Autonomie und Freiheit in der phantasiemäßigen Überarbeitung von Ereignissen, und manchmal mag auch Neid ab einem gewissen Alter eine Rolle spielen. Die Frage, ob eher das Ereignis / Trauma oder seine gedankliche Bearbeitung für das Endresultat verantwortlich ist, ist im späteren Lebensalter nicht mehr entscheidbar, weil beides auf komplizierte Weise ineinandergreift (s. Ehlert / Lorke 1988). Aber in der Säuglingszeit ist der Mensch in einem später nie mehr erreichten Ausmaß von der Realität abhängig, und die Phantasie als Korrektiv oder Zufluchtsort gibt es noch nicht. Das weist der Umwelt eine Verantwortung zu, der sich alle bewußt sein sollten.

Zum Schluß eine kleine Vignette, wie es so Sitte ist in der Psychoanalyse – oder Unsitte (Meyer 1993) –, wenn etwas bewiesen werden soll. Ich beeile mich deshalb, hinzuzufügen, daß ich nichts beweisen, sondern nur etwas illustrieren will. Juliet Hopkins (1990) berichtet in einer Arbeit über Bowlby von einem zweijährigen Jungen, der eine Phobie vor Büchern entwickelt, in denen Monster vorkommen. Sie trat erstmals auf, nachdem ihm seine Mutter eine Geschichte über einen feuer- und rauchspuckenden Drachen vorgelesen hatte. Diese Angst könnte man nun mit allen möglichen (vermuteten) Phantasien des Kindes erklären. In der Therapie des Jungen und den Gesprächen mit der Mutter stellt sich jedoch heraus, daß sie ihren Sohn in Auseinandersetzungen oft nur dadurch zur Räson bringen kann, daß sie ihm mit einer brennenden Zigarette droht, und bei einer Gelegenheit kam es dabei sogar zu einer Verbrennung des Kindes. Der zweijährige Bub versucht also mit seiner Phobie vor Monsterbüchern die Beziehung zur Mutter zu schützen und »verschiebt« die Angst vor der Mutter auf die Monsterbücher. Der Grund für die Verschiebung ist kein phantasierter, sondern eine reale Drohung, und die Furcht des Kindes, die so irrational erschien, erhält eine durchaus rationale Aufklärung.

In ähnlicher Weise hat Bowlby (1973, S. 337 ff.) Freuds Krankengeschichte des Kleinen Hans reinterpretiert. Dessen Angst, von einem Pferd gebissen zu werden, wird dabei weniger auf ödipal motivierte Kastrationsangst zurückgeführt, sondern stärker mit der mütterlichen Drohung, die Familie zu verlassen, in Verbindung gebracht. (Die Mutter ließ sich später übrigens scheiden.) Das Verlangen von Hans, in der Nähe der Mutter zu bleiben, ist in dieser Lesart kein ödipales Begehren, sondern Ausdruck einer Angstbindung, mit deren Hilfe er versucht, den drohenden Verlust der Mutter zu verhindern. Sein Traum, die Mutter könne ihn verlassen, ist nicht Folge von Bestrafungsängsten wegen seiner verbotenen ödipalen Wünsche, sondern das Ergebnis realer Trennungsdrohungen. Seine Befürchtung, vom Pferd gebissen zu werden, betrachtet Bowlby nicht als aufs Pferd verschobene Furcht, vom Vater wegen ödipaler Wünsche kastriert zu werden, sondern führt sie auf die Verknüpfung der mütterlichen Trennungsdrohung mit einer realen Trennung zurück, bei der auch von einem Pferdebiß die Rede war. Hansens Freundin Lizzi zieht nämlich eines Tages weg. »Als Lizzi… abreiste, wurde ihr Gepäck von einer Droschke mit einem weißen Pferd zur Bahn gebracht. Lizzis Vater stand beim Aufladen des Gepäcks dabei (ebenso wie Hans; M. D.) und warnte die Kleine: ›Gib nicht die Finger zum weißen Pferd, sonst beißt es dich!‹ Die Furcht des kleinen Hans, von einem Pferd gebissen zu werden, ist also in seiner Vorstellung eng verbunden mit der Abreise und dem Weggang einer Person« (Bowlby 1973, S. 340).*

---

* Lange (1980) hat ebenfalls die Bedeutung realer Drohungen für die Entstehung von Phobien hervorgehoben, und Loch/Jappe (1974) fokussieren in ihrer ansonsten eher konstruktivistischen Neubetrachtung des Kleinen Hans wie Bowlby auf die Probleme mit der Mutter.

Sicher sind auch noch andere Lesarten möglich. Das will ich hier nicht näher ausführen. Ich hoffe, meine Überlegungen haben eine Ahnung davon vermitteln können, daß eine realistische Sichtweise kindlicher Probleme durchaus ihre Vorzüge hat und keineswegs eine behavioristische Verflachung sein muß. Die Psychoanalyse hat meines Erachtens nichts zu verlieren und einiges zu gewinnen, wenn sie die jeweilige Rolle von Phantasie und Realität bei der Entstehung von Symptomen in jedem Einzelfall sorgfältig abwägt und in ihren theoretischen Grundlagen immer wieder neu durchdenkt.

Kapitel 7 Psychodynamische Aspekte des plötzlichen Kindstodes

(mit Hildegard von Lüpke)

Der plötzliche Kindstod (pKT) ist für Ärzte, Kinderpsychiater und vor allem die betroffenen Eltern ein rätselhaftes und schockierendes Phänomen. Wie ist es möglich, daß ein anscheinend gesunder Säugling plötzlich und unerwartet stirbt? 25 Jahre intensiver Forschung haben zwar etwas Licht in das Dunkel dieses geheimnisvollen Ereignisses gebracht, aber zugleich auch die Erkenntnis, daß es *die* Todesursache nicht gibt.

Der plötzliche Kindstod ist in industrialisierten Gesellschaften die häufigste Todesursache bei Säuglingen im ersten Lebensjahr. In den USA sind etwa zwei Promille der Lebendgeborenen davon betroffen. Länder wie Japan, Hongkong, Israel und Schweden haben eine geringere, Neuseeland z. B. eine etwas höhere Sterblichkeit. Für Deutschland liegt die Rate bei etwa 1,8 Promille, mit gewissen regionalen Abweichungen. Gesichert ist eine höhere Sterblichkeit bei Knaben(60:40), ein Anstieg im Winterhalbjahr (Oktober bis März) gegenüber den Sommermonaten (April bis September; 58:42), eine Häufung an Wochenenden und ein charakteristischer Gipfel zwischen dem zweiten und vierten Lebensmonat. In diesem Zeitraum versterben etwa zwei Drittel der vom plötzlichen Kindstod betroffenen Säuglinge; innerhalb des ersten halben Jahres sind es etwa drei Viertel und bis zum Ende des ersten Lebensjahres etwa 97 %. Nach diesem Zeitpunkt – und in den ersten vier Wochen – ist der plötzliche Kindstod eine ausgesprochene Seltenheit. Bei etwa 90 % der Kinder tritt der Tod in einer unbeobachteten Schlafphase ein, meist in den späten Abend- und Nachtstunden (Valdes-Dapena 1991; Leukel 1991).

Für den plötzlichen Kindstod sind die heterogensten Ursachen verantwortlich gemacht worden. Saternus / Klostermann (1992) fanden in der Literatur mehr als hundert Theorien: Akute Infektionen, eine respiratorische Insuffizienz sowie die Aspiration von Mageninhalt sollen eine Rolle spielen; diskutiert werden u. a. auch eine Störung des Mineralstoffwechsels, cerebrale Unreife, eine Hypertrophie des Thymusgewebes, geringes Geburtsgewicht und die Bevorzugung der Bauchlage (Überblick bei Althoff 1986 und Hillman 1991). Fest steht, daß bisher eine organisch faßbare Todesursache nicht gefunden, ein Risikoprofil, das im Einzelfall Voraussagen gestatten würde, nicht erstellt werden konnte. Um eine »Krankheit« im strengen naturwissenschaftlichen Sinn handelt es sich offenbar nicht. Erst eine bestimmte Konstellation biologischer, psychischer und sozialer Ereignisse scheint im Zusammenwirken den plötzlichen Tod der Kinder auszulösen.

Eine Fülle bekannter Risikofaktoren weist darauf hin, daß psychosoziale Einflüsse eine ebenso große Rolle spielen wie körperliche Besonderheiten. Zu ersteren gehören niedriger Sozialstatus, geringer Ausbildungsstand der Mutter, unqualifizierte berufliche Tätigkeit des Vaters, Rauchen in der Schwangerschaft sowie eine Nichtinanspruchnahme von Vorsorgeuntersuchungen. Für die Bedeutung psychischer Faktoren im engeren Sinn sprechen Außer- bzw. Unehelichkeit der Geburt, das oft jugendliche Alter der Mutter, Ablehnung des Stillens und die nicht selten erfolgende Trennung der Partner nach dem Tod des Kindes. Aus Furcht vor Schuldzuweisungen an die Mutter bleiben psychodynamische Aspekte bei der Suche nach den Ursachen des plötzlichen Kindstods oft unberücksichtigt. Zugleich aber drängen Ermittlungsbehörden und Rechtsmediziner wegen des stets gegebenen Verdachts eines gewaltsamen Todes (Ersticken unter weicher Bedeckung) auf eine höhere Sektionsfrequenz. Ein negatives Obduktionsergebnis (keine Würgemale, kein Gift im Körper, keine unerkannte Mißbildung) soll dann die Eltern beruhigen und ihre Selbstzweifel, sie hätten etwas falsch gemacht, zerstreuen. Diesen Zweck erreicht die gerichtliche Leichenöffnung allenfalls in seltenen Ausnahmefällen. In der Regel bleiben die Eltern entsetzt über den unerwarteten Verlust und entwickeln panische Angst vor einer neuen Schwangerschaft (Arnold / Gemma 1991).

Deshalb erscheint es sinnvoll, die psychosozialen Risikofaktoren ins Zentrum der Betrachtung zu rücken und im Hinblick auf ihren psychologisch faßbaren Gehalt zu präzisieren. Es soll gezeigt werden, daß »Psychodynamik« in einem weitgefaßten Sinn beim plötzlichen Kindstod eine Rolle spielt, und zwar als ätiologischer Faktor, als pathogenetischer Mechanismus und als Bedingung der Möglichkeit des plötzlichen Sterbens.

Ätiologie – Psychodynamik der Mutter

Jede Schwangerschaft und jedes Kind mobilisieren in der Mutter ein ganzes Bündel bewußter und vor allem auch unbewußter früher Erfahrungen, Konflikte und Phantasien, die mit dem Kinderkriegen im allgemeinen und den eigenen Kindheitserfahrungen der Mutter zusammenhängen und auf den speziellen Säugling übertragen werden.

Beispiel 1: In der Klinik erscheint eine Mutter mit ihrer 22 Monate alten Tochter wegen beträchtlicher Eßschwierigkeiten und Erbrechen. Das Kind setzt sich friedlich auf den Boden und spielt. Im Fluß der Erzählung holt die Mutter plötzlich eine Milchflasche aus der Tasche und schiebt sie dem Kind in den Mund, ohne daß es Anzeichen von Hunger oder Durst gegeben hätte. Einige Minuten später wiederholt sich diese Szene. Der Analytiker interveniert und beschreibt der Mutter, was sie gerade gemacht hat. Etwas zögernd nimmt sie die Flasche an sich, greift nach kurzer Zeit wieder in die Tasche, holt ein Bonbon heraus und schiebt es sich selbst in den Mund (Cramer 1987).

Im Gespräch wird deutlich, daß die Mutter von der Angst gepackt ist, ihr Kind könnte verhungern. Weiter wird deutlich, daß diese Angst eine auf das Kind projizierte Angst ist, sie selber könnte verhungern. Die Mutter erzählt nämlich im weiteren Gesprächsverlauf von ihren intensiven, in ihrer eigenen Kindheit schwer frustrierten Wünschen nach einer warmherzigen und nährenden Mutter. Eine bis dahin unbewußte Phantasie über den eigenen Hunger verursacht ein Interaktionsverhalten, das die Quelle von Symptomen beim Kind ist. Das Kind wird zum Träger einer unbewußten Phantasie der Mutter über Aspekte des eigenen Selbst.

Eine solche »Übertragung« unbewußter Phantasien macht aus dem realen Kind ein »phantasmatisches« (Lebovici 1983a). Das phantasmatische Kind ist der Repräsentant und Adressat unbewußter Phantasien und Affekte. Der ungefilterte Prozeß der Übertragung unbewußter Phantasien führt dazu, daß das Kind für die Mutter kein reales

Kind mehr mit realem Hunger oder Durst ist, sondern eine »Phantasieaufladung« erfährt, in der die Realität des Kindes verschwindet. Es wird gefüttert, obwohl es *keinen* Hunger hat. Die Mutter füttert sich selbst.

Beispiel 2: Candida (die »Fleckenlose«) hatte, als sie geboren wurde, bereits einen drei Jahre alten Bruder. Die Mutter war maßlos glücklich über das kleine Mädchen, in dem sie sich selbst wiedererkannte. Sie wollte alles unendlich gut machen und zog sich mit Candida von der Umwelt zurück. Die »Kerle«, Vater und Bruder, konnten die innige Beziehung nur stören. Ihre Annäherungen beantwortete der Säugling mit Gebrüll. Als die Mutter abstillen und feste Fütterungszeiten einführen mußte, hatte sie große Befürchtungen und das Gefühl, ihr Kind zu verlassen. Beim letzten Stillen machte Candida Schwierigkeiten; gegen Mitternacht ließ sie sich erstmals vom Vater die Flasche geben. Morgens wurde sie tot in ihrem Bettchen aufgefunden (Stork 1991, S. 252 ff.).

In zwei psychoanalytisch orientierten Gesprächen mit den Eltern von Candida erfuhr der Autor, daß das kleine Mädchen seit den ersten Lebenstagen an paroxystischen Schreianfällen gelitten hatte und einmal im dritten Lebensmonat in zyanotischem Zustand aufgefunden worden war. Der Vater hatte den Eindruck, daß Candida als Mädchen »etwas unheimlich Tiefes in seiner Frau angebohrt« hatte (auf die Details der Kindheitsgeschichte der Mutter können wir an dieser Stelle nicht eingehen). Die Beziehung zwischen der Mutter und dem später plötzlich ohne faßbare Erkrankung sterbenden Kind scheint bestimmte Besonderheiten aufzuweisen, die Stork in vier Punkten zusammenfaßt: 1. Eine übergroße Nähe von Mutter und Kind; 2. eine spezielle Form der Verleugnung von Aggression in der Beziehung; 3. der Ausschluß eines jeden Dritten aus der Verbindung von Mutter und Kind sowie 4. die Behinderung der Individuation sowohl des Säuglings als auch der Mutter. Ähnliche Befunde schildert der Autor in weiteren Veröffentlichungen zu diesem Thema (Stork 1986, 1989).

Gruen (1988/1993), neben Stork einer der wenigen Kinderpsychiater/-psychologen, der sich aus einer psychoanalytischen Perspektive mit dem plötzlichen Kindstod befaßt hat, beschreibt eine etwas andere Psycho- und Familiendynamik, in der der Vater weniger marginalisiert ist. Dennoch konvergieren die Ergebnisse beider Autoren in einem bedeutsamen Punkt: daß sich nämlich hinter der bewußten und durchaus ernstzunehmenden Liebe der Mutter oft eine (unbewußte) Ablehnung des Kindes verbirgt, die ihre Beziehung zu ihm maßgeblich beeinflußt.

Diese Hypothese ist von beiden Autoren anhand von Interviews mit Müttern *nach* dem Tod ihrer Kinder entwickelt worden. Die Interaktion zwischen Mutter und Säugling konnte also nicht direkt beobachtet werden, so daß die Schlußfolgerung, daß die im Gespräch erhobene unbewußte Feindseligkeit gegen das Kind die Beziehung beeinflußt habe, zwar plausibel, aber bis zu einem gewissen Grad auch hypothetisch ist. Dieses methodische Problem ist schwer zu eliminieren, da ja das überraschende Eintreten des Todes ein wesentliches Merkmal des plötzlichen Kindstods ist. Da *vorher* nicht bekannt ist, welches Kind sterben wird, kann die Interaktion zwischen Mutter und Kind nicht direkt beobachtet, sondern nur retrospektiv eingeschätzt werden. Einen gewissen Ausgleich für diesen Mangel bietet die neueste Studie von Stork (1994). In ihr schildert er seine Erfahrungen aus Gesprächen mit einer Mutter, deren Säugling mehrfach *beinahe* gestorben wäre. Der Säugling war während dieser Gespräche anwesend, und es kam dabei häufig zu Interaktionen zwischen Mutter und Kind. Die in den Gesprächen festgestellte unbewußte Ablehnung des Kindes kam auch in einigen dieser Interaktionssequenzen zum Ausdruck.

Die Art und Weise, in der sich unbewußte Ablehnung in manifestes Verhalten der Mutter übersetzt, kann sehr verschieden sein. Viele der von Stork beschriebenen Mütter scheinen in einer Art Rollenumkehr eine früher nie erlebte paradiesisch-exklusive Beziehung mit ihrem Säugling zu inszenieren. Sie haben oder hatten eine hochambivalente Beziehung zur eigenen Mutter und fühlten sich in ihrer Kindheit nur unzureichend versorgt, ohne daß der Groll darüber bewußt werden konnte. Kompensatorisch wird nun das eigene Kind so behandelt, wie die Mutter selbst als Kind gern bemuttert worden wäre. Die unbewußte Verbitterung aus der Vergangenheit färbt jedoch ihren Interaktionsstil und die Wahrnehmung der Bedürfnisse des Säuglings in der Gegenwart und führt dazu, daß in der aktuellen Beziehung oft weniger seine Bedürfnisse als die der Mutter befriedigt werden. Eine Mutter, die an ihrem Säugling alle Versagungen ihrer eigenen Vergangenheit wiedergutmachen will, tut oft »des Guten« zuviel, erstickt ihn geradezu mit ihrer (ambivalenten) Fürsorge und hat keinen seelischen Raum für die unvoreingenommene Wahrnehmung seiner Bedürfnisse.

Denkbar ist auch, daß die unbewußte Feindseligkeit der Mutter sich nicht in einer »Überversorgung« des Kindes äußert, sondern, wie in manchen von Gruen beschriebenen Fällen, eher als mechanische, affektarme, routinisierte »Unterversorgung«. Sowohl in einer übermäßig engen, überhitzten, als auch in einer distanzierten, unterkühlten Beziehung kommt es letztlich zu einer Fehlinterpretation kindlicher Bedürfnisse und zu entsprechenden Interaktionsverzerrungen, die Spuren beim Säugling hinterlassen.

Bevor wir uns diesem Thema im nächsten Abschnitt etwas ausführlicher zuwenden, ist es uns wichtig zu betonen, daß die Psyche der Mutter nicht im luftleeren Raum existiert. Die Eigenarten des Kindes und die aktuellen Lebensumstände sind wesentliche Determinanten dafür, welche Verhaltensweisen und Phantasien in der Mutter aktiviert werden. So mag eine Mutter bewußt oder unbewußt vom Geschlecht ihres Kindes enttäuscht sein, oder von seiner Hautfarbe, ja sogar von seiner Größe (oder Kleinheit). Seine »Gier« kann sie ängstigen oder entzücken, und seine »Zerbrechlichkeit« mag dieselbe Wirkung haben. Dieses besondere Kind aktualisiert in dieser besonderen Mutter Wünsche und Ängste, die ein anderes Kind nicht oder zumindest nicht in gleicher Intensität hervorgebracht hätte.

Sozioökonomisch ungünstige Umstände können die Situation noch komplizieren, indem sie dazu beitragen, daß Mütter sich in einem »Zweifrontenkrieg« zwischen den Anforderungen und Belastungen der realen Lebensbewältigung und der notwendigen »Regression« im Umgang mit dem Säugling zerrieben fühlen. Ein solcher Konflikt würde in glücklicheren Lebensumständen gemildert und nicht gleichermaßen deutlich zutage treten.

Wie dem im Einzelfall auch sei: Die jeweiligen Lebensumstände und die Besonderheiten des Kindes aktualisieren in der Mutter Phantasien und Verhaltensweisen, die im ungünstigsten Fall zu einem letalen Ausgang beitragen können.

Pathogenese – Dynamik der Dyade

Diese These vom Einfluß der mütterlichen Psyche auf das Kind ist keine psychoanalytische Mythologie und kein Mutterkult, sondern in den letzten 30 Jahren gründlich und auch mit objektivierenden Methoden untersucht und dokumentiert worden. Ein wesentliches Ergebnis der Kleinkindforschung ist die Erkenntnis, daß der Säugling von Anfang an aktiv »mitspielt« (Lichtenberg 1983; Stern 1985; Brazelton/Cramer 1989; Dornes 1993). Er hat trotz eingeschränkter Reaktionsmöglichkeiten präzise definierbare Erwartungen an seine menschliche Umwelt. Werden diese enttäuscht, dann reagiert er prompt und höchst empfindlich, und zwar global-vegetativ und mimisch-gestisch. Über die Möglichkeiten der motorischen Flucht oder des verbalen Protests verfügt er noch nicht. Säuglinge können weder sprechen noch die sprachlichen Äußerungen ihrer Eltern verstehen. Die vokale Begleitmusik der Sprache wie Melodie, Tempo, Rhythmus (s. Papousek/Papousek 1989; Papousek 1994) und die Körpersprache der Bewegungen, Gesten und Gesichtsausdrücke haben jedoch auf den Säugling eine Wirkung. Über solche »Kanäle« werden Affekte kommuniziert und induziert – bei Eltern und bei Säuglingen.

Die frühe Dyade stellt also einen psychosozialen Dreh- und Angelpunkt dar. Ist das Zusammenspiel von Mutter und Kind harmonisch und entspannt, dann findet der Säugling einen »Spielraum« (Sander 1983), in dem er sich – zunächst für kurze Zeit, dann zunehmend länger – frei von inneren Imperativen und äußeren Forderungen beschäftigen und entwickeln kann. Unter ungünstigen Umständen hingegen ist die frühe Dyade der Umschlagplatz, an dem die konfliktgeprägte Vergangenheit und die belastete Gegenwart der Mutter auf die Zukunft des Kindes verladen werden. Dies ist möglich, weil sich der Säugling insbesondere in der Zeit zwischen zwei und sechs Monaten in einer zwar aktiven und differenzierten, aber doch weitgehend exklusiven Interaktion mit der Mutter befindet. Ihr gegenüber ist er im Regelfall »offen« und empfänglich für Signale, die er verarbeitet und beantwortet. Er ist gerade nicht, wie Mahler et al. (1975) annahmen, symbiotisch mit ihr verschmolzen. Was klinisch als »symbiotische Verschmelzung« in Erscheinung treten kann – z. B. die Apathie des Säuglings, die dem plötzlichen Kindstod häufig vorausgeht (Einspieler et al. 1988) –, stellt eher das pathologische Endresultat eines mütterlichen Symbiosedrucks dar, unter dem die von Anfang an vorhandenen Individuations- und Interaktionsbestrebungen des Säuglings zusammenbrechen. Im Einklang mit dieser Annahme steht, wie Stork überzeugend dargelegt hat, die Tatsache, daß in besonders schweren Fällen die übergroße Nähe von Mutter und Kind sogar zum plötzlichen und unerwarteten Sterben hinführen kann. Der Säugling bekommt nicht nur im wörtlichen, sondern auch im übertragenen Sinn »keine Luft« mehr.

In den ersten Lebenswochen, d.h. in der Zeit *vor* der tödlichen Gefahr, herrschen ideale Bedingungen für die Konditionierung vegetativ-autonomer Funktionen. Die eingeschränkten somatomotorischen Möglichkeiten und die zunächst nur mäßig ausgeprägte Fähigkeit zur wirksamen Selbstregulation physiologischer Prozesse (Schlaf, Temperatur etc.) liefern den Körper des Säuglings dem Pflegeverhalten der ersten Bezugsperson aus, sei dieses nun im Einklang mit seinen physiologischen Zuständen oder ihnen zuwiderlaufend. Die Macht der Mutter liegt in der Tatsache begründet, daß sie zugleich mit den basalen Verrichtungen des Fütterns, Wickelns und Schlafenlegens dem Kind als Quelle vielfältiger »konditionierender« Informationen dient. Ihr Affekt steckt den Säugling an, dem Rhythmus ihrer Sprache folgen seine feinen Bewegungen, ihre Mimik lädt zur Nachahmung ein. Die Mutter ist ein wichtiger »Zeitgeber«, unter dessen Einfluß alle Ebenen des Nervensystems und die eng mit ihm gekoppelten endokrinen und immunologischen Funktionssysteme Erfahrungen sammeln und »Erwartungen« ausbilden (Hofer 1984, 1986; Paar 1988).

Für den jungen Säugling ist daher die angepaßte Präsenz eines »selbstregulierenden Anderen« (Stern 1985) lebensnotwendig. Jeder Beziehungsverlust kommt in seiner Wirkung einer Trennung nahe oder gleich, jede Überstimulierung bedeutet Streß, das Ausbleiben altersadäquater Kontingenzerlebnisse überläßt den Säugling demotivierender Hilflosigkeit. Die dem plötzlichen Sterben oft vorausgehenden diskreten Verhaltensauffälligkeiten (schrilles Schreien, starrer Blick, Apathie) und die isolierten pathophysiologischen Symptome (starkes Schwitzen, leichte Eßstörungen, Luftanhalten und Blauwerden, Schwererweckbarkeit aus dem Schlaf, ein kurz zuvor durchgemachter Infekt der Atemwege), die sämtlich für sich genommen keinen Krankheitswert besitzen, weisen gleichwohl auf eine chronische Überforderung der betroffenen Kinder hin. Nichts spricht derzeit gegen die Annahme, daß ein chronisches und tiefgreifendes Einanderverfehlen von Mutter und Kind über eine Beeinträchtigung des Wohlbefindens und eine vorübergehende funktionelle Störung bis hin zu einer allgemeinen Reifungsblockade, lebensbedrohlichen neurophysiologischen Fehlregulationen und letztendlich zum »Aufgeben« des Säuglings führen kann.

Unserer Modellvorstellung zufolge stehen an einem Ende des Kontinuums die Mutter-Säuglings-Paare, in denen der Säugling konstitutionell oder kongenital so labil ist, daß schon mäßige Einfühlungsstörungen weiter labilisierend und unter Umständen letal wirken können. Am anderen Ende befinden sich Paare, in denen schwere, durch die psychischen Probleme der Mutter bedingte Interaktionspathologien auf den vergleichsweise robusten Säugling durchschlagen. Außerdem ist denkbar, daß mitgebrachte Probleme des Säuglings, z. B. ein geringes Geburtsgewicht, psychische Schwierigkeiten der Mutter aktualisieren, die ohne solche Eigenschaften des Säuglings latent geblieben wären, jetzt aber ihre Wirkung entfalten. Die Psyche der Mutter ist keine feststehende Größe, sondern wird, weil verschiedene Kinder jeweils andere psychische Dispositionen zur Wirksamkeit bringen, in jeweils unterschiedlicher Form im Pflege- und Interaktionsverhalten in Erscheinung treten. Unter anderem deshalb sterben auch nicht *alle* Kinder derselben Mutter am plötzlichen Kindstod, obwohl es durchaus mehrfach betroffene Mütter gibt.

Bedingungen der Möglichkeit des plötzlichen Sterbens – die Psyche des Kindes

Bemerkenswert ist, wie eingangs erwähnt, die enge Koppelung des plötzlichen Kindstods an ein bestimmtes Lebensalter. Der Häufigkeitsgipfel liegt um den dritten Monat herum, drei Viertel der Kinder sterben in den ersten sechs Monaten. Nach Vollendung des ersten Jahres stellt der plötzliche Kindstod eine Seltenheit dar. Die besondere Anfälligkeit für das plötzliche Sterben scheint durch ein ganz spezielles Entwicklungsstadium charakterisiert zu sein. Auch dieser »Risikofaktor« soll auf seine psychologischen Merkmale hin überprüft werden.

Im ständig sich erweiternden und immer reichhaltiger werdenden Rahmen der Interaktionen mit der Mutter »erschafft« der Säugling seine eigene Seele. Gegen Ende des ersten Lebensjahres hat das Kind genügend Erfahrungen gesammelt und in mancher Hinsicht die grundlegende Ordnung der kognitiven Welt des Erwachsenen erreicht. Es ist beispielsweise in der Lage, die affektive Perspektive des anderen zu übernehmen (*social referencing*), versteht Sprache, beginnt sie zu verwenden und kommuniziert intentional. Der aufrechte Gang und die zunehmende Körperbeherrschung treten in den Dienst des Autonomiestrebens. Jetzt ist die Gefahr des plötzlichen Kindstods praktisch vorüber. Nach der Entfaltung eines Phantasiesystems schließlich, im Alter von eineinhalb Jahren, gibt es den plötzlichen Tod ohne Organbefund gar nicht mehr.

Es kann gezeigt werden, daß beim menschlichen Säugling der Grad seiner biologischen Umweltoffenheit und -abhängigkeit, die Intensität und Exklusivität seiner sozialen Interaktion und sein konstitutionelles Differenzierungstempo in engem Zusammenhang stehen mit der Gefährdung, plötzlich und unerwartet zu sterben. Die Häufung des plötzlichen Kindstods zwischen zwei und sechs Monaten fällt nämlich interessanterweise in eine Zeit, die Stern (1985) in seinem bahnbrechenden Werk als die sozialste des ganzen Menschenlebens beschrieben hat. Der menschliche Säugling ist in diesem Alter so stark auf seine Betreuungsperson bezogen wie später nie mehr. Dies hat verschiedene Gründe. Erstens kann das Kind noch nicht krabbeln und auch noch nicht gezielt greifen (diese Fähigkeiten entwickeln sich zwischen sechs und acht Monaten). Seiner aktiven Exploration der Welt außerhalb der Dyade sind daher enge Grenzen gesetzt.

Ein zweiter Grund für die beherrschende Stellung des dyadischen Partners ist, daß der Säugling sein Interesse an einem Gegenstand noch nicht mit der Mutter teilen kann. Er interessiert sich entweder für den Gegenstand oder für die Mutter, ist aber nicht in der Lage, den Umgang mit zwei verschiedenen Objekten zu koordinieren. Erst zwischen sieben und neun Monaten beginnen Mütter und Kinder über ein drittes Objekt *außerhalb der Dyade* zu kommunizieren. Vorher kommunizieren sie *miteinander*, aber nicht *über* etwas. Zeigt man z. B. auf einen Gegenstand, so wird das Kind bis zum Alter von etwa sieben Monaten auf die gezeigte Hand und nicht auf den gezeigten Gegenstand schauen. Erst ab acht Monaten folgt es der Zeigerichtung oder auch der Blickrichtung eines Erwachsenen. Dann wandert der Blick zum Gegenstand und von dort wieder rückversichernd zum Erwachsenen, wie wenn das Kind sich vergewissern will, daß beide dasselbe sehen. Mutter und Kind interessieren sich jetzt für etwas Drittes *außerhalb* der Dyade (Scaife/Bruner 1975; Murphy/Messer 1977; Butterworth 1983). Dieser Entwicklungsschritt hat eine Verfeinerung der Austauschprozesse zwischen Mutter und Kind zur Folge; gleichzeitig erschließt sich »Welt« und wird dem Säugling zugänglich.

Zusammen mit der Fähigkeit zur aktiven Lokomotion und dem gezielten Greifen ermöglicht diese »Triangulierung« eine Ausweitung des Interessens- und Handlungsspielraums des Säuglings über die unmittelbare Beziehung hinaus. Die Ausweitung fungiert als erster Puffer und Halt, der dem Säugling ein Minimum an Schutz vor dem Einfluß interaktiver Störungen bietet, weil er nun Zugang zu einer Welt außerhalb der Beziehung hat, in die er auch ausweichen kann. In dem so erreichten Autonomiezuwachs sehen wir einen Grund für den Rückgang der Häufigkeit des plötzlichen Kindstods im zweiten Lebenshalbjahr.

Zu dieser Hypothese paßt auch die Beobachtung von Stork, daß in vielen Fällen von plötzlichem Kindstod der Vater entweder eine randständige Figur ist oder von der Mutter aktiv aus der Zweierbeziehung zum Säugling ausgeschlossen wird. Deshalb spielt er als mögliches Korrektiv oder als Entlastungsfaktor kaum eine Rolle. Eher im Gegenteil: die Häufung von plötzlichen Kindstod-Fällen an Wochenenden, an denen der ansonsten berufstätige Vater üblicherweise zu Hause ist, spricht für eine Mitbeteiligung ehelicher Konflikte am Geschehen (Gruen 1988/1993; Hillman 1991), die vom Säugling seismographisch registriert werden. Kleinkindforscher haben herausgefunden, daß schon drei Monate alte Säuglinge das affektive Klima der Beziehung ihrer Eltern wahrnehmen (Fivaz-Depeursinge et al. 1994).

Mit etwa einem Jahr beginnt das Kind aufrecht zu gehen. Außerdem entwickelt es die Fähigkeit zur bildhaften Vorstellung, die ab eineinhalb Jahren zum Phantasieren ausgebaut wird. Diesen ontologischen Sprung des Erwerbs des inneren Bildes und des Aufbaus eines Phantasiesystems betrachten wir als einen weiteren Grund dafür, daß der plötzliche Kindstod ab einem Jahr selten, nach neunzehn Monaten überhaupt nicht mehr auftritt. Die erwachende Psyche des Kindes hat sich sozusagen zwischen die Umwelt und den eigenen Körper geschoben und ihn ein Stück weit der mütterlichen Einflußsphäre entzogen. Die mit einem bis eineinhalb Jahren normalerweise erreichte psychosomatische Organisation verhindert wirksam den plötzlichen tödlichen Zusammenbruch.

Erstaunlich ist aber, daß Säuglinge gleichermaßen in den ersten Lebenswochen in der Regel vom plötzlichen Kindstod verschont bleiben. Auch in dieser Zeit scheint eine Art inneren Schutzes gegen das plötzliche Sterben zu bestehen, der von anderer Beschaffenheit sein muß als jener, der mit einem Jahr erreicht wird. Epigenetisch ausgedrückt heißt dies, daß die früheste extrauterine Entwicklungsperiode im Hinblick auf den plötzlichen Kindstod durch ein »noch nicht« charakterisiert ist. Anscheinend werden in dieser Zeit, ohne daß es von der Familie oder den zu Rate gezogenen Ärzten ohne weiteres bemerkt werden könnte, erst die Grundlagen für die Möglichkeit eines plötzlichen Kindstods geschaffen.

Seltene Fälle von plötzlichem Kindstod in den ersten Lebenstagen und -wochen lassen einen unmittelbaren Zusammenhang mit fehlerhaften Pflegehandlungen erkennen. Der Tod kann z. B. eintreten, wenn der auf Temperaturabweichungen sehr empfindlich reagierende junge Säugling mit dem Bauch auf eine Wärmflasche gelegt und dort längere Zeit belassen wird, wenn er Kälte ausgesetzt wird oder wenn er – als reiner Nasenatmer – bäuchlings in einer Daunendecke erstickt. In typischen Fällen entwickelt sich der Säugling zunächst jedoch anscheinend normal. Bei der Obduktion werden weder Pflegemängel noch Unterernährung oder Zeichen von Flüssigkeitsmangel festgestellt. Der Mechanismus, der zum unerwarteten tödlichen Zusammenbruch hinführt, ist subtilerer Natur.

In den ersten Lebenswochen, während Mutter und Kind sich aneinander gewöhnen, spielen sich die Alltagsroutinen des Badens, Wickelns, Fütterns und Schlafenlegens mehr oder weniger harmonisch ein. Der Säugling verharrt währenddessen in einem oft rezeptiven, äußerlich vergleichsweise anspruchslosen Zustand. Veränderungen spielen sich im verborgenen ab. Die genetisch festgelegten Reifungsschritte vollziehen sich aber in engster Wechselwirkung mit der Umwelt. Vegetativ-autonome Funktionen, d. h. das Arbeiten von Eingeweiden und Drüsen, werden konditioniert und dem Rhythmus des Lebens außerhalb des Mutterleibes angepaßt. Mit Hilfe seines limbischen Systems lernt der Säugling ganzheitlich, was von der Welt zu halten ist: ob sie ein Ort von Ungewißheit und Angst ist oder ob Sicherheit und Willkommensein Raum und Zeit geben für Hoffnung und Initiative. Diese »Kalibrierung« des jungen Säuglings benötigt Zeit. Sie vollzieht sich auch deshalb nur allmählich, weil die Gehirnreifung (z. B. Markscheidenbildung) langsam fortschreitet und das Tempo begrenzt.

Während die *Verhaltensresonanzen* des Säuglings auf die Qualität des mütterlichen Pflegeverhaltens in den ersten Wochen eher global bleiben, reagiert der *Organismus* des Kindes aber schon höchst empfindlich auf minimale Unverträglichkeiten. Von einer Reizschranke, die in den ersten Lebenswochen bestehen soll, kann daher nicht gesprochen werden. Der Schutz in dieser Zeit besteht gerade nicht in einem Nichtwahrnehmen relevanter Informationen, sondern in einem *verzögerten Wirksam- und Sichtbarwerden* pathogener Einflüsse (Sleeper-Effekte), die nichtsdestotrotz in dieser Zeit schon aufgenommen und gespeichert werden.

Haben sich in den ersten Lebenswochen die Intentionen von Mutter und Säugling getroffen, die alltägliche Routine harmonisch eingespielt und die sich ständig wiederholenden Rituale mit der Mutter die ersten sozialen Erinnerungsspuren des Säuglings begründet, taucht nun in der Erfahrung des Kindes das vom anderen getrennte »Kern-Selbst« auf (Stern 1985). In dieser Zeit, mit etwa zwei bis drei Monaten, erscheint das soziale Lächeln, zugleich werden Schlaf- und Eßgewohnheiten »erwachsener«. Die Beziehungsqualität der Dyade ändert sich. Jetzt, sagen Mütter, kennen sie ihr Kind. In den Interaktionszyklen mit Zu- und Abwendung, mit Tun und Reagieren beider Partner verlängert sich von nun an zunehmend die Aufmerksamkeitsspanne des Kindes.

Dieser kurze Zeitraum des Umschaltens von der homöostatischen Regulation in die intensivste Beziehung zwischen zwei Menschen ist der gefährlichste der ganzen Säuglingszeit. Hier findet sich der Gipfel der plötzlichen Kindstod-Häufigkeit. Auf der Grundlage des zuvor Erreichten und in kritischer Abhängigkeit von den aktuellen Interaktionen folgen rasch weitere wichtige Reifungsschritte im Gehirn. So beginnt z. B. der Kehlkopf aus der Säuglingsposition an seine endgültige Stelle im Körper zu wandern; menschliche Vokalisation wird möglich und in Zwiesprache mit der Mutter, aber auch ohne sie, eingeübt. Das Schreien nimmt ab bzw. verändert seinen Charakter. Die Bedeutung des lustvollen Aufgreifens (vor-)sprachlicher Kommunikation durch den Säugling kann im Hinblick auf seine weitere Entwicklung gar nicht hoch genug eingeschätzt werden, denn sie eröffnen ihm die Möglichkeit, gemäß seiner biologischen Bestimmung, zu einem Kulturwesen heranzuwachsen.

Der im Hinblick auf den plötzlichen Kindstod gefährlichste Lebensabschnitt stellt sozusagen die »Bewährungsprobe« für die in den Wochen zuvor konsolidierte »primäre Mütterlichkeit« (Winnicott) und das »Urvertrauen« (Erikson) des Säuglings dar. Verlief die erste Zeit unbefriedigend, blieben sich Mutter und Säugling fremd, dann verharrt das Kind in seinen Bemühungen, die Welt zu verstehen und seine Körperfunktionen zu ordnen und anzupassen. Den nächsten Schritt kann es dann nicht bewältigen. In dieser Situation besteht die größte Gefahr des tödlichen neurophysiologischen Zusammenbruchs, weil Unter-, Über- oder Fehlstimulierungen in der Interaktion auf einen bereits vorbelasteten Organismus treffen, der dadurch *überlastet* wird.

Resümee

Zusammenfassend ist festzuhalten, daß das Verhalten jeder Mutter ihrem Säugling gegenüber in besonderer Weise von unbewußten Motiven mitgeprägt wird. Das seelische Universum der Mutter ist emotionale Hülle und Vermittler der sozialen Umwelt für das Kind; es überbrückt dessen »protopsychischen« Zustand. Psychosoziale Einflüsse setzen sich weitgehend unbemerkt in der Qualität, im »Wie« der Bemutterung durch und prägen die sowohl am Lebensbeginn noch formbaren vegetativen Regulationen als auch die kognitiv-affektiven Erwartungen, d.h. den »Lebenswillen« des Säuglings. In den ersten vier Wochen ist er unseren Überlegungen zufolge vor der Gefahr des plötzlichen Kindstods »geschützt«, weil pathogene interaktive Einflüsse Zeit brauchen, um ihre (sichtbare) Wirkung zu entfalten; im Zeitraum zwischen zwei und sechs Monaten ist er besonders anfällig, weil hier die soziale Interaktion sehr intensiv und exklusiv ist. Danach nimmt die Gefährdung ab, weil der Säugling ab sieben Monaten vermehrt die Welt exploriert und sich auch räumlich aus der Dyade entfernen kann. Ab ein bis eineinhalb Jahren verschwindet die Gefahr, da innere Bilder und Phantasien eine weitere »Abkoppelung« erlauben und eine zunehmend symbolische Verarbeitung und Pufferung interaktiver Störungseinflüsse ermöglichen. (Gruen [1988/1993, bes. S. 113 ff., 125 ff.] hat ebenfalls eine Erklärung der Häufigkeitsverteilung des plötzlichen Kindstods vorgelegt. Der Leser sei an dieser Stelle auf die Lektüre der Originalarbeit verwiesen.)

Die Anerkennung mütterlicher Einflüsse auf die biologische und psychische Grundkonstitution des Säuglings stellt keine Schuldzuweisung an Mütter dar. Sie beschreibt einerseits die Macht und Verantwortung der primären Bezugsperson, respektiert aber andererseits ihre menschlichen Grenzen. Die Tatsache, daß eine Mutter ihr Kind durch plötzlichen Kindstod verloren hat, sagt *grundsätzlich nichts* über ihre allgemeine Fähigkeit aus, eine »gute Mutter« sein oder werden zu können. Brazelton soll einmal gesagt haben: »Bringen Sie mir die Mutter, und ich mache sie in zehn Minuten zu einer guten Mutter.« So schnell geht es vielleicht nicht oder nur bei besonders charismatischen Individuen wie Brazelton. Aber Hilfe ist möglich, falls Mutter und Säugling nicht miteinander harmonieren. Wir erfahren von betroffenen Eltern sicher mehr über die Einzelheiten (z. B. wie oft und wie lange das Kind geschrien hat) der jeweils tragischen, d. h. mit dem Tod des Kindes endenden Beziehung, wenn wir weniger massiv den Tötungsverdacht und die Suche nach einer Organkrankheit verfolgen. Statt dessen könnten wir als Mediziner und Psychologen uns und den Eltern klarmachen, daß jede Schwangerschaft ein einzigartiges Geschehen darstellt, das zwar gelegentlich riskante, aber grundsätzlich behandelbare psychodynamische Konfliktmuster aktualisieren kann.

Kapitel 8 Kindesmißhandlung aus der Sicht der Bindungstheorie

Historisches

Kindesmißhandlung und Kindestötung sind so alt wie die Menschheit. Chronisten (z. B. Radbill 1968; De Mause 1974; Piers 1976) berichten, daß sie den unterschiedlichsten Zwecken dienten. Kinder wurden getötet, um die Zahl der Geburten zu regulieren, die Erbfolge sicherzustellen oder aus rituellen Gründen. Sie wurden als Sklaven verkauft, in Fabriken geschunden oder verstümmelt, um sie als mitleiderregende Attraktion auf Jahrmärkten vorzuführen. Kulturelle Schönheitsideale führten dazu, daß (in China) die Zehen der Mädchen verkrüppelt oder (in Melanesien) die Schädel der Neugeborenen deformiert wurden. Geschlechtsteile wurden – und werden zum Teil heute noch – beschnitten, und ganz allgemein sollte Strenge im Umgang mit Kindern deren »Unarten« austreiben. Dieser Topos zieht sich durch die Jahrhunderte.

Zu allen Zeiten gab es aber auch Bewegungen, die sich gegen Gewalt an Kindern richteten. Sie gewannen allerdings erst mit dem Ende des 19. Jahrhunderts an Einfluß. 1868 beschrieb der französische Gerichtsmediziner Tardieu als erster das Syndrom des geschlagenen Kindes. Anhand von Autopsiebefunden schilderte er die Fälle von 32 Kindern, die durch Prügel, Auspeitschen oder Verbrennungen zu Tode gekommen waren. In den 40er und 50er Jahren des 20. Jahrhunderts machten amerikanische Ärzte die Entdeckung, daß röntgenologisch nachweisbare Frakturen bei Kindern in vielen Fällen vorsätzlich herbeigeführt worden waren (Silverman 1968). Zu einer wirklichen Wende kam es aber erst nach dem Symposion zum Thema Kindesmißhandlung (1961) und der anschließenden Veröffentlichung von Kempe et al. im Jahr 1962. Seine Öffentlichkeitsarbeit und Forschungstätigkeit hatte spürbare medizinische, soziale und gesetzgeberische Auswirkungen. In Zusammenarbeit mit Psychiatern und Psychoanalytikern entstand auch eine der ersten Studien, die sich mit den psychologischen Ursachen der Kindesmißhandlung befaßten (Steele/Pollock 1968).

In den letzten 30 Jahren ist zum Thema Kindesmißhandlung viel geforscht worden. Die Flut der Publikationen ist mittlerweile fast unübersehbar.* Das ursprüngliche Bild der Ursachen und Folgen hat sich zum Teil erheblich differenziert, zum Teil konsolidiert. Davon wird im folgenden die Rede sein.

Definitionen

Die Häufigkeit eines Phänomens hängt u. a. von seiner Definition ab. Betrachtet man z. B. nur die Fälle als Kindesmißhandlung, in denen schwere körperliche Verletzungen medizinisch nachweisbar sind, so wird sie seltener vorkommen, als wenn auch physisch auf Dauer folgenlose Formen des körperlichen Strafens oder seelische Grausamkeit mit einbezogen werden. Nicht alle Arten von Kindesmißhandlung führen zu körperlichen Verletzungen. Ebenso wird sich die offizielle Häufigkeit von der tatsächlichen unterscheiden, weil nicht alle Fälle von Kindesmißhandlung bekannt und dokumentiert werden. Es besteht – auch bei schweren Verletzungen – keine Meldepflicht, was seinen Sinn hat, weil die damit in der Regel einhergehende Kriminalisierung in vielen Fällen weder Eltern noch Kindern hilft.

Den meisten Untersuchungen zum Thema Kindesmißhandlung liegt ein »weiter« Mißhandlungsbegriff zugrunde, der auch nichtkörperliche Formen von Mißhandlung umfaßt. Üblicherweise werden vier Formen unterschieden:
1. Physische Mißhandlung (*child abuse*), definiert als häufige, nachhaltige körperliche Bestrafung.

---

* Einen ausführlichen Überblick geben die Monographien von Kempe/Kempe (1978), Zenz (1979) und Engfer (1986) sowie die Kompendien von Cicchetti/Carlson (1989), Martinius/Frank (1990) und Egle et al. (1997a). Kurz aber prägnant sind Mrazek (1993) und Engfer (1995a). Die umfassendste Darstellung in Aufsatzform stammt von Cicchetti/Lynch (1995).

2. Emotionale Mißhandlung (*emotional abuse*), wie z. B. ständiges Kritisieren des Kindes, Drohen, Verächtlichmachen, Einsperren in einen dunklen Raum etc.

3. Vernachlässigung (*neglect*), verstanden als deutliche und dauerhafte Vernachlässigung der grundlegenden körperlichen und seelischen Bedürfnisse des Kindes nach Nahrung, Sauberkeit, bedarfsgerechter medizinischer Versorgung und affektiver Kommunikation.

4. Sexueller Mißbrauch (*sexual abuse*), wie Inzest, Anleitung zur Prostitution oder Herstellung pornographischer Filme mit Kindern.

Da die Bindungstheorie, aus deren Blickwinkel die Mißhandlungsthematik im vorliegenden Aufatz betrachtet werden soll, den sexuellen Mißbrauch bisher nur rudimentär erforscht hat (Ausnahme: Alexander 1992), beschränke ich mich in der folgenden Darstellung auf die ersten drei Mißhandlungsformen.* Ihre Abgrenzung untereinander ist nicht immer einfach. Die Lebenserfahrung und empirische Untersuchungen (Engfer 1986, S. 12 f.) lehren, daß Kinder selten wortlos verprügelt werden; meistens werden sie dabei angeschrien oder sonstwie gedemütigt, also auch emotional mißhandelt. Umgekehrt gilt, daß Eltern, die ihre Kinder fortgesetzt kritisieren oder verbal terrorisieren, sich nicht darauf beschränken werden, sondern im Bedarfsfall auf alle zur Verfügung stehenden Mittel zurückgreifen. Dennoch hat die Unterscheidung verschiedener Mißhandlungsarten ihren heuristischen und empirischen Wert, weil gezeigt werden kann, daß Eltern durchaus »Schwerpunkte« ausbilden und zur Bevorzugung der einen oder anderen Methode neigen.

Ob Mißhandlung vorliegt oder nicht, hängt u. a. auch vom Alter des Kindes ab. Ein Säugling kann Schaden nehmen, wenn er heftig geschüttelt wird, während ein sechs Jahre altes Kind diese Prozedur schadlos übersteht. In Übereinstimmung mit Engfer (1986) bin ich der Meinung, daß jede körperliche Bestrafung bei Säuglingen und Kleinkindern wegen der bekannten Empfindlichkeit ihres Organismus als Mißhandlung betrachtet werden muß. Bei älteren Kindern sollte nur dann von physischer Mißhandlung gesprochen werden, »wenn nachweisbar ist, daß Kinder von ihren Eltern wiederholt und

---

* Einen guten Kurzüberblick zum *sexuellen* Kindesmißbrauch geben Kutchinsky (1991) und Engfer (1995b); ausführlicher sind Hartman / Burgess (1989). Für eine psychoanalytische Betrachtungsweise siehe Hirsch (1987), Levine (1990) und Davies / Frawley (1994).

immer wieder ausufernd gezüchtigt werden« (ebd., S. 10). Ich vertrete die vielleicht unpopuläre Meinung, daß der berühmte »Klaps auf den Po« bei älteren Kindern keine bleibenden Schäden anrichtet, wenn er sich im Kontext einer ansonsten liebevollen Beziehung ereignet, eher auf situativer Überforderung beruht und nicht als systematisches Erziehungsmittel eingesetzt wird. Auch hier sind die Grenzen zu chronischeren Formen der Bestrafung jedoch gelegentlich fließend.

Häufigkeit

Die offiziellen Statistiken zeigen zwischen 1972 und 1982 sowohl bei Kindestötung als auch bei Kindesmißhandlung einen rückläufigen Trend. Dieser erklärt sich nicht allein aus dem Rückgang der Geburtenrate, da im selben Zeitraum auch die Zahl der Tatverdächtigen abnimmt (Engfer 1986, S. 21). Zwischen 1982 und 1994 stagniert die Zahl der gemeldeten Fälle bei etwa 1200 bis 1400 (Engfer 1990, S. 59; s. a. Engfer 1997). Damit sind jedoch nur die Fälle erfaßt, in denen kriminalpolizeiliche Ermittlungen stattfanden. Die Dunkelziffer ist erheblich. Realistische Schätzungen sind aus einer Reihe von Gründen schwierig (Engfer 1986, S. 21 ff.). Mehr oder weniger gut begründete Vermutungen führen verschiedene amerikanische Autoren zu dem Schluß, daß zwischen 1 und 14 % aller Kinder mißhandelt werden (Überblick bei Kaufman / Zigler 1989, S. 144). Die am häufigsten genannte Zahl ist 5 %. Engfer (1986; 1990, S. 62; 1997, S. 25) geht davon aus, daß in der BRD 5 bis 10 % aller Kinder unter 15 Jahren als mißhandelt betrachtet werden können, sofern man einen weiten Mißhandlungsbegriff zugrunde legt. Schwere Mißhandlungen schätzt sie auf 1 bis 1,5 % (ähnlich Schmidt 1990, S. 20).

Intergenerationelle Transmission: Waren mißhandelnde Eltern selbst mißhandelte Kinder?

Zwei zentrale Themen durchziehen die Debatte um Kindesmißhandlung:
1. Hat sie Folgen für die (erwachsene) Persönlichkeitsorganisation in

dem Sinne, daß von ihr betroffene Individuen später eine Häufung spezifischer oder unspezifischer Persönlichkeitsstörungen aufweisen?

2. Neigen Personen, die als Kinder mißhandelt wurden, dazu, später als Eltern ihre eigenen Kinder wieder zu mißhandeln?

Zunächst zum zweiten Punkt. Unter dem Schlagwort »mißhandelnde Eltern waren selbst mißhandelte Kinder« hat die These von der intergenerationellen Transmission weite Verbreitung gefunden. Freuds Theorie des Wiederholungszwanges (1920b), die, vereinfacht formuliert, besagt, daß traumatische Erfahrungen, die in der Kindheit passiv erlitten wurden, später aktiv wiederholt werden, sowie Anna Freuds Konzept der Identifizierung mit dem Aggressor (1936) legen eine solche Wiederholungsvermutung nahe. Entsprechende Resultate wurden in den ersten systematischen psychoanalytisch inspirierten Studien von Steele/Pollock (1968) vorgelegt.* Die Autoren behaupten, die Lebensgeschichte ihrer Patienten zeige, daß sie *ohne Ausnahme* im selben Stil erzogen wurden, in dem sie später ihre Kinder behandeln.

Auch Bowlby, der Gründungsvater der Bindungstheorie, meint, daß tyrannisierende Erwachsene die tyrannisierten Kinder von gestern seien (1977, S. 173). In seinem Rückblick auf zwanzig Jahre Forschung formuliert Steele (1983, S. 235) etwas vorsichtiger, daß Eltern, die ihre Kinder mißhandeln, *mit wenigen Ausnahmen* selbst vernachlässigt oder mißhandelt wurden. An dieser Behauptung einer starken intergenerationellen Transmission entzündete sich Widerspruch. Viele Forscher vertraten, gestützt auf eigene Untersuchungen, die Auffassung, daß Eltern erlittene Mißhandlung sehr viel seltener an ihre Kinder weitergeben als von Steele/Pollock u.a. behauptet wurde.

Methodische Fragen

Für die unterschiedlichen Meinungen und Forschungsergebnisse sind u.a. methodische Gründe verantwortlich. Klinische Studien, wie die

---

* Über frühe psychoanalytisch-kasuistische Arbeiten zur Psychodynamik elterlichen Strafens informiert Windaus (1987). Die Arbeiten von Shengold (1979, 1989) und Steele (1994) ermöglichen einen Einblick in die individuellen seelischen Folgen von Mißhandlung und Vernachlässigung.

von Steele/Pollock, verwenden bevorzugt retrospektive Designs: In ihnen werden Eltern, die wegen Kindesmißhandlung auffällig geworden sind, befragt, ob sie als Kind selbst mißhandelt wurden. Diese Art der Erhebung führt, unabhängig vom Problem der Zuverlässigkeit retrospektiver Erinnerungen (das häufig übertrieben wird, s. Brewin et al. 1993), *immer* zu höheren intergenerationellen Transmissionsraten als andere, z. B. prospektive Untersuchungsmethoden. Ein Beispiel soll den Unterschied verdeutlichen. Hunter/Kilstrom (1979) befragten in halboffenen Interviews 255 Eltern von Frühgeborenen. Bei 49 konnte mit einiger Sicherheit diagnostiziert werden, daß mindestens ein Elternteil in seiner Kindheit mißhandelt oder vernachlässigt worden war. Eine erneute Untersuchung nach einem Jahr ergab, daß zehn von 255 Eltern im Laufe des ersten Jahres ihr Kind mißhandelt hatten. Neun der zehn Fälle kamen aus der Gruppe der 49 Eltern, die in ihrer Kindheit selbst mißhandelt worden waren. Eine retrospektive Betrachtungsweise ergibt somit zehn Fälle von Eltern, die ihre Kinder mißhandeln, und findet, daß neun davon selbst mißhandelt wurden – eine Transmissionsrate von 90 %!

Prospektiv betrachtet bietet sich jedoch ein etwas anderes Bild. Von den 49 Eltern, die als Kind mißhandelt worden waren, haben nur neun (ca. 18 %) diese Mißhandlung an ihre Kinder weitergegeben, während 40 von 49 die Transmission unterbrechen konnten.* Die Problematik retrospektiv-klinischer Studien liegt also erkennbar darin, daß sie qua Design die Fälle nicht erfassen können, die die Mißhandlung nicht wiederholen, denn diese tauchen als Fälle ja gar nicht in der Klinik auf. Deshalb können retrospektive Untersuchungen auch wenig über protektive Faktoren sagen, d.h. über Einflüsse, die es mißhandelten Eltern ermöglichen, ihr Mißhandlungsschicksal *nicht* an ihre Kinder weiterzugeben. Um das Ausmaß der intergenerationellen Transmission genauer festzustellen, sind prospektive Untersuchungen unerläßlich.

Üblicherweise unterscheidet man zwischen wirklich prospektiven und quasi-prospektiven Untersuchungsmethoden. In wirklich prospektiven werden Eltern und Kinder direkt beobachtet und die Kin-

* Die Rate für die Weitergabe wäre vermutlich auch prospektiv höher geworden, wenn die Autoren ihre Untersuchugnen über das erste Lebensjahr hinaus fortgeführt und nicht nur offiziell registrierte Fälle von Kindesmißbrauch einbezogen hätten (s. a. Belsky 1993, S. 415).

der dann über 30 oder 40 Jahre in ihrem weiteren Lebenslauf verfolgt, bis sie selbst Eltern werden. So kann beobachtet werden, ob mißhandelte Kinder ihre Mißhandlungserfahrung als Eltern wiederholen. Die Mißhandlung als Kind ist in diesen Fällen nicht erinnert, sondern dokumentiert. Wegen des hohen Zeit- und Geldaufwandes sind solche Studien selten. Die vorliegenden (z. B. McCord 1983) weisen den Mangel auf, daß sie nicht zum Zwecke der Erforschung der intergenerationellen Transmission von Kindesmißhandlung konzipiert wurden und deshalb nur indirekte Schlüsse zulassen.*

Häufiger sind quasi-prospektive Studien. Eltern werden zum Zeitpunkt der Geburt nach eventueller Mißhandlung in ihrer Kindheit befragt, und dann wird festgestellt, wie viele im folgenden Zeitraum von ein, zwei, drei etc. Jahren ihre Kinder mißhandeln. Auch solche Untersuchungen ruhen jedoch auf einer zum Teil unsicheren Datenbasis, weil sie sich auf die Erinnerung der Eltern an ihre Mißhandlung verlassen müssen. Es ist jedoch theoretisch plausibel und empirisch nachgewiesen (s. z. B. Kotelchuk 1982; Oliver 1993), daß Erwachsene zurückliegende Mißhandlungen oft nicht mehr erinnern oder bagatellisieren. Mißhandeln solche Erwachsenen ihre Kinder, so besteht die Gefahr, sie als nicht mißhandelt, aber mißhandelnd zu klassifizieren, wodurch die intergenerationelle Transmissionsrate (fälschlich) sinkt. Sensible Befragungsmethoden, die Zuverlässigkeitsprüfungen bezüglich der Veridikalität der Erinnerungen einschließen, sind deshalb wünschenswert, aber nicht leicht zu haben.**

* McCords häufig zitierte Studie sollte den Zusammenhang zwischen Mißhandlung als Kind und späterer Anfälligkeit für Delinquenz und Alkoholismus erforschen. Hinsichtlich der Wiederholung von Mißhandlung stellt die Autorin fest, daß alle Eltern ihre Kinder mit etwa gleicher Häufigkeit körperlich bestraften, gleichgültig, ob sie als Kinder in mißhandelnden, vernachlässigenden, zurückweisenden oder liebevollen Familien aufwuchsen. Ein Grund für dieses überraschende Ergebnis liegt sicher darin, daß die Eltern in ihrer Kindheit erst ab dem Alter von sechs Jahren beobachtet wurden und Mißhandlungen, die möglicherweise vor diesem Zeitpunkt stattfanden, deshalb unentdeckt blieben. Manche, die in die Klasse der liebevoll Aufgewachsenen eingestuft wurden und ihre Kinder später körperlich bestraften, könnten in Wirklichkeit auch früh Mißhandelte sein, die aufgrund der Erhebung »falsch-negativ« klassifiziert wurden. Dadurch steigt die Zahl der (vermeintlich) liebevoll Aufgewachsenen, die später körperlich bestrafen, und die der Wiederholer sinkt.
** Briere (1992), Loftus (1993), Brenneis (1994) und Person/Klar (1994) diskutieren die Schwierigkeiten.

Die skizzierten Probleme führen dazu, daß in verschiedenen Arbeiten verschiedene Transmissionsraten berichtet werden. Je nach Definition und Art der Mißhandlung (enger vs. weiter Mißhandlungsbegriff; nur dokumentierte Fälle vs. begründeter Verdacht), Erhebungsmethode (Interview; Fragebögen) und Länge des Untersuchungszeitraums schwanken die Angaben zur intergenerationellen Transmission in prospektiven Studien zwischen 18 und 70 % (Überblick bei Kaufman/Zigler 1987; Widom 1989).

Oliver (1993) hat jüngst die Literatur noch einmal umfassend gesichtet und kommt zu dem Ergebnis, daß etwa ein Drittel die Mißhandlung weitergibt, bei einem weiteren Drittel das Risiko dazu besteht, falls die Lebensumstände schwierig sind oder werden, und das letzte Drittel sich erfolgreich vom Wiederholungszwang befreit hat. Diese Angaben konvergieren mit den Befunden von Egeland et al. (1988), die in ihrem bindungstheoretisch inspirierten, methodisch und therapeutisch vorbildlichen Projekt ebenfalls herausfanden, daß etwa ein Drittel die Mißhandlung weitergibt, bei einem zweiten Drittel aufgrund von Hausbesuchen und Gesprächen der allerdings nicht dokumentierbare Verdacht auf Mißhandlung bestand und das letzte Drittel die Mißhandlung nicht wiederholt.

Eine Transmission spezifischer Mißhandlungsmuster scheint es nicht zu geben. Physisch Mißhandelte mißhandeln nicht bevorzugt wieder physisch, sondern mit etwa der gleichen Häufigkeit emotional (Zeanah/Zeanah 1989, S. 189). Es wird also eher das Mißhandlungs-*thema* als die Mißhandlungs*form* weitergegeben. Im folgenden sollen aus der Sicht der Bindungstheorie sowohl die Mechanismen und Faktoren genauer untersucht werden, welche die Transmission begünstigen, als auch diejenigen, die es ermöglichen, den Mißhandlungs-zyklus zu unterbrechen. Ich gebe zunächst einen kurzen Abriß der Bindungstheorie; danach stelle ich die bindungstheoretische Forschung zur Mißhandlungsproblematik vor.

Die Bindungstheorie

Die Bindungstheorie wurde von dem englischen Kinderpsychiater und Psychoanalytiker John Bowlby Ende der 50er Jahre skizziert und später in einer umfassenden Trilogie ausgearbeitet (Bowlby 1969; 1973; 1980). Eine ihrer zentralen Aussagen ist, daß der menschliche Säugling *die angeborene Neigung hat, die Nähe einer vertrauten Person zu suchen.* Fühlt er sich müde, krank, unsicher oder allein, so werden Bindungsverhaltensweisen wie Lächeln, Schreien, Anklammern und Nachfolgen aktiviert, welche die Nähe zur vertrauten Person wiederherstellen sollen. *Das Bindungssystem* ist relativ unabhängig von sexuellen und aggressiven Triebbedürfnissen. Es stellt ein *eigenständiges Motivationssystem* dar, das mit anderen Motivationssystemen interagiert, nicht aber aus ihnen abgeleitet werden kann. Bindungsverhaltensweisen existieren als Teil des evolutionären Erbes von Geburt an und werden im Laufe des ersten halben Jahres immer spezifischer auf eine oder mehrere Hauptbezugspersonen gerichtet. Das diesen Verhaltensweisen schließlich zugrundeliegende Gefühl der Bindung oder Gebundenheit ist ein »internalisiertes Etwas« (Ainsworth 1967, S. 429), ein gefühlsmäßiges Band, das sich im Laufe der interaktiven und kommunikativen Erfahrung, die der Säugling mit seinen Betreuungspersonen macht, ausbildet.

Ainsworth et al. (1978) haben in ihrer bekannten Monographie die mütterliche Feinfühligkeit in bezug auf die Signale ihres Säuglings als entscheidende Determinante der mit einem Jahr feststellbaren Qualität der Bindung herausgearbeitet. Reagiert die Mutter feinfühlig, d. h. prompt und angemessen auf die Signale ihres Kindes, so wird es mit einem Jahr wahrscheinlich *sicher gebunden* sein. Reagiert die Mutter eher zurückweisend auf seine (Bindungs-)Bedürfnisse, so resultiert ein eher *unsicher-vermeidender Bindungsstil* beim Kind. Sind mütterliche Antworten auf kindliche Signale eher inkonsistent und wenig vorhersagbar, dann entwickelt das Kind eine sogenannte *unsicher-ambivalente Bindung.* Dem Beitrag des Kindes zur Interaktion wurde – im Verhältnis zu dem der Mutter – bei der Entstehung der Bindungsqualität eine zweitrangige Rolle zugeschrieben. Neuerdings zeichnet sich ab, daß angeborene Temperamentsunterschiede / Verhaltensdispositionen eine gewisse Rolle beim Zustandekommen unterschiedlicher Bindungsstile spielen (Spangler 1995; Spangler / Grossmann 1995, S. 56 f.).

Entscheidend für die Art der mit einem Jahr erreichten Bindung ist nicht die Quantität, sondern die Qualität der Interaktion im ersten Lebensjahr. Auch Kinder berufstätiger Eltern können sichere Bindungsbeziehungen entwickeln (Literaturüberblicke bei Laewen 1992, 1994; Dornes 1993, S. 219ff.; Barton/Williams 1993; Roggman et al. 1994). Je nach Erfahrung werden verschiedene Bindungsmuster zu verschiedenen Personen hergestellt. Ein Kind kann z. B. sicher an die Mutter, aber unsicher an den Vater gebunden sein und umgekehrt. Zunächst existieren die unterschiedlichen Bindungsmuster nebeneinander her; im Verlauf der weiteren Entwicklung werden sie allmählich hierarchisch organisiert.

Messung von Bindungsqualität

Wie aber wird die Bindungsqualität festgestellt? Ainsworth et al. (1978) gehen davon aus, daß man die Qualität der Bindung bei ein- und eineinhalbjährigen Kindern an ihren Reaktionen auf kurze Trennungen von der Mutter und, vor allem, an der Art und Weise, wie sie die Mutter nach ihrer Rückkehr begrüßen, ablesen kann. Sie haben eine Standardprozedur zur Untersuchung dieses Trennungs- und Begrüßungsverhaltens entwickelt, die sogenannte Fremde-Situation. Ich habe sie in Kapitel 5 bereits beschrieben. Wegen der zentralen Bedeutung dieser Untersuchungsmethode für die Bindungstheorie wiederhole ich die Beschreibung (mit einigen kleineren Ergänzungen).

Die Fremde-Situation besteht aus acht jeweils drei Minuten langen Episoden. In der ersten werden Mutter oder Vater und Kind vom Versuchsleiter begrüßt. Danach werden sie in einen Raum geführt, der mit Spielzeug, (versteckten) Kameras und zwei Stühlen ausgestattet ist. Mutter und Kind sind jetzt allein im Raum und akklimatisieren sich (Episode 2). In der Regel beginnt das Kind ein wenig zu explorieren. Nach drei Minuten betritt eine Fremde den Raum (Episode 3), setzt sich erst schweigend auf einen Stuhl, plaudert dann mit der Mutter und versucht schließlich, mit dem Kind Kontakt aufzunehmen. Die Mutter verläßt nun unauffällig den Raum (Episode 4) und kehrt nach drei Minuten (oder früher, wenn das Kind sehr weint) wieder zurück (Episode 5); die Fremde verläßt den Raum nach dem Eintritt der Mutter, die jetzt allein mit dem Kind ist. Nach drei Minuten verläßt die Mutter das Kind erneut; das Kind ist jetzt (Episode 6) allein. Kurze Zeit später (Episode 7) betritt die Fremde wieder den Raum und macht ein Spiel- oder Trostangebot. Dann kommt die Mutter zurück (Episode 8), und die Fremde geht. Die Reaktion des Kindes auf die Wiederkehr der Mutter, also das Verhalten in den Episoden 5 und 8, wird als maßgeblicher Indikator für die Bindungsqualität betrachtet.

Ainsworth und Mitarbeiter haben drei typische Verhaltensmuster in diesen Situationen beobachtet. Es gibt Kinder, die Zeichen von Kummer zeigen, wenn die Mutter den Raum verläßt. Sie unterbrechen ihr Spiel und suchen gelegentlich aktiv nach ihr. Von der Fremden lassen sie sich nur ungern trösten, aber manchmal zur Neuaufnahme des Spiels überreden. Wenn die Mutter zurückkommt, begrüßen sie sie freudig, suchen Nähe und Körperkontakt und beginnen nach kurzer Zeit wieder zu spielen. Diese Kinder sind *sicher gebunden* (B). Eine zweite Gruppe von Kindern (A) ignoriert den Weggang der Mutter. Sie setzen ihr Spiel fort, als wenn nichts geschehen wäre, und spielen mit der Fremden oft lebhafter als mit der Mutter. Auch die Rückkehr der Mutter wird ignoriert. Die Kinder vermeiden den Blickkontakt, begrüßen sie nicht oder nur flüchtig, und suchen kaum ihre Nähe. Sie wirken ruhig, aber physiologische Messungen zeigen, daß sie stark unter Streß stehen (Spangler/Grossmann 1993; Spangler/Schieche 1995). Ainsworth nennt sie *unsicher-vermeidend gebundene* Kinder.

Eine dritte Gruppe, die *unsicher-ambivalent Gebundenen* (C), wird sehr unruhig, wenn die Mutter den Raum verläßt. Sie lassen sie nur ungern gehen und sich von der Fremden nicht recht trösten, begrüßen die Mutter bei der Rückkehr zwar und suchen ihre Nähe, zeigen gleichermaßen aber auch Zeichen von Verärgerung. Sie beruhigen sich kaum, weisen Spielzeug zurück, klammern sich an die Mutter, werden durch den Kontakt aber nicht wirklich beruhigt und wollen im nächsten Moment wieder losgelassen werden. Es herrscht eine unzufriedene, quengelige Grundstimmung. Bei manchen ist sie eher ärgerlich-aggressiv, bei anderen stark passiv getönt.

Für jede Gruppe existieren noch Untergruppen, um feinere Differenzen zwischen den Kindern zu erfassen. Die vermeidend Gebundenen werden in zwei Untergruppen (A1 und A2) aufgeteilt, die Sicheren in vier (B1, B2, B3, B4) und die Ambivalenten ebenfalls in zwei (C1 und C2). Ich verzichte an dieser Stelle auf detailliertere

Ausführungen und verweise den Leser auf die bisher einzige ausführliche deutschsprachige Darstellung der Subgruppen bei Hédervári (1995).

Es gab jedoch von Anfang an eine Reihe von Kindern, die sich nicht gut in die drei Gruppen (A, B, C) einfügen ließen. Main/Weston (1981) beschrieben als eine der ersten einige Kinder (etwa 13% ihrer Mittelschichtpopulation), die sich in der Fremden-Situation eigenartig benahmen und mit dem Ainsworth-System schlecht klassifizierbar waren. Manche näherten sich der Mutter (wie Sichere), drehten dabei aber den Kopf zur Seite (wie Vermeidende); andere zeigten extreme Vermeidung (wie A-Kinder), aber untypischerweise zugleich viel offenen, unberuhigbaren Kummer (wie ambivalente C-Kinder) oder benahmen sich in Episode 5 wie Sichere, in Episode 8 aber wie Vermeidende. Auch Bewegungsstereotype, plötzliches Weinen auf dem Schoß der Mutter oder plötzliches Hinfallen bei der Annäherung waren zu beobachten (ausführlich dazu Main/Solomon 1986, 1990; Main 1995b). Ihre forcierte Klassifizierung ins Ainsworth-System ergab, daß die meisten als sicher eingestuft werden mußten, eine Minderheit als vermeidend.

Eine neue Untersuchung sämtlicher schwer klassifizierbarer Fälle führte zur Entwicklung einer neuen Kategorie. Kinder mit den oben beschriebenen Verhaltensweisen wurden nun als desorganisiert/desorientiert gebunden (D) bezeichnet. Die bisher forciert klassifizierten Fälle wurden erneut gesichtet und zum großen Teil der D-Gruppe zugeordnet.

Bindungsqualität und Interaktionsverhalten mißhandelter Kleinkinder

Obwohl Bowlbys Theorie in erheblichem Umfang auf klinischen Daten und Beobachtungen beruht, hat sich die Bindungsforschung lange Zeit überwiegend mit der Entwicklung normaler Kinder beschäftigt. Erst in den letzten zehn Jahren wurden vermehrt sogenannte Highrisk-samples erforscht, z. B. Kinder von schizophrenen (Näslund et al. 1984) oder depressiven bzw. manisch-depressiven Müttern (Radke-Yarrow et al. 1985; Lyons-Ruth et al. 1990; Cummings/Cicchetti 1990; Radke-Yarrow 1991; Teti et al. 1995).

Bindungsqualität

Die ersten Untersuchungen von Bindungsmustern mißhandelter Kinder verwendeten noch das traditionelle Klassifizierungssystem mit den drei erwähnten Kategorien sicher, vermeidend und ambivalent gebunden (Egeland/Sroufe 1981; Gaensbauer/Harmon 1982; Schneider-Rosen/Cicchetti 1984; Lyons-Ruth et al. 1984; Schneider-Rosen et al. 1985; Lamb et al. 1985). *Sämtliche Arbeiten stimmen dahingehend überein, daß mißhandelte Kinder wesentlich häufiger unsicher gebunden sind als Kinder einer vergleichbaren Kontrollgruppe.* Bei Schneider-Rosen/Cicchetti (1984) waren beispielsweise 67% der Kinder mit 19 Monaten unsicher und 33% sicher gebunden; in der Vergleichsgruppe waren 74% sicher und 26% unsicher gebunden. Egeland/Sroufe (1981) versuchten darüber hinaus einen Zusammenhang zwischen spezifischen Mißhandlungstypen und der späteren Bindungsqualität herzustellen. Sie fanden eine gewisse Beziehung zwischen physischer Mißhandlung, die eher zu vermeidender Bindung führt, und Vernachlässigung, die eher ein ambivalentes Bindungsmuster zur Folge hat. Diese Zusammenhänge konnten jedoch in den anderen Untersuchungen nicht immer bestätigt werden.

Obwohl also mißhandelte Kinder häufiger unsicher gebunden sind als die normaler Kontrollgruppen, ist *eine erhebliche Anzahl dennoch sicher gebunden.* In der Untersuchung von Schneider-Rosen/Cicchetti 1984) waren es ungefähr 33%, bei Egeland/Sroufe (1981) ca. 38%. Diese Ergebnisse entsprechen nicht den Vorhersagen der Bindungstheorie, der zufolge mütterliche Responsivität zu sicherer Bindung führt. Es wäre eher zu erwarten gewesen, daß mißhandelte Kinder zu einem wesentlich geringeren Prozentsatz sicher gebunden sein würden.

In der Folge wurden deshalb vermehrt theoretische und empirische Anstrengungen zur Klärung dieses Phänomens unternommen. Lyons-Ruth et al. (1987; 1989) sowie insbesondere Crittenden (1985, 1988; Crittenden/Ainsworth 1989) beschrieben viele mißhandelte Kinder, die nicht ins traditionelle Klassifizierungssystem paßten, und entwickelten für sie ebenfalls eine neue Kategorie, die sie ambivalent-vermeidend (A/C; Crittenden) bzw. unstabil-vermeidend (Lyons-Ruth) nannten und die in etwa Mains desorganisierter Bindungskategorie entspricht. Auf dem Gebiet der Untersuchung von Risikopopulationen vollzog sich also die gleiche Entwicklung wie bei der Erforschung normaler Kinder. Bisher notgedrungen als sicher Klassifizierte wurden mit dem erweiterten System noch einmal eingeschätzt, und das Ergebnis war im Falle der Mißhandlungsforschung, daß die Zahl der mißhandelten, aber dennoch sicher gebundenen Kinder erheblich abnahm. Bei Crittenden (1985, S. 90f.; 1988, S. 158) waren nur noch 5 % der mißhandelten und 10 % der vernachlässigten Kinder sicher gebunden (in dem alten Klassifizierungssystem waren es noch 33 bis 38 % gewesen). Bei Carlson et al. (1989a,b), die Mains D-Kategorie verwendeten, waren 18 % sicher gebunden und 82 % desorganisiert. Es ergaben sich auch bemerkenswerte Geschlechtsunterschiede. Crittenden et al. (1991, S. 505) stellten fest, daß Buben – bei gleichschwerer Mißhandlung – häufiger in die stärker gestörte ambivalent-vermeidende Gruppe (A/C) klassifiziert werden müssen als Mädchen, und auch Carlson et al. (1989a, S. 528) bestätigten, daß *mißhandelte Buben eher zur Ausbildung eines desorganisierten Bindungsmusters neigen als Mädchen*, insbesondere dann, wenn der Vater fehlt. Warum das so ist, ist bisher unklar. Die Autoren vermuten, daß die Mütter ihren Ärger über den verlorenen Ehemann unter Umständen stärker auf das männliche Kind projizieren und dort ausleben.

Interaktionsstudien

In weiteren Untersuchungen wurde das Interaktionsverhalten von mißhandelnden Mutter-Kind-Paaren *außerhalb* der Fremden-Situation erforscht. Dies ist deshalb wichtig, weil die Qualität solcher Pflege- und Spielinteraktionen zur Qualität des mit ein bis zwei Jahren etablierten Bindungsmusters beitragen soll. Es kann deshalb erwartet werden, daß sich auch die Interaktionsqualität mißhandelnder Mutter-Kind-Paare von der vergleichbarer Kontrollgruppen unterscheidet. Crittenden (1981) beobachtete 38 Paare einer Hoch-Risiko-Gruppe (sehr junge Mütter, geringes Einkommen, geringer Bildungsgrad). Acht Mütter hatten ihre Kinder mißhandelt, zehn waren vernachlässigend, zehn weitere an der Grenze zur Vernachlässigung, und zehn versorgten ihre Kinder adäquat. Sämtliche Fälle von Mißhandlung und Vernachlässigung waren behördlich dokumentiert.
Die Auswertung gefilmter Spielinteraktionen (Alter der Kinder:

zwei bis 19 Monate) ergab für jede Untergruppe spezifische Charakteristika.* Die *Mütter, die ihre Kinder adäquat versorgten*, wurden von über die Gruppenzugehörigkeit uninformierten (»blinden«) Auswertern als überwiegend sensitiv und flexibel eingeschätzt. Sie konnten sich den wechselnden Erfordernissen des Spiels gut anpassen, und die Interaktion wurde von den Kindern sichtlich genossen. Die *vernachlässigenden Mütter* stimulierten ihre Kinder wenig und reagierten selten auf ihre Signale. Die Kinder wirkten inaktiv und kraftlos. Die *mißhandelnden Mütter* gaben sich die meiste Mühe und hatten die frustriertesten Kinder. Es schien, als ob die Mütter beim Spielen einen bestimmten Plan verfolgten und erwarteten, daß sich die Kinder anpaßten. Das Interaktionsverhalten wirkte kontrollierend, und gelegentlich irritierten sie ihre Kinder ohne erkennbaren Grund. Die Kinder waren nicht kooperativ wie die der adäquaten Mütter und nicht passiv wie die der vernachlässigten, sondern eher aggressiv.**

Die Mannheimer Forschungsgruppe um Schmidt (Esser / Weinel 1990; Esser et al. 1993) ist ebenfalls der Frage nachgegangen, ob sich Ablehnung und Vernachlässigung direkt im Interaktionsverhalten der Mutter zeigen. Zunächst wurden aus vierstündigen Interviews und Beobachtungen bei Hausbesuchen Anhaltspunkte für Ablehnung / Vernachlässigung herausgefiltert – z. B. strenge Erziehungshaltung, harte erzieherische Praktiken, häufige Kritik am Säugling, mangelnde Pflege etc. Die Beobachtungen und Interviews wurden im Team diskutiert und dann ein Expertenurteil darüber abgegeben, ob Vernachlässigung oder Ablehnung vorliegt und, wenn ja, in welchem Umfang (Schmidt 1990, S. 19f.). Die Mutter-Kind-Interaktion wurde videographiert und mit Hilfe bestimmter Skalen eingeschätzt (Esser et al. 1989).

Unter anderem ergab sich, daß als vernachlässigend eingeschätzte Mütter weniger variabel und weniger echt interagieren als normale. Die als ablehnend eingeschätzten interagieren weniger zärtlich und

* Aus Gründen der Vereinfachung lasse ich bei der folgenden Darstellung die Grenzgruppe weg.
** Crittenden weist zu Recht darauf hin, daß mißhandelnde Mütter ihre Kinder nicht ständig mißhandeln, sondern zwischen den Mißhandlungsvorfällen oft liebevolle und bemühte Eltern sind, die ihre Kinder durchaus mit Stimulierung versorgen. Deshalb werden diese Kinder auch nicht passiv wie die vernachlässigten, sondern, wegen der Insensitivität der Interaktionsangebote, eher »schwierig«.

restriktiver. Beiden gemeinsam ist die geringere Anzahl sprachlicher Äußerungen im Dialog. Die Vernachlässigenden sprechen insgesamt erheblich weniger, die Ablehnenden nur geringfügig weniger, aber dafür signifikant weniger im Baby-talk. Diese Ergebnisse sind auch deshalb bedeutsam, weil Säuglingsforscher herausgefunden haben, daß das mütterliche Sprachverhalten ein potentes Übertragungsmedium depressiver Affekte ist (s. Bettes 1988; Murray 1991, 1993; Murray et al. 1993). Die Apathie der vernachlässigten Kinder kann als Depressionsäquivalent betrachtet werden, das durch mangelnde sprachlich vermittelte Affektkommunikation induziert wird. Insgesamt fanden sich also typische Verhaltensmuster für ablehnende und vernachlässigende Mütter (Esser et al. 1993, S. 259). Vernachlässigung zeigte sich vor allem in der Pflegeinteraktion, Ablehnung in der Spielinteraktion. Die Säuglinge selbst waren in ihrem Interaktionsverhalten mit drei Monaten noch unauffällig. Diese wichtige Beobachtung widerspricht der weitverbreiteten Ansicht, daß bevorzugt schwierige Säuglinge Opfer von Mißhandlung werden. *Die späteren Verhaltensauffälligkeiten der Kinder sind deshalb eher als Folge denn als Ursache der Mißhandlung zu betrachten* (s. a. Herrenkohl/ Herrenkohl 1979, S. 266; Engfer 1986, S. 64; Laucht 1990, S. 45; Esser et al. 1993).

Zwischenbilanz

Das bisher Dargestellte kann wie folgt zusammengefaßt werden:
1. Die frühen Untersuchungen der Bindungsqualitäten mißhandelter und vernachlässigter Kinder in der Fremden-Situation ergaben einen erstaunlich hohen Prozentsatz sicher gebundener Kinder, nämlich etwa 33 bis 38 % (verglichen mit 66 % in Normalpopulationen). Nachfolgende Arbeiten zeigten, daß dieses Ergebnis auf Unzulänglichkeiten des Klassifikationssystems zurückzuführen war. Die Neuuntersuchung der »Problemfälle« ergab, daß die meisten besser in die neuentwickelte Kategorie des desorganisiert (D) bzw. ambivalent-vermeidenden (A/C) Bindungsverhaltens passen. Dadurch sanken die Zahlen für sicher gebundene mißhandelte/vernachlässigte Kinder auf 5 bis 18 % (je nach Untersuchung und Mißhandlungsart).

2. Mißhandelte und / oder vernachlässigte Kinder neigen zu desorganisierten Bindungsmustern (D) bzw. zu einer Mischung von Vermeidung und Ambivalenz (A / C). Diese Muster werden als die am wenigsten adaptiven betrachtet und sind Ausdruck traumatisierender und / oder hochgradig inkonsistenter Beziehungserfahrungen. In Normalpopulationen sind etwa 15 % desorganisiert gebunden (Main / Solomon 1990, S. 134)*, in mißhandelten etwa 82 % oder mehr. Um voreiligen Schlußfolgerungen vorzubeugen, möchte ich betonen, daß aus dem Vorliegen eines desorganisierten Bindungsmusters nicht auf das wahrscheinliche Vorliegen von Mißhandlung geschlußfolgert werden darf (Main / Hesse 1990, S. 165). Auch bei Kindern aus Multi-Problem-Familien und denen depressiver Mütter ist der Prozentsatz an D-Mustern erhöht (28 bzw. 40–60 %; siehe Spieker / Booth 1988; Lyons-Ruth et al. 1990, 1993; Teti et al. 1995). Es führen also, metaphorisch gesprochen, viele Wege nach D.**

3. Es ergaben sich differentielle Auswirkungen verschiedener Mißhandlungsformen auf die Interaktionsmuster von Mutter und Kind in Spielsituationen. Mißhandelte Kinder sind in solchen Situationen mit zunehmendem Alter eher schwierige Interaktionspartner, vernachlässigte sind eher passiv, mißhandelte und vernachlässigte entweder schwierig oder passiv.

Folgen der Kindesmißhandlung

Bindungsforscher haben nachgewiesen, daß sich aus der Qualität der in der Fremden-Situation mit ein- und eineinhalb Jahren festgestellten Bindung eine Reihe zutreffender Vorhersagen ableiten lassen. Sicher gebundene Kinder zeigen adäquateres Sozialverhalten in Kindergarten und Schule, mehr Phantasie und positive Affekte im freien Spiel, größere und längere Aufmerksamkeitsspannen sowie ein höheres

* Die Zahlen schwanken je nach Untersuchung. Bei Wartner et al. (1994, S. 1024 f.) waren 30 % der Kinder einer Normalpopulation desorganisiert gebunden, bei Teti et al. (1995, S. 374) 10 %. Main spricht neuerdings von 15–25 %. Die Metaanalyse von van Ijzendoorn (1995) ergab im Durchschnitt 15 %.

** Genetische und / oder durch perinatalen Streß erworbene Dispositionen scheinen beim Zustandekommen von D-Bindungen ebenfalls eine Rolle zu spielen (s. Spangler et al. 1996).

Selbstwertgefühl. Sie sind aufgeschlossener für neue Sozialkontakte mit Erwachsenen und Gleichaltrigen und werden von Kameraden, Kindergärtnerinnen und Lehrern als sozial kompetenter eingeschätzt (George/Main 1979; Bretherton 1985; Sroufe 1983, 1988; Sroufe/Fleeson 1986; Grossmann et al. 1989, Grossmann/Grossmann 1991, 1995; Fremmer-Bombik/Grossmann 1993).

Folgen im Kindesalter

Nun sind die genannten Besonderheiten, wie weniger Phantasie im Spiel oder kürzere Aufmerksamkeit, die häufiger bei unsicher gebundenen Kindern auftreten, keine Symptome von Krankheitswert. Bindungsforscher stimmen darin überein, daß *unsichere Bindung als solche keine Psychopathologie ist, sondern allenfalls ein dafür disponierender Faktor* (Slade/Aber 1992, S. 179; Crittenden 1994a, S. 93).* Eine Reihe von Autoren ist deswegen der Frage nachgegangen, ob und unter welchen Bedingungen es einen Zusammenhang zwischen unsicherer Bindung und späteren *gravierenden* Symptomen gibt. Die Ergebnisse lassen sich dahingehend zusammenfassen, daß mit einem Jahr unsicher gebundene Kinder *aus normalen oder Low-risk-samples* im Folgezeitraum von zwei bis sechs Jahren keine *wesentlichen* Verhaltensprobleme aufweisen (Bates et al. 1985; Fagot/Kavanagh 1990; Goldberg et al. 1990; Rothbaum et al. 1995), während unsicher gebundene Kinder *aus High-risk-samples* erheblich beeinträchtigt sind, vor allem im Bereich des Sozialverhaltens und der Impulskontrolle (Sroufe 1983; Erickson et al. 1985). Speziell für mißhandelte Kinder ergab sich, daß sie in Kindergarten und Vorschule gehäuft auffällig werden. Je nach Mißhandlungstypus mußten in der Studie von Erickson et al. (1989) zwischen 45 und 65 % der Kinder besonders betreut werden. Lyons-Ruth et al. (1993) beschreiben für eine Hoch-Risiko-Gruppe, in der sich auch zahlreiche mißhandelte Kinder befanden, daß die mit 18 Monaten als desorganisiert klassifizierten mit fünfeinhalb Jahren die meisten Schwierigkeiten hatten.

---

* Deshalb wird in letzter Zeit verstärkt zwischen Bindungs*unsicherheit* und Bindungs*störung* unterschieden. Für Ansätze zur Klassifikation von Bindungsstörungen im Kleinkind- und Vorschulalter siehe Zeanah et al. (1993a), Zeanah (1996), Crittenden (1994b) und Minde (1995).

71 % aller von den Lehrern als besonders aggressiv und feindselig eingeschätzten Kinder stammten aus der D-Gruppe.

Zahlreiche Arbeiten haben sich damit beschäftigt, ob es einen Zusammenhang zwischen Mißhandlung und (späterer) Aggressivität
gibt. Es kann mittlerweile als einer der empirisch am besten gesicher-
ten Befunde der Entwicklungspsychologie gelten, daß mißhandelte
Kinder ein gestörteres, insbesondere aggressiveres Verhalten im Umgang mit Gleichaltrigen zeigen als nicht mißhandelte. Die Mehrzahl
der diesbezüglichen Arbeiten befaßt sich mit Kindern im Vorschulalter (Überblick bei Lyons-Ruth 1996). Salzinger et al. (1993) haben
Untersuchungen für die Altersgruppe von acht bis zwölf Jahren vorgelegt. Die älteren mißhandelten Kinder waren, ebenso wie die jüngeren, bei ihren Kameraden unbeliebter, sehr viel aggressiver und
wurden von den Lehrern als am schwersten gestört eingeschätzt. Im
Unterschied zu mißhandelten Kindern sind vernachlässigte weniger
aggressiv als vielmehr passiv und zurückgezogen. Die sozialen Beziehungen beider Gruppen zu Gleichaltrigen sind dadurch außerordentlich beeinträchtigt (Überblick bei Mueller / Silverman 1989).

Mißhandelte und vernachlässigte Kinder sind aber nicht nur erheblich aggressiver oder passiver als normale und nicht nur in ihren
Gleichaltrigenbeziehungen stark eingeschränkt, sondern weisen erhebliche Defizite in praktisch allen Entwicklungsbereichen auf. Die
Lektüre der Literatur zu diesem Thema ist deprimierend. Ich fasse
mich deshalb kurz (ausführliche Überblicke bei Engfer 1986, Kap. 9;
Cicchetti 1989; Erickson et al. 1989; Cicchetti / Olsen 1990; Weindrich / Löffler 1990). Es besteht Übereinstimmung darin, daß die verschiedenen Formen von Kindesmißhandlung langfristig (und kurzfristig) erhebliche negative Auswirkungen auf die weitere seelische
Entwicklung haben. Das Ausmaß der Beeinträchtigung hängt vom
Alter des Kindes, seiner Interpretation der Ereignisse (Herzberger et
al. 1983), der An- und Abwesenheit protektiver Faktoren, der Art,
Dauer und Schwere der Mißhandlung und den Erhebungsmethoden
ab. Als immer wieder bestätigte Faustregel kann gelten, daß die Auswirkungen um so gravierender sind, je früher die Mißhandlung beginnt, je schwerer sie ist und je länger sie anhält.

Fortwährend mißhandelte oder vernachlässigte Kinder zeigen –
außer den schon erwähnten Eigenarten (mehr unsichere Bindung,
mehr Aggression, mehr Probleme mit Gleichaltrigen und Kindergärt-
nern / Lehrern) – mit zwei bis sechs Jahren folgende Probleme:

Sie sind weniger einfühlsam und reagieren auf den Kummer anderer mit Aggression statt mit Empathie (Main/Goldwyn 1984). Sie schlafen schlecht ein, sind hypermotorisch und können sich nicht konzentrieren. Sie sind unaufmerksam, geben schnell auf und tun sich schwer, andere um Hilfe zu bitten. Sie begegnen neuen Bekanntschaften eher distanzlos oder mißtrauisch als offen und sind wegen ihrer unsicheren Bindung in ihrem Neugier- und Explorationsverhalten eingeschränkt (Aber/Allen 1987; Aber et al. 1989). Entsprechend sind sie oft weniger intelligent, sprachlich gehandikapt und mäßig in der Schule.

Am stärksten betroffen ist die Subgruppe der vernachlässigten Kinder. Sie zeigt die meisten negativen und die wenigsten positiven Affekte in der sozialen Interaktion, verfügt über die geringste Impulskontrolle und hat in IQ-Tests die niedrigsten Werte. Diese Ergebnisse sind alarmierend, weil Vernachlässigung wahrscheinlich die häufigste Form der Kindesmißhandlung ist (Wolock/Horowitz 1984; Engfer 1995a, S. 962), aber auch die in der Öffentlichkeit am wenigsten wahrgenommene.

Folgen im Erwachsenenalter

Untersuchungen von Bindungsforschern, die über das sechste Lebensjahr hinausgehen, sind noch selten (Überblick bei Cicchetti/Toth 1995, S. 285 f.). Die wenigen bisher vorliegenden Untersuchungen konvergieren dahingehend, daß mißhandelte Kinder im Schulalter – gemessen mit bestimmten Fragebogenmethoden – immer noch unsichere/gestörte Bindungsbeziehungen aufweisen. Außerdem sind ihre Schulleistungen schlechter, sie fühlen sich sozial weniger akzeptiert und sind erheblich depressiver, insbesondere wenn sie *sexuell* mißhandelt wurden. Als Abwehr gegen die Depression und um die soziale Akzeptanz zu erhöhen, zeigen sie gelegentlich »überfreundliches« Verhalten (Toth/Cicchetti 1996). Bindungsprobleme als Folge von Mißhandlung lassen sich auch im Erwachsenenalter finden. Alexander (ref. nach Cicchetti/Toth 1995, S. 287 f.) hat Frauen, die in ihrer Kindheit Opfer von Inzest waren, mit Hilfe eines Fragebogens untersucht, anhand dessen sie ihre Bindungsqualität einschätzen sollten. Nur 14 % der Frauen schätzten sich als sicher gebunden ein; in einer Kontollgruppe nicht mißhandelter Frauen waren es 49 %.

Andere Autoren haben die Langzeitfolgen von Kindesmißhandlung bis ins Erwachsenenalter ausführlich und mit anderen Methoden als denen der Bindungsforschung untersucht. Meist werden Korrelationsdesigns verwendet, die keine kausale Interpretation erlauben. Die nachgewiesenen Auffälligkeiten sind also im strengen Sinn (noch) nicht als Folgen, sondern »nur« als Korrelate von Mißhandlung zu betrachten. Die vorliegenden Befunde sind außerdem mit den verschiedensten Methoden erhoben worden (Tests, Fragebögen, klinische Interviews), was ihre Vergleichbarkeit erschwert. Oft werden auch die verschiedenen Einflußfaktoren nur unzureichend auseinandergehalten, so daß gelegentlich nicht recht klar ist, ob es sich bei den festgestellten Auffälligkeiten um spezifische Mißhandlungsfolgen handelt oder um die Folgen/Korrelate allgemeiner familiärer Dysfunktionen (Scheidung, chronischer Ehestreit etc.), die auch ohne Mißhandlung aufgetreten wären. Insgesamt gibt es jedoch eine ganze Anzahl von Arbeiten, die durch Vergleiche mit geeigneten Kontrollgruppen (in denen familiäre Dysfunktionen ohne Mißhandlung auftreten) eine gewisse Spezifität nachweisen bzw. zumindest plausibel machen (Überblick bei Cicchetti/Olsen 1990; Starr et al. 1991; Briere 1992; Malinosky-Rummel/Hansen 1993). Signifikant häufiger als in vergleichbaren Kontrollgruppen von Erwachsenen, die als Kinder nicht mißhandelt wurden, treten auf: Gewalttätigkeit in und außerhalb der Ehe (vor allem bei Männern), Drogenmißbrauch, schwer selbstdestruktive Formen des Alkoholismus, Suizidalität, Angst, Depression und die Neigung zur Somatisierung. Künftige Forschung wird mit ausgefeilteren Methoden zu einer weiteren Klärung der Spezifitätsfrage beitragen.

Schutzfaktoren

Außerordentlich bedeutsam ist die sogenannte Unverwundbarkeit einiger Mißhandelter. In einer Reihe von Studien wurde festgestellt, daß es eine relevante – in den einzelnen Untersuchungen wechselnd große – Zahl von Individuen gibt, die trotz Mißhandlung in der Kindheit im Erwachsenenalter erstaunlich wenig Beeinträchtigungen aufweisen. Zimrin (1986) verfolgte die Entwicklung von 28 mißhandelten Kindern über den Zeitraum von vierzehn Jahren nach der Mißhandlung. Neun (etwa ein Drittel) überstanden sie nach dem Eindruck der Autorin einigermaßen unbeschadet, 19 (etwa zwei Drittel) wiesen gravierende Beeinträchtigungen auf. Solche Ergebnisse sind natürlich methodenabhängig. Es ist davon auszugehen, daß es persönliche und psychosoziale Belastungen als Folge von Kindesmißhandlung gibt, die mit manchen Testbatterien, Fragebögen und symptom- bzw. verhaltensorientierten Erhebungsmethoden nur unzureichend erfaßt werden (Starr et al. 1991, S. 14). Eine Kombination verschiedener Methoden und die (Weiter-)Entwicklung subjektsensibler Erhebungsverfahren ist deshalb anzustreben. Nach meiner Einschätzung wird dadurch die Zahl der für unverwundbar Gehaltenen sinken, aber es wird ein mehr oder weniger großer Rest bleiben, der von den ungünstigen Kindheitserfahrungen erstaunlich wenig betroffen ist.* Die Untersuchung solcher Personen kann Aufschluß über Faktoren geben, die zur Aufrechterhaltung (oder Wiedergewinnung) seelischer Gesundheit trotz erlittener Mißhandlung beitragen können.

Zimrin fand in ihrer oben erwähnten Arbeit heraus, daß die relativ Unbeeinträchtigten optimistischer und intelligenter waren und in der Vergangenheit und/oder Gegenwart eine vertrauensvolle Beziehung zu einem anderen Menschen hatten. Toth/Cicchetti (1996) stellten fest, daß Kinder, die in der Vergangenheit sexuell mißbraucht wurden, im Alter von neun Jahren *dann* weniger depressiv sind, wenn die Beziehung zur Mutter gut ist. Ist sie schlecht, so sind die Symptome stärker ausgeprägt. Diese Ergebnisse konvergieren mit den Befunden der allgemeinen Protektionsforschung (Überblick bei Tress 1986a; Werner 1990; Reister/Tress 1993; Hoffmann/Egle 1996; Tress et al. 1996; Egle et al. 1997b), die immer wieder hervorhebt, daß mindestens eine gute Beziehung in Vergangenheit und/oder Gegenwart einer der wichtigsten Schutzfaktoren gegen die langfristig negativen Folgen ungünstiger Kindheitslebensumstände ist.

---

* Eine Studie von Fergusson et al. (1994) kommt zu dem Ergebnis, daß nur 13 % aller Kinder, die in Multi-Problem-Familien aufwuchsen, im Alter von 15 Jahren problem- und symptomfrei waren.

Psychologische Charakteristika und Beziehungsrepräsentanzen mißhandelnder Eltern

Bisher war von mißhandelten Kindern die Rede. Nun soll der Blick auf die Eltern gelenkt werden. Schon Steele / Pollock (1968) betonten, ebenso wie Kempe / Kempe (1978), daß Kindesmißhandlung nicht mit einem bestimmten Persönlichkeitstypus oder einer speziellen Form von Psychopathologie verknüpft ist. Dieser Befund ist auch von anderen Autoren bestätigt worden (z. B. Green et al. 1980; Oates 1986; Kashani et al. 1987). Dennoch gibt es eine Reihe auffälliger Gemeinsamkeiten mißhandelnder Eltern.

Charakteristika

Kropp / Haynes (1987) beschrieben ihre *Schwierigkeiten, Emotionsausdrücke* wie Furcht, Ärger, Freude etc. im Gesicht von Säuglingen *zu erkennen*, und ihre Neigung, negative Emotionen in positive umzudeuten. Frodi / Lamb (1980) zeigten mißhandelnden Müttern und einer Kontrollgruppe Videobänder von schreienden und lächelnden Säuglingen und dokumentierten, daß die mißhandelnden mehr Streß beim Anblick schreiender Säuglinge zeigten als die Kontrollgruppe. Paradoxerweise waren die mißhandelnden Eltern, nicht aber die der Kontrollgruppe, auch durch den Anblick lächelnder Säuglinge gestreßt. Diese generelle Übererregbarkeit mißhandelnder Eltern ist von Bauer / Twentyman (1985) für eine Vielzahl sozialer Situationen mit Kindern nachgewiesen worden. Die Autoren führten mißhandelnden Eltern und einer Kontrollgruppe Videoaufnahmen von Kindern vor, die sich verletzt hatten oder nicht ins Bett gehen wollten, und befragten sie nach ihren Reaktionen. Erstere fühlten sich durch die im Film gezeigten Ereignisse signifikant mehr belastet als letztere.

Herrenkohl / Herrenkohl (1979) untersuchten, ob Eltern über ein Kind, das sie mißhandeln, anders sprechen als über ein nicht mißhandeltes Geschwister. Das Ergebnis war, daß Eltern das mißhandelte Kind negativer beschrieben. Wichtig ist, daß die Eltern sich in bezug auf das als problematisch empfundene Verhalten des Mißhandlungskindes (z. B. seine Eß- oder Schlafprobleme) oft hilflos fühlen. Hilflosigkeit, Ohnmacht und Wut sind die zentralen Affekte in den der Mißhandlung unmittelbar vorausgehenden Momenten. Herrenkohl /

Herrenkohl fanden weiter, daß sich in knapp der Hälfte der von ihnen untersuchten Fälle (46,5 %) die Mißhandlung nicht auf ein Kind beschränkte, sondern auch das Geschwisterkind betroffen war.

Larrance/Twentyman (1983) untersuchten *Attributionsprozesse bei mißhandelnden Eltern* und stellten fest, daß sie kindliche Mißgeschicke oder die Nichtbefolgung von Aufforderungen als Ausdruck schlechter (innerer) Charaktereigenschaften wahrnehmen. Erfolge des Kindes werden hingegen eher äußeren (zufälligen) Faktoren oder glücklichen Umständen zugeschrieben. Eine Vergleichsgruppe nicht mißhandelnder Mütter verfuhr tendenziell umgekehrt. Sie schrieben Erfolge der Kinder den Charaktereigenschaften und Mißerfolge widrigen äußeren Umständen zu. Auch neigten die mißhandelnden Eltern in sehr viel höherem Maße als die der Vergleichsgruppe dazu, die Nichtbefolgung elterlicher Anweisungen als Ausdruck böser Absichten des Kindes zu interpretieren (s. a. Bauer/Twentyman 1985). Sie sehen also ihre Kinder 1. negativer, 2. betrachten sie ihr Problemverhalten als durch schlechte Charaktereigenschaften bedingt, die 3. absichtlich gegen sie gerichtet sind.

Mash et al. (1983) und Reid et al. (1987) ließen Familieninteraktionen sowohl von den Eltern selbst als auch von neutralen Beobachtern einschätzen. Mißhandelnde Eltern sahen im Verhalten ihrer Kinder wesentlich mehr Probleme als die neutralen Beobachter, d.h., sie neigten dazu, das Ausmaß der Probleme zu überschätzen. Zusammenfassend kann man festhalten, daß alle diese Studien in dieselbe Richtung weisen: Mißhandelnde Eltern nehmen ihre Kinder als schwieriger und charakterlich negativer wahr als nicht mißhandelnde. Diese Wahrnehmungsverzerrung ist, psychoanalytisch gesprochen, eine Folge der Projektion negativer Selbstanteile auf das Kind (Steele/Pollock 1968, S. 218) – ein Befund, der mit anderen Methoden als denen des klinischen Interviews auch von nicht-psychoanalytischen Forschern bestätigt wurde (z. B. Bugental et al. 1989, S. 259).

Beziehungsrepräsentanzen

Die oben geschilderten Ergebnisse machen deutlich, wie wichtig es ist, die Repräsentanzenwelt von Eltern zu untersuchen, denn diese beeinflußt, wie sie ihre Kinder sehen und ihr Verhalten interpretieren. Die Untersuchung der Repräsentanzenwelt war schon immer eine

Domäne der Psychoanalyse. Bindungsforscher haben sich in den letzten Jahren ebenfalls (vermehrt) diesem Thema zugewandt und Methoden zur Messung von Beziehungsrepräsentanzen Erwachsener entwickelt, welche die in klinischen Arbeiten gewonnenen Hypothesen der Psychoanalyse ergänzen können. Vor allem das von Main und ihren Mitarbeitern entwickelte sogenannte Erwachsenenbindungsinterview (*adult attachment interview; A. A. I.*) ist diesbezüglich von großem Interesse (deutschsprachiger Überblick bei Köhler 1992).

Eltern werden in Form eines halboffenen Interviews über ihre vergangenen Bindungserfahrungen befragt. Sie erzählen über ihre Kindheit, z. B. ob sie bei Kummer einen Ansprechpartner hatten und getröstet wurden, wie die Beziehung zu Mutter und Vater war, ob sie in der Kindheit eine wichtige Person verloren haben etc. Dabei werden – ähnlich wie im psychoanalytischen Interview – retrospektiv »Geschichten« erzählt, von denen niemand weiß, ob sie in einem nachprüfbaren Sinne »wahr« sind. Anschließend werden diese Berichte nach bestimmten Kriterien ausgewertet. Es gibt kohärente Geschichten und weniger kohärente, und je nach Art und Inhalt der Erzählung lassen sich vier Gruppen von Interviewten bilden.

Die als *autonom* eingestuften (F; *free-autonomous*) erzählen flüssig, kohärent und ohne unangemessene Idealisierung der Vergangenheit. Sie hatten Probleme, haben sie aber anscheinend bewältigt. Die *Verstrickten* (E; *entangled-enmeshed*) kämpfen noch mit der Vergangenheit. Ihre Erinnerungen sind oft von untergründigem Groll oder offenem Ärger und dem andauernden, kraftraubenden Bemühen durchzogen, es den realen oder verinnerlichten Eltern rechtzumachen. Die *Distanzierten* (D; *dismissing*) haben viel verdrängt, erinnern sich entweder kaum an die Vergangenheit, oder die erinnerten Episoden widersprechen häufig der allgemeinen Charakterisierung der Eltern. Sie finden ihre Eltern z. B. »großartig«, können sich aber auf Nachfragen nur an eine Episode erinnern, die betrüblich war. Während also autonome Erwachsene kohärent und konsistent über ihre Vergangenheit erzählen, gilt für verstrickte und distanzierte eher das Gegenteil. Die vierte Gruppe (U; *unresolved*) scheint durch *nicht bewältigte Traumata*, z. B. Objektverluste in der Kindheit, schwer beeinträchtigt. Diesbezügliche Fragen beantworten sie konfus oder mit einer Häufung irrelevanter Details über die Todesumstände und den Todeszeitpunkt; die Erzählungen sind auffallend angereichert mit pseudopoetischen Phrasen (»Sie war jung, lieblich, und alle, die sie kannten und Zeugen ihres Ablebens waren, liebten sie«) sowie unlogischen Gedankenverbindungen (»Es war ein Glück, als es passierte [Objektverlust]; das Jahr darauf begann ich mit der High School«).*

Da die Fremde-Situation die kindliche Bindungsqualität und das Bindungsinterview die Erwachsenenrepräsentationen entsprechender Kindheitserfahrungen erfaßt, ist eine gewisse Übereinstimmung zwischen beiden zu erwarten. Als stabile Tendenz zeichnet sich in verschiedenen Untersuchungen (Literatur bei Fremmer-Bombik/Grossmann 1993, S. 96; Fonagy et al. 1995; Main 1995a, S. 224, 229; ausführlich van Ijzendoorn 1995) folgendes ab: Als autonom klassifizierte Mütter hatten häufiger sicher gebundene Kinder (F⇒B), beziehungsabwertende Mütter eher vermeidende (D⇒A), verstrickte eher ambivalente (E⇒C), und Eltern, die unter einem unbewältigten Trauma leiden, haben vermehrt desorganisiert gebundene Kinder (U⇒D). Die Vorhersagen von autonomen Müttern auf sichere Kinder (F⇒B) sind besser als die von verstrickten Müttern auf ambivalente Kinder (E⇒C) (s. Fonagy et al. 1991, 1993; Zeanah et al. 1993b). Die Übereinstimmung in der sicheren Gruppe (F⇒B) liegt z. B., je nach Untersuchung, zwischen 75 und 82 %; in den anderen Gruppen ist sie etwas geringer. Aus verschiedenen Gründen, die in der vorliegenden Untersuchung nicht diskutiert werden können, sind keine linearen Zusammenhänge zwischen elterlichen Beziehungsrepräsentationen und kindlichen Bindungsmustern zu erwarten.

Crittenden et al. (1991) haben als bisher einzige mißhandelnde Eltern mit einem modifizierten Erwachsenenbindungsinterview untersucht. Sie fanden heraus, daß mißhandelnde Eltern überwiegend als distanziert (D) eingestuft wurden, vernachlässigende und solche, die sowohl vernachlässigten als auch mißhandelten, eher als verstrickt (E). Diese Resultate müssen als vorläufig betrachtet werden, u. a. deshalb, weil wegen der kleinen Stichprobe die besonders interessanten Fälle von unbewältigtem Trauma (U) nicht als solche ausgewiesen, sondern forciert in die anderen Gruppen (autonom, verstrickt, distanziert; F, E, D) klassifiziert wurden. Insgesamt wurden nur knapp 10 % der Eltern als sicher gebunden klassifiziert, die anderen 90 % in

---

* Zitate aus Main/Hesse (1990, S. 168 f.); zur U-Kategorie s. a. Ainsworth/Eichberg (1991). Mittlerweile wird eine fünfte Kategorie diskutiert: die der Unklassifizierbaren (CC, *cannot classify*; s. Hesse 1996). Sie scheint die am schwersten gestörten Individuen zu erfassen.

eine der unsicheren Gruppen. Auffällig war, daß praktisch alle Ehen aus Partnern bestanden, die *beide* unsicher gebunden waren. Zusammenfassend kann man feststellen, daß die Erforschung der Beziehungsrepräsentanzen mißhandelnder Eltern mit den von Bindungstheoretikern entwickelten Methoden noch in den (allerdings vielversprechenden) Anfängen steckt.

Die Durchbrechung des Mißhandlungszyklus

Ich möchte nun die eingangs schon diskutierte Frage der intergenerationellen Transmission von Mißhandlung noch einmal aufnehmen. Ich hatte einige Arbeiten erwähnt, die sich mit dem Ausmaß der Weitergabe befassen, und verschiedene Schätzungen referiert. Trotz der diesbezüglich erheblichen Bandbreite stimmen die genannten Autoren zumindest darin überein, daß es eine relevante Zahl von Erwachsenen gibt, die den Mißhandlungszyklus durchbricht und, obwohl selbst in der Kindheit (wahrscheinlich) mißhandelt, diese Mißhandlungen *nicht* an ihre Kinder weitergibt. Das detaillierte Studium solcher Fälle ist von großer Bedeutung, weil dadurch Faktoren identifiziert werden können, welche die Wahrscheinlichkeit der Weitergabe herabsetzen. Diese Faktoren lassen sich möglicherweise mit Gewinn in Interventions- und Präventionsprogramme implementieren (zur Prävention s. a. Lohaus / Trautner 1997).

Hunter / Kilstrom (1979) befaßten sich intensiv mit solchen »Nicht-Wiederholern« und verglichen sie mit einer Gruppe von »Wiederholern«. Es ergaben sich eine Reihe von Unterschieden, von denen zwei besonders auffällig waren: Erstens waren die Nicht-Wiederholer sozial sehr viel besser eingebunden und lebten weniger isoliert als die Wiederholer. Zweitens hatten sie die Fähigkeit, über ihre eigene Mißhandlung in der Kindheit offen und mit angemessener Gefühlsbeteiligung zu kommunizieren (s. a. Ricks 1985); die Wiederholer sprachen davon oft nur vage und affektarm. Die Autoren betonen, daß die Nicht-Wiederholer offensichtlich ihre Vergangenheit »besser durchgearbeitet« hätten, in der die Wiederholer noch gefangen seien.

Egeland und Mitarbeiter sind bei der Auswertung ihres großen Minnesota-Projekts zu ähnlichen Schlußfolgerungen gelangt (Egeland 1988; Egeland et al. 1988; Egeland/Erickson 1990). Drei Hauptunterschiede zwischen Wiederholern und Nicht-Wiederholern waren eindrucksvoll: 1. Nicht-Wiederholer hatten in der Kindheit mindestens eine Person, an die sie sich mit ihrem Kummer wenden konnten, und/oder 2. irgendwann in ihrem Leben eine längere (> ein Jahr) Psychotherapie absolviert und/oder lebten 3. gegenwärtig häufiger in einer befriedigenden Beziehung mit einem Ehepartner/ Freund. Ohne die Bedeutung einer aktuell befriedigenden Beziehung schmälern zu wollen – Ehekonflikte spielen als situative Auslöser von Kindesmißhandlung eine große Rolle (s. Engfer 1986, S. 74, 77, 81; Malinosky-Rummel/Hansen 1993, S. 76) –, kann doch die Fähigkeit, eine solche einzugehen, zum großen Teil auf den unter Punkt 1 und 2 beschriebenen Einfluß zurückgeführt werden: Die in der Kindheit oder in der Therapie gemachte Erfahrung, daß es auch menschliche Beziehungen gibt, die befriedigend sind, erlaubt es den Betroffenen, ihre Mißhandlungsschicksale zu relativieren.

Theoretisch gesprochen sind ihre Selbst- und Objektrepräsentanzen (in Bowlbys [1973] Terminologie die »inneren Arbeitsmodelle« vom Selbst, vom anderen und von der Beziehung) flexibler und reichhaltiger, weil sie auch Erfahrungen mit Bindungsfiguren einschließen, die verfügbar waren, und ebenso Vorstellungen von sich selbst als liebenswert. Dies erhöht die Bereitschaft, eine Beziehung einzugehen bzw. die Fähigkeit, sie erfolgreich zu gestalten. Es ist also nicht so sehr die Tatsache der Traumatisierung/Mißhandlung in der Kindheit, die autonome Eltern von anderen unterscheidet und Nicht-Wiederholer von Wiederholern, als vielmehr die Art und Weise, wie sie diese Tatsachen durcharbeiten, betrauern und in ihr Leben integrieren. Dafür scheinen supportive Beziehungserfahrungen unerläßlich zu sein. Diese Feststellung soll nicht die Bedeutung des Realtraumas schmälern. Es bleibt eine Tatsache, daß mißhandelnde Eltern über sehr viel mehr Realtraumatisierungen, insbesondere schwere Trennungsdrohungen in der Kindheit, berichten als vergleichbare Kontrollgruppen nicht mißhandelnder Eltern (DeLozier 1982).

Egeland et al. (1988) konnten auch den von Hunter/Kilstrom (1979) und Ricks (1985) erhobenen Befund replizieren, daß Nicht-Wiederholer offener und mit angemessenerer emotionaler Beteiligung von ihren traumatisierenden vergangenen Erfahrungen sprachen und häufiger in befriedigenden Beziehungen lebten.

Die Ergebnisse von Pianta et al. (1989) weisen in dieselbe Richtung. Sie gingen der Frage nach, welche Mütter ihre Kinder über das erste Jahr hinaus mißhandeln und welche die Mißhandlung zu einem späteren Zeitpunkt einstellen. Sie fanden, daß – je nach Typus der Mißhandlung – ungefähr 70 bis 85 % der Untersuchten die Mißhandlung im zweiten Jahr fortsetzten und 60 bis 70 % bis ins sechste. Interessanterweise waren die meisten derer, welche die Mißhandlung einstellten, Teilnehmer eines Interventionsprogramms und fühlten sich von ihren Therapeuten unterstützt: »… es scheint, daß die therapeutische Beziehung sie mit der emotionalen Sicherheit versorgte, die notwendig war, um Zugang zu ihren Kindheitsgefühlen zu finden« (S. 249). *Eine gute Beziehungserfahrung in der Vergangenheit und / oder Psychotherapie scheinen also wesentliche Faktoren bei der erfolgreichen Durchbrechung des Mißhandlungszyklus zu sein.*

Resümee

Diese Ergebnisse, so erfreulich sie aus der Sicht von Psychotherapeuten sind, sollten jedoch nicht zu übertriebenem Optimismus Anlaß geben. Es existieren nämlich:
1. beträchtliche methodische Schwierigkeiten bei der Feststellung, welche Elemente eines Behandlungsprogramms (am besten) wirken. Solche Programme umfassen ja meistens nicht nur psychotherapeutische Maßnahmen im engeren Sinn, sondern auch sozialarbeiterische Unterstützung, juristischen Rat, Hilfe bei der Wohnungssuche etc., und es ist schwierig, die differentiellen Effekte der jeweiligen Interventionstypen herauszuisolieren.
2. Sind mißhandelnde Eltern generell nicht leicht für eine Behandlung zu gewinnen. Egeland / Erickson (1990) beschreiben eindrucksvoll, welcher Anstrengungen es auf seiten des Behandlungsteams bedarf, um die Klienten, wenn sie erst einmal gewonnen sind, im Programm zu halten. Die Subgruppe der vernachlässigenden Eltern ist für Therapie am schwersten zu motivieren und profitiert eher von der materiellen Verbesserung ihrer Lebensumstände, was angesichts der oft ärmlichen Verhältnisse, in denen sie leben, nicht verwundert (s. a. Christ 1994, S. 69 f.).
3. Gibt es Untersuchungen, die feststellen, daß Eltern, trotz psychotherapeutischer Behandlung, die Mißhandlung fortsetzen. In der

psychodynamisch orientierten Studie von Martin/Beezley (1976, S. 256 f.), die einen Zeitraum von viereinhalb Jahren nach dem ersten Auftreten der Mißhandlung umfaßte, mißhandelten immerhin noch 68 % der in Psychotherapie Befindlichen ihr Kind weiter.* In der entsprechenden Kontrollgruppe waren es allerdings noch mehr, nämlich 83 %. Die Autoren stellen fest, daß das Symptom der Mißhandlung andauern kann, auch wenn sich der Allgemeinzustand des Patienten in der Therapie gebessert hat. Die Psychotherapie der Eltern sollte deshalb nach ihrer Auffassung über die Durcharbeitung der Konflikte hinaus zwei zusätzliche Aspekte umfassen. Zum einen eine Art korrektiver Bemutterung bzw. Beelterung der Patienten, die konkrete Bedürfnisbefriedigung wie Telefonanrufe, Hausbesuche und gemeinsame Essen miteinschließt. Zum anderen eine explizite Thematisierung der verzerrten Wahrnehmung der Eltern von ihren Kindern und den Versuch, die Eltern-Kind-Interaktion zu verändern. Erfahrungsgemäß ist es allerdings eher schädlich, den Eltern zu sagen, wie sie mit ihren Kindern umgehen sollen, weil dies oft als Kritik erlebt und mit Behandlungsabbruch quittiert wird. Nützlich hingegen ist nach Auffassung der Autoren, wenn Eltern beobachten können, wie andere, z. B. das Behandlungspersonal, mit ihren Kindern umgehen. Solche Beobachtungen führen, via Identifizierung mit den Therapeuten, gelegentlich zu dauerhaften Verhaltens- und Einstellungsänderungen.

4. Obwohl man mit guten Gründen von einem Primat psychologischer Faktoren bei der Kindesmißhandlung ausgehen kann, weil andere häufig genannte Einflüsse (wie Armut, Arbeitslosigkeit, schlechte Ehe, viele Life-stress-events) in ihrer Wirksamkeit zum erheblichen Teil von der Art der persönlichen Verarbeitung abhängen (s. Belsky/Vondra 1989, S. 189 ff.; Crittenden/Ainsworth 1989, S. 453; Pianta et al. 1989, S. 217, 225, 239, 245 f.), sollte deren Bedeutung nicht verkannt werden. Kindesmißhandlung ist ein multifaktorielles Geschehen, und nur multifokal angelegte Interventionsprogramme, die Eltern, Kinder und die materiellen Lebensumstände einbeziehen, haben überhaupt eine Chance auf Erfolg, der immer noch schwer genug zu erreichen ist.

5. Die ökonomischen Kosten der Kindesmißhandlung werden in den

* Andere Autoren (z. B. Steele/Pollock 1968) berichten hingegen, daß sie in 75 % der Fälle ein Ende oder zumindest eine Linderung der Mißhandlung erreichten.

Vereinigten Staaten auf Milliarden von Dollar geschätzt (Cicchetti/ Olsen 1990, S. 261), und auch die menschlichen »Kosten« sind enorm, trotz der dokumentierten Fähigkeit mancher davon betroffener Individuen, sich erstaunlich gut von den Folgen zu erholen. Das rechtfertigt Behandlungsanstrengungen. Eine Gesellschaft, die vor diesem Problem kapituliert oder es verdrängt, wird mit der Wiederkehr des Verdrängten in Gestalt von Delinquenz, Drogenabhängigkeit, Aggressivität und Persönlichkeitsstörungen unterschiedlicher Stärke »bestraft« werden. Die durch Unterlassung von Hilfsmaßnahmen doppelt und erneut Mißhandelten werden ihre Mißhandlung auf alle Fälle merklich zum Ausdruck bringen, auch wenn die Ausdrucksformen auf den ersten Blick oft gar nicht mehr als Folgen der Mißhandlung erkennbar sind.

6. Zum Schluß möchte ich, angesichts der auch hierzulande steigenden Zahl von in Armut aufwachsenden Kindern noch erwähnen, daß Armut nicht nur das Mißhandlungsrisiko erhöht, sondern ähnliche, wenn auch nicht ganz so gravierende Folgen hat wie Mißhandlung selbst (Erickson et al. 1989, S. 652, S. 676; Starr et al. 1991, S. 16 f.; Halpern 1993). So betrachtet ist sie eine spezielle Form von (sozialer) Mißhandlung, deren Linderung wir, bei aller Liebe zu Psychologie und Psychotherapie, nicht aus den Augen verlieren sollten.

Kapitel 9 Die Entstehung und Entwicklung von Aggression

Einleitung

»In Anbetracht der Grausamkeiten, die Menschen einander zufügen, angesichts von Krieg, Terrorismus, versuchtem Genozid, von Entführung, Raub und Überfall, wie sie tagtäglich vorkommen, angesichts von Stammeskriegen und schweren Verkehrsunfällen auf Autobahnen, schien es den Psychologen und dem gesunden Menschenverstand gebildeter und ungebildeter Männer und Frauen einleuchtend, daß es einen Aggressionstrieb oder aggressiven Instinkt gibt, ja geben muß... Wie steht es angesichts dieser apokalyptischen Vorstellungen vom Erwachsenen mit den Kindern? ... Welche Belege für Aggressivität finden wir, wenn Säuglinge und Kleinkinder direkt beobachtet werden?« (Lichtenberg 1992, S. 48 f.)

Diese Fragen sollen im folgenden näher betrachtet und beantwortet werden. Die Grundfrage lautet: Ist Aggression ein Trieb, d.h. eine sich aus einer somatisch verankerten Reizquelle speisende und ständig fließende Kraft, die nach Abfuhr und Entladung drängt; oder ist sie eine angeborene Affekt- und Handlungsdisposition, die dann ausgelöst und eingesetzt wird, wenn das Subjekt sich bedroht, gekränkt, beleidigt etc. fühlt, d.h. als Reaktion auf Frustrationen im weitesten Sinn.

Historischer Abriß der psychoanalytischen Aggressionstheorie

Der Aggressionstrieb hat eine bewegte Geschichte innerhalb der psychoanalytischen Theorie. Sie ist von Fromm (1973), Stepansky (1977) und Parens (1979) erschöpfend dargestellt worden und soll deshalb nur kurz rekapituliert werden. Freud entwickelte zwischen 1905 und 1915(a) eine (erste) Version der Triebtheorie, der zufolge die Aggression kein selbständiger Trieb ist. Er unterschied zwei Triebgruppen: Sexualtriebe und Selbsterhaltungs-/Ichtriebe. Aggressive Impulse wie z.B. die Bemächtigung verstand er zunächst als Ausdruck des Sexualtriebes, später als Abkömmling der Selbsterhaltungstriebe.

Die Idee, daß Aggression ein *selbständiger* Trieb mit dem *primären* Ziel der Zerstörung ist, entstand erstmals 1920(b). Schur (1971) und Gay (1987) bringen sie mit Freuds Verarbeitung des Ersten Weltkrieges und anderen persönlichen Lebensumständen in Verbindung. Welche Ursachen auch immer für diese Revision maßgebend waren, ihre Bedeutung und Berechtigung muß unabhängig von solchen Motiven betrachtet werden. Ab 1920(b) jedenfalls postuliert Freud nicht mehr einen Dualismus von Sexual- und Selbsterhaltungstrieben als fundamental, sondern den von Lebens- und Todestrieb. Sexualität wird zu einer Äußerung des Lebenstriebes, Aggression zu einer des Todestriebes. Obwohl die meisten Psychoanalytiker – mit Ausnahme der Kleinianer – Freuds Überlegungen bezüglich der Notwendigkeit der Annahme eines Todestriebes nicht gefolgt sind, fand die damit verknüpfte Idee eines selbständigen Aggressionstriebes rasche Verbreitung. Aggression als die Neigung, andere (absichtlich) zu verletzen, zu quälen oder zu zerstören, wurde hinfort von der Mehrheit der Psychoanalytiker als Ausdruck einer im Körper verankerten Kraft verstanden, die ständig wirkt und nach Abfuhr strebt. Der Dualismus von Sexual- und Aggressionstrieben trat endgültig an die Stelle der früheren Zweiteilung in Sexual- und Selbsterhaltungstriebe.

Schnell wurde jedoch offenkundig, daß die vier Merkmale, die Freud zufolge jeden Trieb kennzeichnen sollen, für den Aggressionstrieb nicht gleichermaßen zutrafen wie für den Sexualtrieb. Von den vier »essentials« eines Triebes – Quelle, Ziel, Drang und Objekt – bereitete vor allem die erste Schwierigkeiten. Der Aggressionstrieb konnte nicht auf bestimmte Körperzonen zurückgeführt werden wie die Sexualität, und entsprechend fehlt bis heute eine »psychoaggressive Phasenlehre«, die der psychosexuellen ebenbürtig zur Seite treten könnte.* Zwar läßt sich durchaus von oraler, analer und phallischer Aggression sprechen, aber während bei der Libido diese »Orte« zu-

---

* Einen Versuch dazu unternahm Lampl (1960).

gleich Entstehungsquellen *und* Abfuhrorgane der Erregung sind, wird aggressive Spannung über diese Zonen zwar abgeführt, entsteht aber nicht dort (s. Hartmann et al. 1949, S. 33). Im Laufe der Theoriegeschichte kandidierten verschiedene Körperzonen als Quellen des Aggressionstriebes, z. B. die Muskulatur. Sie kam aber ebenfalls eher als *Ausführungsorgan* denn als Quelle von Aggression in Betracht. Eine allgemein befriedigende Lösung für die Frage nach der Quelle des Aggressionstriebes wurde nicht gefunden (s. A. Freud 1972; Parens 1979, S. 39) und ist auch bis heute nicht in Sicht.

Ein zweites Problem durchzieht die Beschäftigung mit der Aggression ebenfalls von Anfang an, nämlich das der konstruktiven versus destruktiven Aggression. Solange Aggression (in Gestalt von Meisterung und Bemächtigung) als Teil der Selbsterhaltungstriebe betrachtet wurde, konnte sie zumindest theoretisch eine konstruktive Rolle spielen, z. B. indem sie der Selbsterhaltung dient oder Hindernisse aus dem Weg räumen hilft. Damit war es in der zweiten Version der Triebtheorie vorbei. »Körperlich krank und psychisch resigniert« (Mayes/Cohen 1993, S. 150) schreibt Freud (1930, S. 481): »Für alles weitere stelle ich mich also auf den Standpunkt, daß die Aggressionsneigung eine ursprüngliche, selbständige Triebanlage des Menschen ist, und komme darauf zurück, daß die Kultur ihr stärkstes Hindernis in ihr findet.« Aggression enthält somit keine Wachstums- und Entwicklungskomponente (mehr), sondern ist eine *ausschließlich* destruktive Kraft, die, nach außen gewendet, die Kultur, nach innen gewendet, das Individuum zerstört. Da sie auch nicht sublimiert werden kann*, blieb zur Bannung der Gefahr nur die etwas skeptische »Anrufung des Eros« als Gegenspieler (Freud 1930, S. 506; 1933b, S. 23), der die Kraft der Destruktion binden und bannen sollte. Die Aggression hat somit keinerlei primär adaptive Funktionen mehr, sondern kann solche allenfalls durch spätere Umwandlungsprozesse wie Legierung mit Libido bzw. Zähmung und Indienstnahme durch das Ich gewinnen.**

---

* Freud war der Auffassung, daß nur Libido sublimierbar ist.

** Konrad Lorenz kommt von einem völlig anderen Ausgangspunkt zu ähnlichen Schlußfolgerungen wie Freud. Im Unterschied zu Freud betont er die primär adaptive Funktion der Aggression im Tierreich (Verteilung der Spezies über das Territorium etc.) und argumentiert dann, daß beim Menschen diese adaptive Funktion verlorengegangen ist und sich in eine destruktive Kraft verwandelt hat (s. dazu Lorenz 1963; Fromm 1973, S. 36 ff.).

Diese »Lösung« führte zu neuen Problemen. Eines der wichtigsten war, wie sich mit dieser Theorie Neugier und Interesse von Neugeborenen erklären läßt. Sie können nicht als Umwandlung von Libido konzipiert werden, weil noch kein sublimierungs- / neutralisierungsfähiges Ich vorhanden ist; aber auch nicht als Äußerungsform des Aggressionstriebes, weil Aggression als primär destruktiv gilt. Wenn aber noch kein neutralisierungsfähiges Ich vorhanden ist, kann Neugier auch nicht als Umwandlung von Aggression konzipiert werden. Als Ausweg bot sich das Postulat einer primär neutralen Ichenergie an (Hartmann 1950b,1955), die der Neugier, Motilität und Exploration zugrunde liegen soll. Nun gab es von Geburt an drei Energien: libidinöse, aggressiv-destruktive und neutrale.

Andere Autoren waren mit dieser Vermehrung von Energien nicht einverstanden. Die Idee einer neutralen Energie erschien ihnen – angesichts der zentralen Stellung der *Trieb*theorie in Freuds Denken – unfreudianisch. Sie wählten deshalb einen anderen Weg und postulierten, daß es von Anfang an zwei Aspekte *im* Aggressionstrieb gebe, die miteinander koexistieren: einen konstruktiven und einen destruktiven. Winnicott (1950), Lantos (1958), Greenacre (1960), Spitz (1965), Solnit (1972) u.a. (s. Parens 1979, Kap.2) haben dargelegt, daß Aggression eine Lebenskraft ist, ein Motor, der vielen Aktivitäten zugrunde liegt; sie haben damit den Begriff des Aggressionstriebes so ausgedehnt, daß er auch nicht-destruktive (konstruktive) Formen von Aktivität wie Exploration, Bewegung, Wahrnehmung etc. speist. Diese Phänomene und die der Destruktivität schöpfen gewissermaßen aus derselben Quelle.

An diese Theorietradition knüpft Parens (1979; 1989a,b) an, der eine sehr differenzierte Theorie und Empirie der Aggressionsentwicklung vorgelegt hat.* Auch er beschäftigt sich mit der Frage, ob die destruktive Aggression (Feindseligkeit) spontan-endogen im Körper erzeugt wird oder nicht. Winnicott, Spitz u.a. hatten zwar die Bedeutung der konstruktiven Aggressionen schon beim Säugling hervorgehoben, aber keiner der genannten Autoren mochte sich von der Idee der Existenz einer primären Destruktivität trennen. Auch wenn deren *Umfang* erheblich eingeschränkt und durch die Annahme einer

* Eine gute deutschsprachige Darstellung seiner Gedanken gibt Friedrich (1992). Eine Zusammenstellung von kritischen Stellungnahmen findet der Leser bei Silver (1982).

konstruktiven Aggression *ergänzt* wurde, blieb es dabei, daß es schon beim Säugling endogen erzeugte, von einem Trieb herstammende destruktive Impulse geben soll. Parens nun revidiert genau diesen zentralen Punkt. Aufgrund sorgfältiger und ausgedehnter Beobachtungen an Säuglingen und Kleinkindern gelangt er zu dem Ergebnis, daß Feindseligkeit *kein* spontaner, irgendwie im Körper entstehender Impuls ist, sondern *immer* – zumindest bis zum Alter von zwölf bis sechzehn Monaten – eine Reaktion auf exzessive Unlust. Feindseligkeit und destruktive Impulse entstehen also nicht spontan, sondern reaktiv. »Feindselige Destruktivität ist kein konstitutionell determinierter Trieb, der ständig nach Entladung strebt; sie wird vielmehr durch bestimmte Erfahrungen ausgelöst, die einen gemeinsamen Nenner« haben: als exzessiv empfundene Unlust« (Parens 1979, S. 122). Damit hat er sich von der Idee einer spontan entstehenden, primären Destruktionsneigung des Menschen verabschiedet.

Nach dieser weitreichenden Revision erfolgt allerdings eine überraschende Wendung. Obwohl Feindseligkeit in der frühen Kindheit niemals spontan, sondern nur als Reaktion auf Unlust in Erscheinung tritt, wird sie weiterhin als primär und als Ausdruck eines Triebes betrachtet. Als primär, weil sie *von Anfang des Lebens an* vorhanden ist, d. h. weil schon Neugeborene auf exzessive Unlust mit feindseligen Gefühlen reagieren (sollen). Als Trieb, weil sie eine *im Körper verankerte Bereitschaft ist,* auf exzessive Unlust mit Feindseligkeit zu reagieren. Parens konstruiert also die Idee eines *reaktiven Triebes,* die deshalb paradox ist, weil es ein wesentliches Merkmal der Freudschen Triebkonzeption ist, daß Triebe sich aus kontinuierlich aktiven, innersomatischen Quellen ableiten und *nicht* erst durch Umwelteinflüsse aktiviert werden müssen.

Nach dieser Revision, die ich nicht überzeugend finde, erfolgt eine weitere. Die größte Herausforderung für die psychoanalytische Theorie sieht Parens zu Recht in der Erklärung der konstruktiven Aktivitäten des Neugeborenen. Parens findet Hartmanns Idee einer neutralen Ichenergie, die der Neugier und Exploration des Säuglings zugrunde liegt, nicht einleuchtend. Diese Aktivitäten sind so »hartnäckig«, daß sie seines Erachtens nicht durch eine neutrale Energie erklärt werden können. Sublimierung und Neutralisierungen kommen als Erklärung ebenfalls nicht in Frage, weil noch kein Ich existiert. Die verbleibende Lösung ist, wie oben geschildert, sie mit einem konstruktiven Aspekt *im* Aggressionstrieb zu erklären. Aber dabei gibt es ebenfalls ein Problem, nämlich daß man aus der *Verwendung* der Energie des Aggressionstriebes quasi rückwirkend auf die Qualität der verwendeten Energie schließt. Wenn die Aktivität konstruktiv ist, soll die ihr zugrundeliegende Energie konstruktiver Natur sein; ist sie destruktiv, so ist sie Ausdruck einer destruktiven Energie. Das aber ist unbefriedigend.

Parens postuliert deshalb, daß der Aggressionstrieb von Anfang an *zwei Arten von Energie* enthält. Eine destruktive und eine nicht-destruktive. Nicht die Art der Verwendung entscheidet rückwirkend über die Art der Energie, sondern verschiedene, aber verwandte Formen von Energie sollen als gemeinsames »Reservoir« den verschiedenen Aktivitäten zugrunde liegen.* Diese energetischen Unterschiede haben eine phänomenale Entsprechung: Die konstruktive Aggression wird von Anfang an anders *erlebt* als die destruktive, nämlich als ichsynton; ihre Ziele – Exploration, Meisterung, Motilität etc. – befinden sich von vornherein in Übereinstimmung mit denen des späteren Ich. Dennoch ist die der Exploration und Meisterung zugrundeliegende Energie keine neutrale (wie bei Hartmann), sondern *Trieb*energie, denn die von ihr gespeisten Aktivitäten sind zu »getrieben«, als daß sie durch eine neutrale Energie erklärt werden könnten.

Parens konstruiert also – neben der oben erwähnten Paradoxie eines reaktiven Triebes – eine zweite: die einer neutralen Triebenergie bzw. eines ichsyntonen Triebes. *Neutral* ist die Energie in bezug auf Destruktivität, d.h., sie ist nicht destruktiv, und der ihr entsprechende Teil des Aggressionstriebes liegt demgemäß nicht im Konflikt mit dem Ich. *Triebhaft* ist die Energie in bezug auf den drängenden Charakter der von ihr angetriebenen Phänomene wie Interesse, Neugier etc. Das Postulat eines kontruktiven Trends *im* Aggressionstrieb ist also letztlich ein Versuch, Phänomene wie Neugier und Interesse des Neugeborenen im Rahmen der Triebtheorie zu erklären, d.h. sie weder auf neutrale Energien à la Hartmann zurückzuführen noch auf Neutralisierung / Sublimierung, weil es die am Anfang des Lebens noch nicht geben kann.

---

* Andere Autoren (z.B. Jacobson 1964) nahmen eine anfänglich undifferenzierte Triebenergie an.

Aggression aus der Sicht der Säuglingsforschung

Der Leser ist vielleicht mittlerweile erschöpft von den subtilen Verzweigungen der Theoriegeschichte und mag die diversen Überarbeitungen und Veränderungen für scholastische Finessen halten. Das sind sie nicht, zumindest nicht nur. Aber die Vielzahl der Überarbeitungen und die daraus resultierende Kompliziertheit der Überlegungen sind ein Indiz dafür, daß möglicherweise am Grundgerüst der Theorie etwas faul ist. Zwar kann es – wie gezeigt – mit vielen Adjustierungen »aufgeschminkt« werden und dann z. B. auch das Phänomen der Neugier von Säuglingen erklären, aber dennoch bleibt der Eindruck einer gewissen Künstlichkeit und Beliebigkeit zurück, und manche Revisionen erscheinen mehr der Loyalität gegenüber bestimmten Theorietraditionen geschuldet als dem Ziel, mehr Klarheit in ein unübersichtlich gewordenes Feld zu bringen.

Verschiedene Autoren, die der modernen Säuglingsforschung nahestehen, haben genau dies versucht (Stechler 1987, 1990; Stechler / Halton 1987; Lichtenberg 1989a, Kap. 7; 1992). Ihre Theorien der Aggressionsentstehung und -entwicklung unterscheiden sich von den bisher skizzierten dadurch, daß sie einen Bruch mit der Triebtheorie vornehmen. Der gemeinsame Grundgedanke ist, daß sie der Neugier und den explorativen Tätigkeiten des Säuglings *keinen* (konstruktiven) Aggressionstrieb unterlegen. Statt dessen betrachten sie diese Eigenschaften als Manifestationen eines assertiven / selbstbehauptenden Motivationssystems. Exploration und Neugier sind in dieser Sicht biopsychologisch fundierte Aktivitäten, die *nicht* vom Aggressionstrieb abstammen, sondern aus einer qualitativ davon verschiedenen Quelle. Außerdem wird auch die reaktive Aggression, d.h. die Mobilisierung von Ärger oder Feindseligkeit als Antwort auf eine tatsächliche oder vermeintliche Bedrohung, in diesen Theorien nicht als triebhaft, sondern als von einem aversiven (Lichtenberg) oder aggressiven (Stechler) Subsystem herstammend konzipiert. Im Unterschied zu einem Trieb ist dieses Motivationssystem nicht selbst-aktivierend, sondern normalerweise latent und wird, wie Angst oder Bindungsbedürfnisse, nur unter bestimmten Bedingungen aktiviert.

Lichtenbergs und Stechlers Theorien beinhalten also zwei wesentliche Veränderungen: Zum einen wird statt des Begriffs der konstruktiven Aggression der der Assertion verwendet. Selbstbehauptung ist nach Ansicht dieser Autoren etwas qualitativ anderes als Aggression.

Das Konzept einer »konstruktiven« Aggression wird als unzweckmäßig betrachtet, weil es die grundlegenden Unterschiede zwischen
Aggression und Selbstbehauptung verdunkelt und verschiedene Phänomene unter denselben Begriff subsumiert, womit die Triebtheorie
nur rein semantisch gerettet wird. Zum anderen wird die reaktive Aggression / Aversion ihrer Triebeigenschaft entkleidet und als normalerweise latentes, nur durch bestimmte Umweltbedingungen ak-
tivierbares Motivationssystem betrachtet. (Auch Parens sprach von
destruktiver Aggression als reaktiv, zog aber daraus nicht die Konsequenz, sie nicht mehr als Trieb zu betrachten.) Da ich die Konzep-
tionen von Lichtenberg und Stechler überzeugend finde, möchte ich
sie im folgenden etwas genauer darstellen.*

Zu Beginn des Lebens existieren u. a. zwei biopsychologisch unterscheidbare Motivationssysteme: Assertion und reaktive Aggression /
Aversion. Das assertive System aktiviert sich selbst – ist also noch am
ehesten einem Trieb vergleichbar – und manifestiert sich in den spon-

* Zwischen den Auffassungen von Lichtenberg und Stechler gibt es nur einen
wesentlichen Unterschied. Lichtenberg bevorzugt den Begriff des aversiven Sub-
systems gegenüber dem des aggressiven u. a. aus folgendem Grund: Aggression ist
nur eine Möglichkeit antagonistischer Reaktionen auf Gefahr. Im Grunde gibt es
zwei fundamental aversive Reaktionen auf Bedrohung: Rückzug und Antagonismus (s. a. Fromm 1973, S. 116). Aggression ist ein Spezialfall von Antagonismus.
Ein Säugling, der sich von etwas gestört fühlt, kann sich abwenden (Rückzug) oder
antagonistisch reagieren. Im letzten Fall kann er das störende Objekt a) beiseite
schieben, b) Unbehagen signaliseren oder c) auf es einschlagen. Die ersten beiden
Reaktionen kann man als aversiv bezeichnen, aber nicht als aggressiv. Reaktive
Aggression ist also nur eine Variante antagonistischer Reaktionen, und man sollte
das aversive System, das sowohl Rückzug als auch ein breites Spektrum antagonistischer Reaktionen umfaßt, nicht nach einem einzigen Spezialfall – der Aggression
– benennen. Ein Schaubild kann den Aufbau des aversiven Systems veranschau-
lichen:

```
                        / Rückzug
Aversives Subsystem –
                                         / beiseite schieben
                        \ Antagonismus  – – Unbehagen signalisieren
                                         \ aggressiv handeln / fühlen
```

Lichtenbergs Überlegungen sind überzeugend und sollten bei den folgenden Ausführungen immer präsent sein. Aus Gründen der Bequemlichkeit – und weil ich
mich im folgenden besonders für die aggressive Subkomponente des aversiven
Systems interessiere – spreche ich weiterhin von reaktiver Aggression / Aversion,
auch wenn beide Begriffe nicht deckungsgleich sind, sondern Aversion noch andere Verhaltensweisen umfaßt als die der reaktiven Aggression.

tanen Explorations- und Neugieraktivitäten des Säuglings. Diese können durch bestimmte Umweltbedingungen – z. B. das Erscheinen eines interessanten Objekts – ausgelöst werden, sind aber davon nicht abhängig. Auch wenn kein Objekt im Blickfeld des Säuglings ist, tastet er visuell seine Umgebung ab (Haith 1980). Üblicherweise ist die Aktivierung von Selbstbehauptung und Neugier mit positiven Affekten wie Freude etc. verknüpft.

Das reaktiv-aggressive / aversive System ist im Unterschied dazu nicht selbst-aktivierend, sondern wird nur durch Bedrohung aktiviert; es wird inaktiv, sobald die Quelle der Bedrohung beseitigt ist. Außerdem ist seine Aktivierung von negativen Affekten begleitet. Assertion entsteht also spontan und ist mit positiven Affekten verknüpft, Aggression / Aversion entsteht reaktiv und ist mit negativen Affekten verknüpft. Diese beiden wesentlichen Unterschiede rechtfertigen die theoretische Trennung beider Motivationssysteme.

Warum aber werden Aversion / reaktive Aggression und Assertion trotz dieser Unterschiede theoretisch und empirisch so häufig miteinander vermengt? Dafür gibt es verschiedene Gründe (s. Stechler / Halton 1987):

1. Bestimmte motorische Aktivitäten wie Beißen, Kicken, Greifen, Ziehen, Drücken, Werfen etc. können sowohl für aggressive als auch für assertive Zwecke eingesetzt werden. Das Ziehen an den Haaren der Mutter kann ein Akt der Exploration sein und der Erkundung dienen, ähnlich wie das Herumbeißen auf einem interessanten Objekt. Dann gehört es in den Bereich der assertiven Aktivitäten. Es kann aber auch aggressiv sein. Wenn die Mutter das Kind vorher verletzt hat oder ihm sonstwie Schmerzen zugefügt wurden, ist es ein Akt reaktiver Aggression, wenn es ohne solche Anlässe auftritt, eher ein Akt destruktiver Aggression. Oft ist nicht leicht zu unterscheiden, was der Fall ist, weil wir nicht wissen, was der Handlung des An-den-Haaren-Ziehens vorausging. Dadurch entsteht ein Interpretationsspielraum mit dem wir – häufig gemäß unseren eigenen theoretischen Vorlieben – das Verhalten des Kindes mal in die eine (»böse«), mal in die andere (»assertive«) Richtung ausdeuten.*

2. Eine weitere Quelle möglicher Vermischung von Assertion und Aggression liegt darin, daß das nachdrückliche Signalisieren von

* Auf die wichtige Rolle elterlicher Interpretationsakte bei der Aggressionsentstehung und -entwicklung gehe ich gleich noch ausführlicher ein.

Gefühlen des Bedrohtseins – also reaktive, selbstschützende Aversionsbekundungen wie das Schreien des Säuglings – aufgrund seines sinnvollerweise durchdringenden Charakters leicht als aggressiv mißverstanden wird. Dauerndes Säuglingsgeschrei *macht* aggressiv, auch wenn es nicht aggressiv gemeint ist.

3. Auch selbstbehauptende Handlungen wie die Exploration eines wertvollen Eichentisches mit einer neuen Schippe oder die Erforschung des mütterlichen Gesichts mit den Fingern können von Eltern leicht als destruktiv erlebt werden, obwohl sie vom Kind aus gar nicht so gemeint sind. Säuglinge und kleinere Kinder haben zu Gesichtern und polierten Möbeln eine andere Einstellung als ihre Eltern, und es hängt viel davon ab, wie häufig Eltern explorativ-assertive Aktivitäten aufgrund ihrer Interpretation als destruktiv blockieren und auf welche Weise sie das tun. Ein Kind wird auf die Unterbrechung seiner Exploration zunächst mit Rückzug oder Ärger reagieren. Letzteres ist sinnvoll, weil Ärger die Selbstbehauptungskraft erhöht, indem er zur Überwindung von Hindernissen motiviert. Nehmen wir das Beispiel eines einjährigen Kindes, das mit seinem Metallöffel auf einem Eichentisch hin und her kratzt. Diese Aktivität macht interessante Geräusche und hinterläßt aufregende Spuren. Das Kind kann ärgerlich werden, wenn man es in dieser Aktivität unterbricht und ihm den Löffel wegnimmt. Viel hängt nun davon ab, wie dieses Problem weiter behandelt wird. Gibt man dem Kind einen Plastiklöffel oder eine andere Gelegenheit, auf einer Fläche zu kratzen, so wird es seine Exploration im besten Fall ungebrochen fortsetzen. Schreit man es an, sagt, es sei ein böses Kind, das alles kaputtmache, klopft ihm auf die Finger und nimmt ihm den Löffel ab, so wird es sich bedroht (frustriert) fühlen und reaktive, selbstschützende Aggression mobilisieren.* Chronische und unempathische Reaktionen dieser Art führen leicht zu einer Eskalation von zunächst adaptivem Ärger und/oder reaktiver Aggression (s. die Fallbeispiele bei Fonagy et al. 1993, S. 474, und Stern 1995, S. 45 ff.).

Die ständige Hemmung von Selbstbehauptung führt mit der Zeit dazu, daß die erste Stufe der Aktivierung von Ärger und/oder reaktiver Aggression, in der noch »Verhandlungsspielraum« bestand, quasi übersprungen wird. Statt die Kontroverse zu regulieren, wird in einer

---

* ...oder die Exploration hemmen. Diesen Fall behandle ich im folgenden nicht weiter.

Art »Kurzschluß« unmittelbar zusammen mit der Einschränkung der Assertion ein hohes Maß an Aggression mobilisiert. Diese ist zunächst eine Antwort auf die ungeschickte Einschränkung der Eltern, kann sich aber im Laufe der Zeit verselbständigen und zu einer automatischen Reaktion auf Einschränkungen werden. *Jede* Einschränkung trifft dann auf ein hypersensibles, ständig sprungbereit gewordenes aggressiv-aversives Subsystem. *Die ständige Sprungbereitschaft* * *ist aber ein Ergebnis der Interaktion, nicht eine natürliche Eigenschaft dieses Systems.* Das Kind wird sich jetzt durch jede Einschränkung bedroht fühlen, weil es nicht gelernt hat, Kontroversen zu regulieren und keine / wenig Chancen sieht, seine Selbstbehauptung beizubehalten und sich durchzusetzen, ohne große Mengen von Aggression zu mobilisieren. *Auf diese Weise wird Selbstbehauptung mit Aggression kontaminiert.* Die zunächst reaktiv mobilisierte und durchaus adaptive Aggression wird nun schon durch geringste Anlässe ausgelöst. Die zeitgleiche Aktivierung und Legierung von Selbstbehauptung und Aggression hat ein neues System geschaffen, in dem Aggression und Assertion verschmolzen sind und das aussieht wie ein Trieb, aber keiner ist, weil es im Laufe der Entwicklung neu erzeugt wurde (Stechler 1987; 1990, S. 27 f.; Fonagy et al. 1993, S. 475).

4. Im obigen Beispiel wurde davon ausgegangen, daß ein Kind einen schönen Tisch mit seinem Löffel zerkratzt. Es wurde gesagt, dies sei Ausdruck seiner Exploration / Assertion. Dagegen könnte man einwenden, die Handlung sei eher aggressiv, weil etwas, wenn auch ohne Absicht, zerstört oder beschädigt wird. Deshalb ein weiteres, unzweideutiges Beispiel. Wenn man einem kleinen Kind ein Objekt anbietet, so kommt es vor, daß es dieses Objekt – sei es Essen, sei es eine Rassel – zurückweist. Vielleicht ist es mit etwas anderem beschäftigt, vielleicht hat es keinen Hunger oder andere Interessen. Die Zurückweisung artikuliert also nur sein anderweitiges Interesse oder Desinteresse. Sie ist keine Aggression, denn niemand wird oder soll dabei verletzt werden. Dennoch kann die Zurückweisung von den Eltern als aggressiv *empfunden* werden, etwa weil sie, aus welchen Gründen auch immer, diese »persönlich« nehmen. Die Selbstbehauptung des Kindes wird dann als Aggression *interpretiert.* Es wird geschimpft, das Kind fühlt sich bedroht und mobilisiert zum Selbstschutz reaktive

---

* Diesen Ausdruck entnehme ich dem lesenswerten Aufsatz von Thomä (1990, S. 36).

Aggression. Geschieht das häufig, so wird, wie oben beschrieben, die Aktivierung zunächst defensiver Aggression automatisiert und zu einer Gewohnheit, die sich allmählich von konkreten Anlässen emanzipiert und zu einer habituellen Charaktereigenschaft gerinnt.

Die obigen Beispiele sollten verdeutlichen, daß Aggression und Assertion trotz der anfänglich betonten Unterschiede eng beieinanderliegen, weil beide Systeme dieselben Handlungen z. B. das Wegschieben, Ziehen etc. verwenden. In vielen Fällen ist es nur mit Hilfe von Kontextinformationen möglich zu entscheiden, wie sie gemeint sind. Da sie von sich aus nicht gänzlich eindeutig sind, ist elterlichen (Über-)Interpretationen Tür und Tor geöffnet. Diese legen fest, wie die Eltern reagieren, und die Art ihrer Reaktionen bestimmt im wesentlichen den weiteren Verlauf bzw. das »Schicksal« der Selbstbehauptung. Feindseligkeit, also chronisch aggressiv-destruktive Reaktionsbereitschaft bei kleinsten Anlässen, entsteht in den hier referierten Überlegungen nicht durch einen aggressiven Trieb, sondern durch die im Laufe der Entwicklung stattfindende Kontaminierung zweier ursprünglich verschiedener Subsysteme, die unter *ungünstigen Umweltbedingungen* miteinander verschmelzen und so eine Form von sprungbereiter Aggressivität erschaffen, die es am Anfang des Lebens nicht gibt. Dort gibt es adaptiven Ärger und selbstprotektive reaktive Aggression / Aversion, die aber verschwinden, wenn das Hindernis, das der Selbstbehauptung im Wege steht, überwunden ist oder wenn die Quelle der Bedrohung beseitigt wird.

Destruktive Aggression ist ein Entwicklungsschicksal, kein primäres Datum. Die Alternative zur Theorie des Aggressionstriebes besteht nicht darin zu behaupten, der Mensch sei gut, sondern die unzweifelhaft vorhandene Aggression und Destruktivität anders zu erklären. In der vorliegenden Konzeption leitet sich Destruktivität nicht aus einem Trieb ab, sondern aus der im Laufe der Entwicklung unter ungünstigen Bedingungen stattfindenden Transformation eines zunächst reaktiv aktivierten, der Anpassung und dem Selbstschutz dienenden aversiv / reaktiv-aggressiven Subsystem in ein chronisch aktives System, das sich von den Anlässen, die es ursprünglich ausgelöst hatten, weitgehend emanzipiert hat und selbst-aktivierend geworden ist (Stechler / Halton 1987).

Die bisherigen Ausführungen machen deutlich, wie wichtig elterliche Interpretationen assertiver kindlicher Handlungen für die weiteren Schicksale der Aggressionsentwicklung sind. Als allgemeine

Regel könnte man formulieren: Je größer die Neigung der Eltern ist, eine assertive oder zweideutige Handlung des Kindes als aggressiv zu interpretieren, desto wahrscheinlicher ist es, daß das Kind sich aggressiv entwickeln wird. Einmal, weil die Eltern seine Selbstbehauptung häufiger einschränken werden, denn sie mißverstehen sie als Aggression; zum zweiten, weil sie das oft mit aggressiven Mitteln tun, so daß sie selbst Rollenvorbilder für aggressives Handeln des Kindes werden. Möglicherweise gilt ähnliches für die therapeutische Situation. Im Grunde kann man mit der »Deutung« von Aggression nie falsch liegen (Stechler 1987, S. 357). Interpretiert man eine nicht aggressiv gemeinte Handlung oder Äußerung eines Patienten als aggressiv oder Aggression verbergend, so wird er sich mißverstanden und verletzt fühlen und *deshalb* mit Aggression reagieren, was dann als Beleg für die Richtigkeit der Deutung (miß)verstanden wird. Aggressionstriebtheorien, welche die kognitive Matrix einer solchen Zuschreibungsneigung sein können, befördern so die Entstehung von Aggression, die sie dann als allgegenwärtig diagnostizieren. Wer der Meinung ist, der Mensch sei von Natur aus aggressiv, wird eine größere Bereitschaft mitbringen, auch zweideutige Handlungen im Sinne dieses Weltbildes zu interpretieren. So betrachtet sind Theorien, die Assertion und Aggression trennen, auch therapeutisch und erzieherisch im Sinne einer Aggressionsprophylaxe wirksam. Nehmen wir zur Illustration des Gesagten noch einmal ein Beispiel (s. Stechler 1987, S. 348f.). Ein vierzehn Monate altes Kind bewegt ein Spielzeug »heftig« mit seiner linken Hand hin und her. Ein anderes Kind steht in der Nähe, und es besteht die Möglichkeit, daß es dadurch verletzt wird. Ist die heftige Bewegung Exploration/Assertion oder Aggression? Die Kindergärtnerin eilt herbei, stellt sich zwischen beide und sagt zu dem Kind mit dem Spielzeug: »Warum nimmst du es nicht in die andere Hand, du hast dort mehr Platz und beeinträchtigst niemanden.« Dann nimmt sie das Spielzeug und transferiert es in die andere Hand des Kindes, das weiterspielt – mit Freude und ohne jemand zu verletzen. Hätte die Kindergärtnerin statt dessen verärgert gesagt: »Paß auf, du verletzt die Freundin«, und dem Kind das Spielzeug abgenommen, wäre es wahrscheinlicher geworden, daß das Kind mit Aggression geantwortet hätte, weil seine Exploration erstens unterbrochen und zweitens als Aggression interpretiert worden wäre.*

* Dieses Beispiel zeigt, daß man gut fährt, wenn man eine eventuell zweideu-

Gibt es Feindseligkeit von Geburt an?

Die bisherigen Ausführungen dienten dem Zweck, bestimmte »positive« Aktivitäten des Neugeborenen von ihrer Verknüpfung mit dem Aggressionstrieb zu befreien. In Anlehnung an Lichtenberg und Stechler wurde dafür plädiert, Neugier, Motilität und Exploration nicht als »konstruktive« Formen von Aggression zu betrachten, sondern als Aktivitäten, die von einem assertiven Motivationssystem herstammen. Obwohl Assertion und feindselige Aggression – wie gezeigt – *im Laufe der Entwicklung* miteinander verschmelzen können, sind die Unterschiede zwischen beiden zu Beginn des Lebens größer als die Gemeinsamkeiten. Nun gibt es aber von Geburt an (sogar schon intrauterin) sicher auch negative Affektzustände. Die Frage, ob sie als aggressiv-feindselig zu klassifizieren sind, soll jetzt genauer betrachtet werden.

Zu Beginn des Lebens existieren mindestens zwei unlustvolle Affektzustände: Ekel und Unbehagen / Schmerz. Unbehagen tritt bei Neugeborenen in verschiedenen Erscheinungsweisen auf. Es reicht von Nervosität, Irritierbarkeit und Unruhe, die von Knurren oder Wimmern begleitet sein können, bis zum Schreien. Das Schreien beginnt oft als Wimmern und steigert sich dann in Lautstärke und Intensität. Die häufigsten Auslöser dieser Zustände sind Hunger, Unterbrechung des Saugens, ungeschickte Handhabung des Kindes beim Füttern und Wickeln, Temperaturschwankungen sowie Verdauungsprobleme, die von der Unreife des Magen-Darm-Traktes herrühren. Parens (1992, S. 91; 1993, S. 137) behauptet, es gäbe in den ersten zwei Monaten auch »primitive Wutreaktionen«. Diese seien der Endpunkt eines Spektrums, das mit Nervosität beginnt, in Schreien übergeht,

---

tige Handlung gutartig interpretiert. Die Sache liegt jedoch nicht mehr so einfach, wenn sich Aggression erst einmal als selbstaktivierendes Subsystem etabliert hat. Dann ist sie schwierig zu modifizieren, und die gutartige Interpretation einer zweideutigen Handlung kann auch eine Verleugnung von Aggression sein, die nicht hilft, sondern schadet. Diesen klinischen und pädagogischen Fragen, wie solche Aggressionen zu handhaben sind, will ich hier nicht weiter nachgehen. Meine Ausführungen fokussieren eher auf die entwicklungspsychologischen *Entstehungsbedingungen* von Aggression und nicht so sehr auf die Frage des optimalen Umgangs damit, wenn sie erst einmal entstanden ist. Sie sollen klarmachen, daß die Aggressionstriebtheorie, insofern sie die Neigung befördert, zweideutige Handlungen als aggressiv zu sehen, selbst zu einer Quelle der Aggressionsentstehung werden kann.

das dann mit zunehmender Dauer einen fordernd-dringlichen Charakter gewinnt und schließlich, falls die Unlust andauert, zu primitiven Wutreaktionen führt.

Parens betrachtet diese primitive Wut als erste Form von Feindseligkeit (s. 1979, S. 107; 1992, S. 19; 1993, S. 137). Diese weitreichende Behauptung steht jedoch auf einem schwankenden Fundament, und zwar aus zwei Gründen: Erstens werden keine Beobachtungsdaten und keine Kriterien angegeben, mit deren Hilfe entschieden werden könnte, wann sich ein Neugeborenes beim heftigen Schreien in einem Zustand primitiver Wut befindet. Es bleibt unklar, ab wann und ob überhaupt das Schreien in primitive Wut übergeht, d. h. ob es den von Parens *behaupteten* Zustand primitiver Wut beim Neugeborenen und in den ersten zwei Monaten überhaupt gibt. Parens' These, das Schreien drücke schon von Lebensanfang an eine primitive Wut aus, scheint eher eine Schlußfolgerung zu sein, die sich auf die (gelegentlichen) Gefühlsreaktionen von Erwachsenen auf das Schreien gründet, als daß der Zustand primitiver Wut beim Neugeborenen einigermaßen zweifelsfrei identifiziert werden könnte.

Aber selbst wenn dieses Problem lösbar wäre und genügend Indikatoren für die Unterscheidung von bloß intensivem Schreien und primitiver Wut beigebracht werden könnten, ist ein zweites Problem nicht gelöst, nämlich: Woraus kann man schließen, daß das wütende Schreien mit einem Gefühl der Feindseligkeit verknüpft ist? Woher kann man wissen, ob diese psychophysiologischen Reaktionen, die adaptiv sind, weil sie erstens eine affektive Überlastung »abführen« und zweitens eine Not signalisieren, von einer Absicht oder zumindest einem Impuls, etwas zerstören zu wollen, begleitet sind (das ist der Kern von Feindseligkeit). Parens räumt selbst ein, daß es problematisch ist, einer affektiven Reaktion, die keinen Vorstellungsinhalt hat – und entsprechend keine feindseligen Absichten, geschweige denn (gezielte) Handlungen, zu denen das Neugeborene schon gar nicht in der Lage ist –, eine *feindselige* Tönung zuzuschreiben.* Genausogut könnte man sagen, daß intensives Schreien nicht von primitiver Wut begleitet ist und nicht mit objektloser und vorstellungsfreier Empfindung von Feindseligkeit einhergeht, sondern eher mit

---

* Beißen in oder Kratzen an der Brust, was ab drei Monaten beobachtet werden kann, sind m. E. keine feindseligen oder aggressiven Handlungen (siehe dazu später).

den Gefühlen von Verzweiflung und Ohnmacht. Oder man könnte behaupten, daß der Säugling zwar wütend schreit/ist, aber dabei *keine* Feindseligkeit empfindet, d. h. zwar Wut oder Ärger verspürt, aber keine Zerstörungsabsichten hat. Beides ist denkbar und ebenso plausibel wie das Postulat einer Neugeborenenwut als erste Form von Feindseligkeit.

Parens »begründet« dieses Postulat mit der Hypothese einer quasi intrinsischen Transformation von exzessiver Unlust in Feindseligkeit: Dauert exzessive Unlust lange genug an, so entsteht schließlich *automatisch* Feindseligkeit als affektive Empfindung. Zwar gibt es noch keine Vorstellungsinhalte oder Zerstörungsabsichten, aber die vermutete Empfindung des Schmerzes und des Loswerdenwollens soll trotzdem feindselig getönt sein. Parens räumt allerdings auch hier ein, daß unklar ist, wie dieser Transformationsprozeß von Unlust in Feindseligkeit funktioniert (s. 1979, S. 115, 334). Es könnte also auch sein, daß es ihn gar nicht gibt, zumindest nicht beim Neugeborenen.

Bei so vielen Unwägbarkeiten und Vermutungen kann eine Hypothese nicht mehr als gut begründet gelten. Die Idee, daß bereits Neugeborene feindselige Gefühle haben, die entstehen, wenn sie lange genug exzessiver Unlust ausgesetzt sind, ist zwar intuitiv plausibel, aber bei genauerer Betrachtung nicht besonders überzeugend. Die alternative Annahme, der Säugling empfinde bei exzessiver Unlust keine Feindseligkeit, sondern nur Wut oder nur Unbehagen/Schmerz oder nur Verzweiflung, ist ebenfalls plausibel; sie ist allerdings ebensowenig zwingend. Als etwas unbefriedigendes Resultat der Diskussion kann deshalb festgehalten werden, daß die Frage, ob es Feindseligkeit von Geburt an gibt oder ob sie erst im Laufe der Entwicklung entsteht, als (derzeit) unentscheidbar und offen bezeichnet werden muß.

Auch Parens ist – im Unterschied zur klassischen Triebtheorie und den Kleinianern – jedoch der Auffassung, daß primitive Wut/Feindseligkeit ein reaktives Phänomen ist und kein spontan auftretendes. Exzessive Unlust ist die notwendige (aber auch hinreichende) Bedingung für ihr Auftreten. Die Beseitigung der Unlustquelle beseitigt auch die Wut/Feindseligkeit. Letztere entsteht nicht endogen – wie Hunger oder das Bedürfnis nach Schlaf –, sondern wird nur unter bestimmten Bedingungen aktiviert. Sie ist nicht wie ein Fluß, der einer Quelle entspringt, dann anschwillt und nach »Abfuhr« schließlich für eine Weile versiegt, sondern eher wie eine Zündflamme, die unter bestimmten ungünstigen Bedingungen einen Brand entfachen kann.* In Parens' Lesart stammt sie aber dennoch von einem Trieb ab, weil er die psychobiologische Disposition, auf Unlust mit Aversion zu *reagieren*, als Trieb *definiert*, aber diese Definition ist – wie oben erwähnt – unplausibel, weil einer *reaktiven* Unlust/Wut/Feindseligkeit das entscheidende Merkmal einer triebhaft erzeugten fehlt: die spontane, in Körperprozessen wurzelnde und von äußeren Anlässen vergleichsweise unabhängige Aktivierung.

Die Entwicklung des Ärgers zwischen zwei und neun Monaten

Über den weiteren Verlauf der Entwicklung, dem ich mich jetzt zuwende, besteht mehr Einigkeit. Am Ende des zweiten Monats taucht erstmals ein neuer Affektausdruck im Gesicht des Säuglings auf: der des Ärgers. Ich stelle diesen Affekt ins Zentrum der folgenden Überlegungen, weil er meines Erachtens die größte Bedeutung für die Entwicklung der Aggression hat. Im Grunde ist der Ausdruck des Ärgers das erste beobachtbare Zeichen für Aggression. Lewis (1993) hat schon bei acht Wochen alten Säuglingen Ärger entdeckt. In seiner Experimentalanordnung hatten Säuglinge die Gelegenheit, an einer Schnur zu ziehen, die um ihren Arm gewickelt war. Dadurch wurde ein interessantes Ereignis ausgelöst, z. B. das Bild eines lächelnden Kindes, das von einer Melodie aus der Sesamstraße begleitet war. Säuglinge entdecken den Zusammenhang zwischen Armbewegung und Erscheinen des Ereignisses sehr schnell. Sie ziehen daraufhin vermehrt und mit Freude an der Schnur. Daraufhin wurde das Experiment verändert. Das Schnurziehen löste plötzlich nicht mehr das erwartete Ereignis aus. Was passiert? Die nur acht Wochen alten Kinder werden ärgerlich, und der Ausdruck von Ärger ist von verstärktem Schnurziehen begleitet. Dies zeigt, daß Ärger eine adaptive Reaktion ist und den Sinn hat, die Überwindung eines Hindernisses zu befördern, das der Zielerreichung im Wege steht. Wird die Kontingenz, d. h. der Zusammenhang zwischen Schnurziehen und Ereignis, wie-

* Das Bild der Aggression als Zündflamme übernehme ich von de Waal (1989).

derhergestellt, so verschwindet der Ärger, und Freude taucht auf. Der frühe Ärger ist also eine Folge der Frustration zielgerichteter Handlungen und hat selbstbehauptenden, nicht feindselig-aggressiven Charakter.

Ebenfalls aufschlußreich ist folgende Modifizierung des Experiments. Einer Gruppe von Säuglingen wurde das interessante audiovisuelle Ereignis in nicht-kontingenter Weise gezeigt, d. h., es gab keine Schnur, an der sie ziehen konnten, um das Auftreten des Ereignisses herbeizuführen, sondern Bild und Melodie wurden drei Minuten lang gezeigt, dann zwei Minuten entfernt und dann wieder drei Minuten gezeigt (Lewis et al. 1990, S. 746). Wie reagieren die Kinder auf ein Ereignis, dessen Auftreten und Verschwinden sie nicht beeinflussen können? Es wurde festgestellt, daß der Verlust eines angenehmen, aber in seinem Auftreten nicht zu beeinflussenden Stimulus erst mit vier Monaten zu Ärger führt, nicht aber mit zwei Monaten. Daraus kann man schließen, daß das Ausbleiben einer angenehmen, aber nicht beeinflußbaren Stimulierung *später* zu Frustration und Ärger führt als der Verlust beeinflußbarer Stimulation. Dies ist ein hochinteressanter Befund. Er zeigt, daß der Säugling schon mit zwei Monaten ein Bedürfnis nach »Wirkmächtigkeit« hat. Er will das Auftreten von Ereignissen beeinflussen, nicht nur auftretende Ereignisse passiv »genießen«. Anscheinend frustriert es den Säugling früher, wenn eine Befriedigung, die er selbst herbeiführen kann, nicht mehr stattfindet, als wenn eine Befriedigung, auf deren Auftreten er keinen Einfluß hat, ausbleibt. Im ersten Fall erlebt er Ohnmacht, im zweiten »nur« (De-)Privation. Ersteres kann früher Ärger mobilisieren als letzteres.

Daß Säuglinge in solchen Situationen Ohnmacht erleben, ist keine bloße Spekulation. Lewis (1993) hat festgestellt, daß 20 % der Säuglinge auf den Entzug von Kontingenz mit Traurigkeit reagieren, nicht mit Ärger. Andere Kontingenz-Experimente zeigen, daß Säuglinge auf die Nichtbeeinflußbarkeit des Auftretens eines zuvor beeinflußbaren Ereignisses zunächst mit vermehrten Anstrengungen reagieren, um den vorherigen Zustand wiederherzustellen. Zeigt man ihnen beispielsweise eine Reihe bunter Lichter, die sie durch zweimaliges Drehen des Kopfes zum Aufleuchten bringen können, und verändert anschließend die Situation so, daß das Kopfdrehen nicht mehr den bisherigen Effekt hat, so bemühen sich die Kinder eine Weile verstärkt (z. B. durch häufiges Kopfdrehen), das interessante Ereignis doch wieder erscheinen zu lassen. Gelingt das nicht, so reagieren zwei

Monate alte Kinder auch oft mit Rückzug, glasigem Blick, schlafähnlicher Atmung etc.; die älteren werden eher aktiv und ärgerlich (s. die Beispiele in Dornes 1993, S. 237f.). Dies betrachte ich als empirisches Indiz für die oben vorgetragene Hypothese, daß sehr junge Säuglinge auf (exzessive) Unlust nicht mit dem Gefühl von Feindseligkeit reagieren (müssen) und auch nicht unbedingt mit Ärger, sondern z. B. mit Ohnmacht, stummer Verzweiflung oder »Dekompensation«. Abgesehen davon ist auch der Ärger, sofern er auftritt, kein Indiz für Feindseligkeit. Die Kinder schlagen ja nicht unkontrolliert auf das gezeigte audiovisuelle Display oder das Mobile ein, sondern versuchen gezielt durch Ziehen an der Schnur, das Ereignis wieder in Gang zu setzen.

Andere Autoren haben das Auftreten von Ärger in weniger experimentellen und stärker interpersonell ausgerichteten Situationen untersucht. Izard et al. (1983; 1987) haben festgestellt, daß der Ausdruck von Ärger bei Impfungen frühestens mit zwei Monaten auftaucht und mit sechs Monaten deutlich zunimmt. *Vor* zwei Monaten gibt es nur Schmerzreaktionen, zwischen zwei und sechs Monaten nur undeutliche und seltene Anzeichen von Ärger. Auch dies ist ein Indiz dafür, daß exzessive Unlust *nicht* automatisch zu Ärger oder Feindseligkeit führen muß.

Stenberg et al. (1983) haben weitere Untersuchungen zum Ärger vorgelegt und gefunden, daß der Gesichtsausdruck für Ärger bei sieben Monate alten Kindern in bestimmten Situationen zuverlässig auftritt. Das experimentelle Design zur Ärgerauslösung bestand darin, den Kindern einen Biskuit, an dem sie knabberten, wieder wegzunehmen. Solche Situationen kommen im Alltag häufig vor, wenn auch nicht unbedingt mit Biskuits, so doch mit gefährlicheren Gegenständen. Außer dem Ergebnis, daß ein entsprechender Gesichtsausdruck vorlag, erbrachte die Studie noch einige interessante andere Resultate: einmal das erwartbare, daß der Ärger mit der Zahl der Durchgänge zunimmt. Zweitens, daß mit der Zunahme des Ärgers auch andere Anzeichen für Ärger zunehmen wie z. B. Rotwerden des Gesichts. Drittens, daß sich die Kinder mehr ärgern, wenn ihnen die Mutter den Biskuit wegnimmt, als wenn es ein Fremder tut. Anscheinend rufen Frustrationen durch vertraute Personen mehr Ärger hervor als solche durch Fremde.

Stenberg (1982) berichtet, daß der Ausdruck für Ärger als Reaktion auf Einschränkung der Bewegungsfreiheit der Arme schon bei Kindern im Alter von vier Monaten auftritt; Malatesta (1985) hat bei drei Monate alten Kindern den Ausdruck für Ärger beobachtet, wenn die Mutter nach einer kurzen Trennung das Kind nicht hochnahm, und Gaensbauer (1982) hat ebenfalls ab dreieinhalb Monaten Ärger im Gesicht von Säuglingen gefunden.

Zusammenfassend kann man feststellen, daß der Affektausdruck für Ärger unter bestimmten experimentellen Bedingungen erstmals mit acht Wochen auftaucht und zwischen drei und sieben Monaten vermehrt unter natürlichen Bedingungen erscheint. Schon ab drei Monaten – verstärkt ab sechs bis acht – kann man aggressiv erscheinende *Handlungen* beobachten, z. B. Ziehen an den Haaren der Mutter, Kratzen im Gesicht, Beißen in die Brust etc., die aber *ohne* den Ausdruck von Ärger erfolgen. Vermutlich handelt es sich dabei eher um assertive Aktivitäten, die im Gefolge von Neugier und Interesse auftauchen und nicht mit der Absicht ausgeführt werden, das Objekt zu schädigen.

Die Entwicklung des Ärgers zwischen neun und achtzehn Monaten

Ab neun Monaten ändert sich das Bild. Ärger wird nun objektgerichteter. Kinder beginnen (mit neun Monaten), ihre Mutter oder unbelebte Objekte mit *sichtbaren Zeichen des Ärgers* zu kratzen, zu schlagen oder zu treten und (mit zwölf Monaten) andere Kinder zu schubsen, umzuwerfen oder ihnen Spielzeug wegzunehmen. Diese Entwicklung wird durch die wachsenden Autonomiebedürfnisse des Kindes angestoßen, die in der Fähigkeit zur Fortbewegung (Krabbeln ab acht, aufrechter Gang ab zwölf Monaten) ihre wesentliche Grundlage haben. Kinder werden nun expansiver, ihr Explorationsradius nimmt zu und mit ihm die Zahl der (notwendigen) Verbote. Ärgerliche Verhaltensweisen tauchen jedoch immer noch nicht spontan auf. In der Regel sind sie Reaktionen auf Frustrationen und Einschränkungen, die von den Eltern ausgesprochen werden, und sie enden, wenn die Einschränkungen aufhören oder die Aufmerksamkeit auf eine andere Aktivität gelenkt wird.

Ärger ist also situativ determiniert und seine Fluktuation hängt von wechselnden äußeren Umständen ab. McDevitt (1985, S. 291) vertritt die Auffassung, daß das bis zum sechzehnten Lebensmonat so bleibt. Seinen Beobachtungen zufolge sind Kinder bis zu diesem Alter reaktiv ärgerlich. Ihre instrumentell-aggressiven Handlungen – d. h. solche, die den anderen »objektiv« verletzten können wie Stoßen, Schubsen etc. – sind *vor* sechzehn Monaten *nicht* von einer Verletzungsabsicht begleitet. Als instrumentell-aggressiv werden üblicherweise Handlungen bezeichnet, die nicht das Ziel haben, den anderen zu verletzen, sondern z. B. das Ziel, sich in den Besitz eines Spielzeugs zu bringen (Heckhausen 1989, Kap. 10). Sie richten sich mehr *auf* einen Gegenstand als *gegen* ein Objekt, können also insgesamt eher der Assertion zugerechnet werden. Die instrumentell-aggressive Handlung des Wegschubsens ist ein Mittel zur Erreichung des Spielzeugs. Ein Hindernis auf dem Weg der Zielerreichung soll beseitigt werden. Das Wegschubsen ist nicht feindselig, weil der andere nicht geschädigt oder verletzt werden soll. Die Handlung des Wegschubsens bleibt der Zielerreichung untergeordnet. Erst wenn das Wegschubsen des anderen und seine Verletzung zum Ziel werden, kann man von feindselig-aggressiven Handlungen (im Unterschied zu instrumentell-aggressiven / assertiven) sprechen.

Das Fehlen einer Verletzungsabsicht bei Einjährigen läßt sich daran ablesen, daß sie im Verlauf einer Spielhandlung und beim Versuch, dem anderen ein Spielzeug abzunehmen, oft gar nicht bemerken, daß sie ihn verletzt haben. Sie reagieren erstaunt, verblüfft oder betreten, wenn der andere anfängt zu schreien oder zu weinen (s. McDevitt 1985, S. 278 f.; Parens 1979, S. 21). Daraus folgt, daß Verletzungs*absichten* und Feindseligkeit kein integraler Bestandteil ärgerlicher oder instrumentell-aggressiver (für den Beobachter aggressiv erscheinender) Handlungen sind. Das primäre (subjektive) Ziel solcher Handlungen ist Selbstbehauptung / Neugier / Assertion. Dabei kommt es *sekundär und unbeabsichtigt* zur Zufügung von psychischem oder physischem Schmerz. Wenn man die Absicht, einen anderen zu verletzen, als das entscheidende Kriterium für das Vorliegen von Feindseligkeit betrachtet, so läßt sich deren Beginn auf fünfzehn bis achtzehn Monate datieren (McDevitt 1985, S. 292, 294).*

---

* McDevitt äußert sich nicht explizit zur Frage, wann feindselige Handlungen Lust zu bereiten beginnen, aber implizit scheint er der Auffassung zu sein, daß Aggressionslust zusammen mit absichtsvoller Verletzung des anderen entsteht, also ab etwa sechzehn Monaten.

Die Überlegungen von Parens bezüglich der Entstehung von Feindseligkeit ähneln denen von McDevitt. (Beide Autoren sind Mahlerianer.) Auch Parens hat beobachtet, daß objektgerichtete aggressiv-ärgerliche Handlungen erstmals zwischen neun und zwölf Monaten auftauchen. Er bringt sie ebenfalls mit den zunehmenden Autonomiebedürfnissen des Kindes, seinen wachsenden Fortbewegungsmöglichkeiten sowie den damit einhergehenden notwendigen Einschränkungen in Verbindung. Weiter stellt er fest, daß die Bekundungen von Ärger reaktiv auf Frustration oder Schmerz erfolgen und nach deren Abklingen aufhören. Es gibt also keine von innen kommende spontan auftretende, sich akkumulierende ärgerliche oder aggressive »Energie«, die abgeführt werden muß, sondern eine Affektdisposition – d. h. die Fähigkeit und Neigung, auf unangenehme Umstände mit Ärger zu reagieren – wird unter bestimmten Bedingungen, insbesondere denen der Einschränkung der Selbstbehauptung, aktiviert.*

Parens datiert allerdings den Beginn lustvoller Feindseligkeit etwas früher als McDevitt und behauptet (1979, S. 118), daß man ab dem Ende des ersten Lebensjahres (nicht erst ab sechzehn Monaten) objektgerichtete und absichtsvolle Impulse zu verletzen beobachten könne, etwa wenn Kinder einander necken oder foppen und sich freuen, wenn das andere Kind darüber betroffen ist. Von diesem Zeitpunkt an kann man von lustvoller Aggression sprechen, weil die aggressive Handlung eine »sadistische« Qualität bekommt. Bei genauer Beobachtung stellt sich jedoch heraus, daß auch solche Vor- oder Frühformen lustvoller Aggression nicht spontan auftreten, sondern ebenfalls meistens durch Frustration / Unlust hervorgerufen werden. Auch die gelegentlich lustvolle Aggression des Einjährigen ist also reaktiv ausgelöst und situativ determiniert. Sie ist flüchtig und verschwindet rasch, wenn sich die Situation ändert. Darin ähnelt sie dem durch Unlust ausgelösten Ärger der ersten zwölf bis fünfzehn Monate, der ebenfalls schnell abebbt, wenn die auslösenden Ursachen beseitigt werden.

* Interessanterweise treten zugleich mit den ersten deutlicheren Zeichen objektgerichteten Ärgers Vorläufer von Abwehr- oder Bewältigungsmechanismen auf. Schon zwischen neun und zwölf Monaten kann man beobachten, wie Kinder eine gegen die Mutter gerichtete schlagende Bewegung auf ein Spielzeug umlenken bzw. im Ansatz hemmen oder mit gleichzeitigen Bekundungen von Zuneigung (z. B. Lächeln) mischen (McDevitt 1985, S. 278; Parens 1992, S. 96).

Im Grunde gibt es also zwei leicht divergierende Szenarien für die Entstehung von Feindseligkeit und lustvoller Aggressivität. McDevitt macht keine Aussagen über eventuell feindselige Gefühle bei Neugeborenen und auch keine über den Beginn lustvoller Aggression. Den Beginn von Feindseligkeit datiert er auf sechzehn Monate. Ab diesem Zeitpunkt gibt es genügend Indizien dafür, daß Kinder andere absichtsvoll (wenn auch nicht notwendigerweise mit Lust) verletzen und Aggression nicht nur als Mittel zur Erreichung eines übergeordneten anderen Ziels einsetzen. Absichtsvolle Verletzung ist gelegentlich (wenn auch nicht immer oder meistens) von erkennbaren Zeichen des Vergnügens begleitet, so daß *lustvolle* Feindseligkeit ungefähr zur selben Zeit entsteht wie *absichtsvolle* Feindseligkeit.

Parens hingegen postuliert, daß bereits das Schreien des Neugeborenen eine primitive Form von feindseligem Gefühl enthält, das allerdings weder von Vorstellungen noch von Verletzungsabsichten noch von verletzenden Handlungen begleitet ist. Der Säugling hat gewissermaßen nur ein feindselig getöntes Empfinden in bezug auf eine gar nicht klar wahrgenommene Ursache. Ab einem Jahr gibt es nach Parens Indizien für lustvolle Feindseligkeit. Bestimmte Handlungen, wie Foppen oder Necken, sind manchmal mit Vergnügen am Leid des anderen verbunden. Bis zum Alter von sechzehn bis achtzehn Monaten jedoch ist auch diese lustvolle Form von Aggressivität meistens eine Reaktion auf zuvor erlittene Verletzungen.

Das ändert sich mit etwa eineinhalb Jahren. Ab diesem Zeitpunkt beginnt sich die lustvoll getönte Feindseligkeit aus dem situativen Kontext zu emanzipieren und wird allmählich zu einer stabilen »internalisierten« psychischen Struktur/Disposition. Ich vermute, daß die in diesem Alter ebenfalls beginnende Fähigkeit, Affekte mit Vorstellungen zu verknüpfen, bei dieser Stabilisierung eine wichtige Rolle spielt (s. Kap. 2). Der Ärger, der durch Versagungen ausgelöst wird, verschwindet nicht mehr mit den Anlässen, sondern dauert an, u.a. deshalb, weil die Auslöser jetzt im Geiste immer wieder aufs neue evoziert werden können und so den Ärger über die konkrete Situation hinaus am Leben halten.

Hier liegen die Anfänge des Hasses, der im Unterschied zum frühen Ärger oder zur episodischen lust- oder unlustvollen Feindseligkeit eine intrapsychisch stabile Konfiguration ist. Er ist ein Affekt, der durch Phantasien ausgelöst und ohne bestimmte äußere Anlässe mobilisiert und aufrechterhalten werden kann. Haß als exemplarische Form *chronischer* Feindseligkeit entsteht nach übereinstimmender Auffassung so verschiedener Autoren wie Parens (1992, 1993), McDevitt (1985), Lichtenberg (1989a, 1992), Kernberg (1991a, 1995a, 1996) und Lewis (1993) mit etwa eineinhalb Jahren.

Ab diesem Zeitpunkt gibt es auch neue Quellen von Frustration und Kränkbarkeit, die eine Mobilisierung von feindseliger Aggression begünstigen. Einen Säugling kann man z. B. nicht auslachen oder beschämen, weil er nicht weiß, was gemeint ist, wenn man *über* ihn lacht. Er versteht noch nicht den Unterschied zwischen Lachen und Auslachen. Ein eineinhalbjähriges Kind versteht ihn jedoch sehr wohl, denn es verfügt über ein reflexives Ichbewußtsein und nicht nur über ein präreflexives Selbstgefühl. Es kann sein Selbst betrachten wie ein Objekt und ist sich seiner selbst bewußt. Jetzt kann es beschämt werden, weil es sich mit den Augen eines Beobachters sieht. (Reife) Scham ist an einen realen oder imaginären Beobachter gebunden, vor dem man sich verbergen möchte. Sie ist also eine Emotion, die an ein Selbstbewußtsein geknüpft ist (s. Lewis 1992).* Das Kind schämt sich, wenn es sich in seinem (bewußt gewordenen) Selbst verletzt fühlt. Darauf reagiert es mit Rückzug, Ärger oder Feindseligkeit, die chronisch werden können, wenn sich die Anlässe dafür häufen.** Die Möglichkeit zur Chronifizierung wird durch das erwachende Phantasiesystem verstärkt, das eine Transzendierung der unmittelbaren Auslöser erlaubt, und so ihre phantasierte Perpetuierung. Wie oft und wie stark von dieser Möglichkeit Gebrauch gemacht wird, d. h. wie oft sie Wirklichkeit wird, hängt von den vergangenen und gegenwärtigen Beziehungserfahrungen und Lebensumständen ab. Bevor ich darauf näher zu sprechen komme, möchte ich noch kurz die weitere Entwicklung skizzieren.

---

* Vorformen von Scham gibt es schon früher (s. dazu Izard 1977, S. 441, 455 f., 459; Seidler 1995).
** Die sogenannte narzißtische Wut (Kohut 1973) scheint in diesem Alter zu beginnen.

Exkurs: Die Zeit zwischen eineinhalb und sechs Jahren

Beobachtungen in Kinderkrippen ergaben, daß mit etwa achtzehn Monaten ungefähr die Hälfte aller Interaktionen zwischen Kindern als »antagonistisch« klassifiziert werden können, d.h. irgendeine Form von »Reiberei« beinhalten. Mit zweieinhalb Jahren sind es nur noch 20% (Parke/Slaby 1983, S.569). Die Dauer der antagonistischen Interaktionen ist jedoch kurz. In einer Studie wurden einundzwanzig Monate alte Kinder in einem Spielsetting untersucht. Man beobachtete sie viermal fünfzehn Minuten lang. Die meisten (87%) hatten mindestens eine konflikthafte Interaktion während des Beobachtungszeitraums mit den ihnen vorher nicht bekannten Spielgenossen. Insgesamt wurden 5% der Gesamtzeit in solchen Konfliktsituationen verbracht. In einer Gruppe von Zweijährigen betrug die durchschnittliche Dauer konflikthafter Interaktionen nur vierzehn Sekunden. Kinder verfügen bereits in diesem Alter über potente Konfliktmanagement-Strategien und beenden in 79% der Fälle die Konflikte ohne Eingreifen eines Erwachsenen.

Zwischen eineinhalb und drei Jahren geht es in den meisten Auseinandersetzungen um den Besitz von Spielzeug. Diese Auseinandersetzungen kann man als überwiegend assertiv bezeichnen. Kinder bringen sich im Laufe neugieriger Exploration durch »expansive« Handlungen in den Besitz von Spielzeug. Dabei schubsen oder stoßen sie gelegentlich andere Kinder, nehmen ihnen das Spielzeug aus der Hand und ähnliches. Aber diese instrumentelle Aggression/Assertion ist, wie erwähnt – im Unterschied zu feindseliger Aggression/Destruktivität –, dadurch gekennzeichnet, daß die dabei zum Einsatz kommenden Handlungen dem zu erreichenden Ziel untergeordnet sind und daß keine Schädigungsabsicht vorliegt. Zwei- bis vierjährige Kinder sind meistens (nicht immer) instrumentell-aggressiv. Ab vier bis fünf Jahren nehmen instrumentell-aggressive Handlungen insgesamt ab, und verbale Aggression nimmt zu. Zugleich kommt es zu einem Anstieg verbaler *feindseliger* Aggression.

Buben sind physisch aggressiver *und* assertiver als Mädchen, und zwar schon mit ein bis zwei Jahren. Sie reagieren auch häufiger als Mädchen mit körperlicher Gegenaggression, wenn sie attackiert werden. Für diese schon sehr früh vorhandenen Unterschiede sind wahrscheinlich biologische und sozialisatorische Einflüsse verantwortlich (s. Parke/Slaby 1983, S. 563 ff.; Mussen et al. 1990b, S. 102 f.)*.

(Feindselige) Aggression ist bei beiden Geschlechtern zeitlich stabil. Kinder, die im Vorschulalter als aggressiv eingeschätzt werden, erhalten auch im Schulalter häufiger hohe Aggressions-Ratings durch Gleichaltrige, Lehrer oder Betreuungspersonen. Campbell (1991; s. a. Campbell et al. 1994) fand, daß in einer Gruppe von Kindern, die im Vorschulalter wegen aggressiver Probleme auffällig wurden, ungefähr die Hälfte im Schulalter auffällig blieb. Olweus (1979) kam in seiner Überblicksarbeit zu antisozialem Verhalten bei Knaben zu einem ähnlichen Ergebnis: Die Hälfte der Kinder mit frühem antisozialen Verhalten behält dieses im weiteren Entwicklungsverlauf bei (ähnlich Robins 1991, S. 202). In einer anderen beeindruckenden Langzeitstudie konnten Eron/Huesman (1990) zeigen, daß Aggression über den Zeitraum von zweiundzwanzig Jahren recht stabil ist. Kinder, die mit acht Jahren als am aggressivsten eingeschätzt wurden, wurden es oft auch noch als Erwachsene mit dreißig Jahren. Die dreißigjährigen Männer waren tendenziell gewalttätiger gegenüber ihren Ehefrauen und hatten gehäuft Straftaten, insbesondere Verkehrsdelikte, aufzuweisen. Bei den Frauen gab es »nur« einen Zusammenhang zwischen der Einschätzung mit acht Jahren und der Häufigkeit späterer Gewalt gegen die eigenen Kinder (Eron et al. 1991, S. 176).**

Mittlerweile ist schon für das Alter von zwei bis fünf Jahren Stabilität dokumentiert worden. Viele der Kinder, die mit zwei Jahren als körperlich aggressiv eingeschätzt wurden, erhielten dieselbe Einschätzung auch noch mit fünf. Obwohl körperliche Aggression in diesem Zeitraum insgesamt für *alle* untersuchten Kinder abnimmt, verbleiben die mit zwei Jahren als am aggressivsten Eingeschätzten auch mit fünf Jahren gehäuft in dieser Kategorie. Die gefundenen Zusammenhänge gelten für beide Geschlechter, sind bei Mädchen allerdings schwächer ausgeprägt als bei Jungen (Cummings et al. 1989). Dabei wurde schon für die Zweijährigen zwischen Assertion und Aggression unterschieden. Das Festhalten von Spielzeug wurde als Assertion gewertet; der Versuch des Wegnehmens, sofern er nicht mit erkennbaren feindse-

---

* Psychoanalytische Erklärungen dieser Geschlechterdifferenz werden übersichtlich dargestellt bei Heinemann et al. (1992, bes. S. 82 ff.)
** Auch prosoziales Verhalten ist langzeitstabil. Die mit acht Jahren als hilfsbereit und wenig aggressiv Eingeschätzten waren es auch noch mit dreißig Jahren.

ligen Absichten, Freude und/oder starkem körperlichen Einsatz verbunden war, als instrumentelle Aggression; Schlagen mit harten Objekten bei starker Erregung als feindselige Aggression.* Kinder, die sich aggressiv verhielten, taten das bereits im Alter zwischen zwei und fünf Jahren nicht mehr überwiegend situations- oder personenspezifisch, sondern zeigten eine Generalisierung über bestimmte Situationen und Personen hinweg. Eine Neigung zu feindseliger Aggression als charakterologische Eigenart existiert also schon mit zwei Jahren und verfestigt sich im Laufe der weiteren Entwicklung.

Bereits im Alter von sechs Jahren ist feindselig-aggressives Verhalten so »verhärtet«, daß, wie Perry et al. (1990) bemerken, Kinder nicht mehr (nur) aggressiv sind, weil sie geschlagen oder mißhandelt werden, sondern geschlagen werden, weil sie aggressiv sind. Eine maligne Spirale ist in Gang gekommen, die nur noch schwer zu unterbrechen ist. Die meisten individuumzentrierten Interventionsprogramme haben ab diesem Alter anscheinend nur noch begrenzte Erfolge. Fonagy/Target (1995) stellten nach Durchsicht der Behandlungsergebnisse, die am Anna Freud Centre in London erzielt wurden, fest, daß Störungen, bei denen eine Aggressionsproblematik im Vordergrund stand (sog. expansive Störungen), nur recht mäßige Erfolge hatten.**

Ärger und seine Ursprünge in Objektbeziehungen

Nach diesem Exkurs kehre ich wieder zu den ersten Lebensjahren zurück. Alle bisher erwähnten Autoren betonen mit Nachdruck, daß das Ausmaß und die Bereitschaft, auf vermeintliche oder tatsächliche

---

* Insgesamt leiden die Studien zur Aggressionsentwicklung daran, daß häufig unterschiedliche Maße bzw. Indikatoren für das verwendet werden, was als aggressiv klassifiziert wird; häufig auch daran, daß nicht genügend zwischen Assertion/instrumenteller oder reaktiver Aggression einerseits und feindseliger Aggression andererseits unterschieden wird. Es bleibt eine Aufgabe zukünftiger Forschung, hierfür möglichst trennscharfe Erhebungsmethoden zu entwickeln.

** Robert-Tissot et al. (1996) haben die Wirkungen von Mutter-Kind-Therapien untersucht, in denen die Kinder zwischen null und 30 Monate alt waren. Schlaf- und Eßstörungen besserten sich deutlicher als aggressive Verhaltensprobleme, obwohl auch für letztere noch signifikante Ergebnisse erzielt werden konnten.

Kränkungen und Verletzungen in den ersten eineinhalb Jahren mit reaktiver oder (danach) mit lustvoller Aggression zu antworten, entscheidend von den Objektbeziehungserfahrungen abhängt. Ein gewisses Maß an Unbehagen, Frustration und gelegentlich exzessiver Unlust ist in dieser Zeit und auch später unvermeidlich und darum auch ein gewisses Maß an Ärger, reaktiver und (ab ein bis eineinhalb Jahren) lustvoller Feindseligkeit. Wir alle sind fähig zu hassen. Aber der Umgang der Eltern mit den auslösenden Situationen ist von erheblicher Bedeutung. Selbst unvermeidbarer Schmerz, der im Gefolge einer Erkrankung oder Operation auftritt und von den Eltern nicht direkt beeinflußt werden kann, hängt in seiner Ärger oder Feindseligkeit auslösenden Potenz erheblich vom Umgang damit ab. Auch wenn die Krankheit und der Schmerz zu bestimmten Zeiten nicht beeinflußt werden können, so lindert oder verhindert ein empathischer Umgang damit die Transformation von Schmerz in (feindselige) Aggression.

Erfreulicherweise hat sich in der psychoanalytischen Literatur der letzten fünfundzwanzig Jahre (Kurzüberblick bei Parens 1992, S. 81) *trotz Triebtheorie* ein Konsens dahingehend ausgebildet, daß die Hauptursache für Feindseligkeit und Destruktivität *nicht* in einem angeborenen Trieb besteht, sondern das Ergebnis eines mehr oder weniger lieblosen Umgangs mit dem Kind und harter, strafender Erziehungspraktiken ist. Feindselige Aggression ist nicht angeboren, sie entwickelt sich. Selbst wenn man eine psychobiologische Grundlage in dem Sinne akzeptiert, daß es eine angeborene *Bereitschaft* gibt, auf exzessive Unlust mit Ärger und (früher oder später) mit Feindseligkeit zu reagieren, so hängt doch die Häufigkeit dieser Aktivierung und deren spätere Chronifizierung entscheidend von den vergangenen und gegenwärtigen Lebensumständen ab.

Sogar die Kleinianer, die als einzige noch von einer spontan erzeugten – vom Todestrieb herstammenden – Destruktionsneigung des Säuglings ausgehen, erkennen an, daß die Umwelt für die weitere Entwicklung dieser (vermuteten) Neigung eine zentrale Rolle spielt. In ihrer Konzeption mäßigt eine gute Umwelt die zerstörerischen Impulse des Säuglings, und eine schlechte intensiviert sie. Praktisch betrachtet besteht zwischen ihrer Theorie und der, daß eine liebevolle Umwelt nicht konstitutionell verankerte Feindseligkeit *mildert*, sondern nicht-konstitutionell verankerte Feindseligkeit *erzeugt*, kein wesentlicher Unterschied, denn allemal ist die Umwelt von entscheidender Bedeutung. Wesentliche Unterschiede sehe ich allerdings im jeweiligen Menschenbild. Für die Kleinianer ist der Mensch (und der Säugling) von Natur aus mit destruktiven Impulsen angefüllt, die ein wesentlicher Bestandteil seiner ursprünglichen Ausstattung sind. Der Umwelt kommt nur die Aufgabe zu, aus dieser Ausstattung das Beste zu machen bzw. das Schlimmste zu verhindern, aber ein wesentlicher Teil der psychischen Arbeit besteht in der Auseinandersetzung, Abwehr und Bearbeitung dieser destruktiven Mitgift des Menschen.

Die alternative anthropologische Konzeption lautet: Der Mensch kommt nicht mit Destruktionspotentialen und -impulsen auf die Welt, sondern allenfalls mit der Möglichkeit, solche zu *entwickeln*. Er ist weder gut noch böse, sondern hat die Möglichkeit zu beidem. Welche dieser Möglichkeiten Wirklichkeit wird, hängt in entscheidendem Umfang von der Beziehungserfahrung in der Kindheit ab. Von Natur aus verfügt der Säugling über die biologisch verwurzelte Fähigkeit, auf unangenehme innere oder äußere Reize mit reaktivem Ärger und (später) feindseliger Aggression zu antworten. Diese Fähigkeit kann, ähnlich wie die, auf Bedrohung mit Angst zu reagieren, unter ungünstigen Umständen entgleisen. Aber kaum jemand wird die Angst, obwohl sie ubiquitär ist und ebenfalls leicht eskalieren kann, als einen Trieb bezeichnen. Genausowenig ist es die Aggression.

Auch Untersuchungen an schwergestörten, häufig hochaggressiven Patienten verweisen auf die Bedeutung der Umwelt für die Aggressionsgenese. Neuere Arbeiten zu den sogenannten Borderline-Störungen haben in zunehmendem Maße die Bedeutung realer Traumatisierungen wie Mißhandlung und sexuellen Mißbrauchs hervorgehoben (s. Bryer et al. 1987; Herman et al. 1989; Paris 1993). Sogar Kernberg, der ursprünglich (1975) einen konstitutionell hypertrophierten Aggressionstrieb als einen wesentlichen Faktor bei der Entstehung dieser Erkankung postuliert hat, räumt heute (1995b) ein, die Bedeutung realer Traumatisierungen unterschätzt zu haben.*

Auch nichtpsychoanalytische Forscher sehen in ablehnenden, dro-

* Galenson (1986) hat fünf schwere Kindheitspathologien untersucht (die Folgen physischer Mißhandlung; infantile Psychosen; psychogene Gedeihstörungen; abweichende Sexualentwicklung von Mädchen; frühkindlichen Autismus) und ebenfalls bei allen starke *elterliche* Aggression als einen wesentlichen ätiologischen Faktor dokumentiert. Ganz im Sinne der obigen Ausführung betont sie den Unterschied zwischen Libido, die innersomatisch-vegetativ entsteht, und Aggression, die das nicht tut.

henden, zurückweisenden oder strafenden elterlichen Handlungen und Einstellungen einen Hauptgrund für die Entstehung kindlicher Aggression (Überblick bei Perry et al. 1990, S. 138ff.; Farrington 1991, S. 6; Eron et al. 1991, S. 170; Weiss et al. 1992; Petermann 1995, S. 1018; Lyons-Ruth 1996, S. 64). Der Zusammenhang zwischen elterlichen Erziehungsstilen und kindlicher Aggressionsentwicklung ist nicht nur für besonders auffällige, kranke oder straffällig gewordene Kinder und Jugendliche gesichert, sondern *tendenziell* auch für normale Eltern-Kind-Paare. Bindungsforscher haben herausgefunden, daß sicher gebundene Kinder weniger aggressiv sind als unsicher gebundene. Als Hauptfaktor für sichere Bindung wird mütterliche Responsivität betrachtet. Als Hauptfaktor unsicherer Bindung die Zurückweisung oder inkonsistente Beantwortung von Bindungsbedürfnissen (s. Kap. 8).

Der Zusammenhang von Bindungsqualität und Aggressionsentwicklung ist mittlerweile über den Zeitraum von 16 Jahren dokumentiert (Überblick bei Zimmermann / Grossmann 1994). Kinder, die mit eineinhalb Jahren in der Fremde-Situation unsicheres Bindungsverhalten erkennen lassen, zeigten im gleichen Alter *zu Hause* mehr situationsunangemessenen Ärger als sicher gebundene. Mit viereinhalb Jahren sind sie gegenüber Gleichaltrigen feindselig aggressiver, wohingegen sich im Ausmaß der reaktiven Aggression keine Unterschiede ergeben. Unsicher gebundene Kinder haben in diesem Alter eine schlechtere Impulskontrolle und sind bei ihren Kameraden weniger beliebt. Ähnliche Befunde liegen für Zehn- und Sechzehnjährige vor. Sie werden von ihren Freunden als feindseliger, leichter irritierbar und mißtrauischer beschrieben und sehen sich selbst auch so. Diese Ergebnisse sind an verschiedenen nicht-klinischen Populationen und mit verschiedenen Methoden (Direktbeobachtung, klinisches Interview, Selbst- und Fremdeinschätzungsfragebogen) erhoben worden.

Besonders interessant ist der Vergleich von ein- bis eineinhalbjährigen sicher bzw. unsicher-vermeidend gebundenen Kindern in der häuslichen Umgebung. Auch sicher gebundene Kinder zeigen Ärger, z. B. wenn sie verlassen oder in ihrer Exploration unterbrochen werden. Aber dieser Ärger ist situationsangemessen und funktional. Er dient der Wiederherstellung der Nähe zur Bindungsperson. Ist sie wieder verfügbar, so sind die Kinder schnell beruhigt. Anders verhält es sich bei vermeidend gebundenen Kindern. In riskanten oder ungewohnten Situationen, in denen sie eigentlich die Eltern benötigen würden, unterdrücken sie ihren Ärger tendenziell, weil sie nicht das Risiko einer (erneuten) Zurückweisung eingehen wollen. Zu Hause jedoch, wo die Situation weniger bedrohlich ist als in der experimentellen Fremden-Situation, zeigen sie häufiger als sicher gebundene Kinder *dysfunktionalen Ärger*, d.h. solchen, der nicht, wie bei den sicheren, der Wiederherstellung von Nähe zur Bindungsperson dient, sondern »nur« ihre Unzufriedenheit ausdrückt und die Beziehung belastet (Zimmermann/Grossmann 1994, S. 5). Die Ursprünge dieses Ärgers liegen in frühen und/oder dauerhaften Beziehungserfahrungen des Zurückgewiesenwerdens, die beim Kind eine negative Erwartungshaltung schaffen, die seine Weltsicht einfärbt.

Dodge (1980, 1986, 1991) hat gezeigt, daß aggressive Kinder eine »attribution bias« haben, welche die Aufrechterhaltung dysfunktional gewordener Aggression befördert. Sie haben die Neigung, in zweideutige Situationen Aggressionen »hineinzulesen«. Zeigt man ihnen und einer Vergleichsgruppe weniger aggressiver Kinder Bilder oder Videos von Situationen, in denen a) ein Kind ein anderes offensichtlich absichtlich verletzt, b) offensichtlich unabsichtlich und c) die Situation nicht eindeutig ist, so interpretieren aggressive Kinder die zweideutige Situation signifikant häufiger als von absichtlicher Aggression erfüllt. Genau das tun auch unsicher-vermeidend gebundene Kinder (Suess et al. 1992). Psychoanalytisch gesprochen, projizieren sie Aggression in die Situation. Diese Projektion hat ihre Grundlage in realen Erfahrungen. Sie haben mehr Zurückweisungen und/oder Aggressionen erfahren. Entsprechend reagieren sie auch in zweideutigen Situationen häufiger aggressiv und werden deshalb auch aggressiver behandelt, was wiederum ihre Sicht von der Welt als Ort latenter Bedrohung bestätigt.[*]

Einschränkend muß hinzugefügt werden, daß der Zusammenhang zwischen vermeidender Bindung und (späterer) verstärkter Aggression nicht in allen Untersuchungen gefunden wurde (Überblick bei Lyons-Ruth 1996). *Klinisch relevante Ausmaße* von Aggression als Folge unsicher-vermeidender Bindung sind vor allem in Hoch-Risiko-Gruppen anzutreffen, nicht so sehr in Normalpopulationen. In letzteren bewegt sich die erhöhte Aggression – sofern sie überhaupt

---

[*] Für ambivalente Kinder gibt es wegen der geringen Fallzahlen keine aussagekräftigen Daten. Sie werden meist zu den vermeidenden gerechnet.

festgestellt werden kann – eher im Rahmen des Normalen. Außerdem ist sie häufiger bei Buben zu beobachten als bei Mädchen; vermeidend gebundene Mädchen sind eher gehemmt als aggressiv (s. Renken et al. 1989; Cohn 1990; Turner 1991). Ein weiterer abweichender Befund stammt ebenfalls von Turner (1991). Sie fand, daß unsicher gebundene viereinhalbjährige Buben *in allen Dimensionen* von Aggression (Assertion, milde/reaktive Aggression, starke Aggression) höher eingestuft werden mußten als sichere.

Insgesamt ist der Zusammenhang zwischen *desorganisierter Bindung* und feindseliger Aggression deutlicher ausgeprägt als der zwischen vermeidender Bindung und Aggression (s. Lyons-Ruth 1996, S. 67 ff.). Desorganisierte Kinder sind im Vorschulalter *erheblich* aggressiver als vermeidende oder sichere, inbesondere dann, wenn noch andere Risikofaktoren wie niederer sozialökonomischer Status und/oder Psychopathologie der Mutter hinzukommen.

Lyons-Ruth et al. (1993) haben Kinder aus einer Hoch-Risiko-Gruppe mit fünf Jahren im Kindergarten untersucht. Von den Kindern, die durch ein hohes Maß an feindseliger Aggression auffielen, waren 71 % mit eineinhalb Jahren desorganisiert gebunden gewesen. Mütterliche Psychopathologie (Depression; andere psychiatrische Diagnosen), die oft mit einem intrusiven oder erratischen Interaktionsstil verbunden ist, scheint ebenfalls die Entwicklung feindseligen Verhaltens zu begünstigen. Wenn mit 18 Monaten eine D-Bindung *und* mütterliche Probleme vorliegen, zeigen 56 % der davon betroffenen Kinder im Alter von fünf Jahren auffällig aggressives Verhalten; liegt nur ein Faktor vor (D-Bindung *oder* mütterliche Psychopathologie), sind es nur 25 %; liegt keiner von beiden vor, nur 5 %. Dies entspricht ungefähr der Normalverteilung auffälliger Aggression im Schulalter (etwa 5 % aller Kinder im Schulalter haben Verhaltensprobleme aggressiver Natur; 1 bis 3 % der Mädchen, 6 bis 10 % der Buben; s. Robins 1991).

Verschiedene Untersuchungen haben außerdem gezeigt, daß die Gruppe der desorganisiert gebundenen Kinder nicht homogen ist. D-Kinder aus Normalpopulationen werden bei forcierter Klassifikation oft als sicher eingeschätzt, solche aus Hoch-Risiko-Gruppen häufiger als vermeidend. *Die Untergruppe der desorganisiert-vermeidend gebundenen Kinder scheint diejenige mit dem höchsten Risiko einer auffälligen Aggressionsentwicklung zu sein.*

Das Problem der Aggressionslust

Oben wurde gesagt, daß Aggression ab etwa eineinhalb Jahren sowohl spontan aufzutreten beginnt als auch in ihrer Ausübung lustvoll wird. Vermutlich hängen beide Phänomene zusammen: Die entstehende Lust an der Aggression trägt zu ihrer Stabilisierung und »Spontanisierung« bei. Feindselige Aggression kann nun geäußert werden, *um Lust zu erreichen*. Welchen Charakter hat diese Lust? Traditionellerweise wurde sie als Trieblust konzipiert, und das Vergnügen beim Töten, Quälen und Verletzen wurde als stärkstes Indiz für das Vorhandensein eines destruktiven Aggressionstriebes betrachtet. Eine Theorie, die Destruktivität als reaktiv und nicht als triebhaft behauptet, muß eine Erklärung für die unzweifelhaft vorhandene Aggressionslust finden, die diese *nicht* als Trieblust ausweist.

Mentzos (1993) hat dargelegt, daß die Lust, die mit feindseliger Aggression einhergeht, keine Trieblust, sondern narzißtische Lust ist. In Übereinstimmung mit Lichtenberg, Stechler und vielen anderen Autoren unterscheidet er zwischen Assertion und (destruktiver) Aggression. Letztere entsteht auch in seiner Sicht durch chronische Behinderung, Blockierung von Zielen, Frustration – generell durch ungelöste Konflikte. In Anlehnung an Norbert Elias formuliert er pointiert: Der Konflikt entsteht nicht aus der Aggression, sondern die Aggression entsteht aus dem (ungelösten) Konflikt (1993, S. 72).* Wie aber entsteht ein Konflikt?

Das menschliche Leben ist in Mentzos' Sicht durch Polaritäten gekennzeichnet, d. h. durch Gegensatzpaare wie Schlafen und Wachen, Tag und Nacht, Hunger und Sättigung. Im psychischen Bereich ist eine der wesentlichsten Polaritäten die zwischen Bedürfnissen nach Kontakt, Bindungen, Liebe und Zärtlichkeit einerseits und solchen nach Autonomie und Selbständigkeit andererseits. Gelingt es nicht, beide zu vereinbaren und in der Balance zu halten, so entstehen Entweder-oder-Lösungen. *Entweder* Bindung und Nähe unter Aufgabe von Selbständigkeit *oder* Selbständigkeit und Alleinsein unter Aufgabe von Bindung und Nähe. In beiden Fällen resultieren Frustrationen und Enttäuschungen, die zur Quelle von Feindseligkeit werden. Als Illustration soll folgendes Fallbeispiel dienen:

---

* Wobei so entstandene Aggression sekundär wieder zu Konflikten führen kann.

»Der Patient, ein Einzelkind, das seinen Vater früh verloren hatte, wird von seiner Mutter nach eigenem Gefühl übermäßig in Anspruch genommen und entwickelt allmählich einen inneren Protest, schließlich regelrecht feindselige Phantasien, die allerdings zum größten Teil verdrängt werden und klinisch sogar höchstwahrscheinlich zur Entstehung eines ausgeprägten Bluthochdrucks beitragen. Der junge Mann spürt, wie er durch diese Umklammerung durch die alleinstehende Mutter und durch die Schuldgefühle, die sie in ihm unbeabsichtigt... hervorruft, in seiner autonomen freien Entwicklung behindert wird. Während andererseits diese Mutter von den hier und da deutlich werdenden Autonomiebestrebungen und unterschwelligen Aggressionen ihres Sohnes irritiert und ihrerseits innerlich auch Aggressionen entwickelt, so sind auch diese Aggressionen... als adäquat anzusehen. Zu sehr fühlt sie sich von dem undankbaren Sohn, den sie unter harter Arbeit und persönlichen Entsagungen großgezogen hat, enttäuscht. Man beachte hier a) wie die Aggression *reaktiv* im Verlaufe einer zunehmenden Behinderung, Blockierung und Enttäuschung entsteht, und zwar sowohl bei dem Sohn als auch bei der Mutter. b) Daß hier nicht die Aggression als solche, sondern die implizierten Konflikte das Wichtigste sind, weil durch ihre Permanenz und Unlösbarkeit zwangsläufig Frustrationen und dadurch auch naturgemäß feindselige Aggressionen entstehen. c) Die dem Ganzen zugrundeliegenden natürlichen Bedürfnisse und die durch ihre Blockierung und Verhinderung entstehenden Konflikte sind nicht nur äußere, also interpersonale, sondern auch intrapsychische: der Sohn wird, nicht nur *äußerlich*, von seiner Mutter zurückgehalten und eingeschränkt. Blockierung und Konflikt werden mit der Zeit verinnerlicht. Sie finden ihren Niederschlag in relativ starren und schwer veränderbaren Strukturen. (...) Es kommt zu einer Erstarrung des Konflikts in dem Sinne, daß entweder die Autonomie oder die Bindung einseitig und rigide bevorzugt werden. Die daraus resultierende Frustration einer der jeweils gegensätzlichen Strebungen mobilisiert das aggressive Reaktionsmuster, und zwar auf Dauer chronisch. Gleich, in welcher Richtung man sich festfährt, es fehlt entweder an Freiheit und Autonomie oder an Bindung und Liebe. (...) Aufgrund eines, wie auch immer entstandenen, innerseelischen Arrangements in Form einer dauerhaften Pseudolösung des intrapsychischen Konflikts (der Sohn unterdrückt seine Autonomiebestrebungen aus Schuldgefühlen und auch aus Liebe zu seiner Mutter, also um sie zu schonen) wird die ständige innere Aggressions*produktion* gleichsam vorprogrammiert. (...) *Damit hätten wir die gesuchte innere Aggressionsquelle, und zwar ohne die Annahme eines energetisch konzipierten Triebes*« (Mentzos 1993, S. 85 f.).

Sadistisch wäre die Aggression des Sohnes dann, wenn er sie so ausleben würde, daß er die Mutter quält, nicht um sich abzugrenzen und aus der Umklammerung zu befreien, sondern um sie leiden zu sehen. In Mentzos' Falldarstellung ist die Abgrenzung das Ziel und die Aggression ein Mittel, um sie zu erreichen. Daß die Mutter darunter leidet, ist der (wahrscheinlich unbeabsichtigte) Nebeneffekt eines mit untauglichen Mitteln vorgenommenen Abgrenzungsversuchs. *Die »Lust« an dieser Form von Aggression ist, wenn überhaupt vorhanden, erfahrungsgemäß gering.* Im »sadistischen« Fall verhält es sich anders. Hier wäre die Aggression nicht in erster Linie nur Mittel der Abgrenzung, sondern den anderen leiden zu sehen wäre darüber hinaus zum Ziel geworden. Wie kann es zu einer solchen Entwicklung kommen?*

Normalerweise gibt es auf die Mobilisierung von Selbstbehauptung eine »narzißtische Prämie«. Die erfolgreiche Überwindung von Hindernissen erhöht das Selbstwertgefühl. Dadurch können Ängste, Ohnmachts- oder Minderwertigkeitsgefühle abgebaut bzw. bewältigt werden. Auch feindselige Aggression kann, wenn sie zum Erfolg führt, wie erwähnt, von Lust begleitet sein – aber nicht, und das ist ein wichtiger Punkt, weil sie als Trieb abgeführt wird, sondern weil sie das Selbstwertgefühl stabilisiert. Deshalb bezeichnet Mentzos sie als narzißtische Lust, nicht als Trieblust. Die Mobilisierung von (feindseliger) Aggression entgleist, wenn diese narzißtische Prämie auf Aggression kein *Ansporn* mehr ist, um andere Ziele (etwa Abgrenzung) und andere Formen von Befriedigung (etwa erfolgreiche Selbstbehauptung) zu erreichen, sondern wenn die narzißtische Lust zum Ziel selbst wird und zum Ersatz für anderweitig unerreichbare Befriedigung. Der Betroffene wird quasi süchtig nach dem gehobenen Gefühl, das erfolgreiches aggressives Handeln vermittelt (Mentzos 1993, S. 88). Die damit einhergehende Lust hat aber nichts mit einem hypertrophierten Aggressions- oder Destruktionstrieb und dessen Abfuhr zu tun, sondern resultiert aus der – wenn auch nur momentan erfolg-

---

* Die folgenden Ausführungen beruhen ebenfalls auf den instruktiven Ideen von Mentzos (1993, bes. Kap. 5).

reichen – Aufrechterhaltung oder Herstellung einer (labilen) narzißtischen Homöostase.

Indes hat auch die entgleiste Aggression noch eine intrapsychisch
adaptive Funktion. Dies wird deutlich, wenn man z. B. die Lust des
sexuellen Sadisten näher betrachtet. Sie ist nämlich – wie klinische
Untersuchungen nahelegen (s. z. B. Stoller 1975; Mentzos 1993,
S. 88 f.) – weder sexuell noch aggressiv, sondern im Kern ebenfalls
narzißtisch. Im Grunde hat der Sexualsadist Angst vor dem Objekt,
und seine Feindseligkeiten und Demütigungen sollen den anderen so
weit auf Distanz halten, daß dessen Bedrohlichkeit gemildert wird.
Das ist die Voraussetzung dafür, noch Restbestände sexueller Lust zu
genießen. Die Lust am Quälen ist *zum Ersatz* für die unerreichbare
Lust im angstfreien, intimen Umgang mit dem Objekt geworden. Tö-
tungslust und Quälsucht sind also nicht Ausdruck einer destruktiven
menschlichen Natur, sondern eher *Denaturierungen*, d. h. Entgleisungen einer ursprünglich biopsychologisch sinnvollen Bereitschaft
und Fähigkeit, auf aversive Reize zunächst mit Selbstbehauptung und
Ärger, später (ab ein bis eineinhalb Jahren) auch mit normalerweise
zeitlich begrenzter Feindseligkeit zu reagieren.

Der Mensch ist von Natur aus nicht »gut« oder aggressionsfrei,
sowenig wie er angstfrei ist. Aber er ist auch nicht »böse« und destruktiv. Chronische Feindseligkeit und die unterschiedlichen Grade
von Aggressionsentgleisung zeigen – ebenso wie verschiedene Formen chronischer Angst –, daß im vergangenen oder gegenwärtigen
Leben etwas schiefläuft. Aggressionslust ist die Lust der anderweitig
»Zu-kurz-Gekommenen«, ihr letzter Versuch, sich an den unerreich-
bar fernen Peinigern der Vergangenheit oder Gegenwart zu rächen.
Die Ubiquität von Haß ist kein Beleg für die Existenz eines destruktiven Aggressionstriebs, sondern zeigt nur, daß unter bestimmten
Bedingungen, die leider allzu häufig eintreten, biologisch sinnvolle
Reaktionsmuster entgleisen können.

Cohler (1995) hat in einem furiosen Aufsatz dargelegt, daß selbst
noch die sinnloseste Destruktivität – z. B. in amerikanischen Slums, in
denen das Leben kurz und billig geworden ist wie eine wegwerfbare
Plastiktüte – ein verzweifelter Versuch ist, angesichts traumatischer
psychischer und sozialer Erfahrungen von Wertlosigkeit, Überflüssigkeit und Deprivation einen Rest von Gefühlen psychischer Lebendigkeit und Vitalität aufrechtzuerhalten. Der Triumph und die Lust,
die mit den Akten des Tötens und Mordens kurzzeitig einhergehen,

sind, wie die »Kicks« der Rauschgiftsüchtigen, eine der letzten verfügbaren Möglichkeiten, die unerträglichen Gefühle von Leere, Wertlosigkeit, Überflüssigkeit und Fragmentierung zu kompensieren. Die Gewalt ist oft nicht einmal mehr zielgerichtet. Es gibt keine spezifischen Objekte mehr, gegen die sie sich richtet, sondern jeder kann, mehr oder weniger zufällig, ihr Opfer werden.* Das einzige noch angestrebte Ziel ist Erregung und Nervenkitzel, die ein flüchtiges Gefühl von Wirkmächtigkeit und Sich-selbst-Spüren vermitteln. In vielen solcher Fälle ist die Wut »blind« geworden. Sie funktioniert wie eine Art Reflex, der durch fast beliebige Bedingungen auslösbar ist.

Diese automatisierte, jederzeit abrufbare, »prozedurale« Form von Aggression (s. Kap. 10) ist der letzte Endpunkt einer Entwicklung. Vermutlich sind traditionelle Kategorien wie Grausamkeit, Destruktivität, Vernichtungswunsch etc. zu ihrer Erfassung gar nicht mehr geeignet. Töten bedeutet den »gang kids« in den Slums nichts mehr außer den momentanen »flash«, den es vermittelt, und da er schnell vergeht, muß es ständig wiederholt werden. Dieser Wiederholungszwang soll aber nicht einen vergangenen Zustand wiederherstellen oder ein traumatisierendes Objekt beseitigen, sondern das chronische Gefühl von Leblosigkeit bekämpfen. »Wenn die Gewalt aus der Unterdrückung aufsteigt, dann der Haß aus der Entleerung« (Baudrillard 1995). Die Entleerung aber ist keine Folge von Unterdrückung allein, sondern das Ergebnis einer darüber hinausgehenden existentiellen Ignorierung. Die Gettos und die in ihnen Lebenden werden »einfach« nicht mehr beachtet.

Die Psychoanalyse beschreibt, daß Haß auf die Verinnerlichung traumatisierender Objektbeziehungen zurückzuführen ist und daß die Mißhandlung anderer auf unbewußten Identifizierungen mit dem Aggressor beruht. Dadurch werden die vormaligen Opfer zu den jetzigen Tätern (s. z. B. Kernberg 1995a,b). Wer geschlagen wurde, schlägt wieder. Das mag in manchen Fällen so sein (s. Kap. 8). Die explosive, blinde, leere, beliebige Wut, die alles niedermacht und dabei nichts anderes mehr empfindet als einen wenige Minuten oder Sekunden andauernden »thrill«, ist damit meines Erachtens nicht

---

* Der Leser kann sich einen Eindruck davon durch die Lektüre eines Artikels aus dem *Spiegel* verschaffen, in dem die grauenvollen Zustände in einem Getto von Los Angeles beschrieben werden (s. Sorge 1995).

mehr angemessen beschreibbar. Diese Form der Destruktivität, eine »leere Ekstase« (Baudrillard, a. a. O.), hat sich von unbewußten Identifizierungen quasi abgelöst. Sie gleicht den Katastrophenreaktionen, die Goldstein (1947) bei hirngeschädigten Soldaten beschrieben hat, und »schlägt in kalter Raserei auf eine Welt ein, die es versäumt hat, Schmerz und Verletzung zu verstehen« (Cohler 1995, S. 20; s. a. Marohn 1993). Vielleicht übersteigt diese Form der Aggression das menschliche Begriffsvermögen, und dennoch: »Das Böse ist weder Ergebnis noch Restbestand der Animalität des Menschen: es ist ein geistiges Phänomen, der Menschlichkeit des Menschen immanent. Aber das Gute ist es ebenso« (Semprun 1994).

Situative und soziale Determinanten der Aggression

Bisher war von den Ursprüngen und der Entwicklung der Aggression die Rede. Abschließend möchte ich mich mit ihrer Kontrolle und ihrer sozialen Beeinflußbarkeit befassen. Lore/Schultz (1993) haben in einem informativen Übersichtsartikel beschrieben, daß die *Manifestation* von destruktiver Aggression ganz erheblich von sozialen und situativen Umständen abhängt. Den Autoren geht es nicht so sehr darum, die Entstehungsbedingungen von Destruktivität zu untersuchen, als vielmehr um die Klärung der Frage, welche Umstände die Wahrscheinlichkeit erhöhen oder vermindern, daß sich die vorhandenen, wie auch immer entstandenen Potentiale feindseliger Aggression in antisozialen und/oder kriminellen Handlungen äußern. Ihre Hypothese lautet, daß die Manifestation der Aggression stark von situationsspezifischen Faktoren abhängig ist und deshalb in erheblichem Maß durch die aktuellen sozialen Rahmenbedingungen beeinflußt werden kann. Zur Veranschaulichung ihrer These schildere ich fünf Beispiele.

Erstens: Frauen, die den ersten tätlichen Angriff ihres Ehemannes auf sich umgehend bei der Polizei oder anderen zuständigen Behörden melden, werden im Folgezeitraum von einem halben Jahr nur zu 15 % erneut Opfer einer Tätlichkeit von seiten ihres Mannes; diejenigen, die sie nicht anzeigen, werden es zu 41 % (Lore/Schultz 1993, S. 21).

Zweitens: Es ist bekannt, daß die Zahl tödlicher Gewaltverbre-

chen in signifikantem Zusammenhang mit der Menge der frei zirku-
lierenden Waffen steht. Nur 5 % aller Schwerverbrechen mit töd-
lichem Ausgang werden mit Händen oder Fäusten begangen, 60 %
mit Schußwaffen, der Rest mit Messern etc. (Lore / Schultz a.a.O.,
S. 23).

Drittens: Selbst gravierende Delikte wie Totschlag und Mord sind
in erheblichem Umfang von situativen Faktoren abhängig. »Lempp
hat in seiner langen Praxis nicht weniger als achtzig Fälle vollendeter
und versuchter Tötungsdelikte Jugendlicher in Gerichtsverfahren
psychiatrisch zu begutachten gehabt... Charakteristisch ist nach
Lempp die Bildung sogenannter *Handlungsketten*: Es ist etwas Un-
rechtes geplant worden, ein Einbruchsdiebstahl beispielsweise oder
ein sexueller Angriff auf ein Mädchen oder eine alte Frau – plötzlich
läuft irgend etwas schief. Der Einbrecher wird überrascht, das Mädchen wehrt sich und schreit. Nun gerät der Aggressor in Panik, meint,
er könne nicht mehr anders, tritt die ›Flucht nach vorn‹ an und tötet.
Nachträglich habe man oft den Eindruck eines geplanten Handlungs-
verlaufs, aber in Wirklichkeit sei eins zum anderen gekommen. Besonders bei Gruppendelikten sei dieses Sich-selbständig-Machen von
der Situation deutlich zu beobachten... Instruktiv sind die wenigen
Beispiele aus Lempps Material, wo kein Mord verübt wurde, obwohl
die psychische Konstellation durchaus gegeben war. In diesen Fällen
trat einfach etwas dazwischen, was das Geschehen in eine andere
Richtung lenkte. An sich hätte genausogut eine Tötung herauskom-
men können. Die meisten Tötungshandlungen sind im Grunde zwi-
schenmenschliche Unfälle, entstanden durch eine meist einmalige,
kaum reproduzierbare, vielfach zufällige Konstellation divergie-
render Faktoren, die zum Teil in der Persönlichkeit, zum großen
Teil jedoch außerhalb der Täterpersönlichkeit liegen« (Bittner 1994,
S. 182 f.).

Viertens: Auch ein soziales Klima, das Gewalt befördert oder tole-
riert, hat erheblichen Einfluß auf das Auftreten von destruktiver Aggressivität. In einer großangelegten Untersuchung haben Archer und
Gartner (ref. nach Lore / Schultz 1993, S. 22) festgestellt, daß nahezu
alle Gesellschaften, für die Daten vorliegen, fünf Jahre *nach* einem
Krieg signifikant höhere Zahlen von Gewaltverbrechen aufweisen als
in einem Zeitraum von fünf Jahren *vor* dem Krieg. Dieses Ergebnis ist
besonders aussagekräftig, weil die Zahl junger Männer, die statistisch
die größte Gruppe unter den Gewaltverbrechern darstellen, nach

einem Krieg erheblich *geringer* ist als vorher.* Diese Ergebnisse zeigen, kurz gesagt, daß Krieg »verroht« und ein soziales Klima schafft, in dem sich Gewalt leichter manifestiert als in Nicht-Kriegs-Zuständen. Diese Verrohung trifft nicht nur für die Zeit nach einem Krieg zu, sondern auch für das Verhalten während des Krieges. Oft werden die dort gehäuft auftretenden Greueltaten auf das Konto eines destruktiven Triebes geschrieben. Fromm (1973, S. 305 f.) hat überzeugend dargelegt, daß viele dieser Grausamkeiten ebenfalls situativ determiniert sind. Es ist nicht die menschliche Natur, die plötzlich zum Ausbruch kommt; häufig sind es nicht einmal charakterologisch tief verwurzelte sadistische Neigungen. Vielmehr spielen bei einem großen Teil der von Individuen im Krieg begangenen Grausamkeiten plötzliche traumatische Ereignisse wie der Verlust von Hab und Gut, der Tod naher Angehöriger oder Kameraden, ein Erlebnis stärkster Lebensbedrohung etc. die entscheidende Rolle als Aggressionsauslöser. Solche Ereignisse würden in jedem von uns große Aggressionsmengen mobilisieren, was aber in keiner Weise ein Beleg für die Existenz eines Aggressionstriebes ist, sondern nur dafür, daß wir alle in der Lage sind, auf aversive oder traumatisierende Umstände mit destruktiver Feindseligkeit zu reagieren.

Als fünftes und letztes Beispiel für die soziale und situative Beeinflußbarkeit der Aggressionsmanifestation sei auf die Untersuchung von Olweus (1991) hingewiesen, der sich seit Mitte der siebziger Jahre mit der immer brennender werdenden Frage der Gewalt an Schulen beschäftigt. Im Vordergrund seines Interesses steht die häufig vorkommende »Bully-victim«-Konstellation, in der aggressive Schüler *(bullys)* andere *(victims)* tyrannisieren und schikanieren. Die Präventions- und Interventionsstrategie von Olweus setzt nicht in erster Linie beim einzelnen auffällig gewordenen Schüler an, sondern bevorzugt am Klassenverband, den Lehrern und der gesamten Institution Schule. Die Grundprinzipien des Programms bestehen darin, auf allen drei Ebenen – Schule, Klasse, Täter / Opfer – einzugreifen, aber keine Individualtherapie aggressionsauffälliger Schüler vorzunehmen.

---

* Faktoren wie ökonomische Verelendung und wirtschaftliche Not, die üblicherweise als Ursachen für erhöhte Nachkriegskriminalität angeführt werden, wurden bei dieser Untersuchung berücksichtigt und ihre Effekte »herausgerechnet«.

Auf der Schulebene werden regelmäßige Problemkonferenzen anberaumt, um einen Überblick über die Häufigkeit des Bully-victim-Problems zu erhalten. Lehrergruppen bemühen sich – in Kooperation mit den Schülern – um eine Verbesserung des Schulklimas, z. B. durch Optimierung der Spiel- und Sportmöglichkeiten, attraktivere Gestaltung der Pausen- und Aufenthaltsräume etc. Auf der Ebene des Klassenverbands werden regelmäßige Klassentreffen einberufen, in denen Lehrer und Schüler gemeinsam aufgetretene Vorfälle besprechen und klare Regeln festlegen, die im Kern besagen, daß tyrannisierendes Verhalten nicht erwünscht ist und nicht geduldet wird. Sanktionsmaßnahmen für den Fall der Zuwiderhandlung werden diskutiert und installiert; ebenso Regeln zur Unterstützung tyrannisierter Kinder. Die Sanktionsmaßnahmen reichen von der Verpflichtung auffällig gewordener »Bullys« zur sozialen Aktivität (wie Aufräumen der Klassenzimmer) über den zeitlich begrenzten Ausschluß von gemeinsamen, positiv besetzten Aktivitäten (z. B. Klassenfahrten) bis zum Wechsel der Klasse und letztlich Schulverweis. Auf der Ebene des einzelnen Schülers werden Gespräche zwischen Lehrer und Eltern der Bully / Victims sowie Gespräche mit den Kindern selbst durchgeführt, und zwar meistens als Gruppengespräche, in denen sowohl die Eltern der *bullys* als auch die der *victims* miteinander sprechen; ebenso wird bei den Schülern selbst verfahren. Außerdem werden Rollenspiel- und Imaginationsübungen angeboten, die prosoziales Verhalten fördern sollen.*

Die Ergebnisse des hier nur kursorisch skizzierten Programms sind beeindruckend. Nicht nur nahm die Zahl der Bully-victim-Vorfälle signifikant ab (um 50 %), sondern auch die Häufigkeit von Diebstählen, Vandalismus und Schulschwänzerei reduzierte sich erheblich. Die Schulzufriedenheit stieg, und, was außerordentlich wichtig ist, das Bully-victim-Problem verlagerte sich *nicht* von der Schule nach draußen, z. B. auf den Schulweg. Vergleicht man diese Ergebnisse mit denen einer Studie von Coie et al. (1991), die mit einem ziemlich aufwendigen, individuumzentrierten Interventionsprogramm nur recht dürftige Ergebnisse erzielten, so läßt sich die Schlußfolgerung nicht von der Hand weisen, daß soziale Kontrolle bzw. Beeinflussung des Verhaltens durch das soziale Umfeld eine vergleichsweise effektive

* Krannich et al. (1997) entwickeln zur Zeit ein vergleichbares Programm für deutsche Kindergärten und Grundschulen.

Interventionsstrategie ist. Sie beeinflußt zwar nicht unbedingt das intrapsychische Aggressionsniveau des einzelnen, wohl aber dessen Übersetzung in Handlungen und damit die Manifestierung von Aggression (ohne notwendigerweise zu einer Verschiebung derselben zu führen). Vermutlich werden kombinierte Designs, die sowohl beim einzelnen (in besonderen Problemfällen) als auch beim sozialen Umfeld ansetzen, die größten Chancen auf Erfolg haben. Ein rein individuumzentrierter psychotherapeutischer Ansatz verspricht jedenfalls – zumindest ab dem Alter von sechs Jahren – anscheinend relativ weniger Erfolg.*

Resümee

Verschiedene Probleme sollten in diesem Kapitel geklärt werden:
1. Ist die Neugier und Exploration des Neugeborenen und des jungen Säuglings sinnvollerweise als Teil des Aggressionstriebs zu betrachten, z. B. als »konstruktive« Form von Aggression? Die Antwort lautete: nein. Neugier und Weltzugewandtheit des Säuglings sollten besser als Äußerungsformen eines explorativ-assertiven Motivationssystems betrachtet und damit auch begrifflich von Aggression getrennt werden. Der Begriff der Aggression sollte für feindselige Einstellungen und Gefühle und für bestimmte reaktiv ausgelöste antagonistische Reaktionen reserviert werden.
2. Gibt es Gefühle der Feindseligkeit von Geburt an oder entstehen sie im Laufe der Entwicklung? Parens' Auffassung, daß als exzessiv empfundene Unlust sich »automatisch« in Feindseligkeit verwandelt, wurde als nicht widerlegbar, aber auch als nicht gut begründet bezeichnet. Als Alternative kommt in Betracht, daß exzessive Unlust bei Neugeborenen möglicherweise zu Gefühlen von Ohnmacht oder Verzweiflung führt. Letztlich ist es eine empirische Frage, die, soweit

---

* Troy / Sroufe (1987) haben die Täter-Opfer-Konstellation bei Kindern im Vorschulalter untersucht und fanden, daß sie überwiegend dann auftritt, wenn vermeidend gebundene Kinder untereinander oder mit ambivalent gebundenen zusammentreffen. Die ambivalenten neigen am stärksten dazu, die Opferrolle einzunehmen. Sicher gebundene Vorschulkinder sind weder Täter noch Opfer. Sie sind schwer zu viktimisieren und reagieren auf entsprechende Versuche mit adäquater Gegenaggression oder halten Distanz (s. a. Suess 1995, S. 400).

ich sehe, beim derzeitigen Stand der Forschung nicht eindeutig zu beantworten ist. Möglicherweise ist sie überhaupt nicht zu beantworten. Das *Postulat*, daß Neugeborene andauernde Unlust in diffuse Gefühle von Feindseligkeit transformieren, ohne daß diese ein Handlungs- oder Ausdruckskorrelat haben, ist letztlich nicht zu widerlegen. Man könnte sich allenfalls Gedanken darüber machen, ob die Annahme eines solchen Transformationsprozesses für das Säuglingsalter plausibel ist oder nicht, und welche Gründe dafür oder dagegen sprechen. Das wesentliche Ausdruckskorrelat exzessiver Unlust beim Neugeborenen, das Schreien, ist jedenfalls nicht von *erkennbaren Zeichen* der Feindseligkeit begleitet.

3. Es besteht Übereinstimmung hinsichtlich der Frage, ob Feindseligkeit spontan oder reaktiv auftritt. Auch Parens, der behauptet, die beobachtbaren Distress-Reaktionen des Säuglings seien von (weniger beobachtbaren) Gefühlen diffuser Feindseligkeit begleitet, hat klargestellt, daß solche Gefühle zunächst *immer* reaktiv auf empfundene Unlust entstehen.

4. Sollte diese reaktive Feindseligkeit – gleichgültig, ob sie von Geburt an oder (wahrscheinlich) erst später existiert – als Trieb bezeichnet werden oder nicht? Meine Option, im Unterschied zu der von Parens, war, sie nicht als Trieb zu konzipieren. Der Hauptgrund dafür ist, daß ihr ein wesentliches Charakteristikum des Freudschen Triebbegriffes fehlt. Triebe sind bei Freud an bestimmte Körperzonen gebundene, dort erzeugte, spontan auftretende »Kräfte«, die den seelischen Apparat vor die Aufgabe ihrer Erledigung/Abfuhr stellen. Feindselige Aggression entsteht aber a) zunächst immer reaktiv, nicht spontan und läßt sich b) nicht bestimmten Körperzonen zuordnen. Sie sollte deshalb nicht als Trieb betrachtet werden.

5. Ist die Äußerung feindseliger Gefühle, d.h. die Abfuhr von Aggression (immer) lustvoll? Die Antwort auf diese Frage lautete ebenfalls: nein. Feindselige *Gefühle* – so es sie von Lebensanfang an gibt – werden zunächst von Unlust erregenden Umständen ausgelöst, und ihre Abfuhr ist von keiner erkennbaren Befriedigung begleitet. Der Distress-Schrei des Neugeborenen hat nichts Lustvolles an sich. Feindselige *Handlungen*, also solche, die den anderen absichtlich verletzten sollen und Vergnügen bereiten, treten erstmals zwischen zwölf und sechzehn Monaten auf.* Sie sind zunächst ebenfalls Reak-

---

* Vorher sind objektiv verletzende Handlungen (beißen, kratzen etc.) weder

tionen auf vorausgegangene Frustrationen. Weil sie häufig zum Erfolg führen und so das Selbstwertgefühl stabilisieren, kann diese Form der Erreichung von Befriedigung allmählich zur Gewohnheit werden, vor allem dann, wenn keine anderen Befriedigungsquellen zugänglich oder verfügbar sind. Diese Lust wurde als narzißtische Lust, nicht als Trieblust bezeichnet. Ihr Vorherrschen ist das Ergebnis fehlgelaufener Sozialisationsprozesse, kein Ausgangspunkt der Entwicklung.

6. Trotz der Verschiedenheit der Positionen hinsichtlich der Fragen, ob man Neugier als Form konstruktiver Aggression (1.), Feindseligkeit als von Geburt an vorhanden (2.), reaktive Aggression als Trieb (4.) und Aggressionsabfuhr als mit (Trieb)Lust verbunden (5.) betrachten soll, ergibt sich *eine* wesentliche Übereinstimmung: Alle hier behandelten Autoren betrachten sie als zunächst reaktiv auf Unlust (3.). Das ist ein zentraler Punkt, sowohl für unser Menschenbild als auch für den therapeutischen Umgang mit Aggression. Man könnte dem entgegenhalten, daß es letztlich gleichgültig ist, woher die destruktive Aggression kommt, ob sie ein primärer, spontan-endogener Trieb ist oder ob sie sekundär-reaktiv entsteht (so z. B. Moeller 1992, S. 74). Wirklich bedeutsam sei, daß sie das vielleicht größte Problem in der Psychopathologie, im Alltagsleben und in der Weltgeschichte darstellt. »Ich behaupte, daß es doch einen großen Unterschied ausmacht, ob ich den Menschen als ein von Natur aus ›böses‹ Wesen mit einem destruktiven endogenen Potential ansehe, als ein böses Kind, das endlich sein Aggressiv-Sein zugeben und sich kontrollieren und sich bessern soll; oder ob ich den Menschen als ein sowohl nach Liebe als auch nach Autonomie, sowohl nach Kontakt als auch nach Selbstbehauptung strebendes Wesen sehe, das aufgrund dieser, seiner bipolaren, antagonistischen Struktur, unter ungünstigen Bedingungen in zahlreiche Komplikationen und Konflikte gerät und das Unglück hat (oder dazu gezwungen wird), inadäquate Dauer-Pseudolösungen zu akzeptieren und sie sogar in sich strukturell zu installieren, Lösungen, die zwangsläufig Frustrationen und Aggressivierungen mit sich bringen. Im ersten Fall (Annahme einer naturgegebenen, spontanen destruktiven Aggression) würde ich mich nämlich als Therapeut auf die Aufdeckung dieser Aggression, im zweiten Fall mehr auf die Aufdeckung des *Konfliktes*, der zur Aggres-

---

mit Zerstörungsabsicht noch mit Vergnügen verbunden; vor neun Monaten nicht einmal mit Ärger.

sion führt, konzentrieren. Im ersten Fall würde ich versuchen, dem Patienten zu helfen, seine Aggressionen wahrzunehmen, um sie dann zu sublimieren; im zweiten Fall würde ich zwar auch versuchen, die Aggression aufzuzeigen, aber sie gleichzeitig als *Resultat* eines Konfliktes darstellen. Im ersten Fall würde ich versuchen, dem Patienten allenfalls zu helfen, die Schicksale seiner Aggressionstriebe zu beeinflussen oder zu neutralisieren; im zweiten Fall würde ich bemüht sein, ihm zu helfen, den Konflikt zu lösen und damit die Selbstproduktion von Aggression zu reduzieren bzw. überflüssig zu machen« (Mentzos 1993, S. 89 f.).

7. Wenn, ganz allgemein gesagt, Unlust die Hauptquelle von Feindseligkeit ist, sollten die Umstände auf Minimierung derselben ausgerichtet sein. Das klingt trivial und ist leichter gesagt als getan. Gänzlich wird sich die Unlust nicht aus der Welt schaffen lassen, nicht einmal unter für den Säugling optimalen Bedingungen. Wohl aber läßt sich die Häufigkeit ihres Auftretens und die Art und Weise, wie mit ihr umgegangen wird, beeinflussen. Dies gilt auch dann, wenn, wie in Zukunft zu erwarten ist, biologische und genetische Dispositionen gefunden werden, die bei verschiedenen Kindern schon zum Zeitpunkt der Geburt eine unterschiedlich große Bereitschaft oder Anfälligkeit nachweisen, auf Streß oder Unlust mit Aufgeregtheit, Unruhe oder Ärger zu reagieren (s. Petermann 1995, S. 1021). Diese Unterschiede gibt es zweifellos, und damit auch ein höheres »Risiko« einzelner Kinder zu ärgerlichen, später eventuell feindselig getönten Reaktionen und Handlungen. Dennoch bleibt wahr:

Die einzig erfolgversprechende Strategie in der Handhabung solcher Probleme besteht in der Verbesserung des zwischenmenschlichen Umgangs damit. Eine Anthropologie, die den Menschen nicht als von Natur aus destruktiv betrachtet, sondern als prosoziales, lernbereites, neugieriges Wesen, kann hier auch rein pragmatisch von Nutzen sein (unabhängig von ihrem ebenfalls vorhandenen Wahrheitswert). Unser Menschenbild bestimmt nämlich mit, wie wir bestimmte zweideutige Handlungen interpretieren, und diese Interpretation wird den weiteren Verlauf der Entwicklung und des Geschehens beeinflussen. Man liegt selten falsch, wenn man dem anderen Aggressionen unterstellt, denn diese Unterstellung *schafft* sie auch dort, wo vorher keine waren. Vielleicht liegt man gelegentlich falsch, wenn man zweideutiges Verhalten gutartig interpretiert, aber diese Interpretation entwickelt, gerade bei kleinen Kindern, oft einen

Sogeffekt, in dessen Gefolge sich die Situation entspannt und Eskalationen vermieden werden können.

8. Unabhängig von der Frage der Aggressionsentstehung wird die Frage des Aggressions-»Managements« in Zukunft große Bedeutung haben. Unter dem Einfluß eines sich im Tempo immer noch steigernden Modernisierungsprozesses sind traditionelle soziale Beziehungen (die immer auch Kontrollsysteme gewesen sind) zerfallen. Damit tritt das Problem der »Resozialisierung«, d. h. der erneuten sozialen Einbindung des Individuums und seiner Aggression verschärft ins Blickfeld. Patentrezepte hat hier niemand, und ich teile die Ratlosigkeit vieler. Es ist jedoch meine feste Überzeugung, daß Psychotherapie und Psychologie bei der Lösung dieser Probleme nur eine begrenzte Reichweite und Bedeutung haben. Ohne Änderung in der Verteilung des gesellschaftlichen Reichtums sowohl innerhalb der wohlhabenden Länder als auch zwischen ihnen und den ärmeren, wird es in Zukunft keine dauerhaften – wahrscheinlich nicht einmal mehr vorübergehend stabile – Lösungen für soziale Konflikte geben, die immer wieder aufs neue Aggression produzieren.

Kapitel 10   Der Säugling und das Unbewußte

Ich will nun die – im Vergleich mit dem Problem der Aggressionsbewältigung – scheinbar »esoterische« Frage nach der eventuellen Existenz und Gestalt des Unbewußten im Säuglingsalter noch einmal aufnehmen. Die in Kapitel 4 referierte Arbeit von Clifton et al. (1991) kann dabei als nützlicher Ausgangspunkt dienen. In ihr ging es darum, ob Kinder, denen man ein Objekt, z. B. einen Ring, zeigt, auch nach Verdunkelung des Raumes danach greifen, wenn nur noch ein Ton die Anwesenheit des Objektes signalisiert, dieses selbst aber nicht mehr zu sehen ist. Die Frage bei diesem Experiment war, ob Kinder im Alter von sechs Monaten aufgrund visueller Wahrnehmungen eine Repräsentation des gezeigten Objektes bilden, die sie später beim bloßen Hören eines damit assoziierten Tons aktivieren können.

Unbewußte Handlungen

Die Autorengruppe um Clifton (Myers et al. 1987) wollte außerdem wissen, ob es Indizien dafür gibt, daß sich Kinder im Alter von etwa zweieinhalb bis drei Jahren noch an diese Experimente erinnern können. Zu diesem Zweck untersuchten sie die Kinder, die an der Studie teilgenommen hatten (und eine Kontrollgruppe Gleichaltriger ohne entsprechende Erfahrungen) zwei Jahre später noch einmal. Diejenigen, die mit sechs Monaten ungefähr fünfzehnmal die beschriebene Prozedur (greifen nach einem Ring im Hellen und anschließend im Dunkeln bei Hören eines Tons) ausgeführt hatten, schienen sich an bestimmte Aspekte der Experimentalsituation noch zu erinnern. Sie griffen bei der eineinhalb Jahre späteren Wiederholung des Versuchs, der bereits mit einem halben Jahr durchgeführt worden war, im Dunkeln häufiger nach dem unsichtbaren Objekt als die Kinder der Kontrollgruppe – zeigen also durch ihr Verhalten, daß sie sich an etwas erinnerten.

Die Autoren vermuten, daß sie sich nicht an ein spezifisches Objekt erinnerten, sondern an ihre Handlungen mit Objekten; zwischen den erfahrenen Kindern und denen der Kontrollgruppe gab es nämlich kaum Unterschiede in der Vorliebe für bestimmte Objekte, aber wesentliche Unterschiede, was die Häufigkeit des Greifens nach den angezeigten Objekten anbelangt, und zwar sowohl im Hellen wie im Dunkeln. Die Kinder scheinen sich also eher an die Greifhandlung und weniger an das spezielle Objekt zu erinnern. Ihre Erinnerung ist nach Ansicht der Autoren implizit, weil sie – wie demonstriert wird – nicht über eine bewußte Erinnerung an die Situation verfügen. Vielmehr signalisieren sie allein *durch ihr Verhalten,* daß etwas in der Vergangenheit gespeichert wurde, was ihr jetziges Verhalten beeinflußt. Ähnlich ist es bei Patienten, die aufgrund neurologischer Erkrankungen an bestimmten Formen von Amnesie leiden. Man kann ihnen die Lösung einer Aufgabe, z. B. eines Puzzles, beibringen. Befragt man sie am nächsten Tag danach, so versichern sie glaubhaft, daß die Situation und das Puzzle völlig neu für sie seien, zeigen aber durch ihr Verhalten bei der Lösung, daß das am Vortag gespeicherte Wissen nicht verlorengegangen ist, obwohl es nicht mehr bewußt abgerufen werden kann. Diese impliziten Gedächtnisinhalte sind also unbewußt. Sie sind nicht verdrängt, aber auch nicht vorbewußt, weil sie durch keine Aufmerksamkeitserhöhung oder Aufmerksamkeitsverschiebung bewußtgemacht werden können.

In einer anderen Untersuchung sind Perris et al. (1990) der Frage nachgegangen, ob schon ein einmaliger Versuch genügt, um zwei Jahre später differenziertes Antwortverhalten hervorzubringen. Dies ist der Fall: Kinder, die nur *einmal* der Greifprozedur im Hellen und Dunkeln ausgesetzt waren, benahmen sich wie die, die fünfzehnmal im Labor gewesen waren. Sie zeigten ein – verglichen mit einer Kontrollgruppe von unerfahrenen Kindern – anderes Verhalten in bezug auf die Objekte, z. B. signifikant mehr und genaueres Greifen im Dunkeln. Newcombe/Fox (1994, S. 32 f.) berichten von vergleichbaren Befunden. In einer von ihnen referierten Studie durften Kinder zwischen acht und achtzehn Monaten mit einer Puppe spielen, deren Handschuh entfernt werden konnte, woraufhin eine Überraschung zum Vorschein kam. Vier Monate später zeigten die Kinder ohne explizite Zeichen von Wiedererkennen, daß sie sich an die Episode erinnerten: Sie entfernten signifikant häufiger den Handschuh an der Puppenhand als Kinder einer Kontrollgruppe.*

Was hat aber der Nachweis der Verhaltenswirksamkeit unbewußten Wissens mit dem Freudschen Unbewußten zu tun? Bei diesem geht es doch in erster Linie um den Einfluß unangenehmer *Gefühle* auf das Unbewußtwerden eines seelischen Inhalts, während die drei referierten Untersuchungen nur demonstrieren, daß ein- oder mehrmals durchgeführte Handlungen Jahre später unbewußt erinnert werden, d.h. als vergangene Erfahrungen das Verhalten beeinflussen, *ohne* daß sich das Subjekt dieses Einflusses bewußt wäre. Affekte spielten in der bisherigen Darstellung keine Rolle beim Zustandekommen von Unbewußtheit. Interessanterweise enthalten die referierten Untersuchungen aber einen Hinweis auf beteiligte Gefühle. Die Kinder, welche die Experimentalsituation schon kannten, fühlten sich wesentlich wohler als die der Kontrollgruppe. Letztere baten viermal häufiger darum, das Experiment abzubrechen. Dies ist ein weiteres Indiz für die implizite Erinnerung der Vergangenheit, die zu einem Gefühl der Vertrautheit führte, das angstmindernd wirkt.

Der Einfluß von Affekten auf die Unbewußtwerdung von Handlungen und Wahrnehmungen

Es gibt in der experimentellen Säuglingsforschung indes auch Arbeiten, in denen ausführlicher untersucht wird, wie (negative) Affekte das Erinnerungsvermögen beeinflussen können. Ohr et al. (1990) sowie Singer/Fagen (1992) zeigten drei bis vier Monate alten Säuglingen ein zehnteiliges Mobile, das über eine Schnur mit dem Fuß verbunden war. Die Kinder lernten schnell, den Fuß zu bewegen und so das Mobile in Gang zu setzen. Erneute Fußbewegungen beim Anblick des Mobiles – einige Stunden oder Tage später – sind ein Anzeichen dafür, daß die Bewegung (vermittels des Anblicks des Mobiles) erinnert und

---

* Der Schilderung der Autoren konnte ich nicht entnehmen, ob sich die Kinder dabei an die Überraschung erinnern oder an die Handlung des Handschuh-Entfernens oder an beides.

abgerufen werden kann.* Das Mobile dient hier als Hinweisreiz für die zu erinnernde Bewegung. Nach einigen erfolgreichen Durchgängen zeigte man den Kindern ein verändertes, z. B. nur noch zweiteiliges Mobile. Ungefähr die Hälfte begann daraufhin ärgerlich oder traurig zu werden und zu schreien. Die »Schreier« wurden dann genauer untersucht, um den Einfluß negativer Affekte auf das Behalten oder Vergessen zu erforschen. Ein Ergebnis war, daß alle Kinder (schreiende und nicht schreiende) sich nach ein und drei Tagen noch an das Mobile bzw. die Fußbewegung erinnern konnten; nach fünf Tagen erinnerten sich aber nur noch diejenigen, die beim Anblick des zweiteiligen Mobiles *nicht* geschrien hatten. Offensichtlich beeinflußt also der negative Affekt des Schreiens den *Abruf*, wenn der Zeitintervall länger als drei Tage ist.** Dieser Befund liegt nun schon etwas näher am Freudianischen Unbewußten, bei dem negative Affekte als Ursache oder Gründe für Verdrängung/Vergessen eine erhebliche Rolle spielen. Genau dies wird nun durch das Experiment nachgewiesen: daß negative Affekte (schreien) die Erinnerbarkeit eines damit verknüpften Ereignisses beeinflussen.

Warum ist das so? Die Autoren vermuten und begründen, daß die Fähigkeit, sich zu erinnern, in den ersten drei Tagen stark von den Eigenschaften des Hinweisreizes abhängt, also davon, ob das zu diesem Zeitpunkt verwendete Mobile dem ursprünglichen ähnlich ist oder nicht. Nach fünf Tagen und länger wird jedoch die Erinnerung zunehmend weniger von der konkreten Beschaffenheit des Hinweisreizes und mehr von Kontextfaktoren »kontrolliert«, z. B. davon, ob das Bett, in dem die Kinder liegen, den gleichen Bezug hat wie bei dem ursprünglichen Versuch, d. h. ob die gesamte Umgebung ähnlich ist wie bei der ursprünglichen Speicherung zuvor. Affekte zählen zu den Kontextfaktoren; sie sind die »innere« Umgebung. Das Vergessen der schreienden Kinder ist also darauf zurückzuführen, daß der Kontext (in diesem Fall: die innere Umgebung, der Affekt), der nach einiger Zeit den Zugang zur Erinnerung kontrolliert, sich verändert hat: Gespeichert wurde unter der Bedingung des Schreiens, abgerufen

---

* Und/oder das Mobile wiedererkannt wird.
** Die *Speicherung* wird durch den negativen Affekt nicht beeinträchtigt. *Alle* Kinder können sich nach drei Tagen noch erinnern, was zeigt, daß alle das Ereignis gespeichert haben. Nach fünf Tagen haben es aber einige (diejenigen, die beim Speichern geschrien haben) vergessen.

werden soll in einer anderen (neutralen) Affektlage. In dieser ist das unter »Schreibedingungen« Gespeicherte nicht mehr zugänglich. Wahrscheinlich kann man diese affektbedingte Form des Unbewußt-werdens/Vergessens nicht als Verdrängung im Freudianischen Sinne bezeichnen, aber sie illustriert immerhin die Rolle, die negative Affekte beim Unzugänglich-Werden von nachweislich gespeichertem Gedächtnismaterial spielen können.

Solche Befunde lassen sich gut mit den Theorien des zustands-abhängigen Gedächtnisses (»state-dependent-memory«) verbinden (s. Bower 1981; Blaney 1986) und ebenfalls mit dem Zustands-Wech-sel-Modell des Gehirns von Koukkou/Lehmann (1980, 1993). Dieses Modell geht u. a. davon aus, daß die Erinnerung an etwas Vergangenes stark davon abhängt, ob sich das Gehirn zum Zeitpunkt des Erin-nerns im selben EEG-Zustand befindet wie zum Zeitpunkt des Spei-cherns. Das ist vermutlich bei denen, die bei der Encodierung schreien, beim Abruf aber nicht, kaum der Fall. Koukkou/Lehmann sind der Meinung, daß wir in Träumen deshalb Zugang zu kindlichen Wünschen (in verkleideter Form) haben, weil der Zustand des Er-wachsenengehirns beim Träumen dem des kindlichen Gehirns beim Wachen ähnelt, also eine EEG-Zustandsähnlichkeit zwischen beiden besteht, die das Erinnern begünstigt. Inhalte, die in einem bestimmten Gehirn- oder Affektzustand gespeichert wurden, sind in anderen Zu-ständen oft nicht mehr abrufbar.*

Unbewußte Gefühle

In der Rede von unbewußten Gefühlen ist eine Paradoxie enthalten, über die Freud sich schon im klaren war, als er sich fragte, ob es unbe-wußte Gefühle überhaupt geben könne, wenn es doch zum Wesen eines Gefühls gehöre, gespürt zu werden (Freud 1915b, S. 276). Ich werde mich im folgenden mit der semantischen und erkenntnistheo-retischen Problematik der Rede von den unbewußten Gefühlen nicht auseinandersetzen. Ich gehe davon aus, daß es unbewußte Gefühle

---

* Jones (1993) spricht in diesem Zusammenhang von einer »zustandsabhän-gigen Verdrängung«. Auf den Unterschied zwischen dieser Form des Vergessens und dem klassischen Verdrängungskonzept gehe ich weiter unten ein.

gibt, ohne über eine angemessene theoretische Konzeptualisierung zu verfügen. Den deutlichsten Hinweis auf unbewußt gewordene Affekte sehe ich in willkürlichen oder unwillkürlichen Formen der Affektunterdrückung. Ein Kind, das regelmäßig bestraft oder sonstwie mißbilligend behandelt wird, wenn es Ärger oder Bedürfnisse nach Kontakt zeigt, wird über kurz oder lang lernen, den Ausdruck von Ärger zu unterdrücken, aber dessen physiologischen Komponenten werden in spezifischer oder unspezifischer Weise ein Stück weit erhalten bleiben.

Ein gutes Beispiel dafür sind die vermeidend-gebundenen Kinder in der Fremde-Situation (s. Kap. 5 und 8). Aus verschiedenen Beobachtungen ist bekannt, daß Kinder, die von der Mutter getrennt werden, zunächst deren Nähe wiederzuerlangen suchen. Haben sie damit keinen Erfolg, so schreien sie, protestieren, werden verzweifelt und reagieren mit Angst oder Ärger. Auch die in der Fremde-Situation vermeidend-gebundenen Kinder reagieren zu Hause zunächst mit Protest auf den Weggang der Mutter. In der Fremde-Situation unterdrücken sie jedoch schon im Alter von zwölf Monaten diese Reaktion. Sie spielen und explorieren ruhig und ignorieren sowohl den Weggang als auch die Wiederkehr der Mutter. Bisher sind ihre Gesichtsausdrücke in den entsprechenden Episoden der Fremde-Situation nur selten mit den filigranen Methoden des FACS von Ekman oder ähnlichen Verfahren ausgewertet worden*, aber der bloße Augenschein ergibt kaum Anzeichen von direkt ausgedrücktem Ärger.

Den Untersuchungen von Shiller et al. (1986) zufolge ist bei genauer Analyse zwar auch Ärger in den Gesichtern vermeidend gebundener Kinder zu sehen, aber insgesamt zeigen sie eine Tendenz, negative Emotionen in Trennungssituationen weniger deutlich auszudrücken als andere Kinder. Messungen der Herzschlagfrequenz ergaben darüber hinaus bei vermeidend gebundenen Kindern *kein* Absinken während des ruhig wirkenden Spiels (wie bei sicher gebundenen), »was auf ein eher unkonzentriertes Spielverhalten hindeutet und somit die Interpretation des Spielverhaltens der A-Kinder als ›Ausweichstrategie‹ belegt« (Spangler/Schieche 1995, S. 305). Auch ist der Cortisol-Wert von vermeidend gebundenen Kindern nach den

* Das »*Facial Action Coding System*« ist eine Methode zur Auswertung von (Affekt)ausdrücken im menschlichen Gesicht. Für gute Beschreibungen siehe Ekman (1982) und Krause (1983).

Trennungs- und Wiedervereinigungssituationen stark erhöht; ebenso die (korrigierte) Herzschlagfrequenz während der Trennung (Spangler/Grossmann 1993; Spangler/Schieche 1995). Diese Befunde belegen, daß die häufig recht ausgeglichen wirkenden Kinder auf der physiologischen Ebene erheblich erregt und durch die Trennung gestreßt sind. Ich halte diese Erregungszustände für physiologische Korrelate unterdrückter, unbewußt gewordener Affekte (s. a. Izard et al. 1991, S. 438). Die Kinder haben früh gelernt, daß der Ausdruck von Angst oder Ärger in Streßsituationen riskant ist und deshalb gehemmt werden sollte.

Die Affektunterdrückung kann – theoretisch gesprochen – zunächst bewußt sein und dann auf die Dauer und über den Weg der Automatisierung unbewußt *werden*, oder sie ist konditioniert, d. h. von Anfang an unbewußt. Jones (1993) nennt solche Prozesse automatisierte bzw. konditionierte Verdrängung. Die automatisierte Verdrängung »beginnt mit der bewußten, willentlichen Unterdrückung konflikthafter Inhalte (hier: Affekte; M. D.); sie wird zu einem unbewußten Vorgang über die wiederholte Durchführung und letztendlich Automatisierung des Unterdrückungsvorganges« (Granzow 1994, S. 165). Für den Säugling würde ich eher vermuten, daß die Unterdrückung nicht zuerst bewußt ist und dann automatisiert wird, sondern daß sie von Anfang an unwillkürlich geschieht. Dann ähnelt sie einem Konditionierungsvorgang, bei dem »die bewußte Erinnerung an ein Ereignis oder an einen Wunsch durch Verknüpfung mit einem unangenehmen Affekt verhindert wird« (Granzow ebd., S. 166).

Bei den vermeidenden Kindern wird allerdings nicht ein Ereignis durch die Koppelung mit einem negativen Affekt unerinnerbar, sondern der entstehende Affekt wird durch die Koppelung mit einem befürchteten unangenehmen Ereignis (Strafe, Mißbilligung, Zurückweisung) in seiner Entstehung gehindert. Obwohl der Gesichtsausdruck bei kleinen Kindern, vor allem im Verein mit anderen Indikatoren wie Gesten, Muskeltonus und Vokalisierungen, in der Regel ein ziemlich zuverlässiger Auskunftgeber für ihren Gefühlszustand ist (Weinberg/Tronick 1994), scheint er doch nicht immer alles zu zeigen, weil spätestens mit einem Jahr eine Tendenz zur Unterdrückung erwartbarer Ausdrucksmuster zu finden ist. Diese ist mit einem Verschwinden des damit einhergehenden Gefühls verkoppelt, nicht aber mit einem Verschwinden physiologischer Erregungsparameter. Im deskriptiven Sinne ist das unterdrückte Gefühl dann unbewußt, weil es nicht mehr bewußt erlebt wird. Es ist auch im dynamischen Sinne unbewußt, weil es aus affektiven Gründen abgewehrt wurde. Man kann deshalb mit einiger Berechtigung sagen, daß es bei vermeidend gebundenen Kindern schon mit einem Jahr unbewußt gewordene Affekte des Ärgers gibt, die sich nur noch auf der physiologischen Ebene ausdrücken, ohne als Ärger gespürt zu werden.

Resümee

Drei Problembereiche wurden bisher geklärt:
1. Es gibt Handlungen wie das Greifen, die, im Säuglingsalter ausgeführt, später nicht mehr bewußt erinnerbar sind. Diese Handlungen oder ihre Repräsentationen sind unbewußt, beeinflussen aber spätere Verhaltensweisen und Wahrnehmungen. Das nicht explizit erinnerbare frühe Greifen führt noch nach zwei Jahren zu mehr Greifen im Experiment; die nicht erinnerbare Kenntnis der Experimentalsituation zu einer positiveren Affektlage und einem Gefühl größerer Vertrautheit mit entsprechend geringeren Abbruchquoten.
2. Negative Affekte können beim Vergessen eine erhebliche Rolle spielen. Säuglinge, die beim Speicherungsprozeß schreien, vergessen das gespeicherte Ereignis nach einiger Zeit und sind unter bestimmten Umständen nicht mehr in der Lage, es zu erinnern. Dafür wurde der Begriff der zustandsabhängigen Verdrängung eingeführt.
3. Auch Affekte selbst können unbewußt werden, und nur noch die physiologischen Korrelate einer phänomenal nicht mehr erleb- und erkennbaren Affektspannung bleiben übrig. Dieser Prozeß wurde als konditionierte bzw. automatisierte Verdrängung bezeichnet.

Frühe Formen der Unbewußtwerdung und die Verdrängung

Die skizzierten Formen des Vergessens unterscheiden sich allerdings beträchtlich von dem, was die klassische Psychoanalyse unter Verdrängung versteht. Verdrängung im klassischen Sinne ist ein relativ reifer und später Abwehrmechanismus, weil er auf Voraussetzungen und psychischen Funktionen beruht, die erst relativ spät im Laufe der Entwicklung erworben werden. Die »klassische« Verdrängung setzt an Vorstellungen an, nicht an den Trieben oder Affekten selbst (s. Laplanche/Pontalis 1967, S. 586, 618). Frei evozierbare Vorstellungen existieren aber im ersten Lebensjahr noch nicht (s. Kap. 3). Selbst wenn man, unter Berücksichtigung der in Kap. 4 vorgetragenen Relativierungen, von einem früheren Erwerb des inneren Bildes ausginge, so bliebe ein weiteres Problem: Klassische Verdrängung kommt dadurch zustande, daß den (triebbesetzten) Vorstellungen vom Vorbewußten die Besetzungsenergie entzogen wird und daß die so »nach unten sinkenden« Vorstellungen durch Gegenbesetzungen am Wiederauftauchen gehindert werden. Solche Gegenbesetzungen aber operieren selbst mit Energien. Die Kraft zur Gegenbesetzung soll der traditionellen Theorie zufolge aus der Neutralisierung von Triebenergien stammen. Diese Neutralisierung setzt jedoch wiederum ein einigermaßen stark entwickeltes Ich voraus, das Triebenergien neutralisieren kann, so daß mit Verdrängung erst im Laufe fortgeschrittener Ich-Entwicklung zu rechnen ist.

Die von mir in Anlehnung an Jones (1993) als automatisierte, konditionierte und zustandsabhängige Verdrängung bezeichneten Prozesse sind an viel weniger Voraussetzungen geknüpft und »primitivere« Formen der Unbewußtmachung bzw. Unbewußtwerdung seelischer Inhalte. Sie können auch ohne die Fähigkeit zur (freien) Evokation von Vorstellungen und ohne fortgeschrittene Ich-Entwicklung stattfinden. Automatisierte und konditionierte »Verdrängung« – also unbewußte Affektunterdrückung z. B. des Ärgers in der Fremde-Situation – setzt keine Vorstellungsbildung voraus. Der Vorgang der Unbewußtmachung setzt dabei nicht an Vorstellungen, sondern am Affekt selber an.

Die zustandsabhängige »Verdrängung« unterscheidet sich von der klassischen Verdrängung in einem weiteren Punkt: Sie kommt ohne die Annahme eines Verdrängungsmotivs aus! Das Mobile (oder die es in Gang setzende Fußbewegung) werden nicht vergessen, weil sie »anstößige Inhalte« sind, sondern weil sie unter Bedingungen encodiert werden (Schreien), die beim Versuch des Abrufs nicht mehr gegeben sind. Hier gibt es kein Motiv für das Vergessen, sondern es geschieht einfach, weil das Erinnern zustandsabhängig ist. Die Zugänglichkeit von gespeichertem Material hängt (in gewissem Umfang) davon ab, ob der neurophysiologische und/oder emotionale Zustand zur Zeit des Abrufs ähnlich ist wie bei der Speicherung. Ist das nicht der Fall, wird Material vergessen/unbewußt, ohne daß es »motiviert« vergessen würde.*

Das kognitive und das psychoanalytische Unbewußte

Möglicherweise hat der psychoanalytisch interessierte Leser nach den bisherigen Ausführungen den Eindruck, daß das Unbewußte noch immer etwas »trocken« geraten ist und sich vom Freudschen Unbewußten als Ort brodelnder Triebe und affektbesetzter tabuierter Impulse und Wünsche doch erheblich unterscheidet. Zumindest die Ausführungen über das frühe Greifen und dessen implizite, d. h. unbewußte spätere Erinnerung basierten auf einem Begriff von Unbewußtheit, der mit dem der Psychoanalyse recht wenig zu tun hat.

Die kognitive Psychologie, die bei einem Teil dieser Ausführungen Pate stand, hat den Umfang unbewußter Prozesse erheblich ausgedehnt (s. Kihlstrom 1987). Sie postuliert eine Reihe unbewußter Informationsverarbeitungsprozesse, die über das hinausgehen, was die Psychoanalyse unter dem deskriptiven und dem dynamischen (verdrängten) Unbewußten beschrieben hat. Sie weist nach, daß z. B. auf dem Gebiet der Sinneswahrnehmung und der Sprachverwendung vielfach Regeln benutzt werden, die unbewußt sind und zum Teil niemals bewußt werden können, ohne jedoch verdrängt zu sein.

---

* Die meisten Psychoanalytiker vertreten zwar die Auffassung, daß von Verdrängung nur dann gesprochen werden sollte, wenn das Motiv dafür unbewußt ist, und daß bei einem bewußten Motiv eher Unterdrückung vorliegt, aber die Quellenlage bei Freud selbst ist zweideutig (s. Erdelyi 1990; Jones 1993, S. 64, 78). Klar ist jedoch, daß für Freud ein Motiv – egal ob bewußt oder unbewußt – existieren muß, damit legitimerweise von Verdrängung oder Abwehr die Rede sein kann. Die motivfreie zustandsabhängige »Verdrängung« ist insofern tatsächlich ein postfreudianisches Konzept, läßt sich aber z. B. gut mit der psychoanalytischen Betonung der Bedeutung der Übertragung verbinden (s. Schwartz 1991, S. 377 f.). In der Übertragung werden vergangene Affektzustände wiederbelebt. Durch die »Zustandsähnlichkeit« von vergangenem und gegenwärtigem Erleben werden Erinnerungen zugänglich, die außerhalb der Übertragung und ohne diese Ähnlichkeit unerinnerbar geblieben wären. Übertragung befördert also Erinnerung und Bewußtwerdung.

Das Phänomen der sogenannten Größenkonstanz kann als Beispiel dienen. Wenn sich ein Gegenstand entfernt, verkleinert sich sein Netzhautbild. Trotzdem gehen wir nicht davon aus, daß der Gegenstand selbst wirklich kleiner wird, sondern schlußfolgern »unbewußt«, daß er seine Größe beibehält und nur kleiner *aussieht*. Die dabei im Gehirn / Geist ablaufenden Rechenoperationen und Schlußfolgerungen sind prinzipiell unbewußt, nicht erlebbar und auch nie bewußt oder erlebbar zu machen. Ähnlich verhält es sich bei der Verwendung von Sprache. Aufgrund bestimmter Lernprozesse sind wir in der Lage, eine unendliche Reihe grammatisch korrekter Sätze zu erzeugen, ohne daß die dabei verwendeten grammatischen Regeln bewußt wären. Im Unterschied zu den Rechenoperationen des visuellen Systems bei der Herstellung von Größenkonstanz sind wir zwar prinzipiell in der Lage, grammatische Regeln zu explizieren, d. h. bewußt zu formulieren, aber zur Erzeugung richtiger Sätze ist eine solche Explikation überflüssig. Sprachlich korrekte Äußerungen beruhen also auf einer Reihe *ge*wußter, aber nicht *be*wußter Regeln, deren nicht-bewußte Anwendung sich aus der erfolgreichen Produktion eines korrekten Satzes rekonstruieren läßt. So betrachtet sind sowohl bei der visuellen Wahrnehmung von Größenkonstanz als auch bei der Sprachverwendung unbewußte Informationsverarbeitungsprozesse beteiligt, die wenig mit dem psychoanalytischen Begriff vom Unbewußten zu tun haben.

Informationsverarbeitung – z. B. auch die oben beschriebene Speicherung und implizite Abrufung von Greifhandlungen oder Beinbewegungen – ist eine zentrale Funktion des Geistes, und die Frage, ob sie bewußt oder unbewußt erfolgt, ist deshalb auch für die Psychoanalyse interessant; wichtiger sind für sie aber sicher solche Aspekte der Seelentätigkeit, welche die verarbeitete Information mit persönlicher Bedeutung ausstatten oder das verhindern (s. Eagle 1988, S. 92). In anderen Worten: Es mag eine Reihe von unbewußten Informationsverarbeitungsprozessen geben, über welche die Psychoanalyse wenig weiß. Die sind aber für sie auch von geringerem Interesse, weil sie sich vor allem mit der Frage beschäftigt, wie verarbeitete Information auf die Selbststruktur der Person bezogen oder nicht bezogen wird.* Der defensive Ausschluß der Information von der bewußten

* Die kognitive Psychologie hat dieses Terrain mittlerweile ebenfalls entdeckt und diskutiert die damit verbundenen Probleme unter dem Titel des autobiogra-

Weiterverarbeitung (vulgo Abwehr/Verdrängung) ist nur *ein* Mittel um zu verhindern, daß bestimmte Informationen eine persönliche Bedeutung erlangen; wenn diese das zentrale Selbst oder die Selbstidentität einer Person gefährden, werden sie abgewehrt.

Verdrängung heißt in dieser Lesart nicht so sehr Unbewußtmachung als vielmehr Unpersönlichmachung (Freud 1940; G. Klein 1976). Unbewußtmachung ist eine besondere Form der Unpersönlichmachung. Andere Formen von Unpersönlichmachung zeigen sich z. B. in Zwangsgedanken, die zwar bewußt sind, aber vom Subjekt nicht als eigene Hervorbringungen, sondern als fremde »Mächte« erlebt werden. Sie sind keine Gedanken, die das Subjekt denkt, sondern Einfälle, die sich ihm (gegen seinen Willen) aufdrängen. »Es dürfte klar sein…, daß ich Verdrängung keineswegs im klassischen Sinne, d.h. im Hinblick auf den unbewußten Status psychischer Inhalte definiere, wenn ich sage, daß der Neurotiker bestimmte psychische Inhalte verdrängt. Vielmehr… liegt der Kern der Verdrängung in der motivierten Entpersönlichung psychischer Inhalte. Indem manche dieser Inhalte ihrer persönlichen Bedeutung entkleidet werden, erhalten sie eher Es- als Ich-Status. Das Ziel… dabei ist, mittels Dissoziation bestimmter Inhalte die Kontinuität und Integrität des Selbst aufrecht zu erhalten« (Eagle 1988, S. 96 f.).

Etwas zu verdrängen oder unbewußt zu machen heißt in dieser Konzeption nicht, daß es dem Bewußtsein per se entzogen ist, sondern daß es dem Bewußtsein *für persönliche Bedeutung* entzogen wird. Ein bestimmter mentaler Inhalt wird dann nicht als Teil der eigenen Person akzeptiert, sondern als unpersönlich, fremd, ichbzw. selbstdyston erlebt. Die Affektisolierung des Zwangsdenkens, welche die Bewußtheit des Gedankens gar nicht tangiert, ist eine Form der Unbewußtmachung, weil sie die Gedanken der persönlichen Bedeutung entkleidet, die sie für die Selbstintegrität gefährlich machen könnten. Dabei wird nicht der mentale Inhalt selbst (der Gedanke) unbewußt, sondern seine Bedeutung für das Subjekt wird verändert, aus dem ichsyntonen Erleben ausgeschlossen und somit unbewußt im Sinne von »nicht zur eigenen Person gehörig«. Wenn

phischen Gedächtnisses. Dabei steht der Selbstbezug von Gedächtnisinhalten im Vordergrund, d.h. die Frage, wie Erinnerungen vom Subjekt hinsichtlich ihrer persönlichen Bedeutung bewertet (oder abgewertet) werden (ausführlich dazu Granzow 1994).

Freud (z. B. 1904, S. 8) schrieb, Ziel der psychoanalytischen Therapie sei es, Unbewußtes bewußtzumachen, so fokussierte er primär darauf, ob ein mentaler Inhalt bewußt oder unbewußt ist. Die spätere Formulierung (Freud 1933a, S. 86) »Wo Es war, soll Ich werden« akzentuiert mehr den Prozeß der Bedeutungsgewinnung bzw. des Bedeutungsausschlusses. Wo Es war, soll Ich werden heißt: Wo unpersönliche Gedanken, Zwänge, nicht beherrschbare Impulse waren, sollen diese ins Subjekt integriert und von ihm als eigene anerkannt werden.*

Wollte man die unterschiedlichen Vorstellungen vom Unbewußten, die in diesen verschiedenen Sichtweisen zum Ausdruck kommen, in ein Bild fassen, so wäre in der ersten Auffassung das Unbewußte eher ein mentaler Inhalt, der wie hinter einer Mauer oder unter einer Decke »liegt« und deshalb nicht »gesehen« werden kann. Dorthin ist er durch Verdrängung geraten. Die Konzeption von Eagle und G. Klein wäre eher im Bild eines Netzwerks beschreibbar, in dem die mentalen Inhalte Knoten sind. Jeder Knoten ist sichtbar, aber durch Unterbrechung seiner Verbindung zu den Nachbarknoten oder zur Mitte des Netzwerks ist er von seinem Beitrag zum Netzwerk ausgeschlossen. Genauer: er ist ausgeschlossen von einer Integration ins Netzwerk *der* Knoten, die persönliche Bedeutung haben, weil sie eine Verbindung untereinander aufweisen. »So könnte man etwa die Überlegung anstellen, ob das Unbewußte nicht generell durch Relationen charakterisiert ist, d. h. lediglich die Beziehung zwischen verschiedenen bewußten Inhalten, nicht aber diese Inhalte selbst unbe-

---

* Eagle, dessen vorzügliche Arbeiten (insbes. 1987, aber auch 1984, S. 115 ff., 157 ff., 262 ff. und 1988) ich mit meinen obigen Ausführungen im Grunde nur paraphrasiert habe, weist darauf hin, daß Freud, indem er Triebe als somatische Kräfte konzeptualisiert, diesen einen primär ich-fremden Status zuweist. Er hält das für eine Verwirrung des Diskurses. Die Grundidee des Ich-Es-Modells ist seiner Meinung nach die der Unpersönlichmachung mentaler Inhalte, die *dadurch* Es-Status erhalten, und nicht die Konzipierung der Triebe als körperlicher, dem psychischen Ich zunächst entgegenstehender Kräfte. Das Es *entsteht* im Laufe der Entwicklung durch Nicht-Anerkennung seelischer Inhalte und ist nicht von vornherein durch die Existenz der Triebe gegeben. »Eine so verstandene Psychologie würde den Es-Begriff, wenn sie überhaupt an ihm festhielte, nicht als Reservoir von Triebregungen begreifen, sondern als Ausdruck der fundamentalen Abwehr gegen die Anerkennung gewisser Wünsche und Ziele, die mit unseren beherrschenden Zielen und Werten konfligieren, indem wir sie als ›Nicht-Ich‹… erleben« (Eagle 1984, S. 158). Laplanche (z. B. 1996) vertritt eine ähnliche Konzeption des Es.

wußt geworden sind« (Clemenz 1986, S. 135 Anm.). Wahrscheinlich haben beide Sichtweisen des Unbewußten ihre Berechtigung. Es gibt Erfahrungen, die aus verschiedenen Gründen nicht mehr erinnerbar sind, also wie unter einer Decke liegen; und es gibt solche, die das Subjekt »immer schon wußte«, die aber bis zu einem bestimmten Zeitpunkt keine persönliche Bedeutung hatten.

Unbewußte Überzeugungen

Die Grundidee des vorigen Abschnitts bestand darin, das psychoanalytische Unbewußte – in Abgrenzung vom Unbewußten der kognitiven Psychologie – so zu konzipieren, daß nicht (unbewußte) Prozesse der Informationsverarbeitung im Vordergrund stehen, sondern die Verarbeitung von Informationen im Hinblick auf deren persönliche Bedeutung. In dieser Lesart besteht das Unbewußte aus Wünschen, Befürchtungen und Gedanken, die das Subjekt nicht als zu sich gehörig erfährt. Solche Konfigurationen müssen nicht unbewußt in einem dynamischen oder deskriptiven Sinne sein, sondern können durchaus bewußt sein. Sie sind aber nicht in das Selbstverständnis der Person integriert.

Traditionellerweise wird das Unbewußte als der »Ort« betrachtet, an dem sich gefährliche und tabuierte Impulse versammeln, die wegen ihrer Bedrohlichkeit vom Bewußtsein ausgeschlossen werden. Für Eagle sind es weniger diese Bestrebungen selbst, die unbewußt werden, als vielmehr deren Bedeutung für das Subjekt. In Anlehnung an Weiss/Sampson (1986) spricht er von »unbewußten hartnäckigen Überzeugungen« (unconscious grim beliefs) bzw. von ich-fremden kognitiv-affektiven Schemata. Die Kastrations- oder Bestrafungsangst eines sechsjährigen Buben läßt sich in dieser Betrachtungsweise z. B. als folgende »unbewußte hartnäckige Überzeugung« formulieren: »Wenn ich meine Ambitionen und Ziele offen und mit Nachdruck verfolge, kann es sein, daß ich meinen Vater dadurch übertreffe und/oder bedrohe. Dafür wird er mich bestrafen.«

Der enormen Trennungsangst und Trennungsschuld von Borderline-Patienten, die Masterson (1976) so eindrücklich beschrieben hat, liegt u. a. folgende unbewußte Überzeugung zugrunde: »Wenn ich meine Mutter verlasse oder mich von ihr loslöse, geht das auf ihre

Kosten. Sie wird sterben oder mich verlassen, und dann bin ich ganz allein.« Kurz: »Wenn ich mich ablöse, um ein eigenständiges Individuum zu werden, wird es ihr/mir schlecht gehen.« Diese Beispiele machen deutlich, wie altersangemessene, bewußte Bestrebungen (zu rivalisieren, seine Ziele zu verfolgen, sich von den Eltern abzulösen) so »codiert« (erlebt) werden, wie wenn sie Attacken auf die Eltern wären. *Diese Umcodierung erfolgt unbewußt.* Die Rivalitätsbestrebungen selbst oder das Bedürfnis nach Separation und Autonomie sind (zunächst) bewußt. Aber ihre Gleichsetzung mit Bedrohung des Vaters oder der Mutter erfolgt unbewußt.

Wie kommt es zu dieser Gleichsetzung? Zwei Faktoren sind dabei von Bedeutung: Zum einen die kognitive Unreife des Kindes, das noch nicht ausreichend in der Lage ist, z. B. milde Verärgerung der Eltern über Rivalität (oder Verstimmung über Separationsbestrebungen) von wirklicher Wut oder Depression zu unterscheiden, und deshalb ihre Reaktionen über- bzw. fehlinterpretiert. Zum zweiten können sich Eltern durch solche Bestrebungen wirklich bedroht fühlen und massiv darauf reagieren: Der Vater beispielsweise mit offener Wut über die Ambitionen seines Buben und die Mutter mit schwerer Depression oder Rückzug auf die Individuationsbedürfnisse ihres Mädchens. *Durch diese Antworten* werden die altersangemessenen Rivalitäts- und Individuationsbestrebungen mit der unbewußten Bedeutung »Zerstörung der Mutter/des Vaters« *versehen.* Beide Faktoren – die kognitive Unreife des Kindes und die Reaktion der Eltern – werden dabei eine Rolle spielen; die Reaktion der Eltern wahrscheinlich die größere. *Daraus folgt, daß unbewußte Überzeugungen nicht auf Impulse zurückgeführt werden sollten, die per se gefährlich sind und deshalb verdrängt werden müssen, sondern daß sie (in erster Linie) dadurch entstehen, daß bewußte, »harmlose«, altersangemessene kindliche Bedürfnisse von den Eltern dramatisiert werden. Diese Dramatisierung führt (evtl. im Verein mit der kognitiven Unreife des Kindes) zur Aufladung der Bestrebungen mit bedrohlichen unbewußten Bedeutungen.*

Eagle nennt diesen Prozeß »unbewußte symbolische Gleichsetzung«* : Bewußte Rivalitäts- oder Separationsbestrebungen nehmen unbewußt die Bedeutung von Vater- oder Muttermord an, die sie ge-

---

* Segal (1957) hat ein anderes Konzept der symbolischen Gleichsetzung entwickelt.

fährlich machen. Das Unbewußte besteht in dieser Lesart nicht aus Wünschen oder Impulsen, die von Hause aus gefährlich sind und deshalb verdrängt werden müßten, sondern aus altersangemessenen, »normalen« Bestrebungen (zu rivalisieren, autonom zu werden), die unbewußt die Bedeutung von gefährlichen Wünschen *gewonnen* haben (über elterliche Zuschreibungen und/oder kindliche Wahrnehmungsverzerrung). Der Wunsch nach Separation wird dann erlebt, wie wenn er die Mutter bedrohe, und der Wunsch nach Rivalität als Bedrohung des Vaters. Ich sehe – was das jeweilige implizite Menschenbild angeht – einen erheblichen Unterschied darin, ob man davon ausgeht, daß Kinder *tatsächlich* (von ihren Trieben und deren Verarbeitung herrührende) mörderische Impulse in bezug auf die Eltern haben, oder ob man davon ausgeht, daß Kinder natürlicherweise rivalisieren und autonom werden wollen, aber diese Bestrebungen durch Reaktionen der Eltern (und Interpretationen des Kindes) die Bedeutung von Mord, Bedrohung etc. *annehmen* (s. a. Kohut 1977, S. 241; 1984, S. 47).

Im zweiten Fall müssen auch weniger die Impulse und Wünsche selbst bewußtgemacht werden als vielmehr die unbewußte Gleichsetzung von normalen Impulsen mit gefährlichen Bestrebungen. Diese Gleichsetzung führte dazu, daß Trennungsbestrebungen als gefährlich erlebt wurden, nicht weil ihnen tatsächlich ein Wunsch zugrunde liegt, das Objekt zu bedrohen, sondern weil sich das Objekt von den altersangemessenen Wünschen bedroht fühlt und dies mitteilt. Da die Wünsche *dann* als bedrohlich erlebt werden, können sie nicht mehr in die Selbststruktur des Kindes integriert werden und führen eine randständige, »unbewußte« Existenz. Damit soll nicht behauptet werden, daß Kinder nicht gelegentlich auch gefährliche oder sogar mörderische Impulse in bezug auf ihre Eltern haben (s. Eagle 1987, S. 174), aber in der Mehrzahl der Fälle wird das Ausmaß der Bedrohlichkeit von den elterlichen Reaktionen (co-)determiniert.

Warum aber ist der Prozeß der »Umschrift« altersangemessener Bestrebungen in bedrohliche Impulse ein unbewußter? Ich hatte in Anlehnung an Eagle argumentiert, daß unbewußte Gleichsetzungen dadurch entstehen, daß Eltern auf altersangemessene Bestrebungen der Kinder unangemessen reagieren (oder die Kinder die elterlichen Reaktionen überinterpretieren), hatte aber noch nicht begründet, warum diese Gleichsetzung unbewußt erfolgt. Zwei Gründe können für die Unbewußtheit der Gleichsetzung angeführt werden: Erstens werden elterliche Reaktionen früh und zweitens implizit kommuniziert. Die Mutter, die mit Depression oder Asthma reagiert, wenn das Kind sich wegbewegt, oder der Vater, der wütend wird, wenn ihn sein Sohn übertrifft, kommunizieren »implizit« eine »Regel«: »Trenne dich nicht, oder ich leide.« »Übertriff mich nicht, oder ich werde wütend.« Diese Regel wird erstens früh kommuniziert, zweitens nie explizit gemacht und drittens – selbst wenn das Kind sie explizieren wollte und könnte – wahrscheinlich von den Eltern verbal dementiert werden. Deshalb ist die Gleichsetzung von Trennungsbemühungen des Kindes mit Bedrohung der Mutter oder Rivalitätsbedürfnis mit Bedrohung des Vaters von Anfang an unbewußt. Sie *wird* es nicht durch Verdrängung, sondern sie *ist* es durch implizite Kommunikation, und sie *bleibt* es, weil sie nicht explizit, d.h. sprachlich umcodiert und kommuniziert wird. Unbewußte hartnäckige Überzeugungen / unbewußte Phantasien entstehen also nicht (nur) durch Verdrängung, sondern durch implizite Kommunikation, die zu unbewußten Gleichsetzungen führt, durch die altersangemessene Bestrebungen unbewußt in bedrohliche Impulse umcodiert werden.

Eine weitere Frage ist, ob es solche unbewußten Überzeugungen schon im Säuglingsalter gibt. Oben wurde gesagt, daß die Überzeugungen deshalb unbewußt sind, weil sie früh und implizit gebildet werden. Das Epitaph »früh« legt die Schlußfolgerung nahe, daß diese Gleichsetzungen schon im Säuglingsalter vorgenommen werden, und weiter, daß deshalb schon der Säugling über unbewußte Überzeugungen verfügt. Hat er also doch unbewußte Phantasien? Ich denke nein! Seine unbewußten Überzeugungen haben nämlich nicht die Gestalt von sprachlich formulierten Wenn-dann-Sätzen. Die unbewußten Überzeugungen von Weiss / Sampson und Eagle sind Errungenschaften, die erst mit der Sprache möglich werden.

In welcher Form aber existieren die Äquivalente solcher Überzeugungen im Unbewußten des Säuglings? Meines Erachtens existieren sie als prozedurale Regeln oder affektive Schemata, die sein Fühlen und Reagieren in bestimmten Situationen anleiten, ohne daß diese Regeln die Gestalt sprachförmiger Denkstrukturen (Propositionen) oder frei evozierbarer bildhafter Sequenzen haben. Was aber ist eine unbewußte prozedurale Regel, die im folgenden als der Kern des Unbewußten im Säuglingsalter etabliert werden soll, im Unterschied zu einer unbewußten Wenn-dann-Proposition, einer unbewußten Überzeugung oder einer unbewußten Phantasie?

Das prozedurale Unbewußte*

Unter prozeduralem Wissen versteht man, grob gesprochen, ein Wissen, das bestimmten Fähigkeiten unterliegt, zu dem aber kein bewußter Zugang besteht. Schaltet man z. B. beim Autofahren vom zweiten in den dritten Gang, so wird das darin enthaltene Wissen über die Schaltprozedur nicht explizit abgerufen. Seine Existenz wird durch den erfolgreichen Schaltvorgang demonstriert, nicht durch irgendeinen verbalisierten Code oder vorgestellte Erinnerungen daran, wie das Schalten gelernt wurde. Letzteres wäre deklaratives Wissen, das in sprachlichen Sätzen oder bildhaften Vorstellungen statuiert werden kann. Deklaratives Wissen ist symbolisch und kann erinnert werden; prozedurales Wissen ist nicht-symbolisch und wird »agiert«. Unter Umständen kann prozedurales Wissen, z. B. wie man Gänge schaltet, bewußtgemacht werden, aber dazu ist es notwendig, den automatisierten Ablauf, der den auf prozeduralem Wissen basierenden Handlungen ihre Effektivität verleiht, zu hemmen und sich jede einzelne Teilbewegung vorzustellen. So wurde das Autofahren auch gelernt: Jede einzelne Bewegung wurde vorgestellt und geübt. Die Übung führt zu einer Automatisierung, und schließlich läuft die Prozedur von selbst und ohne begleitende Vorstellungen ab. Deklaratives Wissen hat sich in prozedurales verwandelt.

Entwicklungspsychologisch verhält es sich umgekehrt. Prozedurales Wissen gibt es von Geburt an, deklaratives Wissen tritt später hinzu. Kinder lernen mit viel Übung zwischen ein- und eineinhalb Jahren zu laufen. Aber sie lernen es nicht wie wir das Autofahren. Sie stellen sich nicht jeden einzelnen Schritt vor und üben ihn dann immer wieder ein, sondern die Übung vollzieht sich, ohne daß der Vorgang selbst explizit ins Bewußtsein gerufen würde. Laufenkönnen beruht also auf Wissen, das im Prozeß des Laufenlernens erworben wurde, aber dieses Wissen – z. B. daß man einen Fuß vor den anderen setzt, daß man ihn anhebt, wenn eine Stufe kommt, daß eine bestimmte (aufrechte) Haltung des Oberkörpers dabei vorteilhaft ist –

---

* Die folgenden Abschnitte beruhen auf den Arbeiten von Piaget (1954, S. 92 ff.), Tulving (1985), Squire (1986), Kihlstrom (1987), Schacter (1987), Schwartz (1987), Lichtenberg (1989a, S. 29, 34 ff., 276 ff.; 1989b), Roediger (1990), Emde et al. (1991), Squire et al. (1993), C. Nelson (1995) und insbesondere auf der (auch didaktisch) brillanten Darstellung von Clyman (1992).

ist im Gegensatz zum Wissen über das Gängeschalten oder Autofahren nie deklarativ / explizit gewesen und dann automatisiert worden, sondern war von Anfang an implizit und wurde als solches automatisiert. Die Regeln, die das Laufen beherrschen, sind »prozedurale« Regeln. Man kann also zwei Formen prozedurales Wissen unterscheiden: eines, das zunächst deklarativ / explizit / bewußt war (wie das Gängeschalten) und dann via Automatisierung unbewußt wurde (sekundär prozedurales Wissen); ein anderes, das nie deklarativ war, sondern von Anfang an implizit / prozedural / unbewußt ist.

Nicht nur Bewegungen, sondern auch Gefühle und die Art und Weise, wie man sich in emotional bedeutsamen Situationen verhält, beruhen auf solchen primär prozeduralen Regeln. Neun Monate alte Kinder sehen in Situationen, in denen sie zwiespältige Gefühle haben, zu den Eltern, um sich zu orientieren. Konfrontiert man sie mit einem blinkenden und piepsenden Roboter, der sowohl ihre Neugier erregt als auch etwas Furcht oder Vorsicht, so blicken sie ins Gesicht der Mutter, um zu sehen, wie sie reagiert. Zeigt sie Neugier oder Freude, so fangen die Kinder an, auf den Roboter zuzugehen; zeigt sie Furcht, so ziehen sie sich zurück. Dieses »social referencing« genannte Phänomen ist eine Illustration für eine prozedurale Regel, welche die Gefühlsentwicklung in bestimmten Situationen bestimmt. Die Regel lautet: »Sieh nach der Mutter, wenn du nicht sicher bist, was auf dich zukommt.« Aber dies ist keine explizit gelernte Regel, sondern eine, die in vielen kleinen Mikroschritten erworben wurde wie das Laufen, ohne jemals explizit / bewußt etabliert oder repräsentiert zu werden.

Ähnlich verhält es sich mit den weiter oben (Kap. 8) beschriebenen Kindern in der Fremde-Situation. Ihre Regel lautet: »Da meine Mutter auf Kummer und Trostbedürfnisse häufig mit Zurückweisung reagiert, ist es ratsam, solche Gefühlsäußerungen oder den Ärger über ihre Nichtberücksichtigung zu unterdrücken, weil ihre Bekundung zu einer erneuten schmerzlichen Zurückweisung führen könnte. Das will ich – gerade in einer für mich bedrohlichen Situation – nicht riskieren.« Auch diese Regel wurde in vielen Interaktionsepisoden während des ersten Lebensjahres gelernt. Sie ist keine Phantasie, sondern eine (unbewußt) gelernte Gefühlsgewohnheit, die den Ausdruck oder Nichtausdruck von Gefühlen in bestimmten Situationen beeinflußt.

Ein weiteres Beispiel für prozedurale Regeln, die das Gefühlsleben regieren, ist die sogenannte libidinöse Selbst- und Objektkonstanz (s. Clyman 1992, S. 367 f.). Darunter versteht man die Fähigkeit des Kindes, ein gutes »Bild« von sich selbst und vom Objekt aufrechtzuerhalten, wenn das Objekt weg ist oder sich frustrierend benimmt. Üblicherweise ist libidinöse Selbst- und Objektkonstanz mit drei Jahren recht gut entwickelt. Manche Kinder haben damit jedoch Probleme. Sie fühlen sich elend, wenn die Mutter sie einmal (kurz) allein läßt, und überhäufen sie mit Vorwürfen, wenn sie wiederkommt. Die Trennung und der Ärger oder die Angst dabei haben bei diesen Kindern zu einem Verlust oder Zerbrechen eines guten Selbst- und Objektbildes geführt.

Die Rede vom guten oder schlechten Selbst- und Objekt-»Bild« ist jedoch metaphorisch zu verstehen. Libidinöse Selbst- und Objektkonstanz kommt entwicklungspsychologisch nicht in erster Linie so zustande, daß ein Kind sich während der Trennung immer wieder explizit *die* Momente aus der Vergangenheit bildhaft ins Gedächtnis ruft, in denen die Mutter es tröstete, wenn es Kummer hatte, oder es warmherzig nach einer Trennung begrüßte. Sondern: Wenn Trost und Warmherzigkeit alltägliche Erfahrungen waren, dann werden sie in emotionale Automatismen transformiert, die dem Kind eine »unbewußte« (automatische) Selbstberuhigung auch in Abwesenheit der Eltern erlauben. Das Wesentliche an der Fähigkeit, (kurze) Trennungen zu ertragen, ohne das Objekt zu hassen oder sich selbst zu beunruhigen, liegt also nicht in erster Linie in der kognitiven Fähigkeit des Kindes, das abwesende Objekt intrapsychisch als Bild zu evozieren und sich damit / dadurch zu trösten (obwohl das auch eine Rolle spielen mag), sondern darin, eine Art automatischer emotionaler Selbstberuhigungsaktivität zur Verfügung zu haben, die sich nicht auf kognitive Operationen gründet, sondern auf die in der Vergangenheit gemachten regelmäßigen Beruhigungs-, Trost- und Trennungserfahrungen. Dadurch entstehen emotionale Heuristiken, also Gewohnheiten des Fühlens, die der Niederschlag entsprechender Erfahrungen sind, ohne daß diese Erfahrungen je expliziten Status erhalten hätten.

Psychoanalytiker sprechen von guten inneren Objekten, die Trennungserfahrungen erträglich machen. Ich betrachte diese inneren Objekte (Introjekte) – und frühe psychische Strukturen insgesamt – als gewohnheitsmäßig etablierte Regeln des Fühlens bzw. als emotionale Heuristiken, die ablaufen, ohne bewußt zu sein; ich schlage also eine »prozedurale Sicht« der Entstehung und Funktionsweise innerer Objekte vor. Diese inneren Objekte sind Gefühlsregeln und

unterscheiden sich von den (ubw) Phantasien, die Selbst- und Objektbilder oder Propositionen sind.*

Prozedurale Emotionsregeln oder emotionale Heuristiken sind
aber nicht im klassischen Sinne verdrängt, sondern von Anfang an
unbewußt. Sie entsprechen also nicht dem dynamischen Unbewußten, sondern am ehesten noch dem Freudschen *Urverdrängten* (z. B.
Freud 1915b, S. 250f.), also dem Teil des Unbewußten, der nie bewußt
war. Die sensomotorischen Schemata von Piaget (1936, 1937), die
Wahrnehmungs-Handlungs-Affekt-Muster von Lichtenberg (1983),
die generalisierten Interaktionsrepräsentanzen von Stern (1985) oder
Bowlbys (1973) innere Arbeitsmodelle vom Selbst und Objekt sind
solche unbewußten Wissensstrukturen über Selbst und Objekt, Gefühle und Interaktionen, die nicht verdrängt, aber auch nicht bewußt
sind. Ebenso beruht das, was wir Charakter nennen, also die habitu-
elle Art des Sich-Bewegens, Denkens und Fühlens, wahrscheinlich
zum Teil auf Gewohnheiten, die unbewußt erworben wurden und
sich verfestigt haben, ohne je bewußt gewesen zu sein.

Eine Frage ist, ob sie bewußtseinsfähig sind. Emotionale Heuristiken existieren, wie gesagt, zunächst überwiegend als konditionierte
und automatisierte Prozeduren, die früh gelernt werden, aber keine
explizite Repräsentation erfahren und auch keine propositionale
Struktur haben. Ein Teil davon wird später möglicherweise eine
sprachliche Neucodierung erfahren und ist dann prinzipiell bewußtseinsfähig und als formulierbares, explizites Wissen verfügbar. Ob die
sprachliche Version einer prozeduralen Regel (also die unbewußte
Überzeugung/Phantasie im Sinne von Eagle und Weiss/Sampson)

---

* Die Begriffe »emotionale Heuristik«, »prozedurales Wissen« und »Gefühlsregel« verwende ich austauschbar. Das Konzept der emotionalen Heuristik ist dem
der perzeptuellen und kognitiven Heuristik nachempfunden (s. Clyman 1992,
S. 359). Heuristiken sind »Daumenregeln«, an denen wir uns intuitiv orientieren
bzw. die wir intuitiv in bestimmten Situationen anwenden. Eine perzeptuelle Heuristik, also eine Daumenregel im Wahrnehmungsbereich, ist: »Je undeutlicher ein
Gegenstand, desto größer die Entfernung«. Aus der Schärfe der Kontur wird »unbewußt« auf die Entfernung des Gegenstandes geschlußfolgert. Das stimmt nicht
immer – und andere Faktoren sind ebenfalls bei der Entfernungsabschätzung beteiligt –, aber hinreichend oft, um uns im Alltag zu orientieren. Solche perzeptuellen Heuristiken werden ebenfalls nicht bewußt gelernt und auch nicht explizit
abgerufen, wenn sie verwendet werden. Sie beruhen, wie die prozeduralen Regeln
im motorischen und emotionalen Bereich, auf implizitem Wissen, das automatisch
angewendet wird, ohne daß expliziter Abruf notwendig wäre.

tatsächlich zunächst bewußt und dann wieder verdrängt wird oder ob sie (auch als sprachlich reformulierte) unbewußt *bleibt*, hängt von den Umständen ab. Nehmen wir an, die Autonomiebedürfnisse eines Kindes werden von Anfang an mit subtilen oder deutlichen Zeichen elterlichen Schmerzes beantwortet. Das Kind wird dann früh lernen, seine Autonomiebestrebungen einzuschränken. Es wird Angst oder Ärger verspüren, wenn es sich entfernt, und auf die Dauer solche Bestrebungen vermeiden, ohne zu wissen, warum es das tut.

Ist der Prozeß der Autonomieeinschränkung erst einmal automatisiert, bedarf es keines bewußt verspürten Gefühls mehr, um ihn auszulösen. Kommt das Kind ins sprachfähige Alter, so mag es die Phantasie entwickeln: »Wenn ich mich von meiner Mutter entferne, geht es mir / ihr schlecht.« Damit wäre die emotionale Heuristik der Autonomievermeidung bewußtseinszugänglich. Teilt es diese Phantasie seiner Mutter mit, so wird diese vielleicht widersprechen, verbal dementieren und zur Autonomie auffordern. Averbal wurde aber das Gegenteil gelernt. Das Kind wird also seine Phantasie »Wenn ich mich entferne, geht es mir/ihr schlecht« verdrängen, weil es von der Mutter dazu »aufgefordert« wurde. Sie ist dann unbewußt *geworden*. Möglicherweise wird aber die emotionale Heuristik der Autonomievermeidung nie in einen bewußtseinsfähigen »Satz« umgeschrieben. Dann *bleibt* sie unbewußt – nicht, weil sie verdrängt, sondern weil sie als prozedurale Regel implizit gelernt wurde, ohne je explizit geworden zu sein.

Der Hauptpunkt, auf den es mir mit diesen Ausführungen ankommt, ist die Etablierung der Idee eines prozeduralen Unbewußten: Es gibt unbewußtes Wissen, welches das Verhalten und Fühlen in emotional getönten Situationen bestimmt, ohne daß dieses Wissen verdrängt oder durch einen Widerstand an der Bewußtwerdung gehindert wird. Ich betrachte dieses prozedurale Wissen bzw. diese emotionalen Heuristiken als »Urgrund« dessen, was *später* als unbewußte Phantasie entweder ausgearbeitet oder rekonstruiert werden kann.

Als letzte Illustration für prozedurales Wissen soll der berühmte Fall »Monica« dienen. Er wurde von Spitz (1957) erstmals beschrieben und wird von Engel et al. seit nunmehr 40 Jahren nachuntersucht (Engel/Reichsman 1979; Engel et al. 1985; s. a. Lichtenberg 1989a, S. 45 ff.; Stern 1995, S. 185). Monica hatte von Geburt an eine Speiseröhrenanomalie und mußte deshalb in den ersten zwei Lebensjahren über eine Magensonde ernährt werden. Die betreuenden Personen hatten, u. a. weil sie die Magensonde bedienen mußten, während der

Fütterungssituation einen gewissen körperlichen Abstand zum Kind. Meistens lag es flach auf dem Rücken über den Knien seiner Mutter. Im Alter von dreieinhalb Jahren füttert Monica ihre Puppen in der gleichen Körperposition. Ungefähr 20 Jahre später wird sie selbst Mutter. Sie füttert ihr Kind zwar über den Mund (und nicht über eine Sonde), hält es dabei aber – zum Erstaunen der Beobachter – genau so, wie sie vor 20 Jahren selbst beim Füttern gehalten wurde. Aber das ist noch nicht alles! Als Monicas Tochter drei Jahre ist, stellen die Beobachter bei Hausbesuchen fest, daß das Kind seine Puppen in der gleichen Körperhaltung und Position füttert, in der es von seiner Mutter (Monica) gefüttert wurde; und als das Kind schließlich selbst Mutter wird, wiederholt sich dieser Vorgang. Hier ist, auch filmisch, die Transmission eines Fütterungsmusters über drei Generationen dokumentiert. Ich zweifle, ob dieser »körperlichen Inszenierung« der Fütterung unbewußte Phantasien zugrunde liegen, und vermute, daß Monica und ihre Tochter »einfach« eine Fütterungsprozedur erlebt und gespeichert haben, die sie jetzt unbewußt, aber aktiv wiederholen.*

Das prozedurale Unbewußte und die unbewußten hartnäckigen Überzeugungen

Ich sehe deshalb auch einen Unterschied zwischen dem prozeduralen Unbewußten – bestehend aus unbewußten Regeln des Fühlens, Interagierens etc. – und den »hartnäckigen unbewußten Überzeugungen« von Weiss / Sampson und Eagle. Ersteres existiert nicht in Form sprachlich formulierbarer Wenn-dann-Sätze, letztere schon. Ein Kind, das im Laufe des ersten Lebensjahres in unzähligen Interaktionsepisoden lernt, daß es seinen Ärger unterdrücken muß, wenn seine Mutter sich von ihm trennt, weil es bei Äußerungen von Ärger verstärkt zurückgewiesen wird, verfügt über das prozedurale Wissen oder die emotionale Heuristik: »Wenn du deinen Ärger nicht unterdrückst, wird dich die Mutter deswegen zurechtweisen.« Aber es ver-

---

* S. auch Lichtenberg (1989a, S. 39 ff.), der ein Fallbeispiel von Kris, in dem viele (vermutete) unbewußte Phantasien eine Rolle spielen, »prozedural« neuinterpretiert.

fügt nicht *in dieser Form* darüber. Erst später, nach dem Sprach-erwerb, kann sein prozedurales Wissen diese propositionale Form unbewußter Überzeugungen annehmen und in diese Form *umge-schrieben* werden.

Wenn ein acht Monate altes Kind immer wieder die Erfahrung macht, daß sein Wegkrabbeln zu Panik bei der Mutter führt, so wird es dabei hinfort unangenehme Gefühle entwickeln, das Wegkrabbeln einschränken und die Einschränkung automatisieren. Aber es voll-zieht in diesem Alter noch keine unbewußte *symbolische* Gleichset-zung seines »Sich-Entfernens« mit »Bedrohung der Mutter«, auch wenn die Reaktionen der Mutter auf sein Wegkrabbeln die Schluß-folgerung nahelegen, daß sie sich bedroht fühlt. Das acht Monate alte Kind »denkt« aber nicht: »Wenn ich mich entferne, bedrohe ich meine Mutter / fühlt sich meine Mutter bedroht«, weil es über Begriffe wie »Entfernung« oder »Bedrohung« noch gar nicht verfügt und deshalb auch nicht über »Gedanken«, in denen solche Begriffe vorkommen. Vielmehr nimmt es einen Affekt der Mutter wahr und richtet sein Verhalten und Fühlen danach aus. Es wird einen Kompro-miß zwischen Nähe und Entfernung suchen, der für beide verträglich ist. Die so entwickelte emotionale Heuristik der Autonomie- / Ent-fernungseinschränkung ist *später* als sprachlich formulierbare Regel oder unbewußte Überzeugung / Phantasie: »Wenn ich mich zu weit entferne, bedrohe ich meine Mutter« *rekonstruierbar*, aber als solche existiert sie nicht im Kopfe des Säuglings. Dort existiert sie zunächst nur in Form sprach- und phantasiefreien Interaktionswissens.

Prozedurales, symbolisches und deklaratives Wissen

Wahrscheinlich ist die Fähigkeit, erworbenes Wissen in expliziter (deklarativer) Form abzurufen, eine entwicklungspsychologisch späte Errungenschaft. Nach Meinung vieler Autoren (Literatur bei Clyman 1992, S. 354 ff., und Bauer et al. 1994, S. 354 ff.) ist sie an die Reifung bestimmter Hirnareale (insbesondere des Hippocampus und bestimmter Teile der Großhirnrinde) gebunden, die zwischen 18 und 36 Monaten »explosionsartig« zunimmt. Erst ab etwa drei bis fünf Jahren ist dann explizite, gezielte Erinnerung möglich. Vorher kom-men Kindern Erinnerungen eher unwillkürlich in den Sinn, aber sie erinnern sich kaum »vorsätzlich« oder mit Absicht. Selbst wenn Informationen über die eigene Person oder die Beschaffenheit der Welt schon im Alter zwischen ein und drei Jahren in Form von Bildern und Worten gespeichert werden, sind Kinder vor dem Alter von drei bis fünf Jahren kaum in der Lage, sich dieses Wissen bewußtzumachen. Ein Kind mag gestern einen Gegenstand gesehen haben und sich heute daran erinnern, aber in der Regel nicht in der Form, daß es zu sich sagt oder denkt: »Ah ja, dieses Objekt habe ich gestern gesehen. Es war grün, rund und hatte einen angenehmen Geschmack.« Diese Art *der Vergegenwärtigung* von Wissen scheint erst zwischen drei und fünf Jahren möglich zu werden. Das ist wahrscheinlich ein Grund für die sogenannte infantile Amnesie, d.h. die Unfähigkeit, sich an Ereignisse vor dem vierten Lebensjahr bewußt zu erinnern.*

Ein Beispiel soll verdeutlichen, was damit gemeint ist. Mit der sogenannten »Story-completion«-Technik versuchen neuerdings einige

* In Piagets Theorie ist ebenfalls eine Konzeption der kindlichen Amnesie enthalten, die aber ohne Rekurs auf Gehirnstrukturen und ihre Reifung auskommt (Piaget 1971, S. 37f.; s.a. Wetzler/Sweeney 1986, Pillemer/White 1989, Fivush/Hamond 1990, Nelson 1990 und Howe/Courage 1993 für umfassende Literaturüberblicke zu diesem Thema). Piaget war der Auffassung, daß in sensomotorischen Schemata niedergelegtes Wissen später oft deshalb nicht mehr zugänglich ist, weil ab dem Alter von zwei Jahren Wissen nicht mehr (nur) in dieser Form, sondern bildhaft und sprachlich aufgezeichnet und abgerufen wird. Was früh im sensomotorischen Code gespeichert wurde und später – aus welchen Gründen auch immer – nicht symbolisch recodiert wird, kann nicht mehr abgerufen werden, weil die kognitiven Strukturen, in denen ein Ereignis/Wissen aufgezeichnet wurde (die sensomotorischen Schemata), andere sind als diejenigen, mit deren Hilfe wir uns später erinnern und denken (Bilder und Sätze).

Nach Fertigstellung dieses Kapitels ist mir das Buch von Fivush (1994) zur Kenntnis gekommen, in dem verschiedene Autoren ebenfalls der Frage nachgehen, ob das Gedächtnis in der frühen Kindheit überwiegend implizit funktioniert oder ob es bereits bei ein- bis zweijährigen Kindern Anzeichen für explizite/bewußte/deklarative Erinnerungen über einen längeren Zeitraum hinweg gibt. Mandler (s. McDonough/Mandler 1994), die auch schon die Entstehung des inneren Bildes vorverlegt hat (s. Kapitel 4), plädiert für die Existenz eines deklarativen Langzeitgedächtnisses zwischen ein und zwei Jahren; ebenso Bauer et al. (1994). Andere Autoren sehen dafür kaum Anhaltspunkte (z.B. Myers et al. 1994; Nelson 1994). Die Klärung dieser Frage bedarf weiterer Forschung. Ich schließe mich bis auf weiteres der Auffassung von Nelson an, die bezweifelt, daß Kinder im Alter von zwei oder zweieinhalb Jahren sich an Ereignisse, die ein Jahr zurückliegen, *bewußt/explizit* erinnern können. Die von McDonough/Mandler und Bauer et al. dafür bisher beigebrachten Belege hält sie für nicht überzeugend. Myers et al.

Forscher (z. B. Bretherton et al. 1990; Buchsbaum/Emde 1990) etwas über die Erzählfähigkeiten, die Moralentwicklung, die Bindungsqualität und die gewohnheitsmäßigen Gefühlsreaktionen sowie die Art, wie sie repräsentiert und erinnert werden, zu erfahren. Die Standardvorgehensweise ist, daß man Kindern den Anfang einer Geschichte vorgibt und sie dann bittet, die Geschichte mit Hilfe von Spielpuppen weiterzuerzählen. Folgende Standardgeschichte wird gern verwendet: Ein Junge ist hungrig, während das Essen noch auf dem Herd kocht. Die Mutter warnt ihn, an den Herd zu gehen, weil er sich dabei verbrennen könnte. Er kann aber nicht warten, setzt sich über das Verbot hinweg und verschüttet dabei das Essen. Soweit die Vorgabe. Ein dreieinhalbjähriger mißhandelter Junge »erzählt« die Geschichte folgendermaßen weiter (s. Clyman 1992, S. 363 f.): Seine Mutterpuppe wischt das verschüttete Essen verärgert auf. Sie schimpft mit der Kinderpuppe, weil sie ungehorsam war. Die Kinderpuppe antwortet mit klagender Stimme: »Ich habe mich verbrannt«, worauf die Mutterpuppe nicht reagiert, sondern weiterschimpft.

Aufschlußreich an dieser Spielhandlung ist, daß die Kinderpuppe die Mutterpuppe nicht um Hilfe bei der Versorgung der Verletzung bittet (was andere Kinder dieses Alters durchaus tun), sondern nur hilflos klagt. Das ist typisch für manche mißhandelte/vernachlässigte Kinder. Die Geschichte zeigt, daß der Junge »weiß«, daß es keinen Sinn hat, um Hilfe oder Trost zu bitten, und sie drückt zugleich sein Wissen darüber aus, wie die Mutter üblicherweise mit seinen Verletzungen umgeht. Das Kind hat, vermutlich von früh an, in vielen Episoden von Hilfs- und Trostbedürftigkeit auf einem prozeduralen Niveau gelernt, daß es wenig Sinn hat, um Hilfe oder Trost zu bitten, und so die automatisierte Gefühlsreaktion/emotionale Heuristik des hilflosen Jammerns entwickelt.

Sein Wissen ist – auch mit drei Jahren – noch nicht explizit oder deklarativ. Es sagt nicht: »So geht meine Mutter mit mir um« oder: »Ich weiß, daß meine Mutter mich nicht tröstet, wenn ich Kummer habe«, sondern es »agiert« dieses Wissen – allerdings in einer *symbolischen* Handlung, nämlich der Inszenierung im Spiel. Dies zeigt,

(1994, S. 412) schließen aus ihren Untersuchungsergebnissen, daß selbst Fünfjährige sich überwiegend implizit und automatisch an länger zurückliegende Ereignisse erinnern und daß die Indizien für expliziten Abruf selbst in diesem Alter noch dürftig sind.

daß jetzt prozedurales Wissen symbolisch dargestellt werden kann, wenn auch noch nicht in *sprachlich*-symbolischer Form. Es gibt jedoch auch Kinder, die nicht einmal spielen können, d. h. ihr Wissen um die Vernachlässigung nicht einmal in symbolische Spielhandlungen übersetzen, sondern es nur auf rein prozeduralem Niveau agieren, etwa indem sie andere Kinder mißhandeln.

Diese Beobachtungen legen die Überlegung nahe, daß es verschiedene Niveaus gibt, auf denen prozedurales Wissen im Laufe der Entwicklung organisiert wird: 1. Im Säuglingsalter ist es reines Handlungswissen, dargestellt durch automatisierte Gefühlsgewohnheiten in bestimmten Situationen, die auch im späteren Alter erhalten bleiben. 2. Die Gefühlsgewohnheiten können ab etwa eineinhalb bis zwei Jahren in symbolischen Spielhandlungen dargestellt und 3. einige Zeit später auch in Sprache übersetzt werden. In dieser letzten Form sind sie dann dem Bewußtsein verfügbar und deklaratives Wissen geworden, d. h. ein Wissen, das man nicht nur »hat«, sondern eines, das man sich auch vergegenwärtigen kann. Erst dann kann Wissen auch in Gestalt autobiographischer Erzählungen mitgeteilt werden. Das sogenannte »grobe« Agieren »früh« gestörter Patienten, d. h. die weitgehend handlungsgebundene, nicht-symbolische Artikulation von Problemen, ist vermutlich Ausdruck eines Symbolisierungsmangels und bringt prozedurales Wissen, das nicht symbolisch umgeschrieben worden ist, zur Darstellung – oder aber prozedural-symbolisches Wissen, das nicht deklarativ/explizit ist, bei dem also eine symbolische *Handlung* an die Stelle einer sprachlichen Äußerung tritt.*

Wie aber erfolgt die Veränderung prozeduralen Wissens in der Therapie Erwachsener?

---

* Kinder unter drei bis fünf Jahren profitieren wahrscheinlich deshalb eher wenig von Deutungen ihrer Spielhandlungen, weil sie aufgrund ihres Entwicklungsstandes noch gar nicht recht in der Lage sind, sich das in Deutungen enthaltene, explizite, deklarative Wissen zu vergegenwärtigen und es zu assimilieren. Entsprechend weisen Kinderanalytiker nicht-kleinianischer Provenienz zunehmend darauf hin, daß – wenn überhaupt – das Symbolspiel kleiner Kinder in der Therapie nur äußerst sparsam zu deuten sei, weil die Kinder auf Deutungen meist mit Verwirrung und/oder Spielabbruch reagieren (s. Solnit 1988; Solnit et al. 1993; Naumann-Lenzen 1994, mit weiterer Literatur). Dieser Abbruch wird oft fälschlich als Widerstand des Kindes interpretiert, ist aber eher auf seinen »Unverstand« zurückzuführen. Deutungen sollten deshalb, wie Naumann-Lenzen (1994, S. 262) sehr schön schreibt, vorwiegend *im Idiom des Spielens* gegeben werden.

Therapeutische Implikationen

Grundsätzlich gibt es zwei Arten der Modifizierung. Erstens durch Bewußtmachung der automatisch ablaufenden Prozedur und der damit einhergehenden Möglichkeit der Unterbrechung der Automatisierung. Zweitens durch (emotionale) Neuerfahrung unter Umgehung des Bewußtseins. Ein einfaches Beispiel für den ersten Fall ist ein Mann, der seine Socken immer in der obersten Schrankschublade aufbewahrt (Clyman 1992, S. 370). Eines Tages beschließt er, sie nach unten zu räumen. Eine Zeitlang wird er, wenn er neue Socken benötigt, gewohnheitsmäßig zuerst noch in der obersten Schublade suchen, auch wenn er »weiß«, daß sie dort jetzt nicht mehr zu finden sind. Durch jahrelange Gewohnheit hat sich ein Handlungsautomatismus herausgebildet, der ihn dort suchen läßt. Ähnlich verhält es sich, wenn eine Person beim Betreten der Wohnung den Lichtschalter links von der Tür betätigt. Ist er eines Tages defekt, so wird die Person für einige Zeit »gegen besseres Wissen« dennoch diesen Schalter drücken, weil sie einer Gewohnheit folgt, die als motorisches Programm automatisiert wurde. Auch das ist eine Form des Wiederholungszwanges! Erst langsam und allmählich ermöglicht das Wissen um den Defekt (und der fehlende Erfolg beim Drücken des Schalters) eine Hemmung der automatisierten Prozedur und die Etablierung einer neuen, z. B. die Bedienung des noch funktionierenden Schalters an der anderen Seite der Tür.

Bewußtmachung und Einsicht

Auch emotionale (nicht nur motorische) Prozeduren lassen sich in ihrem automatischen Ablauf durch kognitives Wissen modifizieren. Nehmen wir als Beispiel einen Mann, der keine Frauen ansprechen kann (s. Clyman 1992, S. 370 ff.). Vielleicht befürchtet er, dafür von einem anderen Mann bestraft zu werden, leidet also (unbewußt) an Kastrationsangst. Wie und wann immer sie entstanden ist – nach Jahren des Vermeidens wird sich eine emotionale Strategie/Heuristik verfestigt haben, die den Mann daran hindert, Frauen anzusprechen. Ursprünglich mag er dabei Angst empfunden haben, aber nach dauerhafter Vermeidung genügt schon die Nähe einer Frau, auch ohne bewußt erlebte Angst, um die Vermeidung in Gang zu setzen. Der Mann handelt nach der unbewußten emotionalen Regel: »Vermeide das Ansprechen von Frauen, denn es könnte zu Bestrafung führen«, ohne daß er noch Angst empfindet und ohne daß er diese Regel in dieser Form »weiß«. Er agiert sie, und aus seinen Handlungen oder Erzählungen kann diese Regel rekonstruiert werden.

Die unbewußte kognitiv-affektive Überzeugung: »Wenn ich mich Frauen nähere, werde ich bestraft« ist möglicherweise so entstanden, daß die Mutter des Mannes in seiner Kindheit auf dessen altersangemessene Bedürfnisse nach physischer Nähe mit subtiler oder grober Erotisierung antwortete und der Vater auf die Bedürfnisse des Kindes nach Nähe zur Mutter mit Ärger und versteckten bzw. weniger versteckten Drohungen. Als Ergebnis entwickelte das Kind – eventuell auch, weil es die elterlichen Reaktionen nicht ganz verstand – die Überzeugung, es hege strafwürdige inzestuöse Wünsche gegen die Mutter und bedrohe (damit) den Vater. In der analytischen Situation kann diese Strafangst wiederbelebt werden. Vielleicht hat der Patient die Frau des Analytikers gesehen, von dieser Begebenheit in der Stunde erzählt und dabei unklare Befürchtungen erkennen lassen. Oder er hat sich im Betrieb aus der Ferne in eine Arbeitskollegin verliebt, sie aber nicht angesprochen, weil er »dachte«, er würde vom Vorgesetzten entlassen werden, wenn seine Zuneigung bekannt wird, obwohl es zu einer solchen Befürchtung keinerlei greifbaren Anlaß gab. Die Bewußtmachung und Durcharbeitung der Strafangst ermöglichte es, den automatisch ablaufenden Prozeß des Rückzugs vor Frauen allmählich zu hemmen, und macht ihn so der Modifizierung zugänglich, ähnlich wie die »Bewußtmachung« der Tatsache, daß der Schalter neben der Tür defekt ist, eine Hemmung der motorischen Prozedur des Drückens ermöglicht. Der wesentliche Unterschied in beiden Fällen ist, daß das Wissen um den defekten Schalter eine rein kognitive Information ist, während das Wissen um die Bestrafungsangst gegen gefühlsmäßige Widerstände erworben werden muß. Der Erwerb dieses Wissens ist auf *emotionale* Einsicht angewiesen und beruht nicht ausschließlich auf kognitiver Wissensvermittlung.

Die Bewußtmachung der Strafangst ist kein Selbstzweck, sondern Mittel zum Zweck. Sie soll es ermöglichen, eine damit verknüpfte emotionale Routine (sprich keine Frauen an) hemmen, kontrollieren und schließlich modifizieren zu können. Dennoch wird diese Gefühlsgewohnheit nie mehr ganz aus der Welt zu schaffen sein. Wer jahre- oder jahrzehntelang den Kontakt zu Frauen vermieden hat, wird diese Strategie kaum gänzlich verlieren. Sie kann nur inaktiviert und durch neue Prozeduren überlagert werden, die mit der Zeit ebenfalls automatisieren. Die neuen Heuristiken werden mit den alten koexistieren.

Von einem Therapieerfolg kann man dann sprechen, wenn die neuen Heuristiken regelmäßiger aktiviert werden als die alten. Letztere bleiben jedoch erhalten und sind prinzipiell abrufbar. In Krisenzeiten und unter Druck ist es wahrscheinlich, daß der oben beschriebene Patient »regrediert«, d. h. zu alten Prozeduren und Strategien Zuflucht nimmt. Regression ist in dieser Sichtweise eine selektive Reaktivierung entwicklungsgeschichtlich älterer unbewußter Überzeugungen und / oder emotionaler Heuristiken, die erhalten bleiben, aber im Laufe einer erfolgreichen Therapie von neuen Heuristiken überlagert werden. Struktur-»Veränderung« in Therapien besteht also u. a. darin, daß alte Strukturen gehemmt und durch neue überlagert werden. Es gibt keine vollständige Ersetzung alter Strukturen / Heuristiken durch neue. Deshalb kann eine psychoanalytische Behandlung nie vollständig in dem Sinne sein, daß sie vor zukünftigen Rückfällen schützt (s. Freud 1937a). Sie kann allenfalls über die Bewußtmachung von unbewußten Überzeugungen die Aktivierung von damit verknüpften emotionalen Prozeduren hemmen sowie die Einübung neuer ermöglichen und die Wahrscheinlichkeit ihres Gebrauchs erhöhen. Rückfälle bleiben immer möglich, wenn die Lebensumstände hinreichend belastend sind.

Vermutlich führt die Bewußtmachung unbewußter Überzeugungen / Phantasien oft deshalb so langsam zu Verhaltens- und Gefühlsänderungen, weil Verhalten und Fühlen auf einem prozeduralen Niveau automatisiert sind und gar nicht (mehr) von Phantasien angetrieben werden. Wenn der Analytiker entweder aus der Übertragung oder aus der Lebensgeschichte bei einem Patienten als zentrale unbewußte Phantasie die Überzeugung rekonstruiert / bewußt macht: »Wenn ich selbständig werde, stirbt meine Mutter / mein Analytiker / ich« o. ä., so wird die Bewußtmachung dieser Phantasie nicht unbedingt schnell zu einer Veränderung in der Gefühlswelt des Patienten führen, weil die Phantasie möglicherweise gar nicht die Ursache seines Verhaltens ist, sondern die sprachliche Form, in der eine nichtsprachlich codierte (prozedurale) emotionale Heuristik *rekonstruiert* bzw. *sprachlich umformuliert* werden kann. Die wirkliche Ursache liegt in den im Laufe der Lebensgeschichte vielfach wiederholten Erfahrungen, die *automatisiert* ablaufen. Diesen Ablauf beobachten wir und erklären ihn durch die *Annahme* einer unbewußten Phantasie: Der Patient benimmt sich, wie wenn er glauben/denken/phantasieren würde, daß »sich entfernen« und »den anderen bedrohen« äquivalent sind. Aber das glaubt er möglicherweise nur auf einem prozeduralen Niveau. Er *handelt und fühlt* nach diesem Glauben, ohne daß der als solcher die Gestalt einer sprachlich formulier*ten* Phantasie hätte. Wohl aber ist er sprachlich formulier*bar*, und genau das versucht der Analytiker zu tun.

Um ein zweites Beispiel zu geben: Wenn ein Patient auf kleinste Zeichen der Erschöpfung seines Analytikers (z.B. Seufzen, Atmen, momentanes Nachlassen des Sprechtempos, matte Intonation) mit Wut reagiert, so kann man die emotionale Heuristik rekonstruieren, daß er gelernt hat, durch Bekundung von Wut den weiteren Rückzug des Objekts aufzuhalten. Diese emotionale Heuristik wird in der analytischen Situation »agiert«, weil sie eine automatisierte unbewußte Prozedur ist. Als unbewußte *Phantasie* könnte man rekonstruieren: »Sie befürchten, vergessen zu werden, wenn Sie sich nicht nachdrücklich bemerkbar machen.« Ob der Patient diese unbewußte Phantasie (in dieser Form) wirklich »hat« oder ob er nicht nur handelt, *als ob* er sie hätte, ist die Frage. Hat er sie nicht, kann sie auch nicht die Ursache seines Verhaltens sein.

Dennoch – und das ist meines Erachtens ein wichtiger Punkt – ist die *Annahme* einer solchen unbewußten Phantasie nicht nutzlos oder bloße Spekulation. Selbst wenn die angenommene oder aus dem Verhalten oder den Erzählungen geschlußfolgerte unbewußte Phantasie gar nicht im Kopf des Patienten existiert, gerät sie durch die Formulierung des Analytikers dort hinein. Das ist *dann* keine bloße Suggestion oder Spekulation, wenn die unterstellte unbewußte Phantasie die angemessene sprachliche (Um)formulierung *der* emotionalen Heuristik ist, die *wirklich* im Patienten existiert und der er unbewußt folgt. Bucci (1989) hat mit den Methoden der empirischen Psychotherapieprozeßforschung untersucht, wie man feststellen kann, ob und wann eine sprachlich formulierte Deutung einer nicht-verbalisierten Struktur *im* Patienten entspricht (ähnlich Teller 1988, S. 175). Sie argumentiert – ganz im Sinne von Freuds »Übereinstimmungsargument« (Freud 1916/17, S. 470), dem zufolge eine Deutung mit der Wirklichkeit im Patienten übereinstimmen muß –, daß im Falle einer solchen Übereinstimmung der Therapieerfolg besser sein sollte, als wenn sie fehlt.*

Eine unbewußte Phantasie ist also oft gar nicht die Ursache oder der Grund des Verhaltens und Fühlens des Patienten, sondern sie ist manchmal »nur« die vom Analytiker vorgenommene (sprachliche) Um- oder Neuformulierung eines Wissens, das im Patienten in nicht-sprachlich (prozedural) organisierter Gestalt existiert. Die sprachliche Formulierung ist aber zugleich eine Art, dieses implizite Wissen explizit und bewußt zu machen, darüber kommunizieren zu können, seinen automatisierten Ablauf zu hemmen und es so zu modifizieren. Deshalb ist es gar nicht so wichtig, ob der Patient die unbewußte Phantasie wirklich hat, d.h. ob sein Analytiker sie *auf*findet oder *er*findet. Er kann sie auch erfinden – wenn *eine* Bedingung erfüllt ist: Das, was der Analytiker als unbewußte Phantasie formuliert, sollte »der Wirklichkeit« im Patienten entsprechen, d.h. die *er*fundene unbewußte Phantasie sollte eine *auf*gefundene (wirklich existierende) Gefühlsgewohnheit in Sprache fassen (und nicht an ihr vorbeigehen). Bewußtmachung von Unbewußtem heißt in diesem Fall: sprachliche Formulierung einer emotionalen Heuristik, die bisher automatisiert/unbewußt exekutiert wurde.**

---

* Jede (zutreffende, mit etwas übereinstimmende) Deutung einer unbewußten Phantasie ist sowohl eine Konstruktion als auch eine Rekonstruktion. Sie ist insofern eine *Konstruktion*, als sie etwas Neues *erfindet*, das in dieser Form (noch) nicht beim Patienten existierte, nämlich die *sprachliche Formulierung* einer bisher nur in nicht-sprachlicher/prozeduraler Gestalt existierenden Gefühlsgewohnheit. Eine *Rekonstruktion* ist sie dann, wenn sie in ihrer sprachlichen Formulierung keine bloße Erfindung ist oder eine unter vielen Möglichkeiten, sondern wenn sie die im Patienten existierende emotionale Heuristik *abbildet*. Indem sie diese (erstmals) sprachlich faßt (und damit etwas Neues kreiert), ist sie eine Konstruktion; indem sie etwas Nicht-Sprachliches (das aber bereits vorhanden ist) nur in anderer Form ausdrückt, ist sie eine *Rekonstruktion*.

** Diese Gedanken berühren sich durchaus mit Freuds Vorstellungen von den Bedingungen der Bewußtwerdung. Bewußtheit entsteht, wenn eine »Sachvorstellung« (hier: emotionale Heuristik) durch eine »Wortvorstellung« (hier: sprachliche Formulierung) ergänzt wird (s. Freud 1915c).

Psychoanalytische Therapie funktioniert jedoch noch auf eine andere Weise, nämlich durch eine *direkte* Modifizierung emotionaler Heuristiken vermittels korrektiv emotionaler Erfahrung *ohne* begleitende Einsicht (s. Clyman 1992, S. 373 ff.). Der Patient lernt in der analytischen Situation *implizit* neue Beziehungs- und Gefühlsregeln, weil die Beziehung gerade *nicht* so ist wie die, die er früher erlebt hat: Der Analytiker hört zu, erotisiert nicht, bestraft nicht etc. Diese Erfahrungen verändern die gewohnheitsmäßigen Gefühlsreaktionen des Patienten, ohne daß dieser Prozeß explizit gemacht werden müßte. Kinder lernen von ihren Eltern Regeln des Fühlens, ohne daß diese explizit statuiert werden – ja, oft lernen sie sogar das Gegenteil der verbal kommunizierten Regeln, weil die Handlungen der Eltern eine deutliche »Sprache« sprechen (z. B. wenn aggressives Verhalten des Kindes zwar verbal verurteilt, aber averbal mit sichtbaren Zeichen der Freude begrüßt wird).

Ebenso werden die impliziten Stellungnahmen des Analytikers zu den Äußerungen des Patienten dessen implizite Gefühlsregeln verändern. Dabei sind seine averbalen Kommentare oft wichtiger als die verbalen Deutungen. Reagiert er auf Affektstürme des Patienten mit einiger Gelassenheit, die sich im Ton seiner Stimme oft überzeugender ausdrückt als im Inhalt seiner Deutungen, so wird der Patient diese Reaktionsweise verinnerlichen, ähnlich wie Kinder die Ausgeglichenheit ihrer Eltern verinnerlichen, die diese im Umgang mit ihren Gefühlen an den Tag legen, ohne daß darüber überhaupt gesprochen wird. Der Patient wird also seine gewohnheitsmäßigen heftigen Reaktionen modifizieren lernen, weil er *erlebt* hat, wie jemand mit Ruhe auf sie reagiert. So entstehen neue emotionale Heuristiken, die das Sediment einschlägiger Erfahrungen sind, ohne daß sie expliziten Status erhalten müssen. Im Laufe vieler Wiederholungen wandern sie in die Seele als ein Gerüst ein, als neue Strukturen, welche die alten überlagern und mit der Zeit stabil(er) werden. Solche Veränderungen erfolgen ohne Vermittlung von Einsicht, ohne Deutung und ohne bewußte Verarbeitung. Vermutlich dauert psychoanalytische Therapie (und jede andere), die zu einer einigermaßen dauerhaften Etablierung neuer emotionaler Heuristiken führen soll, auch deswegen so lange, weil immer wiederholte Erfahrungen notwendig sind, um alte Prozeduren zu modifizieren. Eine Therapie, die nur auf den kognitiven

»Überbau« zielt, mit dem die Gefühlsregeln verknüpft sein können –
z. B. auf die unbewußte Überzeugung / Phantasie, daß der andere de-
kompensiert, wenn er mit heftigen Gefühlen konfrontiert ist –, erreicht nur einen Aspekt des Seelenlebens. *Ohne die in vivo immer
wieder gemachte Erfahrung des Gegenteils ist keine dauerhafte Modifizierung von emotionalen Heuristiken / Gefühlsgewohnheiten möglich.*

Danksagung

Zum Schluß möchte ich einigen Personen danken, die zum Gelingen dieses Buches beigetragen haben: Zuerst – wie es sich in einem Buch über die frühe Kindheit gehört – meiner Mutter. Ihre großzügige Unterstützung hat mir die Ruhe und Muße ermöglicht, die ich brauche, um Bücher zu schreiben.

Birgit Diestel war meine erste Leserin. Auf ihren Rat in Stilfragen habe ich mich immer verlassen und oft auch auf ihr Verdikt: »Zu kompliziert!« Ich habe dann versucht, verständlicher zu schreiben, ohne zu trivialisieren, und hoffe, auf dem schmalen Grat zwischen beidem gut gewandert zu sein.

Hans-Peter Hartmann war ein weiterer ständiger Begleiter in der Zeit der Entstehung des Buches. Als Kohutianer mit Leib und Seele fungierte er als ideales »Selbst-Selbst-Objekt«, mit dem ich meine Sympathien für die »psychoanalytische Romantik« – d. h. für Autoren wie Ferenczi, Balint, Winnicott und Kohut – teilen konnte. Er hat mich mit vielen Ideen und reichlich Aufsätzen versorgt, von denen ich die meisten genossen, aber nicht alle berücksichtigt habe.

Marianne Leuzinger-Bohleber und der Fachbereich Erziehungs- und Humanwissenschaften der Universität-Gesamthochschule Kassel haben mich in der Endphase der Arbeit ebenfalls unterstützt.

Peter Riedesser verdanke ich den Hinweis auf das Motto des Buches. Marion Ebert-Saleh hat die verschiedenen Fassungen des Manuskripts wie immer zuverlässig getippt.

Willi Köhler, der schon mein voriges Buch über den kompetenten Säugling betreut hat, ist unmittelbar nach Lektorierung des Manuskripts überraschend verstorben. Ich erinnere mich mit Wehmut an diesen klugen und sympathischen Mann.

Literaturverzeichnis

Aber, J. und **J. Allen** (1987): *Effects of maltreatment on young children's emotional development: An attachment theory perspective.* Developmental Psychology 23: 406–414

Aber, J., J. Allen, C. Carlson und **D. Cicchetti** (1989): *The effects of maltreatment on development during early childhood: Recent studies and their theoretical, clinical, and policy implications.* In: D. Cicchetti und V. Carlson (Hrsg.): Child Maltreatment: Theory and Research on the Causes and Consequences of Child Abuse and Neglect. Cambridge (Cambridge Univ. Press), 579–619

Abrams, S., T. Field, F. Scafidi und **M. Prodromidis** (1995): *Newborns of depressed mothers.* Infant Mental Health Journal 16: 233–239

Ainsworth, M. (1967): *Infancy in Uganda. Infant Care and the Growth of Love.* Baltimore (Johns Hopkins Univ. Press)

Ainsworth, M. und **C. Eichberg** (1991): *Effects on infant-mother attachment of mother's unresolved loss of an attachment figure, or other traumatic experience.* In: C. M. Parkes, J. Stevenson-Hinde und P. Marris (Hrsg.): Attachment Across the Life Cycle. London und New York (Tavistock/Routledge), 160–183

Ainsworth, M., M. Blehar, E. Waters und **S. Wall** (1978): Patterns of Attachment. *A Psychological Study of the Strange Situation.* Hillsdale, New Jersey (Erlbaum)

Alexander, P. (1992): *Application of attachment theory to the study of sexual abuse.* J. Consulting and Clinical Psychology 60: 185–195

Althoff, H. (1986): *Der plötzliche Kindstod.* In: B. Forster (Hrsg.): Praxis der Rechtsmedizin für Mediziner und Juristen. Stuttgart und München (Thieme/Beck), 62–75

Anderson, J. (1985): Kognitive Psychologie. Eine Einführung. Heidelberg (Spektrum der Wissenschaft Verlagsgesellschaft) 1988

Angel, K. (1967): *On symbiosis and pseudosymbiosis.* J. Amer. Psychoanal. Assn. 15: 294–316

Arnold, J. und **P. Gemma** (1991): *Bereave on the death of an infant.* In: C. A. Corr, H. Fuller, C. Barnicoll und D. M. Corr (Hrsg.): Sudden Infant Death Syndrome. Who can Help and How? New York (Springer), 45–56

Astington, J. (1993): The Child's Discovery of the Mind. Cambridge (Harvard Univ. Press)

Bacal, H. und **K. Newman** (1990): Objektbeziehungstheorien – Brücken zur Selbstpsychologie. Stuttgart-Bad Cannstatt (Fromann-Holzboog) 1994

Bahrick, L. und **J. Watson** (1985): *Detection of intermodal proprioceptive-visual* *contingency as a potential basis of self-perception in infancy.* Developmental Psychology 21: 963–973

Baillargeon, R. (1986): *Representing the existence of the location of hidden objects: Object permanence in 6- and 8-month-old infants.* Cognition 23: 21–41

Baillargeon, R. (1987): *Object permanence in 3½- and 4½ month-old infants.* Developmental Psychology 23: 655–664

Baillargeon, R. (1993): *The object concept revisited: New directions in the investigation of infants' physical knowledge.* In: C. Granrud (Hrsg.): Visual Perception and Cognition in Infancy. Hillsdale, New Jersey (Erlbaum), 265–315

Baillargeon, R. und **J. DeVos** (1991): *Object permanence in young infants: Further evidence.* Child Development 62: 1227–1246

Baillargeon, R., E. Spelke und **S. Wasserman** (1985): *Object permanence in five-month-old infants.* Cognition 20: 191–208

Balint, M. (1951): *Über Liebe und Haß.* In: M. Balint (1966): Die Urformen der Liebe und die Technik der Psychoanalyse. Stuttgart (Klett), 151–169

Balint, M. (1968): Therapeutische Aspekte der Regression. Reinbek bei Hamburg (Rowohlt) 1973

Baron-Cohen, S. (1991): *Precursors to a theory of mind: Understanding attention in others.* In: A. Whiten (Hrsg.): Natural Theories of Mind. Evolution, Development, and Simulation of Everyday Mindreading. Oxford (Basil Blackwell), 233–251

Baron-Cohen, S. (1994): *How to build a baby that can read minds: Cognitive mechanisms in mindreading.* Cahiers de Psychologie Cognitive 13: 513–552

Baron-Cohen, S. (1995): *Mindblindness. An Essay on Autism and Theory of Mind.* Cambridge und London (The MIT Press)

Barton, M. und **M. Williams** (1993): *Infant day care.* In: C. Zeanah (Hrsg.): Handbook of Infant Mental Health. New York und London (Guilford Press), 445–461

Bates, J., C. Maslin und **K. Frankel** (1985): *Attachment security, mother-child interaction, and temperament as predictors of behavioral problem ratings at age three years.* In: I. Bretherton und E. Waters (Hrsg.): Growing Points of Attachment. Theory and Research. Chicago (Chicago Univ. Press), 167–193

Bates, E., B. O'Connell und **C. Shore** (1987): *Language und communication in infancy.* In: J. Osofsky (Hrsg.): Handbook of Infant Development. New York u. a. (Wiley), 149–203 (2. Aufl.)

Baudrillard, J. (1995): *Die Stadt und der Haß. Über die »kritische Masse« und ihre Gewalt.* Frankfurter Rundschau vom 30. Sept. 1995

Bauer, P., L. Hertsgaard und **G. Dow** (1994): *After 8 months have passed: Long-term recall of events by 1- to 2-year-old children.* In: R. Fivush (Hrsg.): Long-term Retention of Infant Memories. Hillsdale und Hove (Erlbaum), 353–382

Bauer, W., und **C. Twentyman** (1985): *Abusing, neglectful, and comparison mothers' responses to child-related and non-child-related stressors.* J. Consulting and Clinical Psychology 53: 335–343

Baumgart, M. (1991): *Psychoanalyse und Säuglingsforschung: Versuch einer Integration unter Berücksichtigung methodischer Unterschiede.* Psyche 45: 780–809

Baumgart, M. (1994): *Die psychoanalytische Metapsychologie im Lichte der Säuglingsforschung: Verwerfen oder überdenken?* In: F. Pedrina et al. (Hrsg.):

Spielräume – Begegnungen zwischen Kinder- und Erwachsenenanalyse. Tübingen (edition diskord), 51–82

Beland, H. (1989): *Die unbewußte Phantasie. Kontroversen um ein Konzept.* Forum Psychoanal. 5: 85–98

Belsky, J. (1993): *Etiology of child maltreatment: A developmental-ecological analysis.* Psychological Bulletin 114: 413–434

Belsky, J., und J. Vondra (1989): *Lessons from child abuse: The determinants of parenting.* In: D. Cicchetti und V. Carlson (Hrsg.): Child Maltreatment: Theory and Research on the Causes and Consequences of Child Abuse and Neglect. Cambridge (Cambridge Univ. Press), 153–202

Benjamin, Je. (1988): Die Fesseln der Liebe. Psychoanalyse, Feminismus und das Problem der Macht. Basel und Frankfurt / M. (Stroemfeld / Roter Stern) 1990

Benjamin, Jo. (1961): *Some developmental observations relating to the theory of anxiety.* J. Amer. Psychoanal. Assn. 9: 652–668

Benjamin, Jo. (1963): *Further comments on some developmental aspects of anxiety.* In: H. S. Gaskill (Hrsg.): Counterpoint: Libidinal Object and Subject. New York (International Univ. Press), 121–153

Bergman, A. und S. Ellman (1985): *Margaret S.* Mahler: *Symbiosis and Separation-Individuation.* In: J. Reppen (Hrsg.): Beyond Freud: A Study of Modern Psychoanalytic Theorists. Hillsdale, New Jersey (Erlbaum), 231–256

Berna-Simons, L. (1982): *Säuglingsbeobachtung in der Psychoanalyse – Ein historischer Überblick.* Arbeitshefte Kinderanalyse, Heft 2, hg. vom Wissenschaftlichen Zentrum II der GH-Kassel, Dez. 1982, 141–181

Bettes, B. (1988): *Maternal depression and motherese: Temporal and intonational features.* Child Development 59: 1089–1096

Bion, W. (1957): *Zur Unterscheidung von psychotischen und nicht-psychotischen Persönlichkeiten.* In: E. Spillius (1990): (Hrsg.): Melanie Klein Heute, Band 1: Beiträge zur Theorie. München und Wien (Verlag Internationale Psychoanalyse), 75–99

Bion, W. (1959): *Angriffe auf Verbindungen.* In: E. Spillius (1990): (Hrsg.): Melanie Klein Heute, Band 1: Beiträge zur Theorie. München und Wien (Verlag Internationale Psychoanalyse), 110–129

Bion, W. (1962a): *Eine Theorie des Denkens.* In: E. Spillius (1990): (Hrsg.): Melanie Klein Heute, Band 1: Beiträge zur Theorie. München und Wien (Verlag Internationale Psychoanalyse), 225–235

Bion, W. (1962b): Lernen durch Erfahrung. Frankfurt / M. (Suhrkamp) 1990

Biringen, Z. (1991): *Emotional availability in mother-child-interactions: A reconceptualization for research.* Amer. J. Orthopsychiatry 61: 258–271

Bittner, G. (1974): Das andere Ich. Rekonstruktionen zu Freud. München (Piper)

Bittner, G. (1977): Tarnungen des Ich. Studien zu einer subjektorientierten Abwehrlehre. Stuttgart (Bonz)

Bittner, G. (1981): *Die imaginären Szenarien.* In: A. Schöpf (Hrsg.): Phantasie als anthropologisches Problem. Würzburg (Königshausen und Neumann), 95–113

Bittner, G. (1994): Zur Psychoanalyse kindlicher und jugendlicher Verhaltensauffälligkeiten. Göttingen und Zürich (Vandenhoeck & Ruprecht)

Blaney, P. (1986): *Affect and memory: A review.* Psychological Bulletin 99: 229–246

Boesky, D. (1989): *Criteria of evidence for an unconscious fantasy.* In: H. Blum et al. (Hrsg.): Fantasy, Myth, and Reality. Essays in Honour of Jacob Arlow. Madison (International Univ. Press), 111–131

Bollas, C. (1987): *The Shadow of the Object. Psychoanalysis of the Unthought Known.* New York (Columbia Univ. Press)

Boothe, B. (1996): *Die Psychoanalyse und das Wünschen.* Unveröffentlichtes Manuskript.

Bower, G. (1981): *Mood and memory.* Amer. Psychologist 36: 129–148

Bower, T. (1976): *Die Wahrnehmungswelt des Kindes.* Stuttgart (Klett-Cotta) 1978

Bower, T. (1977): *A Primer of Infant Development.* San Francisco (W. H. Freeman)

Bowlby, J. (1958): *Über das Wesen der Mutter-Kind-Bindung.* Psyche 13, 1959: 415–456

Bowlby, J. (1960): *Die Trennungsangst.* Psyche 15, 1961: 411–464

Bowlby, J. (1969): Bindung. Eine Analyse der Mutter-Kind-Beziehung. München (Kindler) 1975

Bowlby, J. (1973): Trennung. Psychische Schäden als Folge der Trennung von Mutter und Kind. München (Kindler) 1976

Bowlby, J. (1977): *Das Aufnehmen und Lösen von affektiven Bindungen.* In: J. Bowlby (1979): Das Glück und die Trauer. Stuttgart (Klett-Cotta), 156–196

Bowlby, J. (1980): Verlust. Trauer und Depression. Frankfurt/M. (Fischer) 1983

Bowlby, J., K. Figlio und **R.M. Young** (1986): *An interview with John Bowlby on the origins and reception of his work.* Free Associations 6: 36–64

Bräutigam, W. (1991): *Bindung und Sexualität in psychoanalytischen Theorien und in der Praxis.* Psychother. med. Psychol. 41: 292–305

Brazelton, B. und **B. Cramer** (1989): Die frühe Bindung. Die erste Beziehung zwischen dem Baby und seinen Eltern. Stuttgart (Klett-Cotta) 1991

Brenneis, C. (1994): *Belief and suggestion in the recovery of memories of childhood sexual abuse.* J. Amer. Psychoanal. Assn. 42: 1027–1053

Bretherton, I. (1978): *Making friends with one-year-olds: An experimental study of infant-stranger interaction.* Merrill-Palmer Quarterly 24: 29–51

Bretherton, I. (1985): *Attachment theory: retrospect and prospect.* In: I. Bretherton und E. Waters (Hrsg.): Growing Points of Attachment. Theory and Research. Chicago (Chicago Univ. Press), 3–35

Bretherton, I. (1994): *Infants' subjective world of relatedness: Moments, feeling shapes, protonarrative envelopes, and internal working models.* Infant Mental Health Journal 15: 36–41

Bretherton, I., D. Ridgeway und **J. Cassidy** (1990): *Assessing internal working models of the attachment relation-ship. An attachment story completion task for 3-year-olds.* In: M. Greenberg, D. Cicchetti und M. Cummings (Hrsg.): Attachment in the Preschool Years. Theory, Research, and Intervention. Chicago und London (Univ. of Chicago Press), 273–308

Breuer, K.-H. (1985): *Intentionality of perception in early infancy.* Human Development 28: 71–83

Breuer, K.-H. (1991): *Dialogartige Interaktion in der vorsprachlichen Entwicklungsphase des Kindes.* Unveröffentlichtes Manuskript

Brewin, C., B. Andrews und I. Gotlib (1993): *Psychopathology and early experience: A reappraisal of retrospective reports.* Psychological Bulletin 113: 82–98

Bridges, K. (1930): *Emotional development in early infancy.* Child Development 3: 324–341

Briere, J. (1992): *Methodological issues in the study of sexual abuse effects.* J. Consulting and Clinical Psychology 60: 196–203

Britton, B. und A. Pellegrini (1990): *(Hrsg.):* Narrative Thought and Narrative Language. Hillsdale und London (Erlbaum)

Brody, S. und S. Axelrad (1970): Angst und Ich-Bildung in der Kindheit. Stuttgart (Klett) 1974

Bruner, J. (1982): *The organization of action and the nature of the adult-infant transaction.* In: E. Tronick (Hrsg.): Social Interchange in Infancy: Affect, Cognition, and Communication. Baltimore (Univ. of Park Press), 23–35

Bruner, J. und J. Lucariello (1989): *Monologue as narrative recreation of the world.* In: K. Nelson (Hrsg.): Narratives from the Crib. Cambridge und London (Harvard Univ. Press), 73–97

Bryer, J., B. Nelson, H. Miller und P. Krol (1987): *Childhood sexual and physical abuse as factors in adult psychiatric illness.* Amer. J. Psychiatry 144: 1426–1430

Bucci, W. (1989): *A reconstruction of Freud's tally argument: A programm for psychoanalytic research.* Psychoanal. Inquiry 9: 249–281

Buchsbaum, H. und R. Emde (1990): *Play narratives in 36-month- old children.* Psychonal. Study Child 45: 129–155

Bugental, D., S. Mantyla und J. Lewis (1989): *Parental attributions as moderators of affective communication to children at risk for physical abuse.* In: D. Cicchetti und V. Carlson (Hrsg.): Child Maltreatment: Theory and Research on the Causes and Consequences of Child Abuse and Neglect. Cambridge (Cambridge Univ. Press), 254–279

Butterworth, G. (1983): *Structure of the mind in human infancy.* In: Advances in Infancy Research. Vol. 2: Norwood, New Jersey (Ablex), 1–29

Camaioni, L. (1993): *The development of intentional communication. A reanalysis.* In: J. Nadel und L. Camaioni (Hrsg.): New Perspectives in Early Communicative Development. London und New York (Routledge), 82–96

Campbell, S. (1991): *Longitudinal studies of active and aggressive preschoolers.* In: D. Cicchetti und S. Toth (Hrsg.): Rochester Symposium on Developmental Psychopathology, Vol. 2: Internalizing and Externalizing Expressions of Dysfunction. Hillsdale, New Jersey (Erlbaum), 57–90

Campbell, S., E. Pierce, C. March, L. Ewing und E. Szumowski (1994): *Hard-to-manage preschool boys: Symptomatic behavior across contexts and time.* Child Development 65: 836–851

Campbell, S., J. Cohn und T. Meyers (1995): *Depression in first-time mothers: Mother-infant interaction and depression chronicity.* Developmental Psychology 31:349–357

Carlson V., D. Cicchetti, D. Barnett und K. Braunwald (1989a): *Disorganized/disoriented attachment relationships in maltreated infants.* Developmental Psychology 25: 525–531

Carlson, V., D. Cicchetti, D. Barnett und K. Braunwald (1989b): *Finding order *in disorganization: Lessons from research on maltreated infants' attachments to their caregivers.* In: D. Cicchetti und V. Carlson (Hrsg.): Child Maltreatment: Theory and Research on the Causes and Consequences of Child Abuse and Neglect. Cambridge (Cambridge Univ. Press), 494–528

Carpy, D. (1989): *Tolerating the countertransference: A mutative process.* Int. J. Psycho-Anal. 70: 287–294

Cheney, D. und **R. Seyfarth** (1990): Wie Affen die Welt sehen. Das Denken einer anderen Art. München (Hanser) 1994

Christ, H. (1994): *Zwischen Verwahren und Verwahrlosen. Beiträge von Familientherapie, Psychoanalyse und experimenteller Kleinkindforschung zum Verständnis von Bindungsstörungen.* In: P. Kürner und R. Nafroth (Hrsg.): Die vergessenen Kinder. Vernachlässigung und Armut in Deutschland. Köln (Papyrosa Verlag), 52–71

Cicchetti, D. (1989): *How research on child maltreatment has informed the study of child development: perspectives from developmental psychopathology.* In: D. Cicchetti und V. Carlson (Hrsg.): Child Maltreatment: Theory and Research on the Causes and Consequences of Child Abuse and Neglect. Cambridge (Cambridge Univ. Press), 377–431

Cicchetti, D., und **V. Carlson** (1989): (Hrsg.): Child Maltreatment. Theory and Research on the Consequences of Child Abuse and Neglect. Cambridge (Cambridge Univ. Press)

Cicchetti, D. und **K. Olsen** (1990): *The developmental psychopathology of child maltreatment.* In: M. Lewis und S. Miller (Hrsg.): Handbook of Developmental Psychopathology. New York und London (Plenum Press), 261–279

Cicchetti, D. und **M. Lynch** (1995): *Failures in the expectable environment and their impact on individual development.* In: D. Cicchetti und D. Cohen (Hrsg.): Developmental Psychopathology, Vol. 2: Risk, Disorder, and Adaption. New York u. a. (Wiley), 32–71

Cicchetti, D. und **S. Toth** (1995): *Child maltreatment and attachment organization: Implications for intervention.* In: S. Goldberg, R. Muir und J. Kerr (Hrsg.): Attachment Theory. Social, Developmental, and Clinical Perspectives. Hillsdale und London (The Analytic Press), 279–308

Clemenz, M. (1986): Soziale Kodierung des Körpers. Zum Verhältnis von Psychoanalyse und Systemtheorie. Opladen (Westdeutscher Verlag)

Clifton, R., P. Rochat, R. Litovsky und **E. Perris** (1991): *Object representation guides infants' reaching in the dark.* J. Experimental Psychology: Human Perception and Performance 17: 323–329

Clyman, R. (1992). *The procedural organization of emotions: A contribution from cognitive science to the psychoanalytic theory of therapeutic action.* In: T. Shapiro und R. Emde (Hrsg.): Affect: Psychoanalytic Perspectives. Madison (International Univ. Press), 349–382

Cohen, L. und **M. Strauss** (1979): *Concept acquisition in the human infant.* Child Development 50: 419–424

Cohler, B. (1995): *Contrasting psychoanalytic psychologies of attachment and self-regard and the effort to understand the foundation of rage, hatred and the expression of violence.* Vortrag auf der 5. IPV-Tagung zu Fragen der psychoanalytischen Forschung am 10. / 11. März in London. Unveröffentlichtes Manuskript

Cohn, D. (1990): *Child-mother attachment of six-year-olds and social competence at school.* Child Development 61: 152–162

Cohn, J. und E. Tronick (1983): *Three-month-old infants' reaction to simulated maternal depression.* Child Development 54: 185–193

Cohn, J., R. Matias, E. Tronick, D. Connell und K. Lyons-Ruth (1986): *Face-to-face interactions of depressed mothers and their infants.* In: E. Tronick und T. Field (Hrsg.): Maternal Depression and Infant Disturbance. San Francisco (Jossey-Bass), 31–45

Coie, J., M. Underwood und G. Lochman (1991): *Programmatic intervention with aggressive children in the school setting.* In: D. Pepler und K. Rubin (Hrsg.): The Development and Treatment of Childhood Aggression. Hillsdale, New Jersey (Erlbaum), 389–410

Cramer, B. (1984): *Realität als Problem der psychoanalytischen Erkenntnistheorie: Kritische Überlegungen auf Grund direkter Kinderbeobachtung.* Jahrbuch Psychoanal. 16: 153–185

Cramer, B. (1987): *Objective and subjective aspects of parent-infant relations: An attempt at correlation between infant studies and clinical work.* In: J. Osofsky (Hrsg.): Handbook of Infant Development. New York u. a. (Wiley), 1037–1057 (2. Aufl.)

Cramer, B. (1989): Frühe Erwartungen. Unsichtbare Bindungen zwischen Mutter und Kind. München (Kösel) 1991

Crittenden, P. (1981): *Abusing, neglecting, problematic, and adequate dyads: Differentiating by patterns of interaction.* Merrill-Palmer Quarterly 27: 201–218

Crittenden, P. (1985): *Maltreated infants: Vulnerability and resilience.* J. Child Psychology and Psychiatry 26: 85–96

Crittenden, P. (1988): *Relationships at risk.* In: J. Belsky und T. Nezworski (Hrsg.): Clinical Implications of Attachment. Hillsdale, New Jersey (Erlbaum), 136–174

Crittenden, P. (1994a): *Peering into the black box: An exploratory treatise on the development of self in young children.* In: D. Cicchetti und S. Toth (Hrsg.): Rochester Symposium on Developmental Psychopathology, Vol. 5: Disorders and Dysfunctions of the Self. New York (Rochester Univ. Press), 79–148

Crittenden, P. (1994b): *The Preschool Assessment of Attachment.* Coding Manual. Miami, Florida. Unveröffentlichtes Manuskript.

Crittenden, P. und M. Ainsworth (1989): *Child maltreatment and attachment theory.* In: D. Cicchetti und V. Carlson (Hrsg.): Child Maltreatment: Theory and Research on the Causes and Consequences of Child Abuse and Neglect. Cambridge (Cambridge Univ. Press), 432–463

Crittenden, P., M. Patridge und A. Claussen (1991): *Family patterns of relationship in normative and dysfunctional families.* Development and Psychopathology 3: 491–512

Cummings, M. und D. Cicchetti (1990): *Toward a transactional model of relations between attachment and depression.* In: M. Greenberg, D. Cicchetti und M. Cummings (Hrsg.): Attachment in the Preschool Years. Theory, Research, and Intervention. Chicago und London (Univ. of Chicago Press), 339–372

Cummings, M., R. Iannotti und C. Zahn-Waxler (1989): *Aggression between*

331

peers in early childhood: Individual continuity and developmental change. Child Development 60: 887–895

Damasio, A. (1994): Descartes' Irrtum. Fühlen, Denken und das menschliche Gehirn. München und Leipzig (List) 1995

Davies, J. und **G. Frawley** (1994): Treating the Adult Survivor of Childhood Sexual Abuse. A Psychoanalytic Perspective. New York (Basic Books)

DeCasper, A. und **W. Fifer** (1980): *Of human bonding: Newborns prefer their mothers' voices.* Science 208: 1774–1776

DeLozier, P. (1982): *Attachment theory and child abuse.* In: C. M. Parkes und J. Stevenson-Hinde (Hrsg.): The Place of Attachment in Human Behavior. London (Tavistock Publications), 95–117

De Mause, L. (1974): (Hrsg.): Hört ihr die Kinder weinen. Eine psychogenetische Geschichte der Kindheit. Frankfurt/M. (Suhrkamp) 1977

Dennett, D. (1983): *Intentional systems in cognitive ethology: The ›Panglossian paradigm‹ defended.* Behavioral and Brain Sciences 6: 343–355

Deutsch, F. (1959): (Hrsg.): On the Mysterious Leap from the Mind to the Body. New York (International Univ. Press)

Diamond, A. (1985): *Development of the ability to use recall to guide action as indicated by infants' performance on AB.* Child Development 56: 868–883

Diamond, A. (1988): *Abilities and neural mechanisms underlying AB performance.* Child Development 59: 523–527

Diamond, A., L. Cruttenden und **D. Neiderman** (1994): *AB with multiple wells.* Developmental Psychology 30: 192–205

Diatkine, R. (1978): *Diskussionsbemerkung* in: A. Applegarth und J. Krent (rep.): Dialogue on ›The development of object relationships and affects‹. Int. J. Psycho-Anal. 59: 297–302

Diatkine, R. (1991): *Die Psychoanalyse und die Psyche des Kindes. Begegnungen in der Wüste oder in einem fruchtbaren Land?* Kinderanalyse 1, 1993: 375–396

Dodd, B. (1979): *Lip reading in infants: Attention to speech presented in-and-out-of-synchrony.* Cognitive Psychology 11: 478–484

Dodge, K. (1980): *Social cognition and children's aggressive behavior.* Child Development 51: 162–170

Dodge, K. (1986): *A social information processing model of social competence in children.* In: M. Perlmutter (Hrsg.): Minnesota Symposia on Child Psychology, Vol. 18. Hillsdale, New Jersey (Erlbaum), 77–125

Dodge, K. (1990): (Hrsg.): *Special section: Developmental psychopathology in children of depressed mothers.* Developmental Psychology 26: 3–67

Dodge, K. (1991): *The structure and function of reactive and proactive aggression.* In: D. Pepler und K. Rubin (Hrsg.): The Development and Treatment of Childhood Aggression. Hillsdale, New Jersey (Erlbaum), 201–217

Dornes, M. (1981): Die Psychologie von René A. Spitz. Eine Einführung und kritische Würdigung. Frankfurt/M. (Verlag Psychologische Fachbuchhandlung)

Dornes, M. (1993): Der kompetente Säugling. Die präverbale Entwicklung des Menschen. Frankfurt/M. (Fischer) (7. Aufl. 1996)

Dorpat, T. und **M. Miller** (1992): Clinical Interaction and the Analysis of Meaning. A New Psychoanalytic Theory. Hillsdale und London (The Analytic Press)

Dowling, S. (1981): *Abstract report from the literature on neonatology.* Psychoanal. Quarterly 50: 290–295

Eagle, M. (1984): Neuere Entwicklungen in der Psychoanalyse. Eine kritische Würdigung. München–Wien (Verlag Internationale Psychoanalyse) 1988
Eagle, M. (1987): *The psychoanalytic and the cognitive unconscious.* In: R. Stern (Hrsg.): Theories of the Unconscious and Theories of the Self. Hillsdale und London (The Analytic Press), 155–189
Eagle, M. (1988): *Psychoanalysis and the personal.* In: P. Clark und C. Wright (Hrsg.): Mind, Psychoanalysis and Science. Oxford (Basil Blackwell), 91–111
Egeland, B. (1988): *Breaking the cycle of abuse: Implications for prediction and intervention.* In: K. Browne, C. Davis und P. Stratton (Hrsg.): Early Prediction and Prevention of Child Abuse. New York u. a. (Wiley), 87–99
Egeland, B. und **A. Sroufe** (1981): *Attachment and early maltreatment.* Child Development 52: 44–52
Egeland, B. und **M. Erickson** (1990): *Rising above the past: Strategies for helping new mothers break the cycle of abuse and neglect.* Zero to Three 11: 29–35
Egeland, B., D. Jacobvitz und **A. Sroufe** (1988): *Breaking the cycle of abuse.* Child Development 59: 1080–1088
Egle, U., S.O. Hoffmann und **P. Joraschky** (1997a): (Hrsg.): Sexueller Mißbrauch, Mißhandlung, Vernachlässigung. Erkennung und Behandlung psychischer und psychosomatischer Folgen früher Traumatisierungen. Stuttgart (Schattauer)
Egle, U., S.O. Hoffmann und **M. Steffens** (1997b): *Pathogene und protektive Entwicklungsfaktoren in Kindheit und Jugend.* In: U. Egle, S.O. Hoffmann und P. Joraschky (Hrsg.): Sexueller Mißbrauch, Mißhandlung, Vernachlässigung. Erkennung und Behandlung psychischer und psychosomatischer Folgen früher Traumatisierungen. Stuttgart (Schattauer), 3–20
Ehlert, M. und **B. Lorke** (1988): *Zur Psychodynamik der traumatischen Reaktion.* Psyche 42: 502–532
Eigen, M. (1980): *On the significance of the face.* Psychoanal. Rev. 67: 427–441
Eigen, M. (1983): *Dual union or undifferentiation? A critique of Marion Milner's view of the sense of psychic creativeness.* Int. Rev. Psycho-Anal. 10: 415–428
Einspieler, C., J. Widder, A. Holzer und **T. Kenner** (1988): *The predictive value of behavioral risk factors for sudden infant death.* Early Human Development 18: 101–109
Ekman, P. (1982): *Die Messung der Gesichtsbewegungen mit Hilfe des Facial Action Coding Systems.* In: P. Ekman (1988): Gesichtsausdruck und Gefühl. 20 Jahre Forschung von Paul Ekman. Paderborn (Junfermann), 181–224
Emde, R. (1994a): *Individuality, context, and the search for meaning.* Child Development 65: 719–737
Emde, R. (1994b): *Developing psychoanalytic representations of experience.* Infant Mental Health Journal 15: 42–49
Emde, R. und **J. Robinson** (1979): *The first two months: Recent research in developmental psychobiology and the changing view of the newborn.* In: J.D. Nosphitz (Hrsg.): Basic Handbook of Child Psychiatry., Vol.1: Development. New York and London (Basic Books), 72–105

Emde, R. und **J. Sorce** (1983): *The rewards of infancy: Emotional availability and maternal referencing.* In: J. Call, E. Galenson und R. Tyson (Hrsg.): Frontiers of Infant Psychiatry. Vol. 1, New York (Basic Books), 17–30

Emde, R., T. Gaensbauer und **R. Harmon** (1976): Emotional Expression in Infancy. A Biobehavioral Study. New York (Int. Univ. Pr.)

Emde, R., Z. Biringen, R. Clyman und **D. Oppenheim** (1991): *The moral self of infancy: Affective core and procedural knowledge.* Developmental Review 11: 251–270

Engel, G. und **F. Reichsman** (1979): *Monica: A 25-year longitudinal study of the consequences of trauma in infancy.* J. Amer. Psychoanal. Assn. 27: 107–126

Engel, G., F. Reichsman, V. Harway und **D. Hess** (1985): *Monica. Infant feeding behavior of a mother gastric fistula fed as an infant: A 30-year longitudinal study of enduring effects.* In: E. J. Anthony und G. Pollock (Hrsg.): Parental Influences in Health and Disease. Boston (Little Brown), 29–89

Engel, S. (1995): The Stories Children Tell. Making Sense of the Narratives of Childhood. San Francisco (Freeman)

Engelkamp, J. und **Th. Pechmann** (1988): *Kritische Anmerkungen zum Begriff der mentalen Repräsentation.* In: J. Engelkamp und Th. Pechmann (1993): (Hrsg.): Mentale Repräsentation. Bern u. a. (Huber), 7–16

Engfer, A. (1986): Kindesmißhandlung. Stuttgart (Enke)

Engfer, A. (1990): *Entwicklung von Gewalt in sogenannten Normalfamilien.* In: J. Martinius und R. Frank (Hrsg.): Vernachlässigung, Mißbrauch und Mißhandlung von Kindern. Bern u. a. (Huber), 59–68

Engfer, A. (1995a): *Kindesmißhandlung und Vernachlässigung.* In: R. Oerter und L. Montada (Hrsg.): Entwicklungspsychologie. Ein Lehrbuch. Weinheim (PsychologieVerlagsUnion), 3. vollst. überarb. und erw. Aufl., 960–966

Engfer, A. (1995b): *Sexueller Mißbrauch.* In: R. Oerter und L. Montada (Hrsg.): Entwicklungspsychologie. Ein Lehrbuch. Weinheim (PsychologieVerlags-Union), 3. vollst. überarb. und erw. Aufl., 1006–1015

Engfer, A. (1997): *Gewalt gegen Kinder in der Familie.* In: U. Egle, S. O. Hoffmann und P. Joraschky (Hrsg.): Sexueller Mißbrauch, Mißhandlung, Vernachlässigung. Erkennung und Behandlung psychischer und psychosomatischer Folgen früher Traumatisierungen. Stuttgart (Schattauer), 21–34

Erdelyi, M. (1990): *Repression, reconstruction, and defense: History and integration of the psychoanalytic and experimental frameworks.* In: J. Singer (Hrsg.): Repression and Dissociation. Implications for Personality, Theory, Psychopathology, and Health. Chicago und London (Univ. of Chicago Press), 1–31

Erickson, M., A. Sroufe und **B. Egeland** (1985): *The relationship between quality of attachment and behavior problems in preschool in a high risk sample.* In: I. Bretherton und E. Waters (Hrsg.): Growing Points of Attachment. Theory and Research. Chicago (Univ. of Chicago Press), 147–166

Erickson, M., B. Egeland und **R. Pianta** (1989): *The effects of maltreatment on the development of young children.* In: D. Cicchetti und V. Carlson (Hrsg.): Child Maltreatment: Theory and Research on the Causes and Consequences of Child Abuse and Neglect. Cambridge (Cambridge Univ. Press), 647–684

Eron, L. und **R. Huesmann** (1990): *The stability of aggressive behavior – even unto the third generation.* In: M. Lewis and S. Miller (Hrsg.): Handbook of

Developmental Psychopathology. New York und London (Plenum Press), 147–156

Eron, L., R. Huesmann und **A. Zelli** (1991): *The role of parental variables in the learning of aggression.* In: D. Pepler und K. Rubin (Hrsg.): The Development and Treatment of Childhood Aggression. Hillsdale, New Jersey (Erlbaum), 169–188

Esman, A. (1983): *Die Reizschranke. Forschungsbericht und Neubetrachtung.* Psyche 45, 1991: 143–156

Esser, G. und **H. Weinel** (1990): *Vernachlässigende und ablehnende Mütter in Interaktion mit ihren Kindern.* In: J. Martinius und R. Frank (Hrsg.): Vernachlässigung, Mißbrauch und Mißhandlung von Kindern. Bern u.a. (Huber), 22–30

Esser, G., A. Scheven, A. Petrova, M. Laucht und **M. Schmidt** (1989): *Mannheimer Beurteilungsskalen zur Erfassung der Mutter-Kind-Interaktion im Säuglingsalter (MBS-MKI-S).* Zeitschrift für Kinder- und Jugendpsychiatrie 17: 185–193

Esser, G., R. Dinter, M. Jörg, F. Rose, P. Villalba, M. Laucht und **M. Schmidt** (1993): *Bedeutung und Determinanten der frühen Mutter-Kind-Beziehung.* Zeitschrift für psychosom. Medizin und Psychoanal. 39: 246–264

Fagan, J. (1976): *Infants' recognition of invariant features of faces.* Child Development 47: 627–638

Fagot, B. und **K. Kavanagh** (1990): *The prediction of antisocial behavior from avoidant attachment classifications.* Child Development 61: 864–873

Farah, M. (1984): *The neurological basis of mental imagery. A componential analysis.* Cognition 18: 245–272

Farrington, D. (1991): *Childhood aggression and adult violence: Early precursous and later life outcome.* In: D. Pepler und K. Rubin (Hrsg.): The Development and Treatment of Childhood Aggression. Hillsdale, New Jersey (Erlbaum), 5–29

Fast, I. (1985): *Infantile narcissism and the active infant.* In: I. Fast: Event Theory: A Piaget-Freud Integration. Hillsdale, New Jersey (Erlbaum), 17–30

Feinman, S. (1982): *Social referencing in infancy.* Merrill-Palmer Quarterly 28: 445–470

Feinman, S. (1992): (Hrsg.): Social Referencing and the Social Construction of Reality in Infancy. New York und London (Plenum Press)

Feinman, S. und **M. Lewis** (1983): *Social referencing at 10 months: A second order effect on infants' responses to strangers.* Child Development 54: 878–887

Fergusson, D., J. Horwood und **M. Lynskey** (1994): *The childhoods of multiple problem adolescents: A 15-year longitudinal study.* J. Child Psychology and Psychiatry 35: 1123–1140

Field, T. (1992): *Infants of depressed mothers.* Development and Psychopathology 4: 49–66

Field, T., B. Healy, S. Goldstein, S. Perry, D. Bendell, S. Schanberg, A. Zimmerman und **C. Kuhn** (1988): *Infants of depressed mothers show ›depressed‹ behavior even with nondepressed adults.* Child Development 59: 1569–1579

Fivaz-Depeursinge, E., D. Stern, D. Bürgin, J. Byng-Hall, A. Carboz-War-

nery, M. Lamour und S. Lebovici (1994): *The dynamics of interfaces: Seven authors in search of encounters across levels of description of an event involving a mother, father, and baby.* Infant Mental Health Journal 15: 69–89

Fivush, R. (Hrsg.): (1994): Long-term Retention of Infant Memories. Hove und Hillsdale (Erlbaum)

Fivush, R. und N. Hamond (1990): *Autobiographical memory across the preschool years: Toward reconceptualizing childhood amnesia.* In: R. Fivush und J. Hudson (Hrsg.): Knowing and Remembering in Young Children. Cambridge (Cambridge Univ. Press), 223–248

Flavell, J. (1992): *Cognitive development: Past, present, and future.* Developmental Psychology 28: 998–1005

Fogel, A. (1977): *Temporal organization in mother-infant face-to-face interaction.* In: H. Schaffer (Hrsg.): Studies in Mother-Infant Interaction. London u. a. (Academic Press), 119–151

Fonagy, P. (1991): *Thinking about thinking: Some clinical and theoretical considerations in the treatment of a borderline patient.* Int. J. Psycho-Anal. 72: 639–656

Fonagy, P. (1994): *Mental representations from an intergenerational cognitive science perspective.* Infant Mental Health Journal 15: 57–68

Fonagy, P. und M. Target (1995): *Kinderpsychotherapie und Kinderanalyse in der Entwicklungsperspektive: Implikationen für die therapeutische Arbeit.* Kinderanalyse 2: 150–186

Fonagy, P., H. Steele und M. Steele (1991): *Maternal representations of attachment during pregnancy predict the organization of infant-mother attachment at one year.* Child Development 62: 891–905

Fonagy, P., G. Moran und M. Target (1993): *Aggression and the psychological self.* Int. J. Psycho-Anal. 74:471–485

Fonagy, P., M. Steele, G. Moran, H. Steele und A. Higgitt (1993): *Measuring the ghost in the nursery: An empirical study of the relation between parents' mental representations of childhood experiences and their infants' security of attachment.* J. Amer. Psychoanal. Assn. 41: 957–989

Fonagy, P., M. Steele, H. Steele, T. Leigh, R. Kennedy, G. Mattoon und M. Target (1995): *Attachment, the reflective self, and borderline states: The predictive specifity of the adult attachment interview and pathological emotional development.* In: S. Goldberg, R. Muir und J. Kerr (Hrsg.): Attachment Theory. Social, Developmental, and Clinical Perspectives. Hillsdale und London (The Analytic Press), 233–278

Fornari, F. (1966): Psychoanalyse des ersten Lebensjahres. Frankfurt/M. (Fischer) 1970

Fraiberg, S. (1969): *Libidinal object constancy and mental representation.* Psychonanal. Study Child 24: 9–47

Fraiberg, S. (1982): *Pathological defenses in infancy.* Psychoanal. Quarterly 51: 612–635

Frank, A. (1969): *The unrememberable and the unforgettable.* Psychoanal. Study Child 24: 840–877

Fremmer-Bombik, E. und K. E. Grossmann (1993): *Über die lebenslange Bedeutung früher Bindungserfahrungen.* In: H. Petzold (Hrsg.): Frühe Schädigungen – späte Folgen? Psychotherapie und Babyforschung, Band 1. Paderborn (Junfermann), 83–110

Freud, A. (1936): *Das Ich und die Abwehrmechanismen*. In: Die Schriften der Anna Freud, Band 1. München (Kindler) 1980

Freud, A. (1972): *Bemerkungen zur Aggression*. In: Die Schriften der Anna Freud, Band 10: 2773–2794. München (Kindler) 1980

Freud, A. (1976): *Die Beziehung zwischen Psychopathologie und Normalentwicklung*. In: Die Schriften der Anna Freud, Band 10: 2705–2718.

Freud, S. (1900): *Die Traumdeutung*. GW 2/3

Freud, S. (1904): *Die Freudsche psychoanalytische Methode*. GW 5: 3–10

Freud, S. (1905): *Drei Abhandlungen zur Sexualtheorie*. GW 5: 27–145

Freud, S. (1909): *Diskussionsbemerkung zum Vortrag von Friedjung: Was kann die Kinderheilkunde von der psychoanalytischen Forschung erwarten?* In: H. Nunberg und E. Federn (1977): (Hrsg.): Protokolle der Wiener Psychoanalytischen Vereinigung, Band 2. Frankfurt/M. (Fischer), 291–294

Freud, S. (1914): *Zur Einführung des Narzißmus*. GW 10: 137–170

Freud, S. (1915a): *Triebe und Triebschicksale*. GW 10: 209–232

Freud, S. (1915b): *Die Verdrängung*. GW 10: 247–261

Freud, S. (1915c): *Das Unbewußte*. GW 10: 264–303

Freud, S. (1916/17): *Vorlesungen zur Einführung in die Psychoanalyse*. GW 11

Freud, S. (1920a): *Vorwort zur vierten Auflage der Drei Abhandlungen zur Sexualtheorie*. GW 5: 31–32

Freud, S. (1920b): *Jenseits des Lustprinzips*. GW 13: 3–69

Freud, S. (1926): *Hemmung, Symptom und Angst*. GW 14: 111–205

Freud, S. (1930): *Das Unbehagen in der Kultur*. GW 14: 419–506

Freud, S. (1933a): *Neue Folge der Vorlesungen zur Einführung in die Psychoanalyse*. GW 15

Freud, S. (1933b): *Warum Krieg?* GW 16: 11–27

Freud, S. (1937a): *Die endliche und die unendliche Analyse*. GW 16: 56–99

Freud, S. (1937b): *Konstruktionen in der Analyse*. GW 16: 41–56

Freud, S. (1940): *Die Ich-Spaltung im Abwehrvorgang*. GW 17: 58–62

Friedrich, B. (1992): *Über Parens': ›Die Entwicklung der Aggression in der frühen Kindheit‹*. Beiträge zur analytischen Kinder- und Jugendlichenpsychotherapie, Heft 76: 90–113

Frodi, A. und M. Lamb (1980): *Child abusers' responses to infant smiles and cries*. Child Development 51: 238–241

Fromm, E. (1973): Anatomie der menschlichen Destruktivität. Reinbek bei Hamburg (Rowohlt) 1977

Gaensbauer, T. (1982): *The differentiation of discrete affects. A case report*. Psychoanal. Study Child 37: 29–66

Gaensbauer, T. und R. Harmon (1982): *Attachment and affiliative systems under conditions of extreme environmental stress*. In: R. Emde und R. Harmon (Hrsg.): The Development of Attachment and Affiliative Systems. New York (Plenum Press), 263–280

Galenson, E. (1986): *Some thoughts about infant psychopathology and aggressive development*. Int. Rev. Psycho-Anal. 13: 349–354

Gardner, H. (1985): Dem Denken auf der Spur. Der Weg der Kognitionswissenschaft. Stuttgart (Klett-Cotta) 1989

Gay, P. (1987): Freud. Eine Biographie für unsere Zeit. Frankfurt/M. (Fischer) 1989

Gedo, J. (1980): *Reflections on some current controversies in psychoanalysis.* J. Amer. Psychoanal. Assn. 28: 363–383

Gedo, J. (1991): The Biology of Clinical Encounters. Psychoanalysis as a Science of Mind. Hillsdale und London (The Analytic Press)

Gehlen, A. (1940): Der Mensch. Seine Natur und seine Stellung in der Welt. Frankfurt/M. und Bonn (Athenäum Verlag) 1966 (8. Aufl.)

Gehlen, A. (1956): Urmensch und Spätkultur. Philosophische Ergebnisse und Aussagen. Frankfurt/M. (Athenaion) 1977 (4. Aufl.)

George, C. und **M. Main** (1979): *Social interactions of young abused children: Approach, avoidance, and aggression.* Child Development 50: 306–318

Gergely, G. und **J. Watson** (1996): *The social biofeedback theory of parental affect-mirroring: The development of emotional self-awareness and self-control in infancy.* Int. J. Psycho-Anal. 77: 1181–1212

Gianino, A. und **E. Tronick** (1988): *The mutual regulation model: The infant's self and interactive regulation and coping and defense capacities.* In: T. Field, P. McCabe und N. Schneiderman (Hrsg.): Stress and Coping across Development. Hillsdale, New Jersey (Erlbaum), 47–68

Gibson, E. und **E. Spelke** (1983): *The development of perception.* In: J. Flavell und E. Markman (Hrsg.): Cognitive Development = P. Mussen (Gen. Ed.): Handbook of Child Psychology. Vol. 3. New York u. a. (Wiley), 1–76 (4th ed.)

Gibson, J. (1966): Die Sinne und der Prozeß der Wahrnehmung. Bern (Huber) 1973

Gibson, J. (1979): Wahrnehmung und Umwelt. München (Urban & Schwarzenberg) 1982

Giovacchini, P. (1972): *The symbiotic phase.* In: P. Giovaccini (Hrsg.): Tactics and Techniques in Psychoanalytic Therapy. (Science House), 137–169

Gleitman, L., H. Gleitman, B. Landau und **E. Wanner** (1988): *Where learning begins: Initial representations for language learning.* In: F. Newmeyer (Hrsg.): Linguistics: The Cambridge Survey. Vol. III. Language: Psychological and Biological Aspects. New York u. a. (Cambridge Univ. Press), 150–193

Goldberg, S., C. Corter, M. Lojkasek und **K. Minde** (1990): *Prediction of behavior problems in 4-year-olds born prematurely.* Development and Psychopathology 2: 15–30

Goldenberg, G. (1987): Neurologische Grundlagen bildlicher Vorstellungen. Wien (Springer)

Goldstein, K. (1947): Human Nature in the Light of Psychopathology. Cambridge (Harvard Univ. Press)

Golinkoff, R., I. Uzgiris, E. Gibson und **J. Watson** (1984): *The development of causality in infancy: A symposion.* In: Advances in Infancy Research. Vol. 3. Norwood, New Jersey (Ablex), 125–165

Gomille, C. (1988): *Wahrnehmung, Emotionalität und Kommunikation in den ersten Lebensmonaten.* Diss., Fachbereich Gesellschaftswissenschaften der Universität Frankfurt/M.

Gopnick, A. (1984): *The aquisitation of gone and the development of the object concept.* J. Child Language 11: 273–292

Gopnick, A. und A. Meltzoff (1986): *Words, plans, things, and locations: Interactions between semantic and cognitive development in the one-word stage.* In: S. Kuczaj und M. Barret (Hrsg.): The Development of Word Meaning. Progress in Cognitive Development. New York u. a. (Springer), 199–223

Gramont, P. de (1987): *Language and the self.* Contemp. Psychoanal. 23: 77–121

Granzow, S. (1994): Das autobiographische Gedächtnis. Kognitionspsychologische und psychoanalytische Perspektiven. Berlin/München (Quintessenz Verlag)

Green, A. (1975): *Analytiker, Symbolisierung und Abwesenheit im Rahmen der psychoanalytischen Situation.* Psyche 29: 503–541

Green, A. (1983): *Die tote Mutter.* Psyche 47, 1993: 205–240

Green, A. H., V. Liang, R. Gaines und S. Sultan (1980): *Psychopathological assessment of child-abusing, neglecting, and normal mothers.* J. nervous and mental Diseases 168: 356–360

Greenacre. P. (1959): *On focal symbiosis.* In: P. Greenacre (1971): Emotional Growth. Psychoanalytic Studies of the Gifted and a Great Variety of Other Individuals, Vol. 1. New York (International Univ. Press), 145–161

Greenacre, P. (1960): *Considerations regarding the parent-infant relationship.* In: P. Greenacre (1971): Emotional Growth. Psychoanalytic Studies of the Gifted and a Great Variety of Other Individuals, Vol. 1. New York (International Univ. Press), 199–224

Greenspan, S. (1979): Intelligence and Adaption. An Integration of Psychoanalytic and Piagetian Developmental Psychology. New York (Int. Univ. Press)

Griffin, D. (1984): Wie Tiere denken. Ein Vorstoß ins Bewußtsein der Tiere. München (dtv) 1990

Grosskurth, P. (1986): Melanie Klein. Ihre Welt und ihr Werk. Stuttgart (Verlag Internationale Psychoanalyse) 1993

Grossmann, K. E. und K. Grossmann (1991): *Attachment quality as an organizer of emotional and behavioral responses in a longitudinal perspective.* In: C. M. Parkes, J. Stevenson-Hinde und P. Marris (Hrsg.): Attachment Across the Life Cycle. London und New York (Tavistock/Routledge), 93–114

Grossmann, K. E. und K. Grossmann (1995): *Frühkindliche Bindung und Entwicklung individueller Psychodynamik über den Lebenslauf.* Familiendynamik 20: 171–192

Grossmann, K. E., P. August, E. Fremmer-Bombik, A. Friedl, K. Grossmann, H. Scheuerer-Englisch, G. Spangler, C. Stephan und G. Suess (1989): *Die Bindungstheorie: Modell und entwicklungspsychologische Forschung.* In: H. Keller (Hrsg.): Handbuch der Kleinkindforschung. Berlin u. a. (Springer), 31–55

Grotstein, J. (1980): *A proposed revision of the psychoanalytic concept of primitive mental states. Part I: Introduction to a newer psychoanalytic metapsychology.* Contemp. Psychoanal. 16: 479–546

Grubrich-Simitis, I. (1987): *Trauma oder Trieb – Trieb und Trauma.* Psyche 41: 992–1023

Gruen, A. (1988): Der frühe Abschied. Eine Deutung des plötzlichen Kindstodes. München (Kösel). Durchgesehene und erweiterte Ausgabe: dtv 1993

Gusella, J., D. Muir und E. Tronick (1988): *The effect of manipulating maternal behavior during interaction on three- and six-month-olds' affect and attention.* Child Development 59: 1111–1124

Haith, M. (1980): Rules that Babys look by. Hillsdale, New Jersey (Erlbaum)

Halpern, R. (1993): *Poverty and infant development.* In: C. Zeanah (Hrsg.): Handbook of Infant Mental Health. New York (The Guilford Press), 73–86

Harding, C. (1982): *Development of the intention to communicate.* Human Development 25: 140–151

Harrison, I. (1986): *On ›merging‹ and the fantasy of merging.* Psychoanal. Study Child 41: 155–170

Hartman, C. und A. Burgess (1989): *Sexual abuse of children: Causes and consequences.* In: D. Cicchetti und V. Carlson (Hrsg.): Child Maltreatment: Theory and Research on the Causes and Consequences of Child Abuse and Neglect. Cambridge (Cambridge Univ. Press), 95–128

Hartmann, H. (1939): Ich-Psychologie und Anpassungsproblem. Stuttgart (Klett) 1975

Hartmann, H. (1950a): *Psychoanalyse und Entwicklungspsychologie.* In: H. Hartmann (1972): Ich-Psychologie. Studien zur psychoanalytischen Theorie. Stuttgart (Klett), 106–118

Hartmann, H. (1950b): *Bemerkungen zur psychoanalytischen Theorie des Ich.* In: H. Hartmann (1972): Ich-Psychologie. Studien zur psychoanalytischen Theorie. Stuttgart (Klett), 119–144

Hartmann, H. (1955): *Bemerkungen zur Theorie der Sublimierung.* In: H. Hartmann (1972): Ich-Psychologie. Studien zur psychoanalytischen Theorie. Stuttgart (Klett), 212–235

Hartmann, H., E. Kris und R. Loewenstein (1949): *Notes on the theory of aggression.* Psychoanal. Study Child 3/4: 9–36

Haubl, R. und W. Mertens (1996): Der Psychoanalytiker als Detektiv. Eine Einführung in die psychoanalytische Erkenntnistheorie. Stuttgart u. a. (Kohlhammer)

Hayman, A. (1989): *What do we mean by ›phantasy‹?* Int. J. Psycho-Anal. 70: 105–114

Heckhausen, H. (1989): Motivation und Handeln. 2. völlig überarb. und erg. Aufl., Berlin u. a. (Springer)

Hédervári, É. (1995): Bindung und Trennung. Frühkindliche Bewältigungsstrategien bei kurzen Trennungen von der Mutter. Wiesbaden (Deutscher Universitäts-Verlag)

Heinemann, E., U. Rauchfleisch und T. Grüttner (1992): Gewalttätige Kinder. Psychoanalyse und Pädagogik in Schule, Heim und Therapie. Frankfurt/M. (Fischer)

Hellbrügge, T., F. Layosi, D. Menara, R. Schamberger und T. Rautenstrauch (1978): Münchner funktionelle Entwicklungsdiagnostik. 1. Lebensjahr. München/Wien/Baltimore (Urban und Schwarzenberg)

Herman, J., C. Perry und B. van der Kolk (1989): *Childhood trauma in borderline personality disorder.* Amer. J. Psychiatry 146: 490–495

Herrenkohl, E. und R. Herrenkohl (1979): *A comparison of abused children and their nonabused siblings.* J. Amer. Academy Child Psychiatry 18: 260–269

Herzberger, S., D. Potts und M. Dillon (1983): *Abusive and nonabusive parental treatment from the child's perspective.* J. Consulting and Clinical Psychology 49: 81–90

Herzog, J. (1986): *Rezension von J. Kagan, ›The Nature of the Child‹.* Int. J. Psycho-Anal. 67: 380–381

Hesse, E. (1996): *Discourse, memory, and the adult attachment interview: A note with emphasis on the emerging cannot classify category.* Infant Mental Health Journal 17: 4–11

Hillman, L. (1991): *Theories and research.* In: C. A. Corr, H. Fuller, C. Barnicoll und D. M. Corr (Hrsg.): Sudden Infant Death Syndrome. Who can Help and How? New York (Springer), 14–44

Hinshelwood, R. (1991): Wörterbuch der kleinianischen Psychoanalyse. Stuttgart (Verlag Internationale Psychoanalyse) 1993

Hirsch, M. (1987): Realer Inzest. Psychodynamik des sexuellen Mißbrauchs in der Familie. Berlin u. a. (Springer)

Hirsh-Pasek, K., D. Kemler-Nelson, P. Jusczyk, K. Whrigt-Cassidy, B. Druss und L. Kennedy (1987): *Clauses are perceptual units for young infants.* Cognition 26: 269–286

Hobson, P. (1993): *Through feeling and sight to self and symbol.* In: U. Neisser (Hrsg.): The Perceived Self: Ecological and Interpersonal Sources of Self-Knowledge. Cambridge (Cambridge Univ. Press), 254–279

Hobson, P. (1995): *The intersubjective domain: Approaches from developmental psychopathology.* In: T. Shapiro und R. Emde (Hrsg.): Research in Psychoanalysis. Process, Development, Outcome. Madison (International Univ. Press), 167–192

Hofer, M. (1984): *Relationships as regulators: A psychobiological perspective on bereavement.* Psychosomatic Medicine 46: 183–197

Hofer, M. (1986): *Early social relationships: A psychobiologist's view.* Child Development 58: 633–647

Hoffmann, J. (1993): *From initiative to experience: A contribution to the understanding of integration.* Vortrag auf der 3. IPV-Tagung zu Fragen der psychoanalytischen Forschung am 12./13. März 1993 in London. Unveröffentlichtes Manuskript

Hoffmann, S. O. (1986): *Die Ethologie, das Realtrauma und die Neurose.* Zeitschrift für psychosom. Medizin und Psychoanal. 32: 5–26

Hoffmann, S. O. und U. Egle (1996): *Risikofaktoren und protektive Faktoren für die Neurosenentstehung. Die Bedeutung biographischer Faktoren für die Entstehung psychischer und psychosomatischer Krankheiten.* Psychotherapeut 41: 13–16

Hofstadter, D. (1979): Gödel, Escher, Bach – ein endloses geflochtenes Band. München (dtv / Klett-Cotta) 1993

Holmes, J. (1993): John Bowlby and Attachment Theory. London (Routledge)

Honneth, A. (1992): Kampf um Anerkennung. Zur moralischen Grammatik sozialer Konflikte. Frankfurt / M. (Suhrkamp)

Hopkins, Ja. (1987): *Synthesis in the imagination: Psychoanalysis, infantile experience, and the concept of an object.* In: J. Russell (Hrsg.): Philosophical Perspectives on Developmental Psychology. Oxford (Basil Blackwell), 140–172

Hopkins, Ju. (1990): *The observed infant of attachment theory.* British J. Psychother. 6: 460–470

Hoppe-Graff, S., und I. Uhl (1993): *Entwicklungsmuster und Erwerbsprozesse früher Symbolkompetenzen.* Arbeitsbericht DFG-Projekt. Unveröffentl. Ms.

Horner, T. (1980): *Two methods of studing stranger reactivity in infants. A review.* J. Child Psychology and Psychiatry 21: 203–219

Horner, T. (1986): *The author replies.* Amer. J. Orthopsychiatry 56: 167–168

Horner, T. (1988): *Rapprochment in the psychic development of the toddler: A transactional perspective.* Amer. J. Orthopsychiatry 58: 4–15

Horner, T. (1992): *The origin of the symbiotic wish.* Psychoanal. Psychol. 9: 25–48

Hornik, R., N. Riesenhoover und M. Gunnar (1987): *The effect of maternal positive, neutral, and negative affective communication on infants responses to a toy.* Child Development 58: 937–944

Hossain, Z., T. Field, J. Gonzalez, J. Malphurs, C. del Valle und J. Pickens (1994): *Infants of ›depressed‹ mothers interact better with their nondepressed fathers.* Infant Mental Health Journal 15: 348–357

Howe, M. und M. Courage (1993): *On resolving the enigma of infantile amnesia.* Psychological Bulletin 113: 305–326

Hunter, R. und N. Kilstrom (1979): *Breaking the cycle in abusive families.* Amer. J. Psychiatry 136: 1320–1322

Ijzendoorn, M. van (1995): *Adult attachment representations, parental responsiveness, and infant attachment: A meta-analysis of the predictive validity of the adult attachment interview.* Psychological Bulletin 117: 387–403

Ijzendoorn, M. van und P. Kroonenberg (1988): *Cross-cultural patterns of attachment: A meta-analysis of the strange situation.* Child Development 59: 147–156

Ijzendoorn, M. van, A. Sagi, K. Takahashi, K.E. Grossmann, M. Main, R. Hinde und R. LeVine (1990): *Special topic: Cross-cultural validity of attachment theory.* Human Development 33 : 2–80

Isaacs, S. (1948): *The nature and function of phantasy.* Int. J. Psycho-Anal. 29: 73–97

Izard, C. (1977): Die Emotionen des Menschen. Eine Einführung in die Grundlagen der Emotionspsychologie. Weinheim und Basel (Beltz) 1981

Izard, C., E. Hembree und R. Huebner (1987): *Infants' emotion expressions to acute pain.* Developmental Psychology 23: 105–113

Izard, C., E. Hembree, L. Dougherty und C. Spizzirri (1983): *Changes in facial expression of 2- to 19-month old infants following acute pain.* Developmental Psychology 19: 418–426

Izard, C., S. Porges, R. Simons, M. Haynes und B. Cohen (1991): *Infant cardiac activity: Developmental changes and relation with attachment.* Developmental Psychology 27: 432–439

Izard, C., C. Fantauzzo, J. Castle, M. Haynes, M. Rayias und P. Putnam (1995): *The ontogeny and significance of infants' facial expressions in the first 9 months of life.* Developmental Psychology 31: 997–1013

Jacobson, E. (1954): *The self and the object world.* Psychoanal. Study Child 9: 75–127

Jacobson, E. (1964): *Das Selbst und die Welt der Objekte.* Frankfurt/M. (Suhrkamp) 1973

Jimenez, J. (1993): *Die behandlungstechnische Bedeutung des Begriffs der unbewußten Phantasie.* Praxis Psychother. Psychosom. 38: 10–21

Jones, B. (1993): *Repression: The evolution of a psychoanalytic concept from the 1890's to the 1990's.* J. Amer. Psychoanal. Assn. 41: 63–93

Kagan, J. (1981): The Second Year. The Emergence of Self-Awareness. Cambridge (Harvard Univ. Press)

Kaltenbach, K., M. Weinraub und **W. Fullard** (1980): *Infant wariness towards strangers reconsidered: Infants' and mothers' reactions to unfamiliar persons.* Child Development 51: 1197–1202

Kaplan, L. (1987): *Discussion of ›The Interpersonal World of the Infant‹.* Contemp. Psychoanal. 23: 27–44

Karmiloff-Smith, A. (1992): Beyond Modularity. A Developmental Perspective on Cognitive Science. Cambridge und London (The MIT Press)

Kashani J., W. Shekim, J. Burk und **N. Beck** (1987): *Abuse as a predictor of psychopathology in children and adolescents.* J. Clinical Child Psychology 16: 43–50

Kaufman, J. und **E. Zigler** (1987): *Do abused children become abusive parents?* Amer. J. Orthopsychiatry 57: 186–192

Kaufman, J. und **E. Zigler** (1989): *The intergenerational transmission of child abuse.* In: D. Cicchetti und V. Carlson (Hrsg.): Child Maltreatment: Theory and Research on the Causes and Consequences of Child Abuse and Neglect. Cambridge (Cambridge Univ. Press), 129–150

Kaye, K. (1982): The Mental and Social Life of Babies. How Parents Create Persons. Chicago (The Univ. of Chicago Press)

Kempe, H., F. Silverman, B. Steele, W. Droegemueller und **H. Silver** (1962): *The battered child syndrome.* J. Amer. Medical Assn. 181: 17–24

Kempe, R. und **H. Kempe** (1978): Kindesmißhandlung. Stuttgart (Klett-Cotta) 1980

Kernberg, O. (1972): *Early ego integration and object relations.* Annals of the New York Academy of Sciences, 193: 233–247

Kernberg, O. (1975): Borderline-Störungen und pathologischer Narzißmus. Frankfurt/M. (Suhrkamp) 1978

Kernberg, O. (1976): Objektbeziehungen und Praxis der Psychoanalyse. Stuttgart (Klett-Cotta) 1981

Kernberg, O. (1980): Innere Welt und äußere Realität. Verlag Internationale Psychoanalyse (München–Wien) 1988

Kernberg, O. (1987): *The dynamic unconscious and the self.* In: R. Stern (Hrsg.): Theories of the Unconscious and Theories of the Self. Hillsdale, New Jersey (The Analytic Press), 3–25

Kernberg, O. (1991a): *Sexual excitement and rage: Building blocks of drives.* Sigmund Freud House Bull. 15: 3–35

Kernberg, O. (1991b): *Die Psychopathologie des Hasses.* Forum Psychoanal. 7: 251–270

Kernberg, O. (1991c): *Some comments on early development.* In: S. Akhtar und H. Parens (Hrsg.): Beyond the Symbiotic Orbit. Advances in Separation-Individuation Theory. Hillsdale, New Jersey (The Analytic Press), 103–120

Kernberg, O. (1995a): *Hatred as a core affect of aggression.* Vortrag auf der 5. IPV-Tagung zu Fragen der psychoanalytischen Forschung am 10./11. März 1995 in London. Unveröffentlichtes Manuskript

Kernberg, O. (1995b): *An interview with Otto Kernberg.* Psychoanal. Dialogues 5: 325–363

Kernberg, O. (1996): *Haß als zentraler Affekt der Aggression.* Zeitschrift für psychosom. Medizin und Psychoanal. 42: 281–305

Kihlstrom, J. (1987): *The cognitive unconscious.* Science 237: 1445–1452

Killingmo, B. (1989): *Conflict and deficit: Implications for technique.* Int. J. Psycho-Anal. 70: 65–79

King, P. und R. Steiner (1991): (Hrsg.): The Freud-Klein Controversies 1941–45. London und New York (Tavistock/Routledge)

Klein, G. (1976): Psychoanalytic Theory. An Exploration of Essentials. New York (International Univ. Press)

Klein, Me. (1930): *Die Bedeutung der Symbolbildung für die Ichentwicklung.* In: M. Klein (1972): Das Seelenleben des Kleinkindes und andere Beiträge zur Psychoanalyse. Reinbek bei Hamburg (Rowohlt), 31–44

Klein, Me. (1935): *Zur Psychogenese der manisch-depressiven Zustände.* In: M. Klein (1972): Das Seelenleben des Kleinkindes und andere Beiträge zur Psychoanalyse. Reinbek bei Hamburg (Rowohlt), 45–73

Klein, Me. (1946): *Bemerkungen über einige schizoide Mechanismen.* In: M. Klein (1972): Das Seelenleben des Kleinkindes und andere Beiträge zur Psychoanalyse. Reinbek bei Hamburg (Rowohlt), 101–125

Klein, Mi. (1981): *On Mahler's autistic and symbiotic phases. An exposition and evaluation.* Psychoanal. Contemp. Thought 4: 69–105

Klinnert, M., J. Campos, J. Source, R. Emde und M. Svejda (1983): *Emotions as behavior regulators: Social referencing in infancy.* In: R. Plutchik und H. Kellerman (Hrsg.): Emotion: Theory, Research, and Experience: Vol. 2: Emotions in Early Development. New York u. a. (Academic Press), 57–86

Klinnert, M., J. Sorce, R. Emde, C. Sternberg und T. Gaensbauer (1984): *Continuity and change in early emotional life: Maternal perceptions of surprise, fear, and anger.* In: R. Emde und R. Harmon (Hrsg.): Continuities and Discontinuities in Development. New York und London (Plenum Press), 339–354

Klüwer, R. (1983): *Agieren und Mitagieren.* Psyche 37: 828–840

Klüwer, R. (1995): *Agieren und Mitagieren – 10 Jahre später.* Zeitschrift für psychoanal. Theorie und Praxis 10: 45–70

Köhler, L. (1992): *Formen und Folgen früher Bindungserfahrungen.* Forum Psychoanal. 8: 263–280

Köhler, L. (1995): *Bindungsforschung und Bindungstheorie aus der Sicht der Psychoanalyse.* In: G. Spangler und P. Zimmermann (Hrsg.): Die Bindungstheorie. Grundlagen, Forschung und Anwendung. Stuttgart (Klett-Cotta), 67–85

Köhler, L. (1996): *Entstehung von Beziehungen: Bindungstheorie.* In: Th. von Uexküll, Psychosomatische Medizin. Herausgegeben von R. Adler, J. Herrmann, K. Köhle, O. W. Schonecke, Th. von Uexküll und W. Wesiack. München u. a. (Urban u. Schwarzenberg) 5. neubearb. u. erw. Aufl., 222–230

Körner, J. (1995): *Der Rahmen der psychoanalytischen Situation*. Forum Psychoanal. 11: 15–26

Kohut, H. (1971): Narzißmus. Eine Theorie der psychoanalytischen Behandlung narzißtischer Persönlichkeitsstörungen. Frankfurt/M. (Suhrkamp) 1973

Kohut, H. (1973): *Überlegungen zum Narzißmus und zur narzißtischen Wut*. In: H. Kohut (1975): Die Zukunft der Psychoanalyse. Frankfurt/M. (Suhrkamp), 205–251

Kohut, H. (1975): *Bemerkungen zur Bildung des Selbst*. In: H. Kohut (1975): Die Zukunft der Psychoanalyse. Frankfurt/M. (Suhrkamp), 252–285

Kohut, H. (1977): Die Heilung des Selbst. Frankfurt/M. (Suhrkamp) 1979

Kohut, H. (1984): Wie heilt die Psychoanalyse? Frankfurt/M. (Suhrkamp) 1987

Kosslyn, S. (1994): Image and Brain. Cambridge und London (Bradford Books/ MIT Press)

Kotelchuk, M. (1982): *Child abuse and neglect: Prediction and misclassification*. In: R. Starr (Hrsg.): Child Abuse Predictions: Policy Implications. Cambridge (Ballinger), 67–104

Koukkou, M. und **D. Lehmann** (1980): *Psychophysiologie des Träumens und der Neurosentherapie: Das Zustands-Wechsel-Modell, eine Synopsis*. Fortschritte der Neurologie, Psychiatrie und ihrer Grenzgebiete 48: 324–350

Koukkou, M. und **D. Lehmann** (1993): *A model of dreaming and its functional significance. The state-shift hypothesis*. In: A. Moffitt, M. Kramer und R. Hoffmann (Hrsg.): The Functions of Dreaming. Albany, New York (State Univ. of New York Press), 51–118

Krannich, S., M. Sanders, K. Ratzke, B. Diepold und **M. Cierpka** (1997): *FAUSTLOS – Ein Curriculum zur Förderung sozialer Kompetenz und zur Prävention von aggressivem und gewaltbereitem Verhalten bei Kindern*. Erscheint in: Praxis der Kinderpsychologie und Kinderpsychiatrie 46 (Mai)

Krause, R. (1983): *Zur Onto- und Phylogenese des Affektsystems und ihrer Beziehungen zu psychischen Störungen*. Psyche 37: 1016–1043

Krause, R. (1988): *Eine Taxonomie der Affekte und ihre Anwendung auf das Verständnis der »frühen« Störungen*. Psychother. med. Psychol. 38: 77–86

Krause, R. (1990): *Psychodynamik der Emotionsstörungen*. In: K. Scherer (Hrsg.): Psychologie der Emotion. Göttingen u.a. (Hogrefe), 630–705

Krause, R. (1992a): *Die Zweierbeziehung als Grundlage der psychoanalytischen Therapie*. Psyche 46: 588–612

Krause, R. (1992b): *Mimisches Verhalten und Erleben*. In: J. Neuser und R Griebel (Hrsg.). Projektion – Grenzprobleme zwischen innerer und äußerer Realität. Göttingen u.a. (Hogrefe), 173–186

Krause, R. (1994): *Schwer, früh und unbehandelbar?* In: U. Streeck und K. Bell (Hrsg.): Die Psychoanalyse schwerer psychischer Erkrankungen. München (Pfeiffer), 61–75

Krause, R. und **P. Lütolf** (1989): *Mimische Indikatoren von Übertragungsvorgängen*. Zeitschrift für klinische Psychologie 18: 55–67

Krause, R., E. Steimer-Krause und **B. Ullrich** (1992): *Anwendungen der Affektforschung auf die psychoanalytisch-psychotherapeutische Praxis*. Forum Psychoanal. 8: 238–253

Kreisler, L. (1990): *Die Depression des Säuglings. Klinische Erläuterungen – Theo-*

retische Vorschläge. In: J. Stork (Hrsg.): Neue Wege im Verständnis der aller-frühesten Entwicklung des Kindes. Erkenntnisse der Psychopathologie des Säuglingsalters. Stuttgart/Bad Cannstatt (Frommann-Holzboog), 87–105

Krejci, E. (1990a): *W. R. Bion: ›Lernen durch Erfahrung‹. Annäherungsversuch an einen spröden Text.* Zeitschrift für psychoanal. Theorie und Praxis 5: 57–69

Krejci, E. (1990b): *Vorwort zu W.R. Bion ›Lernen durch Erfahrung‹.* In: W.R. Bion (1962): Lernen durch Erfahrung. Frankfurt/M. (Suhrkamp) 1990, 9–35

Krist, H. und **F. Wilkening** (1991): *Repräsentationale Entwicklung.* In: J. Engelkamp und Th. Pechmann (1993): (Hrsg.): Mentale Repräsentation. Bern u.a. (Huber), 147–161

Kropp, J. und **M. Haynes** (1987): *Abusive and nonabusive mothers' ability to identify general and specific emotion signals of infants.* Child Development 58: 187–190

Küchenhoff, J. (1990): *Über verstehbare und nicht-verstehbare Zusammenhänge in der psychoanalytischen Psychosomatik.* In: U. Streeck und H.-V. Werthmann (Hrsg.): Herausforderungen für die Psychoanalyse. Diskurse und Perspektiven. München (Pfeiffer), 67–86

Kuiper, P. (1966): Die seelischen Krankheiten des Menschen. Psychoanalytische Neurosenlehre. Stuttgart (Huber/Klett)

Kulish, N. (1985/86): *Projective identification: A concept overburdened.* Int. J. Psychoanal. Psychother. 11: 79–104

Kutchinsky, B. (1991): *Sexueller Mißbrauch von Kindern: Verbreitung, Phänomenologie und Prävention.* Zeitschrift für Sexualforschung 4: 33–44

Lachmann, F. und **B. Beebe** (1989): *Oneness fantasies revisited.* Psychoanal. Psychol. 6: 137–149

Laewen, H.-J. (1992): *Zur Beziehung zwischen kindlichen Bindungsmustern und Krippenbewältigung.* Gruppenpsychotherapie und Gruppendynamik 28: 245–257

Laewen, H.-J. (1994): *Zum Verhalten und Wohlbefinden von Krippenkindern.* Psychologie in Erziehung und Unterricht 41: 1–13

Lamb, M. und **M. Bornstein** (1987): *Development in Infancy. An Introduction.* New York (Random House) 2. Aufl.

Lamb, M., T. Gaensbauer, C. Malkin und **L. Schultz** (1985): *The effects of child maltreatment on security of infant-adult-attachment.* Infant Behavior and Development 8: 35–45

Lamm, L. (1993): The Idea of the Past. History, Science, and Practice in American Psychoanalysis. New York und London (New York Univ. Press)

Lampl de Groot, J. (1960): *Depression und Aggression.* Jahrbuch der Psychoanalyse 1: 145–160

Lange, J. (1980): *Beitrag zur Struktur und Behandlung von Phobikern.* Unveröffentlichtes Manuskript

Lantos, B. (1958): *The two genetic derivations of aggression with reference to sublimation and neutralization.* Int. J. Psycho-Anal. 39: 116–120

Laplanche, J. (1996): *Ziele des psychoanalytischen Prozesses.* Vortrag auf der Herbsttagung der DPV am 23.11.96 in Wiesbaden. Unveröffentlichtes Manuskript

Laplanche, J. und **J.-B. Pontalis** (1967): Das Vokabular der Psychoanalyse. Frankfurt/M (Suhrkamp) 1972

Larrance, D. und **C. Twentyman** (1983): *Maternal attribution and child abuse.* J. Abnormal Psychology 92: 449–457

Laucht, M. (1990): *Individuelle Merkmale mißhandelter Kinder.* In: J. Martinius und R. Frank (Hrsg.): Vernachlässigung, Mißbrauch und Mißhandlung von Kindern. Bern u. a. (Huber), 39–48

Lazar, R. (1991): *10 Jahre Babybeobachtung – ein Rückblick. Babybeobachtung nach der Methode von Frau Dr. Esther Bick.* Arbeitskreis DGPT/VAKJP für analytische Psychotherapie bei Kindern und Jugendlichen, 1991, Heft 4: 47–82

Lazar, R. (1993): *»Container – contained« und die hilfreiche Beziehung.* In: M. Ermann (Hrsg.): Die hilfreiche Beziehung in der Psychoanalyse. Göttingen (Vandenhoeck und Ruprecht), 68–91

Lebovici, S. (1983a): *Bemerkungen zum Begriff der phantasmatischen Interaktion.* In: H. Lobner (Hrsg.): Psychoanalyse heute. Festschrift zum 60. Geburtstag von Harald Leupold-Löwenthal. Wien (Orac), 121–138

Lebovici, S. (1983b): Der Säugling, die Mutter und der Psychoanalytiker. Die frühen Formen der Kommunikation. Stuttgart (Klett-Cotta) 1990

Leslie, A. (1982): *The perception of causality in infants.* Perception 11: 173–186

Leslie, A. (1984a): *The infant's encoding of simple causal events.* Unveröffentlicht, ref. in H. Keller (1989): (Hrsg.): Handbuch der Kleinkindforschung. Berlin u. a. (Springer), 412

Leslie, A. (1984b): *Spatiotemporal continuity and the perception of causality in infants.* Perception 13: 287–305

Leslie, A. und **S. Keeble** (1987): *Do six-month-old infants perceive causality?* Cognition 25: 265–288

Lester, E. (1982): (rep.): *New directions in affect theory.* J. Amer. Psychoanal. Assn. 30: 197–211

Leukel, H. (1991): *Multifaktorielle Untersuchungen zur Epidemiologie des plötzlichen Kindstodes in Frankfurt am Main und Südhessen 1970–1989.* Med. Diss. Frankfurt/M.

Leuzinger-Bohleber, M. (1995): *Die Einzelfallstudie als psychoanalytisches Forschungsinstrument.* Psyche 49: 434–480

Levin, F. (1991): Mapping the Mind. The Intersection of Psychoanalysis and Neuroscience. Hillsdale und London (The Analytic Press)

Levine, H. (1990): (Hrsg.): Adult Analysis of Childhood Sexual Abuse. Hillsdale, New Jersey (The Analytic Press)

Lewis, Ma. (1993): *A neo-piagetian interpretation of Melanie Klein's theory of infancy.* Psychoanal. Contemp. Thought 16: 519–559

Lewis, Mi. (1992): Scham: Annäherung an ein Tabu. Hamburg (Kabel) 1993

Lewis, Mi. (1993): *The development of anger and rage.* In: R. Glick und S. Roose (Hrsg.): Rage, Power, and Aggression. New Haven und Londen (Yale Univ. Press), 148–168

Lewis Mi. und **L. Michalson** (1985): *Faces as signs and symbols.* In: G. Zivin (Hrsg.): The Development of Expressive Behavior. Biology-Environment Interactions. Orlando u. a. (Academic Press), 153–179

Lewis, Mi., M. Sullivan und **L. Michalson** (1984): *The cognitive-emotional fugue.*

In: C. Izard, J. Kagan und R. Zajonc (Hrsg.): Emotions, Cognition, and Behavior. Cambridge u. a. (Cambridge Univ. Press), 264–287

Lewis, Mi., L. Alessandri und **M. Sullivan** (1990): *Violation of expectancy, loss of control, and anger expressions in young infants.* Developmental Psychology 26: 745–751

Lewkowicz, D. und **G. Turkewitz** (1980): *Cross-modal equivalence in early infancy: Auditory-visual intensity matching.* Dev. Psychol. 16: 597–607

Lichtenberg, J. (1981): *Implications for psychoanalytic theory of research on the neonate.* Int. Rev. Psycho-Anal. 8: 35–52

Lichtenberg, J. (1982): *Reflections on the first year of life.* Psychoanal. Inquiry 1: 695–729

Lichtenberg, J. (1983): Psychoanalyse und Säuglingsforschung. Berlin u. a. (Springer) 1991

Lichtenberg, J. (1987): *Einige Parallelen zwischen den Ergebnissen der Säuglingsbeobachtung und klinischen Beobachtungen an Erwachsenen, besonders Borderline-Patienten und Patienten mit narzißtischer Persönlichkeitsstörung.* Psyche 44, 1990: 871–901

Lichtenberg, J. (1988): *Motivational-funktionale Systeme als psychische Strukturen.* Forum Psychoanal. 7, 1991: 85–97

Lichtenberg, J. (1989a): Psychoanalysis and Motivation. Hillsdale und London (The Analytic Press)

Lichtenberg (1989b): *Modellszenen, Affekte und das Unbewußte.* In: E. Wolf, A. Ornstein, P. Ornstein, J. Lichtenberg und P. Kutter: Selbstpsychologie. Weiterentwicklungen nach Heinz Kohut. München-Wien (Verlag Internationale Psychoanalyse), 73–106

Lichtenberg, J. (1992): *Haß im Verständnis der Selbstpsychologie. Ein motivationssystemischer Ansatz.* In: C. Schöttler und P. Kutter (Hrsg.): Sexualität und Aggression aus der Sicht der Selbstpsychologie. Frankfurt/M. (Suhrkamp), 48–76

Lichtenberg, J., F. Lachmann und **J. Fosshage** (1992): Self and Motivational Systems. Toward a Theory of Psychoanalytic Technique. Hillsdale, New Jersey (The Analytic Press)

Loch, W. und **G. Jappe** (1974): *Die Konstruktion der Wirklichkeit und die Phantasien. Anmerkungen zu Freuds Krankengeschichte des »kleinen Hans«.* Psyche 28: 1–31

Loch, W. (1976): *Psychoanalyse und Wahrheit.* Psyche 30: 865–898

Löchel, E. (1996): *Zur Genese des Symbols in der kindlichen Entwicklung.* Kinderanalyse 4: 254–286

Loftus, E. (1993): *The reality of repressed memories.* Amer. Psychologist 48: 518–537

Lohaus, A. und **H. M. Trautner** (1997): *Präventionsprogramme und ihre Wirksamkeit zur Verhinderung sexuellen Mißbrauchs.* In: U. Egle, S. O. Hoffmann und P. Joraschky (Hrsg.): Sexueller Mißbrauch, Mißhandlung, Vernachlässigung. Erkennung und Behandlung psychischer und psychosomatischer Folgen früher Traumatisierungen. Stuttgart (Schattauer), 369–374

Lore, R. und **L. Schultz** (1993): *Control of human aggression. A comparative perspective.* Amer. Psychologist 48: 16–25

Lorenz, K. (1963): Das sogenannte Böse. Zur Naturgeschichte der Aggression. München (dtv) 1974

Lorenzer, A. (1981): *Was ist eine unbewußte Phantasie?* In: A. Schöpf (Hrsg.): Phantasie als anthropologisches Problem. Würzburg (Königshausen und Neumann), 213–224

Lütkenhaus, P., K.E. Grossmann und **K. Grossmann** (1985): *Infant-mother attachment at twelve months and style of interaction with a stranger at the age of three years.* Child Development 56: 1538–1542

Lyons-Ruth, K. (1991): *Rapprochment or approchment: Mahler's theory reconsidered from the vantage point of recent research on early attachment relationships.* Psychoanal. Psychol. 8: 1–23

Lyons-Ruth, K. (1996): *Attachment relationships among children with aggressive behavior problems: The role of disorganized early attachment patterns.* J. Consulting and Clinical Psychology 64: 64–73

Lyons-Ruth, K., D. Connell und **D. Zoll** (1989): *Patterns of maternal behavior among infants at risk for abuse:* In: D. Cicchetti und V. Carlson (Hrsg.): Child Maltreatment: Theory and Research on the Causes and Consequences of Child Abuse and Neglect. Cambridge (Cambridge Univ. Press), 464–493

Lyons-Ruth, K., D. Connell und **H. Grunebaum** (1990): *Infants at social risk: Maternal depression and familiy support services as mediators of infant development and security of attachment.* Child Development 61: 85–98

Lyons-Ruth, K., L. Alpern und **B. Repacholi** (1993): *Disorganized infant attachment classification and maternal psychosocial problems as predictors of hostile-aggressive behavior in the preschool classroom.* Child Development 64: 572–585

Lyons-Ruth, K., D. Zoll, D. Connell und **H. Gruenebaum** (1986): *The depressed mother and her one-year-old infant: Environment, interaction, attachment, and infant development.* In: E. Tronick und T. Field (Hrsg.): Maternal Depression and Infant Disturbance. San Francisco und London (Jossey-Bass), 61–82

Lyons-Ruth, K., D. Connell, D. Zoll und **J. Stahl** (1987): *Infants at social risk: Relations among infant maltreatment, maternal behavior, and infant attachment behavior.* Developmental Psychology 23: 223–232

Lyons-Ruth, K., D. Connell, H. Grunebaum, M. Botein und **D. Zoll** (1984): *Maternal family history, maternal caretaking and infant attachment in multiproblem families.* J. Preventive Psychiatry 2: 403–425

Mahler, M. (1952)· *Kindliche Psychose und Schizophrenie: Autistische und symbiotische kindliche Psychosen.* In: M. Mahler (1985): Studien über die drei ersten Lebensjahre. Stuttgart (Klett-Cotta), 164–189

Mahler, M. (1968a): Symbiose und Individuation. Band I: Psychosen im frühen Kindesalter. Stuttgart (Klett) 1972

Mahler, M. (1968b): Bemerkungen zu Anpassung und Abwehr in statu nascendi. In: M. Mahler (1985): Studien über die drei ersten Lebensjahre. Stuttgart (Klett-Cotta), 327–346

Mahler, M. (1971): *Die Bedeutung des Loslösungs- und Individuationsprozesses für die Beurteilung von Borderline-Phänomenen.* In: M. Mahler (1985): Studien über die drei ersten Lebensjahre. Stuttgart (Klett-Cotta), 347–366

Mahler, M. (1974): *Symbiose und Individuation.* Psyche 29, 1975: 609–625

Mahler, M. (1988): Mein Leben, mein Werk (herausgegeben von P. Stepansky). München (Kösel) 1989

Mahler, M. und **B. Gosliner** (1955): *Zur symbiotischen kindlichen Psychose: Genetische, dynamische und Wiederherstellungsaspekte.* In: M. Mahler (1985): Studien über die drei ersten Lebensjahre. Stuttgart (Klett-Cotta), 141–163

Mahler, M. und **L. Kaplan** (1977): *Entwicklungsaspekte bei der Beurteilung narzißtischer und sogenannter Borderline-Persönlichkeitsstörungen.* In: M. Mahler (1985): Studien über die drei ersten Lebensjahre. Stuttgart (Klett-Cotta), 373–388

Mahler, M., F. Pine und **A. Bergman** (1975): Die psychische Geburt des Menschen. Symbiose und Individuation. Frankfurt/M. (Fischer) 1978

Main, M. (1995 a): *Discourse, prediction, and recent studies in attachment: Implications for psychoanalysis.* In: T. Shapiro und R. Emde (Hrsg.): Research in Psychoanalysis. Process, Development, Outcome. Madison (International Univ. Press), 209–244

Main, M. (1995 b): *Desorganisation im Bindungsverhalten.* In: G. Spangler und P. Zimmermann (Hrsg.): Die Bindungstheorie. Grundlagen, Forschung und Anwendung. Stuttgart (Klett-Cotta), 120–139

Main, M. und **D. Weston** (1981): *The quality of the toddler's relationship to mother and to father: Related to conflict behavior and to readiness to establish new relationships.* Child Development 52: 932–940

Main, M. und **R. Goldwyn** (1984): *Predicting rejection of her infant from mother's representation of her own experience: Implications for the abused-abusing intergenerational cycle.* Child Abuse and Neglect 8: 203–217

Main, M. und **J. Solomon** (1986): *Discovery of an insecure-disorganized/disoriented attachment pattern.* In: B. Brazelton und M. Yogman (Hrsg.): Affective Development in Infancy. Norwood, New Jersey (Ablex), 95–124

Main, M. und **E. Hesse** (1990): *Parents' unresolved traumatic experiences are related to infant disorganized attachment status: Is frightened and/or frightening parental behavior the linking mechanism?* In: M. Greenberg, D. Cicchetti und M. Cummings (Hrsg.): Attachment in the Preschool Years. Theory, Research, and Intervention. Chicago und London (Univ. of Chicago Press), 161–182

Main, M. und **J. Solomon** (1990): *Procedures for identifying infants as disorganized/disoriented during the Ainsworth strange situation.* In: M. Greenberg, D. Cicchetti und M. Cummings (Hrsg.): Attachment in the Preschool Years. Theory, Research, and Intervention. Chicago und London (Univ. of Chicago Press), 121–160

Malatesta, C. (1985): *Developmental course of emotion expression in the human infant.* In: G. Zivin (Hrsg.): The Development of Expressive Behavior. Biology-Environment Interactions. Orlando u.a. (Academic Press), 183–219

Malinosky-Rummel, R. und **D. Hansen** (1993): *Long-term consequences of childhood physical abuse.* Psychological Bulletin 114: 68–79

Mandler, J. (1983): *Representation.* In: J. Flavell und E. Markman (Hrsg.): Cognitive Development = P. Mussen (Hrsg.): Handbook of Child Psychology, Vol. 3. New York u.a. (Wiley), 4. Aufl., 420–494

Mandler, J. (1988): *How to build a baby: On the development of an accessible representational system.* Cognitive Development 3: 113–136

Mandler, J. (1990): *Recall of events by preverbal children.* Annals of the New York Academy of Sciences 608: 485–516

Mandler, J. (1991): *Prelinguistic primitives.* Proceedings of the Seventeenth Annual Meeting of the Berkeley Linguistic Society. General Session and Parasession on the Grammar of Event Structure. Berkeley, 414–425

Mandler, J. (1992a): *How to build a baby: II. Conceptual primitives.* Psychological Review 99: 587–604

Mandler, J. (1992b): *The foundations of conceptual thought.* Cognitive Development 7: 273–285

Marohn, R. (1993): *Rage without content.* In: A. Goldberg (Hrsg.): Progress in Self Psychology, Vol. 9. Hillsdale, New Jersey (The Analytic Press), 129–141

Martin, H. und P. Beezley (1976): *Therapy for abusive parents: Its effect on the child.* In: H. Martin (Hrsg.): The Abused Child: A Multidisciplinary Approach to Developmental Issues and Treatment. Cambridge (Ballinger), 251–263

Martinius, J. und R. Frank (1990): (Hrsg.): Vernachlässigung, Mißbrauch und Mißhandlung von Kindern. Bern u. a. (Huber)

Mash, E., C. Johnston und K. Kovitz (1983): *A comparison of the mother-child-interaction of physically abused and non-abused children during play and task situations.* J. Clinical Child Psychology 12: 337–346

Masterson, J. (1976): Psychotherapie bei Borderline-Patienten. Stuttgart (Klett-Cotta) 1980

Mayes, L. und D. Cohen (1993): *The social matrix of aggression. Enactments and representation of loving and hating in the first year of life.* Psychoanal. Study Child 48: 145–169

McCabe, A. und C. Peterson (1991): (Hrsg.): Developing Narrative Structure. Hillsdale und London (Erlbaum)

McCord, J. (1983): *A forty year perspective on effects of child abuse and neglect.* Child Abuse and Neglect 7: 265–270

McDevitt, J. (1985): *The emergence of hostile aggression and its defensive and adaptive modifications during the separation-individuation process.* In: H. Blum (Hrsg.): Defense and Resistance. Historical Perspectives and Current Concepts. New York (International Univ. Press), 273–300

McDonough, L. und J. Mandler (1994): *Very long-term recall in infants: Infantile amnesia reconsidered.* In: R. Fivush (Hrsg.): Long-term Retention of Infant Memories. Hove und Hillsdale (Erlbaum), 339–352

McDougall, J. (1978): Plädoyer für eine gewisse Anormalität. Frankfurt/M. (Suhrkamp) 1985

Mehler, J. (1985): *Language related dispositions in early infancy.* In: J. Mehler und R. Fox (Hrsg.): Neonate Cognition: Beyond the Blooming Buzzing Confusion. Hillsdale, New Jersey (Erlbaum), 8–28

Meltzoff, A. (1988a): *Infant imitation and memory: Nine-month-olds in immediate and deferred tests.* Child Development 59: 217–225

Meltzoff, A. (1988b): *Infant imitation after a 1-week delay: Long-term memory for novel acts and multiple stimuli.* Developmental Psychology 24: 470–476

Meltzoff, A. (1990): *Towards a developmental cognitive science: The implications of cross-model matching and imitation for the development of representation and memory in infancy.* Annals of the New York Academy of Sciences 608: 1–37

Meltzoff, A. und **R. Borton** (1979): *Intermodal matching by human neonates.* Nature 282: 403–404

Meltzoff, A. und **A. Gopnick** (1989): *On linking nonverbal imitation, representation, and language learning in the first two years of life.* In: G. Speitel und K. Nelson (Hrsg.): The Many Faces of Imitation in Language Learning. New York u. a. (Springer), 23–51

Mentzos, S. (1993): Der Krieg und seine psychosozialen Funktionen. Frankfurt/M. (Fischer)

Mertens, W. (1991): Einführung in die psychoanalytische Therapie. *Band 3.* Stuttgart u. a. (Kohlhammer)

Mertens, W. und **R. Haubl** (1996): Der Psychoanalytiker als Archäologe. Eine Einführung in die Methode der Rekonstruktion. Stuttgart u. a. (Kohlhammer)

Meyer, A.-E. (1993): *Nieder mit der Novelle als Psychoanalysedarstellung – hoch lebe die Interaktionsgeschichte.* Zeitschrift für psychosom. Medizin und Psychoanal. 40, 1994: 77–98

Michel, G., L. Camras und **J. Sullivan** (1992): *Infant interest expressions as coordinative motor structures.* Infant Behavior and Development 15: 347–358

Miller, S., B. Boyer und **M. Rodoletz** (1990): *Anxiety in children.* In: M. Lewis und S. Miller (Hrsg.): Handbook of Developmental Psychopathology. New York und London (Plenum Press), 191–207

Minde, K. (1981): *Rezension von ›The Selected Papers of Margaret S. Mahler‹.* J. Amer. Academy Child Psychiatry 20: 426–428

Minde, K. (1995): *Bindung und emotionale Probleme bei Kleinkindern: Diagnose und Therapie.* In: G. Spangler und P. Zimmermann (Hrsg.): Die Bindungstheorie. Grundlagen, Forschung und Anwendung. Stuttgart (Klett-Cotta), 361–374

Modell, A. (1990): Other Times, Other Realities. Toward a Theory of Psychoanalytic Treatment. Cambridge und London (Cambridge Univ. Press)

Moeller, M. (1992): Der Krieg, die Lust, der Frieden, die Macht. Reinbek bei Hamburg (Rowohlt)

Molitor, G. und **M. Naumann-Lenzen** (1992): *Ist die frühkindliche Spaltung ubiquitär?* Beiträge zur analytischen Kinder- und Jugendlichenpsychotherapie, Heft 75: 1–28

Money-Kyrle, R. (1968): *Cognitive development.* Int. J. Psycho-Anal. 49: 691–698

Moore, C. und **V. Corkum** (1994): *Social understanding at the end of the first year of life.* Developmental Review 14: 349–372

Morgan, J. und **J. Saffran** (1995): *Emerging integration of sequential and suprasegmental information in preverbal speech segmentation.* Child Development 66: 911–936

Mrazek, P. (1993): *Maltreatment and infant development.* In: C. Zeanah (Hrsg.): Handbook of Infant Mental Health. New York (Guilford Press), 159–170

Mueller, E. und **N. Silverman** (1989): *Peer relations in maltreated children.* In: D.

Cicchetti und V. Carlson (Hrsg.): Child Maltreatment: Theory and Research on the Causes and Consequences of Child Abuse and Neglect. Cambridge (Cambridge Univ. Press), 529–578

Murphy, C. und **D. Messer** (1977): *Mothers, infants, and pointing. A study of a gesture.* In: H. Schaffer (Hrsg.): Studies in Mother-Infant Interaction. London u. a. (Academic Press), 325–354

Murphy, L. (1980): *Psychoanalytic views of infancy.* In: S. Greenspan und G. Pollock (Hrsg.): The Course of Life. Vol.1: Infancy and Early Childhood. Washington (U. S. Government Printing Office), 313–363

Murray, L. (1991): *Intersubjectivity, object relations theory, and empirical evidence from mother-infant interaction.* Infant Mental Health Journal 12: 219–232

Murray, L. (1993): *The impact of postnatal depression on infant development: A naturalistic study and a treatment trial.* Vortrag auf der 3. IPV-Tagung zu Fragen der psychoanalytischen Forschung am 12./13. März 1993 in London. Unveröffentlichtes Manuskript

Murray, L., C. Kempton, M. Woolgar und **R. Hooper** (1993): *Depressed mothers' speech to their infants and its relation to infant gender and cognitive development.* J. Child Psychology and Psychiatry 34: 1083–1101

Mussen, P., J. Conger, J. Kagan und **A. Huston** (1990a): Lehrbuch der Kinderpsychologie, *Band 1.* Stuttgart (Klett-Cotta) 1993

Mussen, P., J. Conger, J. Kagan und **A. Huston** (1990b): Lehrbuch der Kinderpsychologie, *Band 2.* Stuttgart (Klett-Cotta) 1993

Myers, N., R. Clifton und **M. Clarkson** (1987): *When they were very young: Almost-threes remember two years ago.* Infant Behavior and Development 10: 123–132

Myers, N., E. Perris und **C. Speaker** (1994): *Fifty months of memory: A longitudinal study in early childhood.* In: R. Fivush (Hrsg.): Long-term Retention of Infant Memories. Hove und Hillsdale (Erlbaum), 383–415

Nachman, P. (1991): *Contemporary infant research and the separation-individuation theory of Margaret S. Mahler.* In: S. Akhtar und H. Parens (Hrsg.): Beyond the Symbiotic Orbit. Advances in Separation-Individuation Theory. Hillsdale, New Jersey (The Analytic Press), 121–149

Nánez, J. (1988): *Perception of impendig collision in 3-to-6-week old infants.* Infant Behavior and Development 11: 447–463

Näslund, B., I. Persson-Biennow, T. McNeil, L. Kaij und **A. Malmquist-Larsson** (1984): *Offspring of women with nonorganic psychosis: Infant attachment to the mother at one year.* Acta Psychiatrica Scandinavica 69: 231–241

Naumann-Lenzen, M. (1994): *Jenseits der Deutung. Zur Kontroverse um das Verhältnis von Deutungs-, Beziehungs- und Spielaspekten bei Psychopathologien aus der sogenannten präverbalen Lebensphase.* Analytische Kinder- und Jugendlichen-Therapie, 25. Jg., Heft 3, 1994: 235–272

Neisser, U. (1976): Kognition und Wirklichkeit. Prinzipien und Implikationen der kognitiven Psychologie. Stuttgart (Klett-Cotta) 1979

Nelson, C. (1995): *The ontogeny of human memory: A cognitive neuroscience perspective.* Developmental Psychology 31: 723–738)

Nelson, K. (1990): *Remembering, forgetting, and childhood amnesia.* In: R. Fivush und J. Hudson (Hrsg.): Knowing and Remembering in Young Children. Cambridge (Cambridge Univ. Press), 301–316

Nelson, K. (1993): *Ereignisse, Narrationen, Gedächtnis: Was entwickelt sich?* In: H. Petzold (Hrsg.): Frühe Schädigungen – späte Folgen? Psychotherapie und Babyforschung, Band 1. Paderborn (Junfermann), 195–233

Nelson, K. (1994): *Long-term retention of memory for preverbal experience: Evidence and implications.* In: R. Fivush (Hrsg.): Long-term Retention of Infant Memories. Hove und Hillsdale (Erlbaum), 467–475

Nelson, K. (1995): *Erinnern und Erzählen: Eine Entwicklungsgeschichte.* In: H. Petzold (Hrsg.): Die Kraft liebevoller Blicke. Psychotherapie und Babyforschung, Band 2. Paderborn (Junfermann), 167–191

Newcombe, N. und **N. Fox** (1994): *Infantile amnesia: Through a glass darkly.* Child Development 65: 31–40

Newson, J. (1977): *An intersubjective approach to the systematic description of mother-infant interaction.* In: H. Schaffer (Hrsg.): Studies in Mother-Infant Interaction. London u. a. (Academic Press), 47–61

Oates, R. K. (1986): Child Abuse: What Eventually Happens? New York (Brunner/Mazel)

Ogden, T. (1979): *Die projektive Identifikation.* Forum Psychoanal. 4, 1988: 1–21

Ogden, T. (1984): *Trieb, Phantasie und psychologische Tiefenstruktur.* Forum Psychoanal. 2, 1986: 177–196

Ogden, T. (1985): *On potential space.* Int. J. Psycho-Anal. 66: 129–141

Ohr, P., C. Fleckenstein, J. Fagen, S. Klein und **L. Pioli** (1990): *Crying produced forgetting in infants: A contextual analysis.* Infant Behavior and Development 13: 305–320

Oliver, J. (1993): *Intergenerational transmission of child abuse: Rates, research, and clinical implications.* Amer. J. Psychiatry 150: 1315–1324

Olweus, D. (1979): *Stability of aggressive reaction patterns in males: A review.* Psychological Bulletin 86: 852–875

Olweus, D. (1991): *Bully/victim problems among schoolchildren: Basic facts and effects of a school-based intervention programm.* In: D. Pepler und K. Rubin (Hrsg.): The Development and Treatment of Childhood Aggression. Hillsdale, New Jersey (Erlbaum), 411–448

O'Shaughnessy, E. (1992): *Psychosis: not thinking in a bizarre world.* In: R. Anderson (Hrsg.): Clinical Lectures on Klein and Bion. London und New York (Tavistock/Routledge), 89–101

Paar, G. (1988): *Beziehung als Zeitgeber. Zum Werk von Myron A. Hofer.* Praxis Psychother. Psychosom. 33: 302–309

Papousek, H. und **M. Papousek** (1987): *Intuitive parenting: A dialectic counterpart to the infant's integrative competence.* In: J. Osofsky (Hrsg.): Handbook of Infant Development. New York u. a. (Wiley), 669–720 (2. Aufl.)

Papousek, M. (1994): Vom ersten Schrei zum ersten Wort. Bern (Huber)

Papousek, M. und **H. Papousek** (1989): *Stimmliche Kommunikation im frühen*

Kindesalter als Wegbereiter der Sprachentwicklung. In: H. Keller (Hrsg.): Handbuch der Kleinkindforschung. Berlin u. a. (Springer), 465–489

Papousek, M. und **H. Papousek** (1990a): *Intuitive elterliche Früherziehung in der vorsprachlichen Kommunikation. Teil I: Grundlagen und Verhaltensrepertoire.* Sozialpädiatrie in Praxis und Klinik 12: 521–527

Papousek, M. und **H. Papousek** (1990b): *Intuitive elterliche Früherziehung in der vorsprachlichen Kommunikation. Teil II: Früherkennung von Störungen und therapeutische Ansätze.* Sozialpädiatrie in Praxis und Klinik 12: 579–583

Parens, H. (1979): The Development of Aggression in Early Childhood. New York (Aronson)

Parens, H. (1989a): *Toward a reformulation of the psychoanalytic theory of aggression.* In: S. Greenspan und G. Pollock (Hrsg.): The Course of Life, Vol. 2: Early Childhood (International Univ. Press), 83–127 (2. Aufl.)

Parens, H. (1989b): *Zur Epigenese der Aggression in der frühen Kindheit.* Analytische Kinder- und Jugendlichenpsychotherapie 27, 1996: 17–49

Parens, H. (1992): *A view of the development of hostility in early life.* In: T. Shapiro und R. Emde (Hrsg.): Affect: Psychoanalytic Perspectives. Madison (International Univ. Press), 75–108

Parens, H. (1993): *Rage toward self and others in early childhood.* In: R. Glick und S. Roose (Hrsg.): Rage, Power, and Aggression. New Haven und London (Yale Univ. Press), 123–147

Paris, J. (1993): (Hrsg.): Borderline Personality Disorder. Washington DC (American Psychiatric Press)

Parke, R. und **R. Slaby** (1983): *The development of aggression.* In: E.M. Hetherington (Hrsg.): Socialization, Personality, and Social Development = P. Mussen (Gen. Ed.): Handbook of Child Psychology, Vol. 4. New York u. a. (Wiley), 547–641 (4. Aufl.)

Pelaez-Nogueras, M., T. Field, M. Cigales, A. Gonzales und **S. Clasky** (1994): *Infants of depressed mothers show less ›depressed‹ behavior with their nursery teachers.* Infant Mental Health Journal 15: 358–367

Perner, J. (1991): Understanding the Representational Mind. Cambridge und London (The MIT Press)

Perris, W., N. Myers und **R. Clifton** (1990): *Long term memory for a single infancy experience.* Child Development 61: 1796–1807

Perry, D., L. Perry und **J. Boldizar** (1990): *Learning of aggression.* In: M. Lewis und S. Miller (Hrsg.): Handbook of Developmental Psychopathology. New York und London (Plenum Press), 135–146

Person, E. und **H. Klar** (1994): *Establishing trauma: The difficulty distinguishing between memories and fantasies.* J. Amer. Psychoanal. Assn. 42:1055–1081

Peterfreund, E. (1978): *Some critical comments on psychoanalytic conceptualizations of infancy.* Int. J. Psycho-Anal. 59, 427–441

Petermann, F. (1995): *Aggressives Verhalten.* In: R. Oerter und L. Montada (Hrsg.): Entwicklungspsychologie. Ein Lehrbuch. 3. vollst. überarb. und erw. Aufl. Weinheim (PsychologieVerlagsUnion), 1016–1023

Petzold, H. (1995): *Integrative Therapie der Lebensspanne. Zur entwicklungspsychologischen und gedächtnistheoretischen Fundierung aktiver und leibzentrierter Interventionen bei »frühen Störungen« und »negativen Ereignisketten« in* *unglücklichen Lebenskarrieren.* In: H. Petzold (Hrsg.): Die Kraft liebevoller Blicke. Psychotherapie und Babyforschung, Band 2. Paderborn (Junfermann), 325–490

Phillips, A. (1988): Winnicott. London (Fontana Press)

Piaget, J. (1936): Das Erwachen der Intelligenz beim Kinde. Stuttgart (Klett) 1975 (Studienausgabe, Gesammelte Werke Band 1)

Piaget, J. (1937): Der Aufbau der Wirklichkeit beim Kinde. Stuttgart (Klett) 1975 (Studienausgabe, Gesammelte Werke Band 2)

Piaget, J. (1945): Nachahmung, Spiel und Traum. Stuttgart (Klett) 1975 (Studien-ausgabe, Gesammelte Werke Band 5)

Piaget, J. (1954): Intelligenz und Affektivität in der Entwicklung des Kindes. Frankfurt/M. (Suhrkamp) 1995

Piaget, J. (1971): *Das affektive und das kognitive Unbewußte.* In: J. Piaget (1976): Probleme der Entwicklungspsychologie. Kleine Schriften. Frankfurt/M. (Syndikat/EVA), 31–45

Piaget, J. und **B. Inhelder** (1969): Die Entwicklung des inneren Bildes beim Kind. Frankfurt/M. (Suhrkamp) 1978

Pianta, R., B. Egeland und **M. Erickson** (1989): *The antecedents of maltreat-ment: Results of the mother-child interaction research project.* In: D. Cicchetti und V. Carlson (Hrsg.): Child Maltreatment: Theory and Research on the Causes and Consequences of Child Abuse and Neglect. Cambridge (Cambridge Univ. Press), 203–253

Piers, M. (1976): *Kindermord – ein historischer Rückblick.* Psyche 30: 418–435

Pillemer, D. und **S. White** (1989): *Childhood events recalled by adults and chil-dren.* In: H. Reese (Hrsg.): Advances in Child Development and Behavior, Vol. 22 . New York (Academic Press), 297–346

Pine, F. (1977): *Discussion of ›Early object experiences in the development of com-municative structures‹.* In: N. Freedman und S. Grand (Hrsg.): Communica-tive Structures and Psychic Structures. New York und London (Plenum Press), 75–83

Pine, F. (1979): *On the pathology of the separation-individuation process as mani-fested in later clinical work: An attempt at delineation.* Int. J. Psycho-Anal. 60: 225–242

Pine, F. (1981): *In the beginning: Contributions to a psychoanalytic developmen-tal psychology.* Int. Rev. Psycho-Anal. 8: 15–32

Pine, F. (1986a): *Letter to the Editors.* Amer. J. Orthopsychiatry 56: 166–167

Pine, F. (1986b): *The ›symbiotic phase‹ in light of current infancy research.* Bull. Menninger Clinic 50: 564–569

Pine, F. (1990): *Infant research, the symbiotic phase, and clinical work: A case study of a concept.* In: F. Pine (1990): Drive, Ego, Object, and Self. A Synthe-sis for Clinical Work. New York (Basic Books), 232–246

Pine, F. (1992): *Some refinements of the separation-individuation concept in light of research on infants.* Psychoanal. Study Child 47: 103–116

Pine, F. (1994): *The era of separation-individuation.* Psychoanal. Inquiry 14: 4–24

Ploog, D. (1972): *Kommunikation in Affengesellschaften und deren Bedeutung für die Verständigungsweisen des Menschen.* In: H.-G. Gadamer und P. Vogler (Hrsg.): Neue Antropologie Band 2, Biologische Antropologie, Zweiter Teil. Stuttgart (dtv / Thieme), 98–178

Porder, M. (1987): *Projektive Identifikation: Eine Alternativ-Hypothese.* Forum Psychoanal. 7, 1991: 189–201

Portmann, A. (1951): Zoologie und das neue Bild des Menschen. Hamburg (Rowohlt) 1956

Radbill, S. (1968): *Mißhandlung und Kindestötung in der Geschichte.* In: R. Helfer und H. Kempe (1978): (Hrsg.): Das geschlagene Kind. Frankfurt / M. (Suhrkamp), 37–65

Radke-Yarrow, M. (1991): *Attachment patterns in children of depressed mothers.* In: C. M. Parkes, J. Stevenson-Hinde und P. Marris (Hrsg.): Attachment Across the Life Cycle. London und New York (Tavistock / Routledge), 115–126

Radke-Yarrow, M., M. Cummings, L. Kuczynski und **M. Chapman** (1985): *Patterns of attachment in two- and three- year-olds in normal families and families with parental depression.* Child Development 56: 884–893

Rapaport, D. (1951): *Die Autonomie des Ich.* In: P. Kutter und H. Roskamp (1974): (Hrsg.): Psychologie des Ich. Psychoanalytische Ich-Psychologie und ihre Anwendungen. Darmstadt (Wissenschaftliche Buchgesellschaft), 215–230

Rauh, H. (1995): *Frühe Kindheit.* In: R. Oerter und L. Montada (Hrsg.): Entwicklungspsychologie. Ein Lehrbuch. 3. vollst. überarb. und erw. Aufl., Weinheim (PsychologieVerlagsUnion), 167–248

Rayner, E. (1992): *Matching, attunement, and the psychoanalytic dialogue.* Int. J. Psycho-Anal. 73: 39–54

Reich, G. (1995): *Eine Kritik des Konzepts der »primitiven Abwehr« am Begriff der Spaltung.* Forum Psychoanal. 11: 99–118

Reiche, R. (1991): *Haben frühe Störungen zugenommen?* Psyche 45: 1045–1066

Reid, J., K. Kavanagh und **D. Baldwin** (1987): *Abusive parents perception of child problem behaviors: An example of parental bias.* J. Abnormal Child Psychology 15: 457–466

Reister, G. und **W. Tress** (1993): *Frühkindliche Erfahrung und seelische Gesundheit. Ein Beitrag zur Bedeutung protektiver Faktoren.* In: F. Poustka und U. Lehmkuhl (Hrsg.): Gefährdung der kindlichen Entwicklung. München (Quintessenz), 220–229

Renken, B., B. Egeland, D. Marvinney, S. Mangelsdorf und **A. Sroufe** (1989): *Early childhood antecedents of aggression and passive-withdrawal in early elementary school.* J. Personality 57: 257–281

Ricks, M. (1985): *The social transmission of parental behavior: Attachment across generations.* In: I. Bretherton und E. Waters (Hrsg.): Growing Points of Attachment. Theory and Research. Chicago (Chicago Univ. Press), 211–227

Ricœur, P. (1965): Die Interpretation. Ein Versuch über Freud. Frankfurt / M. (Suhrkamp) 1969

Riesenberg, R. (1978): *Das Werk von Melanie Klein.* In: D. Eicke (Hrsg.): Die Psychologie des 20. Jahrhunderts. Band 3: Freud und die Folgen (2). München (Kindler), 210–249

Riviere, J. (1936): *Zur Genese des psychischen Konfliktes im frühen Lebensalter.* Internationale Zeitschrift für Psychoanal. 22: 487–512

Roberts, G. (1992): ›The origins of delusion‹. British J. Psychiatry 161: 298–308

Robertson, J. und J. Robertson (1971): *Reaktionen kleiner Kinder auf kurzfristige Trennung von der Mutter im Lichte neuer Beobachtungen.* Psyche 29, 1975: 626–665

Robert-Tissot, C., B. Cramer, D. Stern, S. R. Serpa, J.-P. Bachmann, F. Palacio-Espasa, D. Knauer, M. De Muralt, C. Berney und G. Mendiguren (1996): *Outcome evaluation in brief mother-infant psychotherapies: Report on 75 cases.* Infant Mental Health Journal 17: 97–114

Robins, L. (1991): *Conduct disorder.* J. Child Psychology and Psychiatry 32: 193–212

Roediger, H. (1990): *Implicit memory: Retention without remembering.* Amer. Psychologist 45: 1043–1056

Roggman, L., J. Langlois, L. Hubbs-Tait und L. Rieser-Danner (1994): *Infant day care, attachment, and the »file drawer problem«.* Child Development 65: 1429–1443

Rose, G. (1972): *Fusion states.* In: P. Giovaccini (Hrsg.): Tactics and Techniques in Psychoanalytic Therapy. (Science House), 170–188

Rosenfeld, H. (1978): *Zur Psychopathologie und psychoanalytischen Behandlung einiger Borderline-Patienten.* Psyche 35, 1981: 338–352

Ross, N. (1975): *Affect as cognition: With observations on the meanings of mystical states.* Int. Rev. Psycho-Anal. 2: 79–93

Rothbaum, F., K. Schneider-Rosen, M. Pott und M. Beatty (1995): *Early parent-child relationships and later problem behavior. A longitudinal study.* Merrill-Palmer Quarterly 41: 133–151

Rovee-Collier, C. (1987): *Learning and memory in infancy.* In: J. Osofsky (Hrsg.): Handbook of Infant Development. New York u. a. (Wiley), 2. Aufl., 98–148

Rovee-Collier, C. und R. Bhatt (1995): *Langzeitgedächtnis im Säuglingsalter.* In: H. Petzold (Hrsg.): Die Kraft liebevoller Blicke. Psychotherapie und Babyforschung, Band 2. Paderborn (Junfermann), 143–165

Rubinfine, D. (1981): *Reconstruction revisited: The question of the reconstruction of mental functioning during the earliest months of life.* In: S. Tuttman, C. Kaye und M. Zimmerman (Hrsg.): Object and Self: A Developmental Approach. Essays in Honor of Edith Jacobson. New York (International Univ. Press), 383–395

Ruff, H. (1980): *The development of perception and recognition of objects.* Child Development 51: 981–992

Salzinger, S., R. Feldman, M. Hammer und M. Rosario (1993): *The effects of physical abuse on children's social relationships.* Child Development 64: 169–187

Sander, L. (1980): (rep.): *New knowledge about the infant from current research: Implications for psychoanalysis.* J. Amer. Psychoanal. Assn. 28: 181–198

Sander, L. (1983): *Polarity, paradox, and the organizing process in development.* In: J. Call, E. Galenson und R. Tyson (Hrsg.): Frontiers of Infant Psychiatry, Vol. 1. New York (Basic Books), 333–346

Sandler, A.-M. (1976): *Fallbeispiel* in: Thiel, J. und N. Treurniet (rep.): Panel on

›The implications of recent advances in the knowledge of child development for the treatment of adults‹. Int. J. Psycho-Anal. 57: 429–439

Sandler, J. (1976): *Träume, unbewußte Phantasien und Wahrnehmungsidentität.* Psyche 30: 769–785

Sandler, J. (1987): (Hrsg.): Projection, Identification, Projective Identification. Madison (International Univ. Press)

Sandler, J. (1994): *Fantasy, defense, and the representational world.* Infant Mental Health Journal 15: 26–35

Sandler, J. und H. Nagera (1963): *Einige Aspekte der Metapsychologie der Phantasie.* Psyche 20, 1966: 188–221

Saternus, K. und P. Klostermann (1992): (Hrsg.): Der plötzliche Kindstod. Elternbetreuung. Lübeck (Schmidt-Römhild)

Scaife, M. und J. Bruner (1975): *The capacity for joint visual attention in the infant.* Nature 253: 265–266

Schacter, D. (1987): *Implicit memory: History and current status.* J. Experimental Psychology: Learning, Memory, and Cognition 13: 501–518

Schafer, R. (1968): Aspects of Internalization. New York (Int. Univ. Press)

Schafer, R. (1983): The Analytic Attitude. New York (Basic Books)

Schaffer, R. (1977): Mütterliche Fürsorge in den ersten Lebensjahren. Stuttgart (Klett-Cotta) 1978

Schaffer, R. (1979): *Acquiring the concept of the dialogue.* In: M. Bornstein und W. Kessen (Hrsg.): Psychological Development from Infancy: Image to Intention. Hillsdale, New Jersey (Erlbaum), 279–305

Schmidt, M. H. (1990): *Die Untersuchung abgelehnter und/oder vernachlässigter Säuglinge aus der Kohorte von 362 Kindern der Mannheimer Studie.* In: J. Martinius und R. Frank (Hrsg.): Vernachlässigung, Mißbrauch und Mißhandlung von Kindern. Bern u. a. (Huber), 15–21

Schneider-Rosen, K. und D. Cicchetti (1984): *The relationship between affect and cognition in maltreated infants: Quality of attachment and the development of visual self-recognition.* Child Development 55: 648–658

Schneider-Rosen, K., K. Braunwald, V. Carlson und D. Cicchetti (1985): *Current perspectives in attachment theory: Illustrations from the study of maltreated infants.* In: I. Bretherton und E. Waters (Hrsg.): Growing Points of Attachment. Theory and Research. Chicago (Chicago Univ. Press), 194–210

Scholz, O. (1991): Bild, Darstellung, Zeichen. Philosophische Theorien bildhafter Darstellung. Freiburg (Alber)

Schur, M. (1971): Sigmund Freud. Leben und Sterben. Frankfurt/M. (Suhrkamp) 1973

Schwartz, A. (1987): *Drives, affects, behavior – and learning: Approaches to a psychobiology of emotion and to an integration of psychoanalytic and neurobiological thought.* J. Amer. Psychoanal. Assn. 35: 467–506

Schwartz, A. (1991): *Reification revisited: Some neurobiologically filtered views of psychic structure and conflict.* In: T. Shapiro (Hrsg.): The Concept of Structure in Psychoanalysis. Madison (International Univ. Press), 359–385

Segal, H. (1957): *Bemerkungen zur Symbolbildung.* In: E. Spillius (1990): (Hrsg.): Melanie Klein Heute. Entwicklungen in Theorie und Praxis. Band 1: Beiträge zur Theorie. München–Wien (Verlag Internationale Psychoanalyse), 202–224

Segal, H. (1964): Melanie Klein. Eine Einführung in ihr Werk. München (Kindler) 1974

Segal, H. (1982): *Early infantile development as reflected in the psychoanalytic process: Steps in integration.* Int. J. Psycho-Anal. 63: 15–22

Seidler, G. (1995): *Der Blick des Anderen. Zum alteritätstheoretischen Verständnis von Scham und Schuld.* Vortrag auf der DPG-Jahrestagung am 2.10.95 in Saarbrücken. Unveröffentlichtes Manuskript

Semprun, J. (1994): Das Böse und die Humanität. Frankfurter Rundschau vom 8. Okt. 1994

Settlage, C. (1977): *The psychoanalytic understanding of narcissistic and borderline personality disorders: Advances in developmental theory.* J. Amer. Psychoanal. Assn. 25: 805–833

Seyfarth, R. und **B. Cheney** (1993): *Wie Affen sich verstehen.* Spektrum der Wissenschaft, Februar 1993: 88–95

Shengold, L. (1979): *Child abuse and deprivation: Soul murder.* J. Amer. Psychoanal. Assn. 27: 533–559

Shengold, L. (1989): Soul Murder. Seelenmord – die Auswirkungen von Mißbrauch und Vernachlässigung in der Kindheit. Frankfurt/M. (Brandes & Apsel) 1995

Shiller, V., C. Izard und **E. Hembree** (1986): *Patterns of emotion expression during separation in the strange situation.* Developmental Psychology 22: 378–382

Shuttleworth, J. (1989): *Psychoanalytic theory and infant development.* In: L. Miller, M. Rustin, M. Rustin und J. Shuttleworth (Hrsg.): Closely Observed Infants. London (Duckworth), 22–51 und 201–211

Silver, D. (1982): (Hrsg.): *Commentaries on Henri Parens' ›The Development of Aggression in Early Childhood‹* = Psychoanal. Inquiry, Vol. 2, No. 2

Silverman, F. (1968): *Röntgenologische Aspekte.* In: R. Helfer und H. Kempe (1978): (Hrsg.): Das geschlagene Kind. Frankfurt/M. (Suhrkamp), 94–117

Singer, J. und **J. Fagen** (1992): *Negative affect, emotional expression, and forgetting in young infants.* Developmental Psychology 28: 48–57

Slade, A. und **L. Aber** (1992): *Attachments, drives, and development: Conflicts and convergences in theory.* In: J. Baron, M. Eagle und D. Wolitzky (Hrsg.): Interface of Psychoanalysis and Psychology. Washington DC (American Psychological Association), 154–185

Slavin, M. (1985): *The origins of psychic conflict and the adaptive function of repression.* Psychoanal. Contemp. Thought 8: 404–440

Slavin, M. und **D. Kriegman** (1992a): *Psychoanalysis as a Darwinian depth psychology: Evolutionary biology and the classical-relational dialectic in psychoanalytic theory.* In: J. Barron, M. Eagle und D. Wolitzky (Hrsg.): Interface of Psychoanalysis and Psychology. Washington DC (American Psychological Association), 37–76

Slavin, M. und **D. Kriegman** (1992b): The Adaptive Design of the Human Psyche. Psychoanalysis, Evolutionary Biology, and the Therapeutic Process. New York und London (Guilford Press)

Sodian, B. (1995): *Entwicklung bereichsspezifischen Wissens.* In: R. Oerter und L. Montada (Hrsg.): Entwicklungspsychologie. Ein Lehrbuch. 3. vollst. überar. und erw. Aufl., Weinheim (PsychologieVerlagsUnion), 622–653

Solnit, H. (1972): *Aggression: A review on theory building in psychoanalysis.* J. Amer. Psychoanal. Assn. 20: 435–450

Solnit, A. (1988): (Chair): *International scientific colloqium on playing: Its role in child and adult analysis.* Bull. Anna Freud Centre 11: 97–182

Solnit, A., P. Neubauer und D. Cohen (1993): (Hrsg.): The Many Meanings of Play. New Haven und London (Yale Univ. Press)

Sophian, C. und A. Huber (1984): *Early developments in children's causal judgements.* Child Development 55: 512–526

Sorce, J., R. Emde, J. Campos und M. Klinnert (1985): *Maternal emotional signaling: Its effect on the visual cliff behavior in 1-year-olds.* Developmental Psychology 21: 195–200

Sorge, H. (1995): »*Zuerst die Löcher stopfen*«. Der Spiegel vom 2.10.1995, 184–188

Spangler, G. (1995): *Die Rolle kindlicher Verhaltensdispositionen für die Bindungsentwicklung.* In: G. Spangler und P. Zimmermann (Hrsg.): Die Bindungstheorie. Grundlagen, Forschung und Anwendung. Stuttgart (Klett-Cotta), 178–190

Spangler, G. und K. E. Grossmann (1993): *Biobehavioral organization in securely and insecurely attached infants.* Child Development 64: 1439–1450

Spangler, G. und K. Grossmann (1995): *Zwanzig Jahre Bindungsforschung in Bielefeld und Regensburg.* In: G. Spangler und P. Zimmermann (Hrsg.): Die Bindungstheorie. Grundlagen, Forschung und Anwendung. Stuttgart (Klett-Cotta), 50–63

Spangler, G. und M. Schieche (1995): *Psychobiologie der Bindung.* In: G. Spangler und P. Zimmermann (Hrsg.): Die Bindungstheorie. Grundlagen, Forschung und Anwendung. Stuttgart (Klett-Cotta), 297–310

Spangler, G., E. Fremmer-Bombik und K. Grossmann (1996): *Social and individual determinants of infant attachment security and disorganization.* Infant Mental Health Journal 17: 127–139

Spelke, E. (1979): *Perceiving bimodally specified events in infancy.* Developmental Psychology 15: 626–636

Spence, D. (1982): Narrative Truth and Historical Truth. Meaning and Interpretation in Psychoanalysis. New York und London (Norton)

Spieker, S. und C. Booth (1988): *Maternal antecedents of attachment quality.* In: J. Belsky und T. Nezworski (Hrsg.): Clinical Implications of Attachment. Hillsdale, New Jersey (Erlbaum), 95–135

Spillius, E. (1994): *Developments in Kleinian thought: Overview and personal view.* Psychoanal. Inquiry 14: 324–364

Spitz, R. (1946): *Die anaklitische Depression.* In: G. Bittner und E. Schmid-Cords (Hrsg.): Erziehung in früher Kindheit. München (Piper) 1969, 104–135

Spitz, R. (1953): *Aggression: Its role in the establishment of object relations.* In: R. Spitz (1983): Dialogues from Infancy. Selected Papers. New York (International Univ. Press), 321–331

Spitz, R. (1955): *A note on the extrapolation of ethological findings.* Int. J. Psycho-Anal. 36: 162–165

Spitz, R. (1957): Nein und Ja. Die Ursprünge der menschlichen Kommunikation. Stuttgart (Klett) 1970

Spitz, R. (1965): Vom Säugling zum Kleinkind. Naturgeschichte der Mutter-Kind-Beziehungen im ersten Lebensjahr. Stuttgart (Klett) 1974

Spitz, R. (1972): *Brücken – Zur Genese der Sinngebung.* Psyche 28, 1974: 1003–1018

Squire, L. (1986): *Mechanisms of memory.* Science 232: 1612–1619

Squire, L., B. Knowlton und **G. Musen** (1993): *The structure and organization of memory.* Annual Review of Psychology 44: 453–495

Sroufe, A. (1977): *Wariness of strangers and the study of infant development.* Child Development 48: 731–746

Sroufe, A. (1979): *Socioemotional development.* In: J. Osofsky (Hrsg.): Handbook of Infant Development. New York u. a. (Wiley), 462–516 (1. Aufl.)

Sroufe, A. (1983): *Infant-caregiver attachment and patterns of adaption in preschool: The roots of maladaption and competence.* In: M. Perlmutter (Hrsg.): The Minnesota Symposia on Child Psychology, Vol. 16, 41–84

Sroufe, A. (1988): *The role of infant-caregiver attachment in development.* In: J. Belsky und T. Nezworski (Hrsg.): Clinical Implications of Attachment. Hillsdale, New Jersey (Erlbaum), 18–38

Sroufe, A. und **J. Fleeson** (1986): *Attachment and the construction of relationships.* In: W. Hartup und Z. Rubin (Hrsg.): Relationships and Development. Hillsdale, New Jersey (Erlbaum), 51–71

Sroufe, A., R. Cooper und **G. DeHart** (1992): Child Development. Its Nature and Course. New York u. a. (Mc Graw-Hill), 2. Aufl.

Starr, R., D. MacLean und **D. Keating** (1991): *Life-span developmental outcomes of child maltreatment.* In: R. Starr und D. Wolfe (Hrsg.): The Effects of Child Abuse and Neglect: Issues and Research. London und New York (Guilford Press), 1–22

Stechler, G. (1987): *Clinical implications of a psychoanalytic systems model of assertion and aggression.* Psychoanal. Inquiry 7: 348–363

Stechler, G. (1990): *Psychoanalytic perspectives on the self during the transition period.* In: D. Cicchetti und M. Beeghly (Hrsg.): The Self in Transition. Infancy to Childhood. Chicago und London (Univ. of Chicago Press), 17–33

Stechler, G. und **A. Halton** (1987): *The emergence of assertion and aggression during infancy: A psychoanalytic systems approach.* J. Amer. Psychoanal. Assn. 35: 821–838

Steele, B. (1983): *The effect of abuse and neglect on psychological development.* In: J. Call, E. Galenson und R. Tyson (Hrsg.): Frontiers of Infant Psychiatry, Vol. 1. New York (Basic Books), 235–244

Steele, B. (1994): *Psychoanalysis and the maltreatment of children.* J. Amer. Psychoanal. Assn. 42: 1001–1025

Steele, B. und **C. Pollock** (1968): *Eine psychiatrische Untersuchung von Eltern, die Säuglinge und Kleinkinder mißhandelt haben.* In: R. Helfer und H. Kempe (1978): (Hrsg.): Das geschlagene Kind. Frankfurt/M. (Suhrkamp), 161–243

Steffens, W. (1987): *Rezension von M. Mahler (1985): Studien über die drei ersten Lebensjahre.* Psyche 41: 180- 183

Steimer-Krause, E. (1994): *Nonverbale Beziehungsregulation in Dyaden mit schizophrenen Patienten – ein Beitrag zur Übertragungs-Gegenübertragungs-Forschung.* In: U. Streeck und K. Bell (Hrsg.): Die Psychoanalyse schwerer psychischer Erkrankungen. München (Pfeiffer), 209–228

Steimer-Krause, E. (1996): Übertragung, Affekt und Beziehung. Theorie und

Analyse nonverbaler Interaktionen schizophrener Patienten. Bern u. a. (Peter Lang)

Steimer-Krause, E., R. Krause und **G. Wagner** (1990): *Prozesse der Interaktionsregulierung bei schizophren und psychosomatisch erkrankten Patienten. Studien zum mimischen Verhalten in dyadischen Interaktionen.* Zeitschrift für klinische Psychologie 19: 32–49

Steiner, R. (1987): *Some thoughts on ›La Vive Voix‹ by Ivan Fonagy.* Int. Rev. Psycho-Anal. 14: 265–272

Stenberg, C. (1982): *The development of anger facial expression in infancy.* Unpubl. diss., ref. in: J. Campos, K. Barrett, M. Lamb, H. Goldsmith und C. Stenberg (1983): Socioemotional Development. In: M. Haith und J. Campos (Hrsg.): Infancy and Developmental Psychobiology = P. Mussen (Gen. Ed.): Handbook of Child Psychology, Vol. 2. New York u. a. (Wiley), S. 797 (4Aufl.)

Stenberg, C., J. Campos und **R. Emde** (1983): *The facial expression of anger in seven-month-old children.* Child Development 54: 178–184

Stepansky, P. (1977): *A History of Aggression in Freud.* Psychological Issues Monograph Series, Monograph No. 39, New York (International Univ. Press)

Stern, D. (1983): *The early development of schemas of self, other, and ›self with other‹.* In: J. Lichtenberg und S. Kaplan (Hrsg.): Reflections on Self Psychology. Hillsdale, New Jersey (The Analytic Press), 49–84

Stern, D. (1985): Die Lebenserfahrung des Säuglings. Stuttgart (Klett-Cotta) 1992

Stern, D. (1989a): *Die Repräsentation von Beziehungsmustern. Entwicklungspsychologische Betrachtungen.* In: H. Petzold (1995): (Hrsg.): Die Kraft liebevoller Blicke. Psychotherapie und Babyforschung, Band 2. Paderborn (Junfermann), 193–218

Stern, D. (1989b): *Crib monologues from a psychoanalytic perspective.* In: K. Nelson (Hrsg.): Narratives from the Crib. Cambridge und London (Harvard Univ. Press), 309–319

Stern, D. (1990): Tagebuch eines Babys. München und Zürich (Piper) 1991

Stern, D. (1992): *The ›pre-narrative envelope‹: An alternative view of ›unconscious phantasy‹ in infancy.* Bull. Anna Freud Centre 15: 291–318

Stern, D. (1994): *One way to build a clinically relevant baby.* Infant Mental Health Journal 15: 9–25

Stern, D. (1995): The Motherhood Constellation. A Unified View of Parent-Infant Psychotherapy. New York (Basic Books)

Stirnimann, F. (1973): Psychologie des neugeborenen Kindes. München (Kindler)

Stoller, R. (1975): Perversion. Die erotische Form von Haß. Reinbek bei Hamburg (Rowohlt) 1979

Stone, J., H. Smith und **L. Murphy** (1973): (Hrsg.): The Competent Infant. New York (Basic Books)

Stork, J. (1978): *Die seelische Entwicklung des Kleinkindes aus psychoanalytischer Sicht.* In: H. Eicke (Hrsg.): Die Psychologie des 20. Jahrhunderts, Band 2: Freud und die Folgen (1). München (Kindler), 868–932

Stork, J. (1986): *Tödliche Verstrickung von Mutter und Kind? Ein Aspekt des plötzlichen Kindstodes.* In: J. Stork (Hrsg.): Zur Psychologie und Psychopathologie des Säuglings. Neue Ergebnisse in der psychoanalytischen Reflexion. Stuttgart-Bad Cannstatt (Frommann-Holzboog), 161–184

Stork, J. (1989): *The phenomenon of ›cot death‹ from a psychological point of view.* International J. Prenatal and Perinatal Studies 1: 287–294

Stork, J. (1991): Wege der Individuation. Beiträge über Dialektik in der Psychoanalyse. Weinheim (Verlag Internationale Psychoanalyse)

Stork, J. (1994): *Zwischen Leben und Tod. Aus der Behandlung eines Säuglings: Ein Beitrag zum plötzlichen Kindstod.* Kinderanalyse 2: 60–94

Strenger, C. (1989): *The classic and the romantic vision in psychoanalysis.* Int. J. Psycho-Anal. 70: 593–610

Strenger, C. (1991): Between Hermeneutics and Science. An Essay on the Epistemology of Psychoanalysis. New York (International Univ. Press)

Suess, G. (1995): *Das Selbst als Ausdruck dyadischer und individueller Organisation: Integrative Impulse der Bindungsforschung für die beraterische / therapeutische Praxis.* In: G. Spangler und P. Zimmermann (Hrsg.): Die Bindungstheorie. Grundlagen, Forschung und Anwendung. Stuttgart (Klett-Cotta), 396–408

Suess, G., K. E. Grossmann und **A. Sroufe** (1992): *Effects of infant attachment to mother and father on quality of adaption in preschool.* Int. J. Behavioral Development 15: 43–65

Symington, N. (1986): The Analytic Experience. Lectures from the Tavistock. London (Free Association Books)

Szagun, G. (1983): Bedeutungsentwicklung beim Kind. Wie Kinder Wörter entdecken. München, Wien, Baltimore (Urban & Schwarzenberg)

Szagun, G. (1986): Sprachentwicklung beim Kind. Eine Einführung. München und Weinheim (PsychologieVerlagsUnion), 3. Aufl.

Szekely, L. (1954): *Biological remarks on fears originating in early childhood.* Int. J. Psycho-Anal. 35: 57–67

Tanguay, P. (1977): *Rezension von ›The psychological birth of the human infant by Mahler, Pine and Bergman‹.* J. Amer. Academy Child Psychiatry 6: 542–544

Teller, V. (1988): *Artificial intelligence as a basic science for psychoanalytic research.* In: H. Dahl, H. Kächele und H. Thomä (Hrsg.): Psychoanalytic Process Research Strategies. Berlin u. a. (Springer), 163–167

Tennes, K. und **E. Lampl** (1964): *Stranger and separation anxiety in infancy.* J. nervous and mental Diseases 139: 247-254

Teti, D., D. Gelfand, D. Messinger und **R. Isabella** (1995): *Maternal depression and the quality of early attachment: An examination of infants, preschoolers, and their mothers.* Developmental Psychology 31: 364–376

Thomä, H. (1990): *Aggression und Destruktivität jenseits der Triebmythologie.* In: P. Buchheim und T. Seifert (Hrsg.): Zur Psychodynamik und Psychotherapie von Aggression und Destruktivität. Berlin u. a. (Springer), 29–42

Thomä, H. und **H. Kächele** (1985): Lehrbuch der psychoanalytischen Therapie 1: Grundlagen. Berlin u. a. (Springer)

Tomkins, S. (1962): Affect, Imagery, Consciousness I: The Positive Affects. New York (Springer)

Tomkins, S. (1963): Affect, Imagery, Consciousness II: The Negative Affects. New York (Springer)

Toth, S. und **D. Cicchetti** (1996): *Patterns of relatedness, depressive symptomato-*

logy, and perceived competence in maltreated children. J. Consulting and Clinical Psychology 64: 32–41

Trad, P. (1992): *Previewing: Its relation to self formation in the systems of Sullivan, Kohut, and Stern.* Contemp. Psychoanal. 28: 199–227

Tress, W. (1985): *Psychoanalyse als Wissenschaft.* Psyche 39: 385–412

Tress, W. (1986a): Das Rätsel der seelischen Gesundheit. Traumatische Kindheit und früher Schutz gegen psychogene Störungen. Göttingen (Vandenhoeck und Ruprecht)

Tress, W. (1986b): *Zur intentionalen Sprache der Handlung als dem Fundament einer wissenschaftlichen Psychoanalyse. Eine handlungs- und sprachphilosophische Kritk an R. Schafer.* Jahrbuch der Psychoanalyse 18: 100–139

Tress, W. (1987): Sprache – Person – Krankheit: Vorklärungen zu einer psychologischen Medizin der Person. Berlin u. a. (Springer)

Tress, W. und **G. Reister** (1993): *Tiefenhermeneutik und Kohärentismus.* In: W. Mertens (Hrsg.): Schlüsselbegriffe der Psychoanalyse. Stuttgart (Verlag Internationale Psychoanalyse), 144–150

Tress, W., G. Reister, M. Franz, K. Lieberz und **H. Schepank** (1996): *The delayed effects of trauma: From the interface of medical, psychosocial, and psychoanalytic research.* Vortrag auf der 6. IPV-Tagung zu Fragen der psychoanalytischen Forschung am 8./9. März 1996 in London. Unveröffentlichtes Manuskript

Trevarthen, C. (1979): *Communication and cooperation in early infancy: A description of primary intersubjectivity.* In: M. Bullowa (Hrsg.): Before Speech: The Beginning of Interpersonal Communication. New York u. a. (Cambridge Univ. Press), 321–347

Trevarthen, C. (1993): *The function of emotions in early infant communication and development.* In: J. Nadel und L. Camaioni (Hrsg.): New Perspectives in Early Communicative Development. New York und London (Routledge), 48–81

Trevarthen, C. und **P. Hubley** (1978): *Secondary intersubjectivity: Confidence, confiding, and acts of meaning in the first year of life.* In: A. Lock (Hrsg.): Action, Gesture, and Symbol. The Emergence of Language. London u. a. (Academic Press), 183–229

Tronick, E. (1989): *Emotions and emotional communication in infants.* Amer. Psychologist 44: 112–119

Tronick, E. und **T. Field** (1986): (Hrsg.): Maternal Depression and Infant Disturbance. San Francisco (Jossey-Bass)

Tronick, E. und **A. Gianino** (1986): *The transmission of maternal disturbance to the infant.* In: E. Tronick und T. Field (Hrsg.) (1986): Maternal Depression and Infant Disturbance. San Francisco (Jossey-Bass), 5–11

Troy, M. und **A. Sroufe** (1987): *Victimization among preschoolers: Role of attachment relationship history.* J. Amer. Academy Child Adolescent Psychiatry 26: 166–172

Tulving, E. (1985): *How many memory systems are there?* Amer. Psychologist 40: 385–396

Turner, P. (1991): *Relations between attachment, gender, and behavior with peers in preschool.* Child Development 62: 1475–1488

Uexküll, Th. von, E. Krejci und M. Dornberg (1996): *Der Säugling und das Phantasieren*. Psyche 50: 1019–1035

Valdes-Dapena, M. (1991): *The phenomenon of sudden infant death syndrome and its challenges*. In: C. A. Corr, H. Fuller, C. Barnicoll und D. M. Corr (Hrsg.): Sudden Infant Death Syndrome. Who can Help and How? New York (Springer), 2–13

Viderman, S. (1979): *The analytic space: Meaning and problems*. Psychoanal. Quarterly 48: 257–291

Viederman, M. (1991): *The real person of the analyst and his role in the process of psychoanalytic cure*. J. Amer. Psychoanal. Assn. 39: 451–489

Waal, de F. (1989): Wilde Diplomaten. Versöhnung und Entspannungspolitik bei Affen und Menschen. München (Hanser) 1991

Waelder, R. (1936): *Zur Frage der Genese der psychischen Konflikte im frühen Kindesalter. Bemerkungen zur gleichnamigen Arbeit von Joan Riviere*. In: R. Waelder (1980): Ansichten der Psychoanalyse. Eine Bestandsaufnahme. Stuttgart (Klett-Cotta), 77–161

Walker-Andrews, A. und E. Lennon (1985): *Auditory-visual perception of changing distance by human infants*. Child Development 56: 544–548

Wallace, E. (1985): Historiography and Causation in Psychoanalysis. Hillsdale, New Jersey (The Analytic Press)

Wallerstein, R. (1976): *Summary of the 6th pre-congress conference on training: ›The contribution of child analysis to the training in adult analysis‹*. Int. J. Psycho-Anal. 57: 198–205

Wallerstein, R. (1993): *Diskussionsbemerkung auf der 3. IPV-Tagung zu Fragen der psychoanalytischen Forschung am 12./13. März 1993 in London*

Wartner, U., K. Grossmann, E. Fremmer-Bombik und G. Suess (1994): *Attachment patterns at age six in south germany: Predictability from infancy and implications for preschool behavior*. Child Development 65: 1014–1027

Watson, J. (1985): *Contingency perception in early social development*. In: T. Field und N. Fox (Hrsg.): Social Perception in Infants. Norwood, New Jersey (Ablex), 157–176

Weinberg, K. und E. Tronick (1994): *Beyond the face: An empirical study of infant affective configurations of facial, vocal, gestural, and regulatory behaviors*. Child Development 65: 1503–1515

Weindrich, D. und W. Löffler (1990): *Auswirkungen von Frühformen der Kindesmißhandlung auf die kindliche Entwicklung vom 3. zum 24. Lebensmonat*. In: J. Martinius und R. Frank (Hrsg.): Vernachlässigung, Mißbrauch und Mißhandlung von Kindern. Bern u. a. (Huber), 49–55

Weiss, J. und H. Sampson (1986): The Psychoanalytic Process. Theory, Clinical Observations, and Empirical Research. New York und London (Guilford Press)

Weiss, B., K. Dodge, J. Bates und G. Pettit (1992): *Some consequences of early harsh discipline: Child aggression and a maladaptive social information processing style*. Child Development 63: 1321–1335

Werner, E. (1990): *Protective factors and individual resilience*. In: S. Meisels und J.

Shonkoff (Hrsg.): Handbook of Early Childhood Intervention. New York (Cambridge Univ. Press), 97–116

Werner, H. (1953): Einführung in die Entwicklungspsychologie. München (Johann Ambrosius Barth), 3. Aufl.

Wessels, M. (1982): Kognitive Psychologie. UTB/Harper & Row 1984

Wetzler, S. und **J. Sweeney** (1986): *Childhood amnesia: A conceptualization in cognitive-psychological terms.* J. Amer. Psychoanal. Assn. 34: 663–685

White, H. (1974): Metahistory. Die historische Einbildungskraft im 19. Jahrhundert in Europa. Frankfurt/M. (Fischer) 1992

Widom, C. (1989): *Does violence beget violence? A critical examination of the literature.* Psychological Bulletin 106: 3–28

Wilkening, F. und **H. Krist** (1995): *Entwicklung der Wahrnehmung und Psychomotorik.* In: R. Oerter und L. Montada (Hrsg.): Entwicklungspsychologie. Ein Lehrbuch. 3. vollst. überarb. und erw. Aufl., Weinheim (PsychologieVerlags-Union), 487–517

Windaus, E. (1987): *Zur Psychoanalyse der Kindesmißhandlung.* Psyche 41: 331–359

Winnicott, D. (1950): *Die Beziehung zwischen Aggression und Gefühlsentwicklung.* In: D. Winnicott (1976): Von der Kinderheilkunde zur Psychoanalyse. München (Kindler), 89–109

Winnicott, D. (1951): *Übergangsobjekte und Übergangsphänomene.* In: D. Winnicott (1976): Von der Kinderheilkunde zur Psychoanalyse. München (Kindler), 293–312

Winnicott, D. (1960a): *Die Theorie von der Beziehung zwischen Mutter und Kind.* In: D. Winnicott (1974): Reifungsprozesse und fördernde Umwelt. München (Kindler), 47–71

Winnicott, D. (1960b): *Ich-Verzerrung in Form des wahren und des falschen Selbst.* In: D. Winnicott (1974): Reifungsprozesse und fördernde Umwelt. München (Kindler), 182–199

Winnicott, D. (1969): *Objektverwendung und Identifizierung.* In: D. Winnicott (1973): Vom Spiel zur Kreativität. Stuttgart (Klett), 101–110

Wippich, W. (1984): Lehrbuch der angewandten Gedächtnispsychologie. *Band 1.* Stuttgart u. a. (Kohlhammer)

Wolf, D. und **H. Gardner** (1981): *On the structure of early symbolization.* In: R. Schiefelbusch und D. Bricker (Hrsg.): Early Language: Acquisition and Intervention. Baltimore (Univ. of Park Press), 287–327

Wolff, P. (1966): *The Causes, Controls, and Organization of Behavior in the Neonate.* Psychological Issues Monograph Series, Monograph No. 17. New York (International Univ. Press)

Wolff, P. (1987): The Development of Behavioral States and the Expression of Emotions in Early Infancy. New Proposals for Investigation. Chicago und London (Univ. of Chicago Press)

Wolock, I. und **B. Horowitz** (1984): *Child maltreatment as a social problem: The neglect of neglect.* Amer. J. Orthopsychiatry 54: 530–543

Wright, K. (1991): Vision and Separation: Between Mother and Baby. London (Free Association Books)

Wygotski, L. (1934): Denken und Sprechen. Frankfurt/M. (Fischer) 1986 (6. Aufl.)

Zeanah, C. (1996): *Beyond insecurity: A reconceptualization of attachment disorders in infancy.* J. Consulting and Clinical Psychology 64: 42–52

Zeanah, C. und P. Zeanah (1989): *Intergenerational transmission of maltreatment: Insights from attachment theory and research.* Psychiatry 52: 177–196

Zeanah, C., O. Mammen und A. Lieberman (1993a): *Disorders of attachment.* In: C. Zeanah (Hrsg.): Handbook of Infant Mental Health. New York und London (Guilford Press), 332–349

Zeanah, C., D. Benoit, M. Barton, C. Regan, L. Hirshberg und L. Lipsitt (1993b): *Representations of attachment in mothers and their one-year-old-infants.* J. Amer. Academy Child Adolescent Psychiatry 32: 276–286

Zelnick, L. und E. Buchholz (1990): *Der Begriff der inneren Repräsentanz im Lichte der neueren Säuglingsforschung.* Psyche 45, 1991: 810–846

Zenz, G. (1979): Kindesmißhandlung und Kindesrechte. Frankfurt/M. (Suhrkamp)

Zimmer, D. (1986): Schlafen und Träumen. Die Nachtseite unseres Lebens. Frankfurt/M. und Berlin (Ullstein)

Zimmermann, P. und K.E. Grossmann (1994): *Attachment and aggression: A developmental view.* In: G. Attili (Hrsg.): Attacamento e disattacamento. Eta Evolutiva 47: 92–97

Zimrin, H. (1986): *A profile of survival.* Child Abuse and Neglect 10: 339–349

Zwiebel, R. (1985): *Das Konzept der projektiven Identifizierung.* Psyche 39: 456–468

Namen- und Sachregister

Quellennachweise

Kapitel 1:   Zuerst erschienen in: Psyche 47, 1993: Heft 12 (redigiert)

Kapitel 2:   Zuerst erschienen in: Forum der Psychoanalyse 11, 1995:
                  Heft 1 (überarbeitet und erweitert)

Kapitel 3:   Zuerst erschienen in: Psyche 48, 1994: Heft 12 (redigiert)

Kapitel 4:   Originalbeitrag

Kapitel 5:   Zuerst erschienen in: Psyche 50, 1996: Heft 11 (redigiert)

Kapitel 6:   Zuerst erschienen in: Beiträge zur analytischen Kinder- und
                  Jugendlichenpsychotherapie 26, 1995: Heft 4 (redigiert)

Kapitel 7:   Zuerst erschienen in: Kinderanalyse 4, 1995: Heft 4 (redigiert)

Kapitel 8:   Eine gekürzte Fassung erschien zuerst in: U. Egle, S. O. Hoff-
                  mann und P. Joraschky (Hrsg.): Sexueller Mißbrauch, Miß-
                  handlung, Vernachlässigung. Erkennung und Behandlung
                  psychischer und psychosomatischer Folgen früher Traumati-
                  sierungen. Stuttgart (Schattauer) 1997. Das vorliegende Kapitel
                  ist überarbeitet und erheblich erweitert.

Kapitel 9:   Originalbeitrag

Kapitel 10:   Originalbeitrag

Martin Dornes
Die emotionale Welt des Kindes
Band 14715

Die emotionale Entwicklung von Säuglingen und Kleinkindern: Martin Dornes' neueste, aufregend zu lesenden
Forschungen schließen unmittelbar an seine erfolgreichen
Bücher »Der kompetente Säugling« und »Die frühe Kindheit«
an und bilden zugleich den Abschluß der Trilogie.

Fischer Taschenbuch Verlag

fi 14715 / 2

Carl R. Rogers
Therapeut und Klient
Grundlagen der Gesprächspsychotherapie
Mit Beiträgen von
Madge K. Lewis, John M. Shlien, John K. Wood

Herausgegeben und mit einem Vorwort von Wolfgang M. Pfeiffer

Aus dem Amerikanischen von Ute Seeßlen

Band 42250

»Die Entwicklung der Gesprächspsychotherapie in Deutschland läßt verschiedene Abschnitte erkennen. Das Erscheinen der Werke von Carl R. Rogers in deutscher Sprache leitete hier einen grundsätzlichen Wandel ein. Es förderte das Streben nach Selbsterfahrung (sei es in Form von Encountergruppen oder von Lehrtherapien) und begünstigte die Öffnung gegenüber anderen therapeutischen Richtungen. Dieser Band ist geeignet, in weiten Bevölkerungskreisen Resonanz zu erwecken und wird damit die Impulse verstärken, die von der klientenzentrierten Psychotherapie auf die verschiedensten Bereiche therapeutischer und beratender Gesprächsführung in Deutschland ausgehen. Nach unserer Meinung ist es nun an der Zeit, daß die jüngeren Mitarbeiter von Rogers in deutscher Übersetzung zu Wort kommen. Damit wird Kritik an manchen gewohnten Positionen laut werden...Zugleich werden aber Ansätze, die sich schon bei Rogers finden, weiterentwickelt.« *Wolfgang M. Pfeiffer*

Fischer Taschenbuch Verlag

Carl R. Rogers

Die klientenzentrierte Gesprächspsychotherapie

Client-Centered Therapy

Mit Beiträgen von
Elaine Dorfman, Thomas Gordon und Nicholas Hobbs

Aus dem Amerikanischen von Erika Nosbüsch

Band 42175

Die klientenzentrierte Gesprächspsychotherapie auf der Grundlage des nicht-direktiven Standpunktes in Beratung und Therapie, bei uns auch kurz »Rogers-Therapie« genannt, gewinnt zunehmend an Bedeutung für die Spieltherapie mit Kindern, für Schule und Erziehung, aber auch für die Gruppentherapie Erwachsener. Das Buch enthält eine klare Darstellung der Verfahrensweisen, mit deren Hilfe beratungsbedürftigen Menschen geholfen werden kann, zu einer neuen und besseren Anpassung der Persönlichkeit zu gelangen. Es behandelt nicht nur das Wesen des therapeutischen Prozesses, sondern auch die Probleme, die in der Beratung auftauchen können. Das Buch versucht eine dynamische Integration erfolgreicher Techniken der allgemeinen Beratung und der Beratungsverfahren in besonderen Situationen.

Fischer Taschenbuch Verlag